Beraten und Verkaufen für Friseure

Buhmann · Schaefer · ter Jung

3. Auflage

VERLAG EUROPA-LEHRMITTEL · Nourney, Vollmer GmbH & Co. KG
Düsselberger Straße 23 · 42781 Haan-Gruiten

Europa-Nr.: 65950

Autoren
Buhmann, Gero
Schaefer, Hildegard
ter Jung, Britta

Lektorat
Anke Vöpel

Technische Zeichnungen
Wolfgang Herzig, 45134 Essen

Illustrationen
Gabi Timm, 41564 Kaarst
Martina Knapp, 42327 Wuppertal

Karikaturen
Michael Hecht, 44139 Dortmund

Fotografien
Guido Adolphs, 42899 Remscheid
Gero Buhmann, 45665 Recklinghausen

Für die freundliche Unterstützung bei der Erstellung des Buches danken wir besonders:
- Friseure Wilms & Wilms, Recklinghausen
- Haarmoden Beckmann, Recklinghausen – insbesondere Frau Randa Abdul-Majid
- Headmaxx, Recklinghausen
- HAARwerk Wantoch, Recklinghausen

- Herrn Reiner Benning, Rechtsberatung

Das vorliegende Buch wurde auf der **Grundlage der neuen amtlichen Rechtschreibregeln** erstellt.

3. Auflage
Druck 5 4 3 2
Alle Drucke derselben Auflage sind parallel einsetzbar, da sie bis auf die Behebung von Druckfehlern untereinander unverändert sind.

ISBN 978-3-8085-6597-1

Alle Rechte vorbehalten. Das Werk ist urheberrechtlich geschützt. Jede Verwendung außerhalb der gesetzlich geregelten Fälle muss vom Verlag schriftlich genehmigt werden.

© 2009 Verlag Europa-Lehrmittel, Nourney, Vollmer GmbH & Co. KG, 42781 Haan-Gruiten
http://www.europa-lehrmittel.de

Umschlaggestaltung: braunwerbeagentur, 42477 Radevormwald
unter Verwendung eines Fotos von ullstein bild-XAMAX
Satz: G:L Werbeagentur, 41061 Mönchengladbach
Druck: B.O.S.S Druck und Medien GmbH, 47574 Goch

Vorwort

„Beraten und Verkaufen für Friseure" richtet sich an Auszubildende des Berufs Friseur/Friseurin. Konzipiert wurde es nach den Vorgaben des KMK-Rahmenlehrplans und des Ausbildungsrahmenplans. Das vorliegende Lehrbuch ist als Grundlage für die Unterweisung des Handlungsfeldes „Kunden- und Salonmanagement" anzusehen.

Neu sind die Inhalte zur Beschaffung und Lagerhaltung, Inventur sowie zum situativen Fachgespräch. Diese runden den Gehalt des Lehrbuches mit Blick auf die neue Ausbildungs- und Prüfungsordnung ab.

Das Konzept des Lehrbuches basiert auf den wachsenden Ansprüchen, die an die Auszubildenden im Rahmen ihrer unterschiedlichen beruflichen Handlungsfelder gestellt werden. Diese Fortschritte werden am Beispiel der Auszubildenden Anja dargestellt. Auf dem Weg zu einer Friseurin mit ausgeprägter Beratungs- und Verkaufskompetenz entwickelt sich die Auszubildende laufend:

- Zu Beginn erfüllt die Berufsanfängerin Hilfsfunktionen und arbeitet unter Anleitung der Kollegen.
- Die Auszubildende erhält Einblicke in die Arbeitsabläufe und gewinnt so Verständnis für die Arbeitsmethoden und die Organisation.
- Nach und nach kann sie in Teilbereichen selbstständig planen und arbeiten.
- Schließlich hat sie sich zur Mitarbeiterin entwickelt, die selbstständig und eigenverantwortlich komplexe Handlungsabläufe regelt.

Die Auszubildende Anja wird von Beginn ihrer Ausbildung an durch die verschiedenen Entwicklungsstufen begleitet, bis sie schließlich eine kompetente Beraterin/Verkäuferin ist, die das Vertrauen der Kunden hat und diese mit den richtigen Argumente überzeugend und fachlich exakt beraten kann.

Die sich fortschreitend ändernden Ansprüche an die Auszubildende sind Kriterien für die Struktur dieses Buches. Zunächst steht die Berufsanfängerin mit ihren Bedürfnissen und Fähigkeiten im Mittelpunkt der Betrachtung. Durch den Blick auf die Bezugsperson „Kundin" erfährt die Auszubildende dann, nach welchen Gesetzmäßigkeiten zwischenmenschliches Miteinander funktioniert und was von ihr als zunehmend kompetenter Fachberaterin/Verkäuferin erwartet wird.

In jedem Kapitel werden zunächst die thematischen Schwerpunkte benannt, die in der Regel neben der Fachkompetenz auch die Sozial- und Personalkompetenz in den Blick nehmen. Die Situationsbeschreibung zu Beginn eines jeden Unterkapitels gibt der angehenden Beraterin/Verkäuferin die Gelegenheit zu einem Vergleich mit persönlichen Berufserfahrungen und lädt zur Entwicklung problembezogener Lösungsstrategien ein. Dazu können die jeweiligen Fachtexte als Orientierungshilfe genutzt werden.

Angegliederte Aufgaben laden dazu ein, das Erlernte anzuwenden und zu vertiefen. Die vorgestellten Methoden sollen das Lernen erleichtern, weil sie neben dem rein gedanklichen auch einen handelnden Zugang zu den Inhalten ermöglichen.

Wir wünschen den Lesern viel Freude und Erfolg bei der Erarbeitung der berufsspezifischen Kenntnisse für eine erfolgreiche Beraterin/Verkäuferin. Kritische Hinweise und Vorschläge, die der Weiterentwicklung des Buches dienen, nehmen wir dankbar entgegen.

Im Sommer 2009, Autoren und Verlag

Die Verwendung nur eines grammatischen Geschlechtes bei Berufs- und Gruppenbezeichnungen wurde im Hinblick auf den Lesefluss gewählt. Sie stellt keine Meinungsäußerung zur Geschlechterrolle dar.

Inhaltsverzeichnis

■ 1 Orientierungen – Vielfältige Eindrücke am Anfang der Ausbildung

1.1	**Wirkung der eigenen Person auf andere**	7
1.1.1	Verhaltensweisen in fremden Situationen	7
1.1.2	Der erste Eindruck zählt	8
1.1.3	Erwartungen an die eigene Person	9
1.1.4	Friseurin im Beruf	10
1.2	**Der Arbeitsplatz im Wandel der Zeit**	12
1.2.1	Ursprünge des Arbeitsumfelds	12
1.2.2	Veränderungen am Arbeitsplatz in der jüngeren Vergangenheit	13
1.3	**Das Berufsbild der Friseurin**	14
1.3.1	Friseurhandwerk als Dienstleistungsberuf	15
1.3.2	Aufgaben der Friseurin als Dienstleisterin	15
1.3.3	Rolle der Friseurin	15
1.4	**Stress und seine Bewältigung**	16
1.4.1	Zwei Ausprägungen von Stress	17
1.4.2	Umgang mit Stress	18
1.5	**Motivation**	18

■ 2 Wahrnehmung – Sich selbst als Handelnde erfahren

2.1	**Aspekte der Wahrnehmung**	23
2.1.1	Umgang mit eigenen Gefühlen, Erfahrungen, Einstellungen	23
2.1.2	Wahrnehmung als Grundlage unseres Handelns	24
2.1.3	Fremdwahrnehmung und Selbstwahrnehmung	24
2.2	**Das Auftreten als (un-)freiwillige Informationsquelle für andere**	27
2.2.1	Wirkattribute des Menschen	27
2.2.2	Zusammenspiel der Wirkattribute	30

■ 3 Körpersprachlicher Ausdruck – Reden ohne Worte

3.1	**Nonverbale Ausdrucksmittel und Ausdrucksformen**	33
3.1.1	Mimik	34
3.1.2	Gestik	38
3.1.3	Körperhaltung	39
3.1.4	Körperbewegung	39
3.1.5	Distanzbereiche	40
3.2	**Körpersprache im Beruf**	40
3.2.1	Bewusster Einsatz von Körpersprache im Salon	42
3.2.2	Körpersprache von Kundinnen in ausgewählten Situationen	43

■ 4 Sprache – Das wichtigste Handwerkszeug für die Beraterin und Verkäuferin

4.1	**Stimmbildung und zielgerichteter Einsatz der Stimme**	48
4.1.1	Funktionsweise des Stimm- und Sprechapparates	48
4.1.2	Stimmhygiene oder Gesunderhaltung der Stimme	49
4.1.3	Training zur Stärkung des Stimm- und Sprechapparates	49
4.2	**Verbale Kommunikation**	51
4.2.1	Sprechvorgang	51
4.2.2	Sprachkompetenz	53
4.2.3	Formen des Sprechens	58
4.2.4	Sprechregeln	60
4.3	**Salongespräche und ihre Themen**	61

■ 5 Typisierungen – Das Erkennen von Kundentypen

5.1	**Von der Wahrnehmung zur Typisierung**	65
5.1.1	Wahrnehmungsprozess	65
5.1.2	Von individuellen zu allgemeinen Personenmerkmalen	66
5.1.3	Definition der Typisierung	67
5.1.4	Perspektivwechsel	68
5.2	**Ausgewählte Typisierungen**	68
5.2.1	Charaktertypen nach Hippokrates und Galeanus	69
5.2.2	Persönlichkeitstypen nach Myers Briggs	70
5.2.3	Konstitutionstypen nach Kretschmer	73
5.2.4	Gestaltungstypen	74
5.2.5	Kundentypen in der Verkaufs- und Beratungssituation	81
5.2.6	Verkäufertypen in der Verkaufs- und Beratungssituation	84

■ 6 Kommunikation im Salon – Was soll ich der Kundin sagen?

6.1	**Das erste Telefonat**	90
6.1.1	Telefonieren als besondere Form der Kommunikation	92

6.1.2	Bedeutung der persönlichen Stimmungslage für das Telefonieren............92		8.1.1	Aufbau eines Sortiments...............125	
6.1.3	Vorbereitung auf das Telefonat 93		8.1.2	Sortimentsgliederung...................126	
6.1.4	Phasen eines Telefonats 94		8.1.3	Kennzeichen eines Sortiments 129	
6.1.5	Ratschläge für das Telefonieren....95		8.1.4	Sortimentsentscheidungen..........130	
6.2	**Begrüßung und Verabschiedung**...95		**8.2**	**Verkaufsformen**...........................131	
6.2.1	Phasen der Begrüßung 96		**8.3**	**Techniken der Präsentation von Waren und Dienstleistungen**...............133	
6.2.2	Phasen der Verabschiedung 97		8.3.1	Warenträger..................................133	
6.3	**Small Talk**.....................................98		8.3.2	Platzierungsarten 134	
6.3.1	Themen des Small Talks 99		8.3.3	Platzierungszonen........................137	
6.3.2	Technik des Small Talks 101		8.3.4	Allgemeine Präsentationsgrundsätze 138	
6.3.3	Grundregeln beim Small Talk 102		8.3.5	Gestalterische Präsentationsgrundsätze.....139	
6.4	**Bericht** 102		8.3.6	Dienstleistungspräsentation 140	
6.4.1	Kernfragen einer vollständigen Berichterstattung 103		**8.4**	**Verkaufsförderung durch Strukturierung des Salons**................................141	
6.4.2	Bericht mit Logik und Sachlichkeit ...103		8.4.1	Laufrichtung der Kundinnen 141	
6.5	**Rahmenbedingungen für Gesprächssituationen im Salon**....................103		8.4.2	Bereiche im Salon........................142	
6.5.1	Aktives Zuhören 105		**8.5**	**Kaufwünsche verstärken** 144	
6.5.2	Konzentration..............................107		8.5.1	Kundenbedürfnisse/Kaufmotive..144	
6.5.3	Zeit...107		8.5.2	Warenmerkmale 145	
6.5.4	Empathie 108		8.5.3	Dienstleistungsmerkmale............147	

■ 7 Zwischenmenschliche Kommunikation – Ich-Du-Botschaften bei der Verständigung

■ 9 Beratung und Verkauf – Das A und O für die Friseurin

7.1	**Grundregeln der Kommunikation nach Watzlawick**..................................111		**9.1**	**Voraussetzungen für ein erfolgreiches Beratungs- und Verkaufsgespräch** 152	
7.1.1	Analoge und digitale Kommunikation...........112		**9.2**	**Eröffnungsphase** 154	
7.1.2	Interpunktionen 112		**9.3**	**Bedarfsermittlung** 155	
7.1.3	Inhalts- und Beziehungsaspekte 113		9.3.1	Frageformen und Frageabsichten 155	
7.1.4	Symmetrische und komplementäre Kommunikation............................114		9.3.2	Warenvorlage...............................158	
7.1.5	Man kann nicht nicht kommunizieren 115		**9.4**	**Aufbau einer überzeugenden Verkaufsargumentation** 159	
7.1.6	Bedeutung für die Kommunikation im Salonalltag....................................115		**9.5**	**Preisnennung mit Fingerspitzengefühl**.....161	
7.2	**Paradoxe Interaktion** 116		9.5.1	Sandwichmethode 162	
7.3	**Eine Nachricht – vier Botschaften**............117		9.5.2	Sonderfälle bei der Preisnennung................162	
7.3.1	Botschaften einer Nachricht aus Sicht des Senders 118		9.5.3	Preisformulierungen 163	
7.3.2	Botschaften einer Nachricht aus Sicht des Empfängers..............................120		**9.6**	**Kundeneinwand**..........................164	
7.3.3	Missverstehen von Botschaften 123		9.6.1	Umgang mit Kundeneinwänden 165	
			9.6.2	Alternativangebote.......................167	

■ 8 Waren und Dienstleistungen – Kundengerechter Verkauf

			9.7	**Kaufabschluss**............................168	
			9.7.1	Entschlossene Kundin 168	
			9.7.2	Unentschlossene Kundin 168	
			9.7.3	Verabschiedung 169	
8.1	**Sortiment**...................................125		**9.8**	**Verkaufsgespräch im Überblick** 169	

Inhaltsverzeichnis

9.9	**Reklamation**	171
9.9.1	Gesetzliche Grundlagen für die Reklamation von Waren	172
9.9.2	Gesetzliche Grundlagen für die Reklamation von Dienstleistungen	174
9.9.3	Umgang mit unberechtigten Reklamationen	177
9.9.4	Erfolgreiche Reklamationsbearbeitung in 11 Schritten	177

■ 10 Werbung – Der Weg zum besseren Verkauf

10.1	**AIDA**	184
10.2	**Werbeplanung**	185
10.2.1	Situationsanalyse	186
10.2.2	Werbeziel	186
10.2.3	Werbeobjekt	186
10.2.4	Zentrale Werbebotschaft	186
10.2.5	Werbetat	187
10.2.6	Werbemittel	187
10.2.7	Zielgruppe	188
10.2.8	Ort	189
10.2.9	Zeitrahmen	189
10.2.10	Werbeerfolgskontrolle	189
10.3	**Werbemittelgestaltung**	190
10.3.1	Gestaltungsbausteine	190
10.3.2	Inhaltsbausteine	195
10.3.3	Gesamtlayout	196
10.3.4	Prüfkriterien für den Werbeerfolg	198
10.4	**Schaufenstergestaltung**	199
10.4.1	Vorüberlegungen	199
10.4.2	Elemente im Schaufenster	199
10.4.3	Gestaltung des Schaufensters	200

■ 11 Unternehmenskonzept – Der Weg zum Erfolg

11.1	**Von der Unternehmensanalyse zum Unternehmenskonzept**	206
11.2	**Preispolitik**	207
11.2.1	Kostenorientierte Preisbildung	207
11.2.2	Konkurrenzorientierte Preisbildung	210
11.2.3	Kundenorientierte Preisbildung	211
11.2.4	Preistransparenz	212
11.3	**Sortimentspolitik**	213
11.3.1	Serviceleistungen	213
11.3.2	Zusatzangebote	213
11.3.3	Marktnischen und Markenpolitik	214
11.4	**Kommunikationspolitik**	214
11.4.1	Werbung	214
11.4.2	Verkaufsförderung/Promotion	216
11.4.3	Öffentlichkeitsarbeit/Public Relations	217
11.5	**Personalpolitik**	217
11.5.1	Die Friseurin als Aushängeschild	217
11.5.2	Mitarbeiterprogramme	218
11.5.3	Mitarbeitercontrolling	218
11.6	**Unternehmenspolitik**	219
11.6.1	Betriebliche Entscheidungen	219
11.6.2	Darstellung des Unternehmens nach außen	221
11.6.3	Unternehmensart	223
11.7	**Kundenverwaltung**	223
11.7.1	Kundenkartei	224
11.7.2	Terminplanung	224
11.7.3	Kundenrechnung	226
11.8	**Wettbewerbsrecht**	228
11.8.1	Gesetzliche Regelungen für Werbung	228
11.8.2	Gesetzliche Regelung der Verkaufsförderungsmaßnahmen	229
11.8.3	Gesetzliche Regelung bei Sonderveranstaltungen	230
	Stichworterzeichnis	233
11.9	**Beschaffung und Lagerhaltung**	231
11.9.1	Lagerhaltung	231
11.9.2	Bestellzeitpunkt und Bestellmenge	232
11.9.3	Anbieter	232
11.9.4	Warenpflege	233
11.10	**Inventur**	233
11.10.1	Inventurarten	234
11.10.2	Inventurverfahren	235
11.11	**Qualitätsmanagement**	237
11.11.1	Entwicklung von Qualitätsstandards	238
11.11.2	Überprüfung von Qualitätsstandards	239

■ 12 Situatives Fachgespräch

12.1	**Anlässe für Fachgespräche**	243
12.2	**Struktur des Fachgesprächs**	244

1 Orientierungen – Vielfältige Eindrücke am Anfang der Ausbildung

In neuen Situationen wirken zahlreiche Eindrücke auf jeden Menschen ein. Die zukünftige Rolle der Beraterin und Verkäuferin verlangt eine intensive Auseinandersetzung mit der eigenen Person, mit den Kolleginnen und dem Arbeitsplatz.

1.1 Wirkung der eigenen Person auf andere

Anja: „Morgen ist mein erster Arbeitstag. Da möchte ich einen ganz besonders guten Eindruck machen!" (Bild 1)

Den Wunsch, einen besonders guten Eindruck zu hinterlassen, hat jeder schon mal verspürt. In diesem Zusammenhang muss man sich seiner Wirkung auf andere Personen bewusst sein.

Themenschwerpunkte:
- Verhaltensweisen in fremden Situationen
- Der erste Eindruck zählt
- Erwartungen an die eigene Person
- Die Friseurin im Beruf

Bild 1: Überlegungen der Auszubildenden Anja

1.1.1 Verhaltensweisen in fremden Situationen

Jeder Mensch bereitet sich auf eine neue Lebenssituation in ganz besonderer Weise vor. Gedanklich setzt er sich mit dem Neuen auseinander und stellt folgende Überlegungen an:

- „Mit wem habe ich zu tun? Was habe ich zu tun, zu lassen?"
- „Hoffentlich stelle ich mich nicht zu dumm an!"

Am Ende solcher Überlegungen und Fragen bleibt aber häufig vieles unbeantwortet und ungeklärt, sodass Aufregung und Unsicherheit entstehen.

Signale für Aufregung und Unsicherheit

Erhöhter Herzschlag, gerötetes Gesicht und zittrige Hände sind eindeutige Signale für Aufregung und Unsicherheit. Diese Gefühle beschleichen Menschen häufig in neuen, ungewohnten Situationen. Zu diesen Gefühlen bekennen sich die meisten Menschen jedoch ungern offen, denn sie werden häufig als Schwäche oder Versagen ausgelegt.

Auffallend bei Personen in dieser Situation ist, dass sie versuchen, von sich abzulenken. Sie vermeiden den Blickkontakt, sind schweigsamer als sonst und tragen unauffällige Kleidung. Es soll auf keinen Fall der Eindruck erweckt werden, eine nähere Kontaktaufnahme sei erwünscht.

Die Gefühle Aufregung und Unsicherheit werden durch typische Signale zum Ausdruck gebracht, die in Bild 1 auf folgender Seite dargestellt werden.

1 Orientierungen

Bild 1: Signale von Unsicherheit in einer fremden Situation

Signale für Sicherheit und Selbstbewusstsein

Es gibt Möglichkeiten, trotz innerer Unsicherheit, Sicherheit und Selbstbewusstsein auszustrahlen. Die Signale gehen vom äußeren **Erscheinungsbild** und dem **Auftreten** aus (Tabelle 1). Das Vertrauen in die Wirkung derartiger Signale und ihr bewusstes Anwenden geben das persönliche Gefühl von Sicherheit und Selbstbewusstsein.

Tabelle 1: Signale, die dem Gegenüber Sicherheit und Selbstbewusstsein vermitteln	
Erscheinungsbild	**Auftreten**
■ Dezentes Make-up	■ Direkter Blickkontakt
■ Gepflegte Frisur	■ Aufrechte Körperhaltung
■ Saubere Kleidung	■ Ruhige Sprechweise
■ usw.	■ usw.

■ 1.1.2 Der erste Eindruck zählt

Mit seinem Äußeren, das sich aus dem Erscheinungsbild und dem Auftreten ergibt, erzielt der Mensch eine ganz bestimmte Wirkung. Dies ist ihm nicht in jedem Moment bewusst. Viele Menschen vertreten den Standpunkt, dass der wahre Kern einer Person nicht an seinem Äußeren erkennbar ist und schon gar nicht daran fest gemacht werden sollte.

Die Wirklichkeit ist aber leider häufig anders. Der erste Eindruck, den wir vom Äußeren einer Person gewinnen, entscheidet vielfach darüber, ob überhaupt die Chance auf ein weiteres Miteinander besteht und wie die zwischenmenschliche Atmosphäre (Sympathie/Antipathie, Harmonie/Disharmonie, Nähe/Distanz, Offenheit/Verschlossenheit, Freundlichkeit/Unfreundlichkeit, Kälte/Wärme) angelegt wird. In der nachfolgenden Tabelle werden unterschiedliche Wirkungen anhand des Äußeren dargestellt.

1.1 Wirkung der eigenen Person auf andere

Tabelle 1: Unterschiedliches Äußeres und seine Wirkung

	 Bild 1	 Bild 2	 Bild 3
Erscheinungsbild			
Frisur	■ Strenge und einfache Frisur ■ Unauffällige Farbe	■ Modische Frisur ■ Gefärbte Haare	■ Individuelle Frisur ■ Kontrastreiche Strähnen
Kleidung	■ Dunkle Kleidung ■ Hell-Dunkel-Kontrast	■ Dunkle, figurbetonte Kleidung	■ Legere Kleidung
Auftreten			
	■ Gefaltete Hände ■ Gebeugte Haltung ■ Geschlossener Mund	■ Aufrechte Sitzhaltung ■ Direkter Blick	■ Entspannte Sitzhaltung ■ Lächelndes Gesicht
Wirkung			
	■ Schüchtern ■ Zurückhaltend	■ Offensiv, forsch ■ Selbstbewusst	■ Freundlich, nett, ausgeglichen ■ Cool

■ 1.1.3 Erwartungen an die eigene Person

Im Salon wie in der Schule geht es hauptsächlich um das positive Zusammenarbeiten von Menschen. Gerade die Salonarbeit erfordert intensiven zwischenmenschlichen Kontakt und Austausch. Beides sind Voraussetzungen für gute Teamarbeit, die frei ist von Spannungen und Konflikten.

Konflikte und Spannungen ergeben sich oft daraus, dass Menschen **Erwartungen** an ihre Mitmenschen haben, die diejenigen nur zum Teil kennen oder aus persönlichen Gründen nicht erfüllen können. Das führt zu Konflikten oder Spannungen (Bild 4).

Bild 4: Konfliktsituation durch nicht erfüllte Erwartungen

Die in der Karikatur erkennbare Erwartungshaltung der Ausbilderin gegenüber der Auszubildenden ist, dass sie immer freundlich lächeln soll (Bild 4, vorherige Seite). Die Auszubildende erfüllt diese Erwartung aus persönlichen Gründen nicht. Die Hintergründe sind der Ausbilderin nicht bekannt. Sie nimmt nur das unfreundliche Gesicht wahr und ist darüber ungehalten.

Ähnlich wie bei einem im Wasser treibenden Eisberg, der nur einen kleinen Teil an der Wasseroberfläche zeigt, gewähren Menschen ihrer Umwelt nur einen oberflächlichen Einblick in ihr Innerstes (Bild 1). Gedanken, Wünsche, Bedürfnisse und Gefühle bleiben verborgen und lassen viel – manchmal zu viel – Raum für Spekulationen und Annahmen, die oft gar nicht zutreffen. Um ein positives Miteinander zu gewährleisten, sollten die Gefühle, Gedanken, Wünsche und Bedürfnisse aller Beteiligten bedacht werden. Nicht erfüllte Erwartungen haben zumeist eine Ursache, die hinterfragt werden muss. Informationen, die dabei gewonnen werden, schaffen Verständnis und verhindern das Aufkommen unnötiger Spannungen.

Bild 1: Das Eisbergmodell

1.1.4 Friseurin im Beruf

Die Vielschichtigkeit des Friseurberufs verdeutlicht der Zeitungsartikel auf der folgenden Seite. Gerade im Friseurberuf ist es bedeutsam, Mode genau zu verfolgen, um stets auf dem Laufenden zu sein und sich möglichst schnell in die Rolle der Repräsentantin und Multiplikatorin von **Trends** hineinzufinden. Mit Trends sind Entwicklungen und Veränderungen gemeint, denen Mode ständig unterworfen ist. Die aktuelle Moderichtung wird meist im Frühjahr und Herbst im Rahmen großer Events von namhaften Designern und Models vorgestellt und ist immer eine Einheit aus Frisurengestaltung, Make-up, Kleidung und Schmuck.

Den meisten Menschen ist es ein Anliegen, mit der Mode zu gehen, weil sie damit ihr Bedürfnis nach Konformität und Nachahmung stillen können. Auf der anderen Seite wird Mode aber auch dazu genutzt, um sich mit extremer Gestaltung von der Masse abzusetzen und das Persönliche und Individuelle herauszustellen oder gar um Protest zum Ausdruck zu bringen.

Unabhängig vom Motiv der einzelnen Menschen für ihr Modebewusstsein muss die Friseurin für alle Moderichtungen offen sein, z. B. klassisch, modern oder trendy (Bild 2–4). Als **Trendsetterin** kann sie mit eigenen Kreationen Akzente und Zeichen setzen und somit neue Trends bestimmen.

  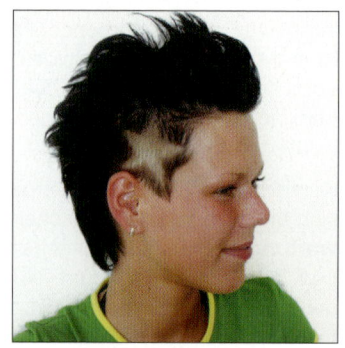

Bild 2: Klassische Frisur   Bild 3: Moderne Frisur   Bild 4: Trendy Frisur

„Figaro" wird immer mehr zum Typ- und Trendberater

(gms) – **Nur mit einer guten Frisur, so glaubten die Menschen in der Antike, durfte man den Göttern begegnen. Prächtiges Haar galt als Gradmesser für Anerkennung und Macht.**

Zu allen Zeiten und in allen Kulturen legten die Menschen großen Wert auf ihre Haartracht. Daran hat sich bis heute nichts geändert: Im Leben der meisten Menschen spielt die Frisur eine große Rolle – und um ihre Kunden zufriedenzustellen, müssen Friseure ihr Handwerk gut verstehen.

Der Friseur-Beruf hat sich in den letzten Jahren allerdings stark gewandelt, sagt Dirk Krampricht vom Zentralverband des Deutschen Friseurhandwerks in Köln. Längst gehe es nicht mehr nur darum Haare zu schneiden: „Der Friseur wird immer mehr zum Typ- und Trendberater. Dabei sind die Einstiegschancen für junge Leute derzeit sehr gut!"

Insgesamt bietet die Branche in Deutschland gut 39.500 Lehrstellen an. Vor allem bei Frauen ist der Beruf stark nachgefragt – nur 2 869 Männer wurden 1997 im Friseurhandwerk ausgebildet. Mitbringen müssen die Bewerber einen guten Hauptschulabschluß oder die mittlere Reife. Außerdem werden Interesse an Modefragen, handwerkliches Geschick, Kontaktfreudigkeit und gute Umgangsformen vorausgesetzt. Wer einen Lehrvertrag unterschreibt, bekommt einen recht krisenfesten Job – denn kein Figaro muss Angst vor modernen Maschinen haben. Seine Arbeit kann von keinem Computer übernommen werden.

Service

„Der persönliche Kontakt zu den Kunden ist in diesem Beruf sehr wichtig", sagt Dirk Kramprich. Talent und Geschicklichkeit sind zwar grundlegende Voraussetzungen, doch Höflichkeit zählt fast ebenso viel: „Friseur ist ein Dienstleistungsberuf. Bei dieser Tätigkeit darf die Tageslaune keine Rolle spielen, denn die Kunden erwarten zu Recht einen perfekten Service."

In Deutschland gibt es nach Angaben des Deutschen Friseurhandwerks etwa 62 000 Haarsalons. Wer ein solches Geschäft führt, braucht auch kaufmännisches Wissen. Die gute Planung von Arbeitsabläufen im Salon, professioneller Verkauf von Haarpflege- und Kosmetikprodukten sowie betriebswirtschaftliche Kenntnisse – all das sind Bedingungen für den geschäftlichen Erfolg. Mit dem Meisterbrief in der Tasche bietet der Beruf des Friseurs damit aber auch die Möglichkeit, bereits in jungen Jahren den entscheidenden Schritt Richtung Selbständigkeit zu setzen.

Hauttypen

Wer sich heute für das Friseurhandwerk entscheidet, durchläuft eine dreijährige Ausbildung im Betrieb und in der Berufsschule. Neben der Kundenberatung und -betreuung lernen angehende Friseure etwa das Beurteilen, Reinigen und Pflegen verschiedener Hauttypen und der Kopfhaut. Haarschneiden, Gestalten von Frisuren, Ausführen von Dauerwellen und farbverändernde Haarbehandlungen stehen ebenfalls auf dem Lehrplan. Daneben werden Kenntnisse in Gesundheitsschutz, im Umweltschutz und über den Aufbau und die Organisation eines Friseur-Salons vermittelt. Der spätere Verdienst richtet sich nach Betriebsform, Umsatzbeteiligungen und Trinkgeldern.

„ Ich wollte einen Beruf, der mir die Möglichkeit zu kreativem Arbeiten bietet", sagt Ralf Henn aus Rheinbach bei Bonn. Deutscher Meister der Friseure und Vize-Weltmeister im Team. „Dabei sollte ein guter Friseur immer aber auch ein offenes Ohr für die privaten Probleme seiner Kunden haben, wenn sie ihm etwas anvertrauen möchten." Um erfolgreich zu arbeiten, müssen Ralf Henn und seine Kollegen in Sachen neueste Modetrends immer auf dem Laufenden sein. Das gilt nicht nur für Frisuren, sondern auch für Mode und Make-up.

Ruhr-Nachrichten vom 19.09.1998

1 Orientierungen

■ 1.2 Der Arbeitsplatz im Wandel der Zeit

Anja unterhält sich mit den Mitschülern über die Einrichtung ihrer Salons (Bild 1). Dabei stellen sie fest, dass jeder Salon unterschiedlich eingerichtet ist. Michelle berichtet von der Umgestaltung ihres veralteten Salons zu einem modernen Arbeitsplatz mit trendigen Möbeln, coolen Farben und einem außergewöhnlichen Design.

Ebenso, wie sich Modetrends ändern, hat sich der Arbeitsplatz der Friseurin im Laufe der Zeit gewandelt.

Themenschwerpunkte:

Bild 1: Anjas Arbeitsplatz

- Ursprünge des Arbeitsumfeldes
- Veränderungen am Arbeitsplatz in der jüngeren Vergangenheit

■ 1.2.1 Ursprünge des Arbeitsumfelds

Im Mittelalter (500–1450) führte der **Bader** die Betätigung des heutigen Friseurs aus, die Pflege und vor allem den Schnitt der Haare.

Diese Berufsgruppe entstand während der Kreuzzüge (1096–1291). In dieser Zeit richteten sich die von der Kirche unterstützten Kriege vor allem gegen „Heiden" und zielten auf „die Befreiung" heiliger Stätten der Christen vom Islam. Dabei lernten die Kreuzritter und Krieger andere Lebenskulturen und -formen kennen. Sie schätzten das orientalische Warmbad und trugen dazu bei, dass auch in Europa **Badestuben** (Bild 2) entstanden.

Bild 2: Badestube aus dem Jahre 1470

In den Badestuben konnte die Bevölkerung Schwitz- oder Wasserbäder nehmen und sich von den **Barbieren** auch die Haare schneiden lassen. Daneben wurden die „Dienstleistungen" Rasieren, Versorgen von Wunden und Therapieren zum Zwecke eines allgemeinen Wohlbefindens in Anspruch genommen. Letzteres umfasste z. B. das Salben, Schröpfen und Klistieren. Auch das Ziehen von krankhaften Zähnen und der Aderlass gehörten zu dem Betätigungsfeld der Bader. Später erweiterte sich das Aufgabenfeld der Bader um das Chirurgenhandwerk, wie z. B. Amputieren von Gliedmaßen sowie Eröffnen und Behandeln von Geschwüren.

Zu Beginn des 17. Jahrhunderts wurden die Kompetenzen der Bader und Barbiere bedingt durch den erbitterten Widerstand der Kirche und Ärzte deutlich eingeschränkt, da Sitte und Anstand in den Badestuben in Gefahr zu geraten schienen. Außerdem wurden Ursprung und Verbreitung von infektiösen Krankheiten in einen Zusammenhang mit diesen Einrichtungen gebracht.

Diese Vorbehalte führten schließlich zum endgültigen Verschwinden von Badestuben. Dem Bader wurde in der Folge auch das Recht abgesprochen, die Haare zu schneiden oder Bärte zu rasieren. Solche Aufgaben übernahm von nun an ausschließlich der Perückenmacher.

1.2.2 Veränderungen am Arbeitsplatz in der jüngeren Vergangenheit

Kunst, Mode, Trends und Forschung beeinflussen die Ausgestaltung und Ausstattung der Arbeitsplätze entscheidend. Auch Salons spiegeln den Stand und Anspruch der jeweiligen Zeit wider. Maßgebliche Gesichtspunkte für die Auswahl der Einrichtung eines Salons sind:

- Aktuelle Entwicklungen, die Designer der Möbelindustrie hinsichtlich Farbe, Form und Material vorgeben,
- Funktionalität (z. B. schwenkbare Rückwärtsbecken) und Ergonomie (z. B. Stehhilfen, höhenverstellbare Pumpstühle) sowie
- Ökonomie (z. B. günstiger Preis, Langlebigkeit) und Ökologie (z. B. umweltfreundliche Materialien).

Bild 1 zeigt die Einrichtung eines Salons im Jahr 2004. Die nachfolgenden Bilder geben einen Einblick in Entwicklungen im Bereich der Salongestaltung von etwa 1950 bis etwa 1995.

Bild 1: Salon im Jahre 2004

Bild 2: Fünfziger Jahre

Bild 3: Ende der fünfziger Jahre

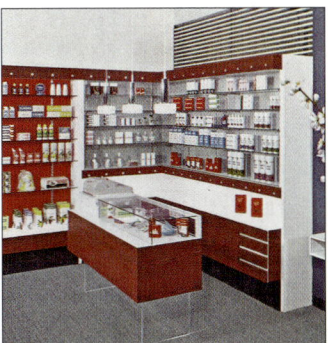
Bild 4: Anfang der sechziger Jahre

Bild 5: Mitte der siebziger Jahre

Bild 6: In den siebziger Jahren

Bild 7: In den achtziger Jahren

1 Orientierungen

Bild 1: Mitte der achtziger Jahre

Bild 2: In den neunziger Jahren

Bild 3: Mitte der neunziger Jahre

■ 1.3 Das Berufsbild der Friseurin

In der Berufsschule wird in den ersten Stunden über den Ausbildungsberuf der Friseurin gesprochen. Anja erhält dort die Aufgabe zu notieren, mit welchen Aufgabenfeldern (Bild 4) sie sich im Laufe ihrer Ausbildung beschäftigen wird.

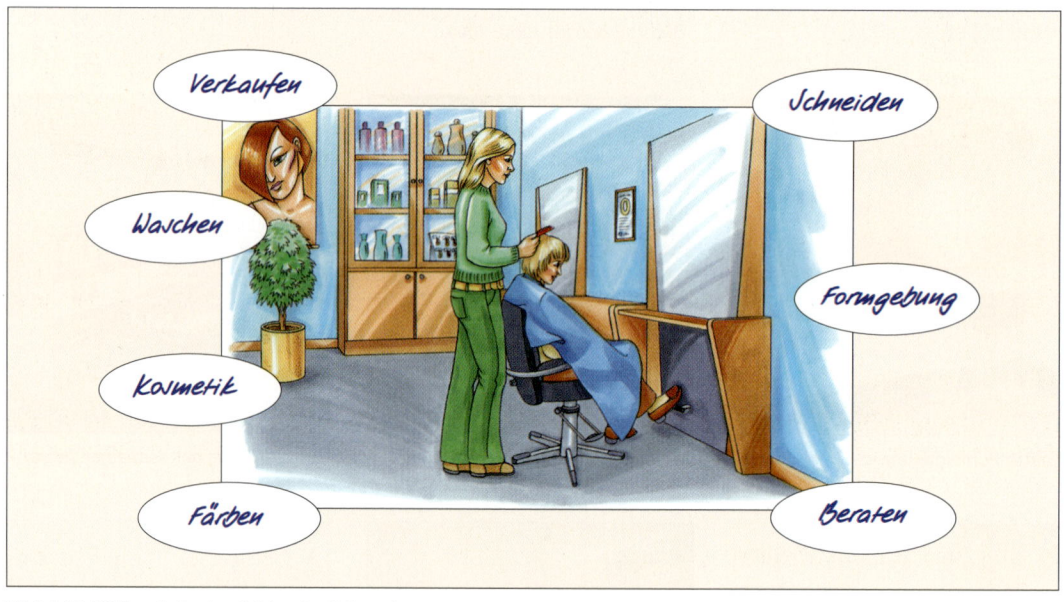
Bild 4: Vielfältige Aufgabenfelder der Friseurin

Der Friseurberuf ist sehr vielfältig. Eine junge Friseurin, die den Beruf erfolgreich ausüben möchte, sollte sich umfassend mit dem Berufsbild auseinandersetzen.

Themenschwerpunkte:
- Friseurhandwerk als Dienstleistungsberuf
- Aufgaben der Friseurin als Dienstleisterin
- Rolle der Friseurin

1.3 Das Berufsbild der Friseurin

1.3.1 Friseurhandwerk als Dienstleistungsberuf

In einem Dienstleistungsberuf werden keine Waren produziert, sondern es wird für die Kundinnen eine Leistung erbracht. Diese wird als **immaterielles Wirtschaftsgut** bezeichnet. Mitarbeiterinnen von Dienstleistungsberufen sind z. B. die Friseurin, die Kosmetikerin, die Arzthelferin und die Köchin.

Dienstleistungsberufe werden dem **tertiären Wirtschaftsbereich** zugerechnet. Daneben unterscheidet man den sekundären und den primären Wirtschaftsbereich (Bild 1).

Der **sekundären Wirtschaftsbereich** umfasst Berufe, bei denen Waren hergestellt und verarbeitet werden, z. B. in Industriebetrieben, wie namhaften Firmen, die Friseurprodukte herstellen.

Dem **primären Wirtschaftsbereich** werden Berufe zur Rohstoffgewinnung zugeordnet. Dazu gehören z. B. Berufe in der Land- und Forstwirtschaft, in der Ölgewinnung und im Bergbau.

Bild 2 verdeutlicht, dass in den letzten Jahrzehnten der tertiäre Sektor immer mehr an Bedeutung gewinnt. Für die Friseurin als Dienstleisterin liegt darin die Chance, mit einem ansprechenden Beratungs- und Dienstleistungsangebot einen möglichst großen Kundenkreis an sich zu binden. Dadurch steigert sie ihren Erfolg und verbessert die betriebswirtschaftliche Situation.

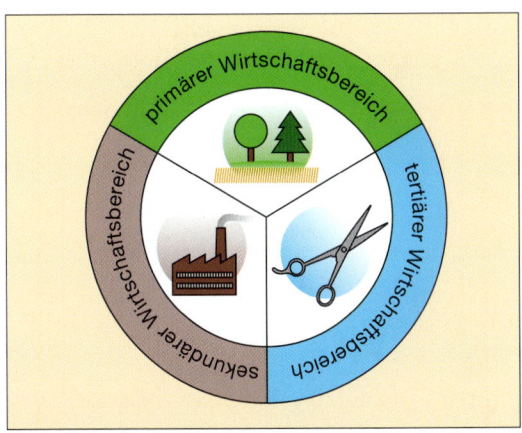

Bild 1: Die drei Wirtschaftsbereiche

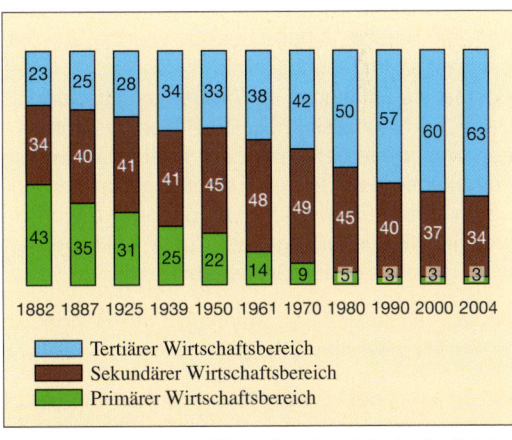

Bild 2: Entwicklung der Wirtschaftsbereiche in den letzten 100 Jahren

1.3.2 Aufgaben der Friseurin als Dienstleisterin

Die zunehmende Bedeutung des tertiären Wirtschaftsbereiches unterstreicht, welche Chancen in dem Beruf der Friseurin als Dienstleisterin liegen. Entscheidend ist allerdings, mit welchem Engagement sie ihre zentralen Aufgaben wahrnimmt und erfüllt. Diese Aufgaben sind:

- Kundenempfang
- Ermittlung des Kundenwunsches
- Beratung
- Umsetzung des Beratungsergebnisses (z. B. Färben, Schneiden, Dauerwellen)
- Verkauf von Waren und Dienstleistungen

1.3.3 Rolle der Friseurin

Jeder Mensch nimmt eine Stellung in einer bestimmten Lebensgemeinschaft (z. B. Familie, Freundeskreis, Firma, Sportverein) ein und spielt in dieser eine bestimmte Rolle (z. B. kleine Schwester, Trendsetterin, Auszubildende, beste Sprinterin). Grundsätzlich setzt sich eine Rolle aus dem **Rollenverhalten** und den **Rollenattributen** zusammen.

1 Orientierungen

- Das Rollenverhalten beschreibt, wie sich jemand gibt, wie er auftritt, plant, organisiert, vorbereitet, Aufgaben erledigt usw.
- Die Rollenattribute betreffen das äußere Erscheinungsbild (Kleidung, Frisur, persönliche Hygiene usw.) sowie den Charakter.

Mit einer Rolle sind gewisse Verhaltensweisen, Äußerlichkeiten und Charaktereigenschaften verknüpft, die das persönliche Umfeld von dem Menschen erwartet. Aufgrund dieser Rollenerwartungen ist es der Auszubildenden im Friseurhandwerk nicht selbst überlassen, was sie sagt, wie sie redet, sich kleidet oder den Kundinnen, Kolleginnen, der Ausbilderin gegenüber auftritt. Der Betrieb mit seiner besonderen Struktur und dem Unternehmenskonzept bestimmt maßgeblich mit, wie die Einzelne die ihr zugewiesene Rolle umzusetzen hat. Das bedeutet aber nicht, dass die Auszubildende sich nicht in ihrer Persönlichkeit entfalten darf. Im Rahmen ihrer Berufsentwicklung wird sie mehr und mehr agieren, reagieren und in die eigene Position im Unternehmen finden.

Mit der Art und Weise, wie eine Friseurauszubildende die ihr zugewiesene Rolle ausfüllt, gestaltet sie auch zugleich das **Beziehungsgeflecht** zu den Bezugsgrößen Kolleginnen, Kundinnen, Ausbildende und Betrieb (Bild 1).

Was für das Beziehungsgeflecht am Arbeitsplatz gilt, ist zugleich übertragbar auf sämtliche Positionen, die darüber hinaus besetzt werden, etwa in der Familie, im Freundeskreis, im Sportclub, in der Schule, als Teilnehmer im Straßenverkehr oder als Besucher einer Diskothek. Die Rollen, die dort eingenommen werden, erfordern ebenfalls gewisse Verhaltensweisen, deren Einhaltung von den anderen überprüft werden. Unabhängig davon, in welchem Beziehungsgeflecht eine Rolle besetzt wird, gelten folgende Grundsätze:

- Jede Rolle/Position beinhaltet ein Bündel an Verhaltensvorschriften.
- Der Inhalt der Verhaltensvorschriften kann nicht von dem Einzelnen festgelegt oder verändert werden, sondern ist abhängig von dem Beziehungsgeflecht.
- Die Einhaltung der Vorschriften ist nahezu verbindlich, Missachtung kann sich für den Betreffenden nachteilig auswirken.

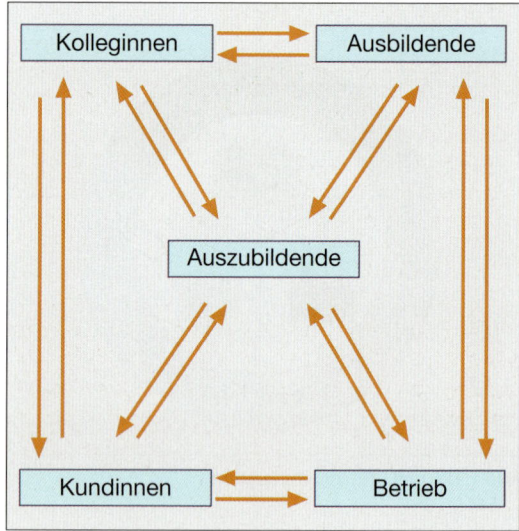

Bild 1: Beziehungsgeflecht zwischen der Auszubildenden und den Bezugsgrößen

1.4 Stress und seine Bewältigung

Anja berichtet einer Freundin von ihrem Arbeitstag: „Heute ging es ganz besonders hektisch zu in unserem Salon. Eine Kollegin hat sich telefonisch krank gemeldet und ihre Termine mussten von den anderen übernommen werden. Ich habe zum ersten Mal die Kundinnen empfangen und zu ihren Plätzen begleitet. Ich war ganz schön aufgeregt und hatte schweißnasse Hände. Eigentlich war die Aufgabe ja ganz leicht und trotzdem verspürte ich diese heftige Reaktion. Mir fiel es am Anfang sogar schwer richtige Worte zu finden. Aber jetzt, am Ende des Tages, bin ich doch ganz zufrieden mit mir. Alles hat gut geklappt und ich bin froh, dass mir die Ausbilderin diese Aufgabe zugetraut hat."

1.4 Stress und seine Bewältigung

Im Berufs- wie auch im Privatleben gerät man häufig in Stresssituationen. Stress kann auf Dauer zu ernsthaften Erkrankungen führen. Daher ist es wichtig, etwas über Stress und Stressbewältigung zu wissen.

Themenschwerpunkte:
- Zwei Ausprägungen von Stress
- Umgang mit Stress

1.4.1 Zwei Ausprägungen von Stress

Jeden Tag kommen auf die Friseurin andere Aufgaben zu und es werden neue Anforderungen an sie gestellt. Sind diese Anforderungen besonders groß, kann es sein, dass sie darauf körperlich reagiert. Solche Reaktionen sind beispielsweise nasse Hände, Kopfschmerzen oder die Unfähigkeit, sich sprachlich richtig auszudrücken. Diese Symptome sind Folgen von Stress. Mit Stress bezeichnet man die Reaktion auf einen übermäßig starken Belastungsanreiz. Grundsätzlich ist zwischen **Eustress** und **Disstress** zu unterscheiden (Tabelle 1).

Tabelle 1: Arten von Stress	
Stressart	**Erklärung**
Eustress	Eustress ist die Reaktion auf einen Belastungsreiz, durch den die Leistungsfähigkeit des Menschen erhöht wird. Eustress wird daher als positiv empfunden. Solche Reize sind beispielsweise anregende Gespräche, eine Belohnung, eine sportliche Herausforderung oder andere freudig stimmende Ereignisse.
Disstress	Disstress ist die Reaktion auf Anreize, durch die die Leistungsfähigkeit des Menschen vermindert wird. Disstress wird als negativ empfunden, weil die Anforderungen nicht mehr bewältigt werden. Folgen sind z. B. Müdigkeit oder Traurigkeit.

Stressauslösende Anreize werden als **Stressoren** bezeichnet. Für stressauslösende Anreize kann jeder Mensch viele Beispiele nennen. Da sind Termine zu berücksichtigen, in einem Gespräch werden unerwartete Anforderungen gestellt oder neue Situationen müssen bewältigt werden. Solche Anreize sind alltäglich und kommen nahezu in allen Lebenssituationen vor.

Stressoren als Verursacher von Stress lassen sich nicht vollständig auflisten, zumal jeder Mensch andere Empfindungsgrenzen hat. Stressoren, die im Berufsleben von Bedeutung sein können und solche, die in der Persönlichkeit des Menschen und seinen Zielen begründet sind, werden in Tabelle 2 aufgezählt.

Tabelle 2: Berufliche und persönliche Stressoren	
Stressoren im Berufsleben	**Persönliche Stressoren**
- Einstellungsgespräche - Bewältigung neuer Aufgaben - Erstkontakt mit Kundinnen - Übertragung eines neuen Aufgabengebietes - Kündigung - Überforderung - Unterforderung - Ärger mit Vorgesetzten - Ungünstige Arbeitsbedingungen - Termindruck und Hektik - Mangelnde Kommunikation unter Kollegen - Intrigen und Mobbing	- Ehrgeiz - Unstimmigkeiten mit dem Partner - Neigung zu Unzufriedenheit - Zu große Pläne - Anforderungen an die eigene Person, die größer als die Leistungsfähigkeit sind - Innere Antreiber wie „Sei fleißig!", „Sei perfekt!", „Mach es schnell!", „Mach es allen recht!" - Urlaubsvorbereitungen

1.4.2 Umgang mit Stress

Es gibt eine Fülle von Empfehlungen zum Umgang mit Stress. Sie beziehen sich einerseits auf die **Stressbewältigung** des Einzelnen, andererseits auf die Veränderung von Rahmenbedingungen.

Nachfolgend ist eine Auswahl von Anregungen zum persönlichen Umgang mit Stress aufgeführt, die hilfreich zur Bewältigung der Lebens- und Berufssituation sein können:

- Nehmen Sie Belastungen als berechtigte Anreize zur Herausforderung Ihrer Kräfte an.
- Gewinnen Sie ein positives Bild von sich selbst.
- Verwenden Sie positive Erklärungsmuster, wenn sich aus Ihrer Sicht Misserfolg eingestellt hat.
- Gewinnen Sie ein positives Bild von Ihrem Umfeld.
- Entwickeln Sie die Fähigkeit, Ihre Wünsche und Erwartungen eindeutig zu benennen.
- Sprechen Sie sich Mut zu, wenn die Gelegenheit das erfordert (z. B.: „Das kann ich." oder: „Das schaffe ich.").
- Vertrauen Sie Ihrer eigenen Kraft. Gehen Sie davon aus, dass Sie über noch unbekannte Hilfsmittel in sich selber verfügen.
- Machen Sie sich von noch neuen und unbekannten Situationen ein möglichst genaues Bild.
- Sagen Sie auch einmal „nein" oder „das kann ich noch nicht", wenn Sie der Meinung sind, sich vor Überforderung schützen zu müssen.
- Leben Sie mit Reserven (Zeitreserven, Finanzreserven, Kraftreserven)

Im Beruf kann Stress mit einem **Aktivitätenplan** vorgebeugt werden. Er berücksichtigt die in Tabelle 1 aufgeführten Gesichtspunkte und Fragen.

Tabelle 1: Aktivitätenplan zur Vorbeugung von Stress	
Gesichtspunkte	**Fragen**
Aufgabenstellung	- Was ist zu tun/zu erledigen?
Art der Maßnahme	- Was konkret kann ich mir vornehmen, damit ich in der Situation Disstress vermeiden oder vermindern kann?
Erster Handlungsschritt	- Wie leite ich die Maßnahme ein? - Was tue ich zuerst?
Messlatte für den Erfolg	- Woran erkenne ich den Erfolg der Maßnahme?
Verhaltensstütze	- Mit wem verabrede ich den ersten Schritt? - Wer kann mir helfen?
Kontrollzeitpunkt	- Wann will ich den ersten Schritt tun? - Wann soll die Maßnahme vollzogen sein?

1.5 Motivation

Anja berichtet ihrer Mutter: „Jetzt bin ich schon ein paar Wochen in der Ausbildung und kenne mich daher mit einigen Arbeitsabläufen und organisatorischen Dingen recht gut aus. Das erfüllt mich mit Freude, Stolz und Zufriedenheit. Dennoch denke ich manchmal auch mit einem weinenden Auge an meine Schulzeit zurück. Dann wird mir plötzlich bewusst, wie viel freie Zeit ich hatte. Beinahe jeden Nachmittag konnte ich etwas unternehmen und jetzt …? Abends bin ich meist viel zu geschafft, um noch aktiv zu werden."

1.5 Motivation

Arbeitsfreude und Arbeitsleid liegen oft dicht beieinander. Noch vor Kurzem war die Freude über die vielen neuen Eindrücke und Aufgaben groß, sodass die Zeit wie im Flug verging. Doch wenn die Arbeit zur Routine wird und keinen Spaß macht, dann lässt die Freude nach und Unzufriedenheit ist die Folge. Das wirkt sich auf die **Arbeitsbereitschaft** aus. Lustlosigkeit und Desinteresse stellen sich ein. Die **Motivation** lässt nach. In der Folge könnte eine Friseurin z. B. ihre Aufgabe als Beraterin nur oberflächlich und unzureichend erfüllen. Sie ist dann mit ihren Gedanken nicht bei der Sache und das erforderliche Interesse gegenüber den Wünschen und Erwartungen der Kundschaft wird nicht aufgebracht. Kundinnen spüren das sehr deutlich. Sie haben den Anspruch, dass alles auf sie ausgerichtet ist. Wenn dieser Anspruch nicht erfüllt wird, sind die Kundinnen schnell enttäuscht und entscheiden sich für einen anderen Friseur. Es ist also wichtig, Unzufriedenheiten am Arbeitsplatz aufzuspüren und deren Ursachen zu suchen.

Arbeitspsychologen haben herausgefunden, dass sich mangelnde Zufriedenheit am Arbeitsplatz störend auf Arbeitsbeziehungen auswirkt. Nur motivierte Kolleginnen setzen sich für das Unternehmen ein, erbringen Leistung und sichern den Erfolg. Motivation ist der innere Antrieb, mit Lust und Freude etwas zu tun. Motivation entwickelt sich aus Bedürfnissen. Der Motivationspsychologe **Maslow** unterscheidet fünf Bedürfnisse und ordnet sie nach ihrer Wichtigkeit für den Menschen (Bild 1).

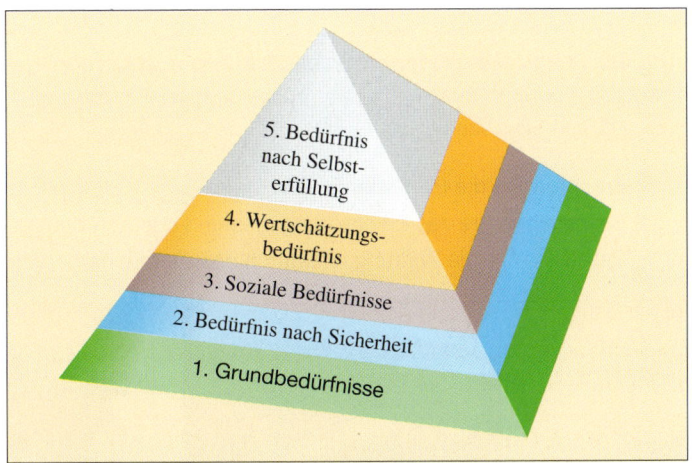

Bild 1: Bedürfnispyramide nach Maslow

Von größter Bedeutung für den Menschen sind die Grundbedürfnisse des Körpers. Die Bedürfnisse nach Sicherheit usw. sind nachrangig. Die Anordnung der Bedürfnisse erfolgt nach dem Prinzip, dass die auf den unteren Ebenen nahezu erfüllt sein müssen, bevor die auf den höheren Ebenen berücksichtigt werden können. Was sich hinter den verschiedenen Arten von Bedürfnissen verbirgt und welchen Bezug das für das Arbeitsleben einer Friseurin hat, verdeutlicht Tabelle 1.

Wird der Arbeitsprozess nicht von Angst und Unsicherheit begleitet, wird die Arbeit wertgeschätzt und die Mitarbeiterin nicht ständig über- bzw. unterfordert, ist die erforderliche Motivation für eine Friseurin kein Problem. Allerdings müssen dazu auch im privaten Bereich die Bedürfnisse erfüllt werden. Schlechte Lebensbedingungen im Privatleben, wie etwa Krankheit, übersteigerte häusliche Verpflichtungen oder Spannungen im persönlichen Umfeld, wirken sich negativ auf den Arbeitsalltag aus.

Tabelle 1: Bedürfnisse des Menschen		
Art des Bedürfnisses	**Bedeutung**	**Bezug zum Beruf einer Friseurin**
1. Grundbedürfnisse	Essen, Trinken, Schlafen	Einhaltung von Pausen und Ruhezeiten
2. Bedürfnis nach Sicherheit	Schutz vor Gefahren	Arbeits- und Unfallschutz (z. B. TRGS 530)
3. Soziale Bedürfnisse	Kontakte, Gruppenzugehörigkeit	Vertrauen, Teamarbeit, Gespräche
4. Wertschätzungsbedürfnis	Anerkennung von persönlichen Leistungen	Lob durch die Kundin, die Kollegin, die Saloninhaberin
5. Bedürfnis nach Selbsterfüllung	Entwicklung und Entfaltung der eigenen Persönlichkeit	Selbstständigkeit, Kreativität, Entscheidungskompetenzen

1 Orientierungen

■ Aufgaben

1. **Listen Sie Signale auf, die bei folgenden Gefühlen ausgesendet werden:**
   a) Angst
   b) Freude
   c) Ärger
   d) Niedergeschlagenheit

2. **Notieren Sie stichpunktartig ein besonderes Ereignis der ersten Arbeitstage im Salon.**
   a) Eine Mitschülerin erhält die Aufgabe, dieses Ereignis den Mitschülerinnen sicher und selbstbewusst vorzutragen.
   b) Die übrigen Schülerinnen beobachten und notieren die Signale bezüglich des Auftretens.
   c) Diskutieren Sie: Woran war sicheres Auftreten erkennbar? Welche Verbesserungsvorschläge können Sie geben?

3. **Betrachten Sie die Personen in Bild 1 und 2.**
   a) Beschreiben Sie das Erscheinungsbild und das Auftreten der Personen.
   b) Beurteilen Sie die Wirkung, die durch das Äußere hervorgerufen wird.

Bild 1

Bild 2

4. **Erarbeiten Sie in der Gruppe Vorschläge, wie man durch Auftreten und Erscheinungsbild in folgenden Situationen einen positiven ersten Eindruck erzielt:**
   a) Kennen lernen neuer Freundinnen/Freunde in der Disco
   b) Beim Vorstellungsgespräch
   c) Bei der täglichen Arbeit im Salon

5. Listen Sie Erwartungshaltungen der erstgenannten Personen auf:
   a) Ausbilderin an die Auszubildende
   b) Auszubildende an ihre Ausbilderin

6. Erstellen Sie in Gruppenarbeit jeweils eine Collage zu den verschiedenen Moderichtungen klassisch, modern, avantgardistisch. Sammeln Sie dazu Bilder mit Frisuren, Schmuck, Make-up, Kleidung usw.

7. Informieren Sie sich im Salon, im Internet, in Fachzeitschriften über aktuelle Frisurentrends und beschreiben Sie diese.

8. Beschreiben Sie anhand der Abbildungen (Seite 13/14) die jeweilige Entwicklung in der Salongestaltung.

9. Fertigen Sie von Ihrem Salon einen Grundriss mit den entsprechenden Einrichtungen wie Warteecke, Bedienungsplätze, Mix-Ecke usw. an.

10. Welcher Einrichtungsstil (z. B. modern, altmodisch, klassisch, elegant, trendy, avantgardistisch) prägt Ihren Salon? Begründen Sie.

11. Stellen Sie die vielschichtigen Aufgaben und Tätigkeiten der Friseurin mithilfe einer Mind-Map dar! Übertragen Sie dazu die untere Abbildung ins Heft und erweitern Sie diese, wie für das Beispiel „Verkauf" angedeutet.

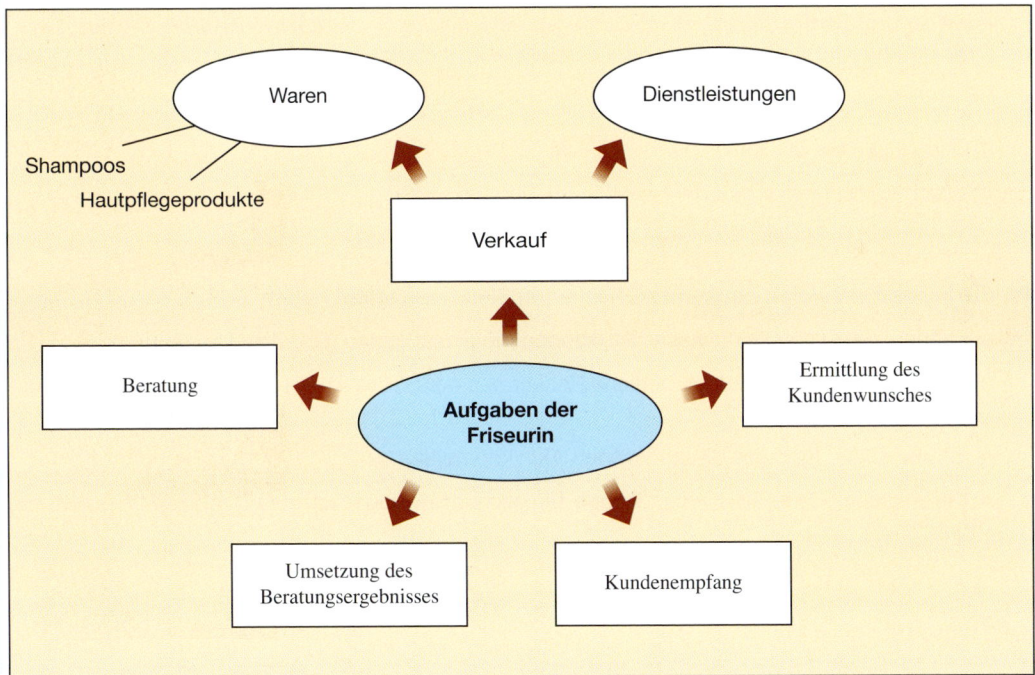

12. Bestimmen Sie Rollenverhalten und Rollenattribute für
    a) Friseurauszubildende
    b) Friseurmeisterinnen
    c) Berufsschülerinnen
    d) Verkäuferinnen

1 Orientierungen

13. Entwerfen Sie eine Checkliste, mit der man feststellen kann, inwieweit die verschiedenen Bedürfnisse nach Maslow aus Ihrer Sicht in Ihrem Salon erfüllt sind.

14. Mit welchen Maßnahmen und Entscheidungen kommen Sie Ihrem Bedürfnis nach Sicherheit im Privatleben nach?

15. Lesen Sie die folgende Situationsbeschreibung und bearbeiten Sie anschließend die Aufgaben a) – c).

> **Fallbeispiel:**
>
> *Die Salontür öffnet sich mit lautem Krachen. Eine aufgeregte Dame winkt hektisch die Rezeptionistin heran und weist diese darauf hin, dass sie den Termin bei der Altgesellin um eine halbe Stunde verpasst habe.*
>
> *Rezeptionistin:*
> *„Frau Kunze, nun beruhigen Sie sich doch erst einmal, das kann doch jedem passieren. Ich weiß doch, dass Sie in Ihrem Beruf selber viele Termine koordinieren müssen und häufig von Lieferanten im Stich gelassen werden, sodass das Büromaterial nicht rechtzeitig zum Kunden kommt. Außerdem kann ich aus eigener Erfahrung sagen, wie schwierig es ist, die Stillzeiten mit den Arbeitszeiten in Einklang zu bringen. Ich will mal schauen, ob nicht ein anderer Kollege Sie bedienen kann."*
>
> *Im nächsten Moment betreten zwei Polizisten den Salon und gehen auf Frau Kunze zu:*
> *„Ist der weiße Porsche Ihr Fahrzeug? Der Wagen steht nämlich im absoluten Halteverbot und versperrt die Ausfahrt der Spedition Gerdes! Da können wir leider nicht von einer Anzeige absehen!"*

a) Bestimmen Sie die Rollen der Kundin/der Rezeptionistin.

b) Welches Verhalten ist für die jeweiligen Rollen typisch?

c) In welchen Punkten wird dieses Rollenverhalten nicht erfüllt?

16. **Sie kennen sicherlich Situationen, bei denen Sie Stress erlebt haben.**

a) Erinnern Sie sich an eine dieser Situationen möglichst genau (Ort, Zeit, Umgebung).

b) Beschreiben Sie, welche körperliche Reaktionen der Stress in dieser Situation bei Ihnen ausgelöst hat.

c) Entwerfen Sie für diese Situation einen Aktivitätenplan.

d) Diskutieren Sie Ihre Pläne in der Gruppe. Ein gemeinsam abgestimmtes Ergebnis wird der Klasse vorgestellt.

2 Wahrnehmung – Sich selbst als Handelnde erfahren

Verkaufen und Beraten sind Vorgänge der Gegenseitigkeit zwischen Kundin und der Friseurin. Wichtig ist dabei u. a., wie sich die beiden Partner wahrnehmen und einschätzen. Manchmal können Selbsteinschätzung und Fremdeinschätzung weit auseinander liegen. Damit das die Verkaufssituation nicht belastet, muss man sich im Vorfeld der eigenen Gefühle, Erfahrungen, Einstellungen und Wirkattribute bewusst sein.

2.1 Aspekte der Wahrnehmung

> Heute hatte Anja im Salon erstmals ein negatives Erlebnis. Die Kundin Frau Meier beschwerte sich lautstark über eine Unachtsamkeit bei der Haarwäsche. Beim Abspülen des Shampoos lief Wasser in das Ohr der Kundin. Nur widerwillig nahm diese die Entschuldigung der Auszubildenden an. Die Kritik beschäftigt Anja noch den ganzen Tag (Bild 1).

Eine Friseurauszubildende macht im Berufsalltag nicht nur positive, sondern auch negative Erfahrungen. Die Ursachen dafür liegen in den verschiedenen Wahrnehmungen einer Situation bei den beteiligten Personen.

Themenschwerpunkte:
- Umgang mit eigenen Gefühlen, Erfahrungen, Einstellungen
- Wahrnehmung als Grundlage unseres Handelns
- Fremdwahrnehmung und Selbstwahrnehmung

Bild 1: Anja in Gedanken

2.1.1 Umgang mit eigenen Gefühlen, Erfahrungen, Einstellungen

„Willst du eine gute Schülerin, Auszubildende, Ausbilderin usw. sein, so schau erst in dich selber herein." So lautet ein weiser Spruch. Besonders deutlich wird der Sinn dieses Spruches, wenn es uns schlecht geht. Morgens mit dem so genannten linken Bein aufgestanden, ein Streitgespräch bereits zum Frühstück und dann auch noch ein kritischer Blick von der Ausbilderin auf die erledigte Arbeit … einen solchen Tag würde jeder am liebsten aus dem Kalender streichen.

Menschen können über sich und ihre Beziehung zu anderen nachdenken. Dieses Nachdenken über sich, die **Selbstkommunikation**, ist ein leises oder auch lautes Sprechen mit sich selbst. Die Art und Weise, wie jemand mit sich spricht, macht seine Einstellung zu sich selbst deutlich. Ein Mensch, der sich im Großen und Ganzen mag, wird sich selbst so behandeln, dass es ihm gut geht. Ein Mensch, der sich ablehnt, neigt eher dazu, anklagend und selbstzerstörerisch mit sich umzugehen und ist somit häufig in zerknirschter Stimmung anzutreffen.

Mit positiven Selbstanweisungen wie z. B. „Beim nächsten Mal gehe ich umsichtiger vor" oder „Übung macht den Meister" lassen sich schwierige Situationen verarbeiten. Gleichzeitig werden dadurch Mut und Selbstvertrauen erzeugt. Wer mit sich positiv redet, verbessert zugleich seine innere Einstellung. Selbstkommunikation hilft bei der Bewältigung von schwierigen und neuen Situationen.

2.1.2 Wahrnehmung als Grundlage unseres Handelns

Werden Mitarbeiterinnen eines Salons im Anschluss an eine Kundenbegrüßung gefragt, was sie wahrgenommen haben, sind die Antworten unterschiedlich:

- der Auszubildenden ist die Frisur der Kundin besonders aufgefallen,
- ihrer Kollegin hingegen die Kleidung und
- die Saloninhaberin hat in erster Linie den Kundenwunsch registriert.

Das zeigt, dass der Mensch von seiner Umgebung nur Teilausschnitte wahrnimmt. Er erfasst seine Umwelt selektiv.

Aus der Flut der möglichen Eindrücke wählt der Mensch nur diejenigen aus, die ihm im Moment wichtig erscheinen. Dabei filtert er nach der momentanen Bedürfnislage, seinen Interessen, Ängsten, Einstellungen, Erfahrungen und Zielen.

Das Wahrgenommene wird bewertet und bestimmt anschließend das Handeln (Bild 1). Je vollständiger und umfassender die Wahrnehmung ist, desto genauer lässt sich eine Situation einschätzen und bewerten. Folglich ist das anschließende Handeln erfolgreich und zielgerichtet.

Das bedeutet, auch ein Beratungsgespräch und die anschließende Behandlung sind um so erfolgreicher, je mehr Eindrücke von der Kundin und gewonnene Erkenntnisse einbezogen werden.

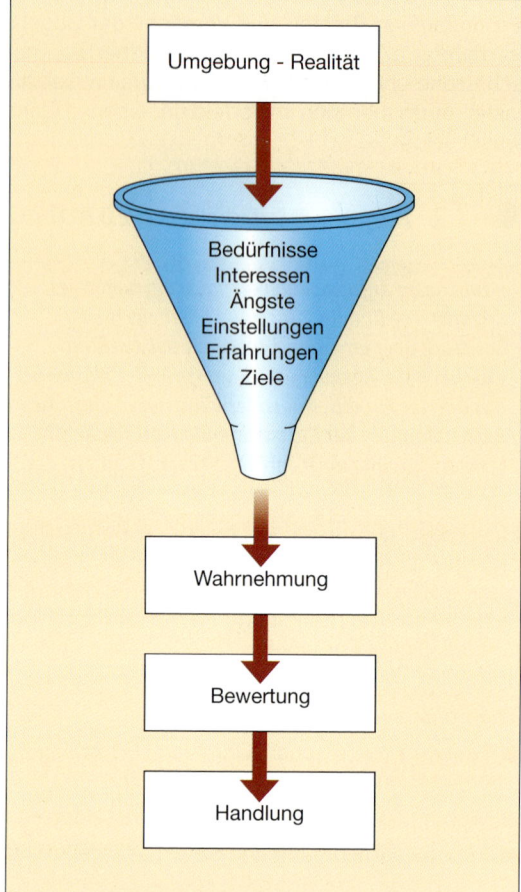

Bild 1: Modell des Wahrnehmungsprozesses

2.1.3 Fremdwahrnehmung und Selbstwahrnehmung

Wenn Menschen zusammentreffen, wie etwa die Friseurin mit der Kundin im Rahmen des Beratungsgesprächs oder Mitarbeiterinnen eines Salons bei der Teambesprechung, macht sich jede von der anderen ein spontanes Bild. Aussehen und Auftreten bilden dafür die Grundlage. Anhand von eigenen Erfahrungen entwickelt jeder daraus eine Einschätzung über die andere Person. Diese Einschätzung wird **Fremdwahrnehmung** genannt.

Diese **Fremdwahrnehmung** entscheidet über das weitere Verhalten und Handeln dem anderen gegenüber. Auf den „ersten Blick" nimmt das Gegenüber das Äußere wie Kleidung, Frisur und Make-up wahr. Verknüpft mit den eigenen Erfahrungen entsteht daraus ein erster Eindruck, aufgrund dessen der Gesprächspartner kategorisiert wird. Dies kann ein guter, aber auch ein schlechter Eindruck sein.

Um objektiver beurteilen zu können, ist es wichtig, über den ersten Eindruck hinaus genauere Erkenntnisse bezüglich der Interessen, Absichten und Motive einer Person zu erhalten. Je genauer und objektiver Menschen einander wahrnehmen, desto positiver wird sich die Beziehung zwischen Friseurin/Kundin, Auszubildende/Meisterin oder im Freundeskreis entwickeln. Die zwischenmenschlichen Beziehungen jeder Art werden jedoch nicht nur von der Fremdwahrnehmung geprägt, sondern auch von **Selbstwahrnehmungen**.

2.1 Aspekte der Wahrnehmung

Mit der Selbstwahrnehmung sind die Bilder gemeint, die jede Person von sich selbst hat. Wird das Selbstbild falsch eingeschätzt führt das auch zu Störungen beim Miteinander. Ein Beispiel für übersteigertes Selbstbildnis verdeutlicht die nebenstehende Karikatur (Bild 1).

Bei weitgehender Übereinstimmung von Selbst- und Fremdwahrnehmung entwickelt der Mensch sich zu einer Persönlichkeit mit Selbstsicherheit, Selbstachtung und Selbstvertrauen.

Das so genannte **Johari-Fenster** (Bild 2) beschreibt, was der Einzelne von sich selbst (Selbstwahrnehmung) und andere von ihm (Fremdwahrnehmung) wahrnehmen können. Dieses „Fenster" ermöglicht dabei einen Blick auf das, was zwischenmenschliche Beziehungen bestimmt.

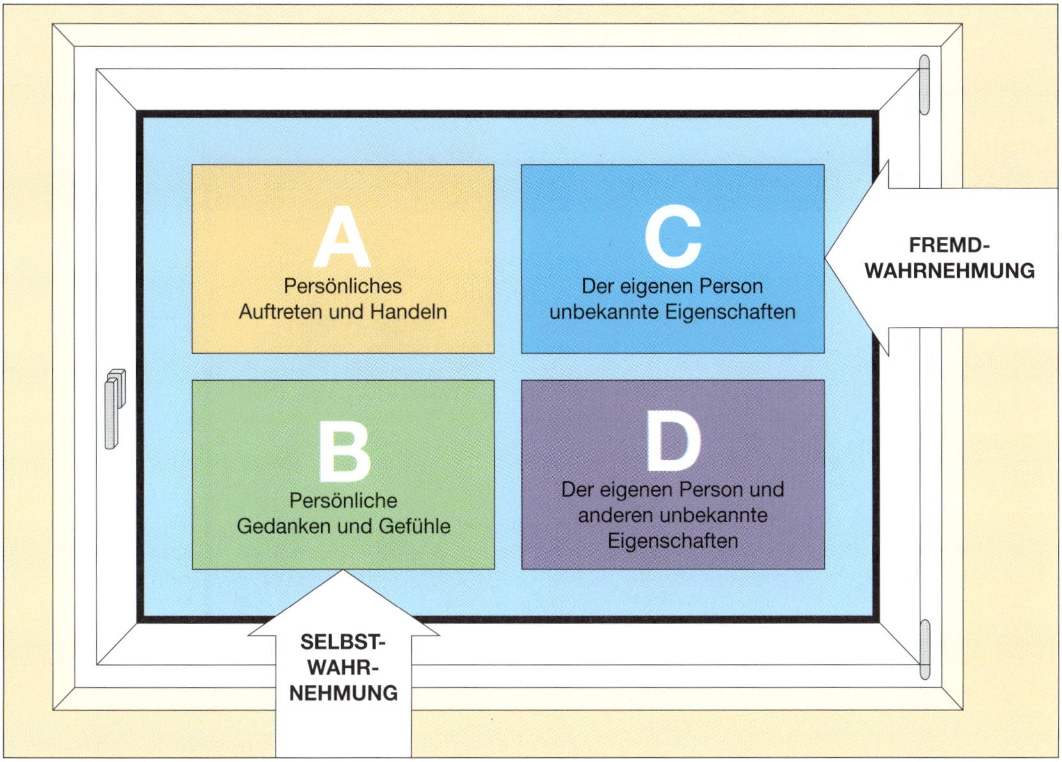

Bild 1: Übersteigertes Selbstbild

A Persönliches Auftreten und Handeln

B Persönliche Gedanken und Gefühle

C Der eigenen Person unbekannte Eigenschaften

D Der eigenen Person und anderen unbekannte Eigenschaften

FREMDWAHRNEHMUNG

SELBSTWAHRNEHMUNG

Bild 2: Johari-Fenster

2 Wahrnehmung

Erläuterungen zum Johari-Fenster:

- Fensterfläche A beschreibt den Teil des Menschen, der ihm selbst bekannt ist und den andere wahrnehmen. Mit ihrem Lächeln bekundet beispielsweise die Friseurin der Kundin Sympathie.
- Fensterfläche B ist der Bereich des Menschen, den er bewusst vor den anderen verbirgt. Es sind seine heimlichen Wünsche, Empfindsamkeiten und Gefühle, die er nicht preisgeben möchte. So möchte eine Friseurauszubildende sicherlich vor einer Kundin verbergen, dass sie noch nicht über sämtliche Fachkompetenzen verfügt.
- Fensterfläche C zeigt den persönlichen „blinden Fleck". Andere wissen oft mehr über die eigene Person als man selbst. Das sind z. B. unbewusste Gewohnheiten, Vorlieben und Verhaltensweisen, wie etwa eine durch die Saloninhaberin kritisierte Arbeitshaltung der Auszubildenden. Je mehr einer Person von der Fremdwahrnehmung anderer unbekannt ist, desto stärker ist die Beziehung untereinander belastet. Das Fremdbild deckt sich dann nicht mit dem Selbstbild.
- Fensterfläche D beinhaltet alle Dinge, die sowohl einem selbst, als auch anderen verborgen bleiben. Das sind z. B. Fähigkeiten, Talente, ungenutzte Begabungen oder psychische Belastungen. So wirkt sich vielleicht eine unterschwellige Unzufriedenheit einer Friseurin mit dem Arbeitsplatz negativ auf ihre Motivation aus und beeinträchtigt die Teamarbeit im Salon.

Gleicht der Mensch seine Selbstwahrnehmung mit der Fremdwahrnehmung ab, entwickelt er seine Persönlichkeit und öffnet sich mehr und mehr anderen gegenüber. Eine solche Entwicklung verdeutlicht im Johari-Fenster die Vergrößerung der Fläche A (Bild 1).

Zur Vergrößerung der Fläche A gibt es verschiedene Methoden:

- Die Meinung anderer einholen und aufnehmen (Feedback)
- Eigene Werte und Verhaltensweisen überdenken
- Informationen über die eigene Person preisgeben, sich mitteilen
- Bereitschaft aufbringen, das Selbstverständnis zu verändern

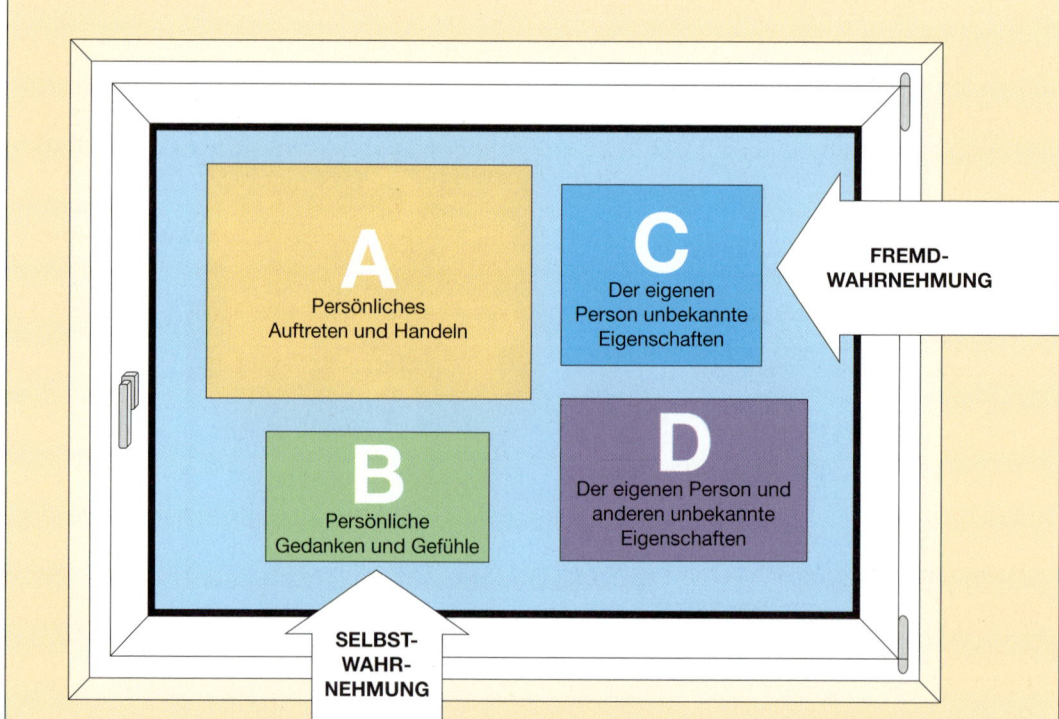

Bild 1: Johari-Fenster nach persönlichem Abgleich

2.2 Das Auftreten als (un-)freiweillige Informationsquelle für andere

> Anja darf heute zum ersten Mal bei einer älteren Kundin eine Haarwäsche durchführen. Dazu muss sie den Haarknoten, in dem das schulterlange Haar gefasst ist, öffnen. Unangenehme Gerüche steigen ihr in die Nase. Angeekelt fährt sie zurück (Bild 1).

Bild 1: Anjas Reaktion

Die oben beschriebene Situation hat vielleicht jeder schon selbst erlebt. Anjas erster Eindruck war, dass „diese Kundin sehr ungepflegt ist und dass so etwas für die Friseurin eine Zumutung ist!". Und in der Tat hat sie recht mit ihrer Einschätzung, denn mangelnde Körperhygiene wirkt abstoßend, schafft Distanz und verhindert somit Nähe. Dieses Beispiel macht darüber hinaus deutlich, welche Wahrnehmungsschritte beim zwischenmenschlichen Umgang in Bruchteilen von Sekunden ablaufen. Die Schritte sind in Tabelle 1 aufgezählt.

Tabelle 1: Wahrnehmungsschritte beim zwischenmenschlichen Umgang	
Wahrnehmungsschritte	**Bezug zur Situation**
1. (Genaue) Wahrnehmung des anderen.	Beim Öffnen des Haarknotens steigen der Auszubildenden unangenehme Gerüche in die Nase.
2. Beurteilung der Wahrnehmung.	Die Auszubildende ekelt sich.
3. Entscheidung darüber, wie und ob man mit dem Menschen in Kontakt treten will.	Sie baut innerlich eine Abwehrhaltung auf und schreckt zurück. Eigentlich möchte sie die Kundin nicht weiter bedienen.

Themenschwerpunkte:
- Wirkattribute des Menschen
- Zusammenspiel der Wirkattribute

2.2.1 Wirkattribute des Menschen

Zur Einschätzung anderer Menschen werden vielfach äußere Merkmale, wie z. B. Körperhygiene, Kleidung, Schmuck, Frisur, Verhalten oder der sprachliche Ausdruck genutzt. Diese Merkmale können auch als **Wirkattribute** des Menschen zusammengefasst werden. Die wichtigsten sind:

- Kleidung
- Körperschmuck
- Körperhygiene
- Sprache
- Einstellung und Verhalten

Wirkattribut Kleidung

Bezüglich der Kleidung am Arbeitsplatz gilt, dass sie ein bedeutsamer Gesichtspunkt bei der Selbstdarstellung des Betriebes ist. Grundsätzlich muss die Kleidung daher sauber und gepflegt sein (Bild 1). Farbflecken auf dem Rock, Make-up auf dem Hemdkragen und verschmutzte Schuhe stehen dem Anspruch der Kundin auf kompetente Beratung hinsichtlich Pflege und Schönheit entgegen. Außerdem kommt bei der Kundin möglicherweise das beunruhigende Gefühl auf, dass auch bei der Arbeitsausführung die notwendige Sauberkeit und Sorgfalt nicht aufgebracht werden.

Eine einheitliche Kleidung der Mitarbeiter unterstreicht nach außen den Teamgedanken, vermittelt Harmonie, Stärke und Zusammengehörigkeit und schafft bei den Kundinnen Vertrauen.

Kleidung sollte unter dem Gesichtspunkt der Zweckmäßigkeit gewählt werden. Weite und lange Ärmel etwa hindern bei der Ausführung nahezu sämtlicher Facharbeiten und stören die Kundin möglicherweise im Gesicht.

Unpraktisches Schuhwerk, das das Fußbett nicht unterstützt, führt zu Gelenk- und Fußschmerzen. Dadurch bedingt kann es zu Konzentrationsschwächen bei der Ausführung der Arbeiten kommen und damit zu schlechten Ergebnissen.

Bild 1: Friseurin in gepflegter Berufskleidung

Wirkattribut Körperschmuck

Selbstverständlich ist Schmuck im Friseurhandwerk nicht wegzudenken, denn er unterstreicht und betont das Gesamterscheinungsbild des Menschen. Heutzutage ist die Toleranz der Kundin gegenüber Körperschmuck (z. B. Tätowierungen und Piercings) gewachsen. Dennoch sollte bedacht werden, dass übermäßiger und auffallender Körperschmuck abschrecken kann. Vielfach stehen extreme Formen der Verschönerung auch nicht im Einklang mit der eigenen Persönlichkeit, sodass eine falsche Fremdwahrnehmung entstehen könnte.

Unfallverhütungs- und Hygienevorschriften schreiben bei Feuchtarbeiten und pflegenden kosmetischen Maßnahmen das Ablegen von Handschmuck vor. Diese Vorschriften schließen das Tragen von Ringen, Armbändern und Uhren während der Arbeit aus.

Bild 2: Tätowierung als Körperschmuck

Wirkattribut Körperhygiene

Unabhängig vom Beruf ist persönliche Körperpflege ein absolutes Muss für jede Mitarbeiterin. Diese Vorgabe bezieht sich dabei nicht nur auf den Umgang mit der Kundin, sondern auch auf den mit den Kolleginnen und Kollegen. Ein ungepflegtes Erscheinungsbild passt in keiner Weise zum Profil des Körperpflegeberufes. Intensiver Geruch aus den Achselhöhlen oder dem Mund ist für jede Kundin, zu der eine berufsbedingte Nähe eingenommen werden muss, eine Zumutung. Daher müssen Mitarbeiter, die derartige „Duftnoten" verbreiten, selbstverständlich darauf aufmerksam gemacht werden. Gleiches gilt auch für den Fall verschmutzter und unfrisierter Haare sowie ungepflegter Nägel, die nicht geformt, vielleicht eingerissen oder gar abgekaut sind und bei denen der Nagellack absplittert.

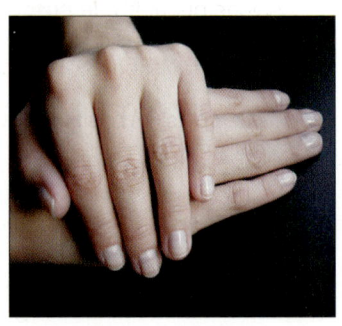
Bild 3: Gepflegte Hände

Wirkattribut Sprache

Auch mit der Art und Weise, wie Sprache und Sprechen gestaltet werden, geschieht eine Wirkung auf andere. Hier gilt ebenso, dass etwa durch die Sprechweise sowohl ein positiver als auch ein negativer Eindruck anderen gegenüber entstehen kann. Die nachfolgende Tabelle verdeutlicht den Zusammenhang zwischen unterschiedlichen Sprechweisen und ihren Wirkungen.

Tabelle 1: Gestaltungsmöglichkeiten von Sprache und deren Wirkung	
Unterschiedliche Sprechweisen	**Mögliche Wirkungen**
Viel sprechen	Aufdringlich, nervig, lächerlich, jemand hat viel erlebt, will ablenken oder jemand ist in gelöster Stimmung
Wenig sprechen	Schüchtern, ängstlich, zurückhaltend, lustlos, desinteressiert, jemand hat wenig Erfahrung
Schnell sprechen	Aufdringlich, überfordert die Kundin, aufgeregt, unsicher, unverständlich
Langsam sprechen	Langweilig, ermüdend, traurig, lustlos, überlegt
Laut sprechen/schreien	Störend, wütend, enttäuscht, überschwänglich
Leise sprechen/flüstern	Unverständlich, ängstlich, schüchtern
Stockend sprechen	Aufgeregt, unsicher, besorgt, angespannt, betroffen

Wirkattribut Einstellung und Verhalten

Bei der Einstellung handelt es sich um ein inneres Wirkattribut. Einstellungen bestimmen häufig das Verhalten. Dieses ist wiederum ein äußeres Wirkattribut. Zu Beginn der Berufsausbildung ist die Friseurin mit fremden Dingen konfrontiert, die sie verunsichern und mit Angst erfüllen. Angst lähmt das Handeln und kann zu Blockaden führen. Daher sollte sich jeder bewusst machen, wie er selbst mit Problemen oder Misserfolgen umgeht. Falsch wäre ein Rückzug nach Misserfolgen oder der Entschluss unbequemen Dingen aus dem Weg zu gehen. Das hilft der Friseurin selbst nicht und löst die bestehenden Probleme nicht. Ihre Überlegung und Einstellung sollten folgende sein:

- Ich habe mich bewusst zu dieser Arbeit entschieden, weil sie interessant und abwechslungsreich ist.
- Die Arbeit bereitet mir an einigen Stellen Schwierigkeiten. Woran liegt das? Wie kann und will ich diesen Schwierigkeiten zukünftig begegnen? Wer kann mir bei der Problemlösung helfen?
- Ich werde Problemen zukünftig nicht aus dem Wege gehen, sondern sie lösen!

Eine solche gedankliche Auseinandersetzung beseitigt Ängste, schafft Selbstvertrauen und führt über die konsequente Auseinandersetzung mit der Arbeit und dem damit verbundenen Kompetenzzuwachs zu Erfolgserlebnissen und Freude an der Arbeit.

Grundsätzlich helfen positive Einstellung zu Arbeitsverpflichtungen und gute Laune bei der Arbeit auch nach außen ein Bild der Ausgeglichenheit, Lockerheit und Zufriedenheit zu vermitteln. Eine Kundin nimmt eine solche entspannte Atmosphäre dankbar wahr, weil sie ihrem allgemeinen Wohlbefinden zuträglich ist.

Gegenüber dem Betrieb und den Kollegen bedarf es eines Grundvertrauens, dass dort, wo viel und engagiert gearbeitet wird, auch Fehler vorkommen und gemacht werden dürfen. Entscheidend ist dabei jedoch die Erkenntnis, dass Fehler gemeinschaftlich leichter aufgefangen werden, wenn sie offen diskutiert und in Übereinstimmung gelöst werden. Kritikfähigkeit ist allerdings bei dieser Form des Umgangs mit Fehlern eine wesentliche Grundvoraussetzung.

Es muss darüber hinaus das Bestreben eines jeden Mitarbeiters sein, sich einen Überblick über das komplette Dienstleistungs- und Produktangebot zu verschaffen, damit zielgerichtet Problemlösungen bei dem geäußerten Kundenwunsch entfaltet werden können.

Eine professionelle Haltung gegenüber der Kundschaft ist unabdingbar. Ernst und Respekt gegenüber den Ansprüchen, Wünschen und Vorstellungen der Kundinnen sind unbedingt erforderlich. Akzeptanz muss da aufgebracht werden, wo die Sichtweisen der Friseurin und der Kundin z. B. über eine Frisurengestaltung nicht übereinstimmen. Das Ziel muss es sein, das Vertrauen der Kundinnen durch fachliche Kompetenz und persönliche Zuwendung zu gewinnen.

Daneben will es auch gelernt sein, die richtige Haltung gegenüber schwierigen Kundinnen zu finden. Wo ein unzumutbares Verhalten an den Tag gelegt wird, ist eine freundliche aber bestimmte Zurückweisung angezeigt.

Bei kleineren Störungen im Kundenverhalten, etwa geringen Verspätungen, mangelnder Entschlussfreudigkeit im Rahmen der Beratungsempfehlungen oder persönlichen Eigenarten ist es allemal sinnvoller und besser, geduldig, tolerant, flexibel oder humorvoll zu reagieren. Ein entspannter Umgangston erleichtert das Arbeiten, schafft eine harmonische Atmosphäre und fördert eine positive Einstellung der Kundin gegenüber der Friseurin

■ 2.2.2 Zusammenspiel der Wirkattribute

Je nachdem, wie der Einzelne seine Wirkattribute gestaltet und einsetzt, entwickelt er sein ganz persönliches **Profil**. Jeder Mensch hat es also selbst in der Hand, welches Bild er in der Öffentlichkeit oder im Beruf abgibt. Die Palette der „Spielmöglichkeiten" reicht von unauffällig, brav und angepasst bis hin zu eigenwillig, individuell und auffällig. Meist setzt der Mensch seine Wirkattribute so ein, dass er nicht auffällt. Dies gelingt am Besten, wenn weder in das eine noch in das andere Extrem verfallen wird. Ein besonders auffälliges Erscheinungsbild (z. B. eine avantgardistische Frisur, ein außergewöhnliches Make-up) erfordert ein ausgeprägtes Selbstbewusstsein und individuelle Stärke.

Wer sich mit extremen Wirkattributen ausstattet, die eigentlich nicht seinem Wesen entsprechen, darf sich nicht wundern, wenn er auf Zurückhaltung bei seinen Mitmenschen trifft. Aus dem äußeren Erscheinungsbild werden auch unzutreffende Rückschlüsse auf die Kompetenzen einer Person abgeleitet. Beispielsweise könnte der schrill gekleideten und frech gestylten Friseurin das Vertrauen der älteren Kundin versagt bleiben, obwohl das Verhalten und berufliche Können der Angestellten tatsächlich einwandfrei sind.

Bei allen Schwierigkeiten um das Bild, das jeder abgeben möchte, gelten im Friseurberuf einige grundlegende Vorgaben hinsichtlich verschiedener Wirkattribute. Dies hat nichts mit übertriebenem Gängeln oder mit Einmischung in die Privatsphäre zu tun, sondern vielmehr mit dem Bild, das Außenstehende mit der Branche des Friseurhandwerks, in der Schönheit und Pflege verkauft werden, verbinden.

Wirkattribute spielen also im Friseurberuf eine große Bedeutung bezüglich der Außenwirkung. Durch sie werden Maßstäbe gesetzt. Dies muss für alle Mitarbeiter Ansporn sein, sich immer mit besonderem Augenmerk und Fingerspitzengefühl in Szene zu setzen.

Andererseits sind die Wirkattribute, die an anderen Menschen zu beobachten sind, Orientierungshilfen für viele Entscheidungsprozesse. So lässt sich schon etwa an der Kleidung ablesen, ob die Kundin eine eher sportliche Linie bevorzugt, ihr Interesse mehr auf modische Entwicklungen zielt oder ob sie eine konservative Geschmacksrichtung durchblicken lässt. Eine kundenbezogene Fachberatung kann hier ihren Ausgangspunkt nehmen und mit entsprechenden Frisuren- und Farbempfehlungen ansetzen.

Allerdings muss bei dieser Vorgehensweise auch die notwendige Weitsicht gelten, dass bisweilen jeder mit seiner Einschätzung bezüglich der Wirkattribute falsch liegen kann. Schubladendenken führt zu einer voreiligen Festlegung auf ein falsches Bild von der Kundin.

Aufgaben

1. Formulieren Sie aus Sicht von Anja positive Selbstanweisungen, mit denen sie die erlebte Eingangssituation verarbeiten kann.

2. Mit welchen Selbstanweisungen verbessern Sie Ihre Einstellung auf folgende unangenehme Situationen:
    a) Eine Klassenarbeit
    b) Eine ungeliebte Reinigungsarbeit im Salon

3. Zwei Schüler setzen sich paarweise gegenüber und beobachten sich eine Minute lang genau. Anschließend kehren sie sich den Rücken zu und dürfen kleine Veränderungen an sich vornehmen. Danach beurteilen sie gegenseitig, was sich an dem anderen verändert hat.

4. Eine Schülerin führt bei einer Mitschülerin eine Haarwäsche durch, bei der nicht geredet werden darf.
    a) Beide Schülerinnen notieren auf unterschiedlichen Folien, was sie während der Haarreinigung wahrgenommen und empfunden haben.
    b) Die Ergebnisse werden mit den Beobachtungen der Mitschüler verglichen und diskutiert.
    c) Überlegen Sie, in welchen Punkten die Wahrnehmung durch Verständigung verbessert werden könnte.

5. Betrachten Sie Bild 1.
    a) Entscheiden Sie, an welchem Platz Sie sich befinden möchten.
    b) Stellen Sie Ihre Entscheidung der Gruppe gegenüber dar und geben Sie dafür eine Begründung.
    c) Beschreiben Sie Ihren Entscheidungsprozess mithilfe des Modells der Wahrnehmung.

Bild 1: Skizze einer Berglandschaft

6. Erstellen Sie Ihr Persönlichkeitsprofil (Selbstbild), indem Sie die Eigenschaften hilfsbereit, freundlich, ehrgeizig, geduldig, einfühlend, optimistisch, strebsam, dominant, jede Arbeit anpackend, ausgeglichen, tatkräftig, egoistisch, aufgeschlossen, gesprächig, genau, kreativ, modisch bewerten. Ordnen Sie den Eigenschaften die Noten 1 (sehr gut) bis 4 (schlecht) zu.

7. Ermitteln Sie das Persönlichkeitsprofil von einer Mitschülerin (Fremdbild) anhand der in Aufgabe 6 gelisteten Eigenschaften und verdeutlichen Sie durch den Vergleich mit deren Selbstbild ihren „blinden Fleck".

8. Welches Verhalten wird von Ihnen im Salon erwartet
    a) in Bezug auf die eigene Person,
    b) gegenüber Mitarbeitern,
    c) gegenüber Kundinnen?

2 Wahrnehmung

9. Eine Kundin hat sich zu vier verschiedenen Anlässen Kleidung gekauft und sich darin fotografieren lassen (Bild 1). Mit diesen Fotos kommt sie zu Ihnen in den Salon und wünscht Frisurenvorschläge.

a) Beschreiben Sie das Wirkattribut Kleidung in den Bildern 1–4.

b) Wie wirkt die Kleidung jeweils auf Sie?

c) Suchen Sie in Zeitschriften nach Frisuren, die aus Ihrer Sicht zu den Beschreibungen 1–4 passen. Schneiden Sie die Frisuren aus und ordnen Sie diese den jeweiligen Beschreibungen zu.

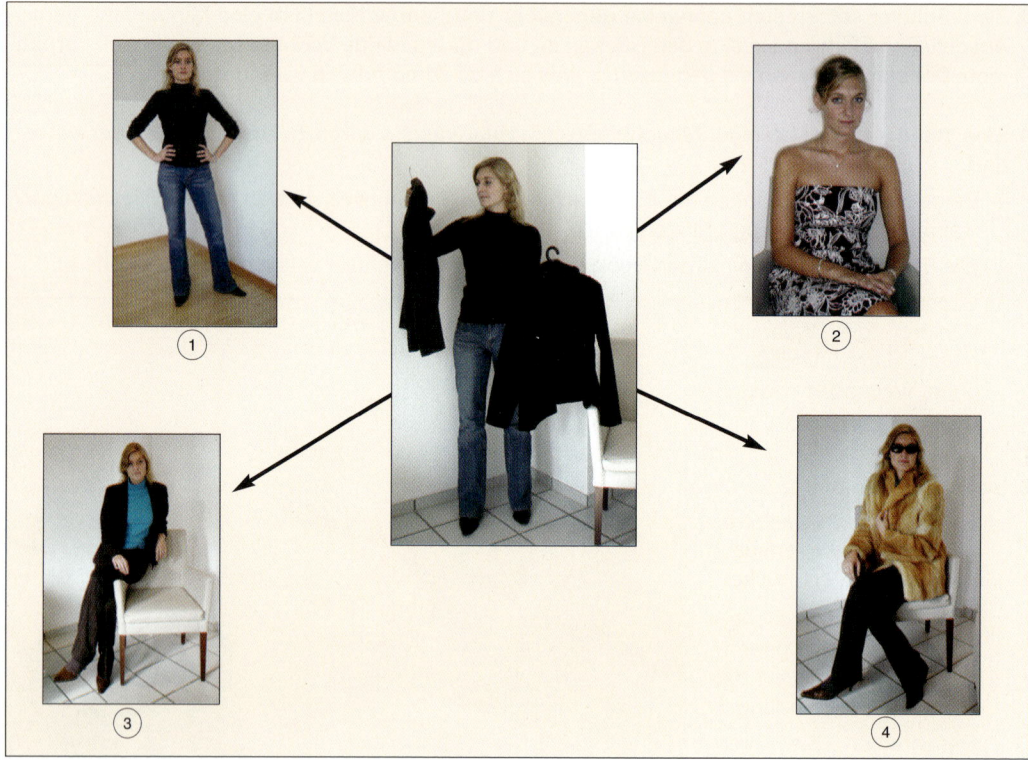

Bild 1: Wirkattribut Kleidung zu verschiedenen Anlässen

10. Erschließung des Begriffs „Verhalten" in Gruppen.

a) Wie wird Verhalten definiert? Recherchieren Sie im Wörterbuch, im Lexikon und im Internet.

b) Suchen Sie zu jedem Buchstaben des Wortes VERHALTEN Begriffe, die im Zusammenhang mit Verhalten stehen/stehen könnten (z. B.: V = Vergessen, Vertrauen usw., E = Entwickeln, Entwerfen usw.)! Präsentieren Sie Ihr Ergebnis auf einem Plakat.

c) Ermitteln Sie die kreativste Gruppe! Bei fehlender Nennung zu einem Buchstaben gibt es keinen Punkt, bei Nennungen eines Begriffs durch mehrere Gruppen gibt es fünf Punkte, bei einmaligen Nennungen gibt es 10 Punkte.

d) Diskutieren Sie gemeinsam in der Klasse, welche der genannten Begriffe für den Friseurberuf entscheidend sind.

11. Ergänzen Sie Tabelle 1 in Kap. 2.2.1 (Gestaltungsmöglichkeiten von Sprache und deren Wirkung), indem Sie weitere Gestaltungsmöglichkeiten von Sprache und deren Wirkung aufzählen.

3 Körpersprachlicher Ausdruck – Reden ohne Worte

Jeder zwischenmenschliche Kontakt erfolgt auch über die Wahrnehmung und Beurteilung nonverbaler Signale. Damit sind alle Botschaften gemeint, die dem Gegenüber ohne Worte vermittelt werden. Diese sind für die Beratung von großer Bedeutung. So können einer aufmerksamen Verkäuferin schon die kleinsten nicht sprachlichen Reaktionen verraten, ob die Kundin z. B. an einem Produkt Interesse hat, ob sie Zeit für Produktinformationen aufbringen möchte, ob sie eine Kaufentscheidung getroffen hat oder noch unschlüssig ist.

Gerade die nonverbalen Signale des Körpers geben mehr Wahrheit preis als Worte. Das beruht auf der Tatsache, dass in dieser Form meist unbewusst und direkt „gesprochen" wird. Um so wichtiger ist es daher, der Körpersprache mit großer Aufmerksamkeit zu begegnen und die Wahrnehmung in diesem Punkt zu schärfen.

3.1 Nonverbale Ausdrucksmittel und Ausdrucksformen

> *Anja lehnt mit verschränkten Armen an der Rezeption. Wütend fährt sie die Chefin an: „Ihnen sieht man schon von großer Entfernung an, dass Sie keine Lust zum Arbeiten haben!"*

Liegt die Chefin mit ihrer Vermutung richtig? Ist Menschen anzusehen, was sie denken und fühlen? Es ist schwierig, eindeutige Antworten auf diese Fragen zu geben. Die **nonverbale Kommunikation** ist vermutlich die älteste Form zwischenmenschlicher Verständigung. Allerdings wird ihre Bedeutung von den meisten Menschen unterschätzt. Der Körper ist niemals stumm, sondern teilt durch Signale mit, was gerade gedacht oder empfunden wird. Anhand der Körperhaltung, der Gesichtszüge, und/oder der Stimme erhält der Gesprächspartner Informationen zu den wirklichen Gedanken. Das „Sprechen" mit dem Köper ist eine persönliche Ausdrucksform mit einer individuellen Ausprägung. Wut zeigt der eine durch drohendes Zusammenziehen der Augenbrauen, der andere durch regelmäßiges An- und Entspannen der Unterkiefermuskeln oder durch Ballen der Hände zu Fäusten.

So unterschiedlich die Menschen in Alter, Geschlecht, Ansehen und Rolle sind, so verschieden ist auch ihr Gebrauch der nonverbalen Ausdrucksmöglichkeiten. Daraus ergeben sich Schwierigkeiten, diese „Sprache" eindeutig zu verstehen. Mit jeder Art körpersprachlicher Darstellung werden anderen Botschaften vermittelt – ob bewusst oder unbewusst.

Die nonverbale Ausdrucksweise bedient sich besonderer **Ausdrucksmittel** des Körpers (Bild 1). Mit diesen Werkzeugen der nonverbalen Sprachgestaltung werden bewusst oder unbewusst Botschaften formuliert. Diese lassen Einblicke in die Gedanken- und Gefühlswelt von Personen zu. Der Einsatz der verschiedenen Ausdrucksmittel führt je nach Situation zu besonderen **Ausdrucksformen**. Dabei reizen Nerven die Muskeln der Augenpartie, des Gesichts oder des aktiven Bewegungsapparates, sodass Körpersprache „Form" annimmt (vgl. Tab. 1 folgende Seite).

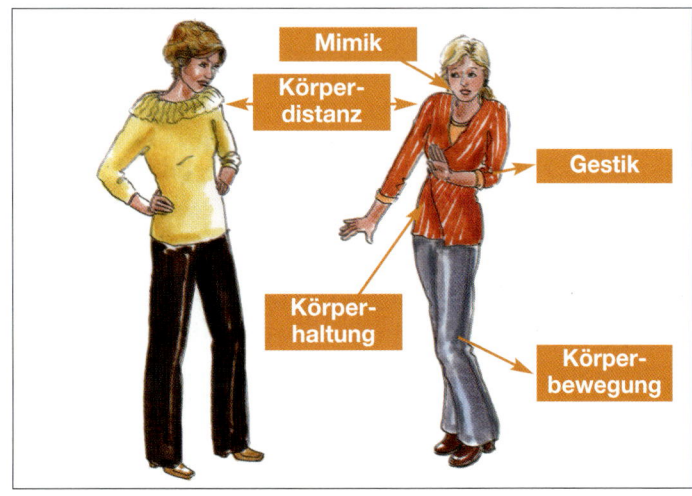

Bild 1: Nonverbale Ausdrucksmittel

3 Körpersprachlicher Ausdruck

Tabelle 1: Ausdrucksmittel, Ausdrucksformen und ihre Botschaften		
Ausdrucksmittel	**Ausdrucksform**	**Botschaft**
Mimik	Lächeln	Freude
Gestik	Erhobene Faust	Drohen
Körperhaltung	Gesenkter Kopf	Schuldgefühl
Körperbewegung	Zappeln	Unruhe

Es gibt auch Ausdrucksformen des Körpers, bei denen bewusste Steuerung und Lenkung durch die Person nicht möglich sind. Sie machen es in bestimmten Situationen unmöglich, die Wahrheit um die innere Gefühlswelt zu verbergen. Dazu gehören beispielsweise: Schweißfluss durch Aufregung bei Klassenarbeiten, Erröten durch Lügen oder Erbleichen bei plötzlichem Erschrecken.

Themenschwerpunkte:
- Mimik
- Gestik
- Körperhaltung
- Körperbewegung
- Distanzbereiche

3.1.1 Mimik

Vor 2000 Jahren schrieb der römische Schriftsteller Cicero „Das Gesicht ist der Spiegel der Seele". Damit wird deutlich, dass Gefühle und Stimmungen im Gesicht widergespiegelt und somit von anderen wahrgenommen werden können. Dieses Mienenspiel wird Mimik genannt.

Mit Mimik wird der Gesichtsausdruck bezeichnet, der durch die Bewegung der Gesichtsmuskulatur entsteht. Das Gesicht offenbart hauptsächlich sechs verschiedene Emotionen, die so genannten Basis-Emotionen: Angst, Furcht, Glück, Trauer, Überraschung und Abscheu.

Die bedeutendsten Gesichtspartien für die Mimik sind Nase, Augen, Mund und Stirn. Die folgenden Informationen und Tabellen verdeutlichen die Ausdrucksformen und deren Botschaften.

Nase

Mithilfe spezieller Muskeln kann auch die Nase begrenzt bewegt werden. Dabei stehen die zumeist kleinen Veränderungen häufig im Zusammenhang mit starken Empfindungen. Ein solcher Gefühlszustand lässt sich nach Ansicht des Volksmundes bekanntlich schon „an der Nasenspitze ablesen". Tabelle 2 zeigt einige Beispiele dazu.

Tabelle 2: Ausdrucksformen von Nasen und ihre Botschaften		
Ausdrucksmittel	**Ausdrucksform**	**Botschaft**
Nase	Heben und Senken der Nasenflügel	Erregung
	Aufblähen der Nasenflügel	Skepsis, Alarmbereitschaft, Zorn
	Rümpfen der Nase	Unbehagen, Abneigung, Unzufriedenheit

3.1 Nonverbale Ausdrucksmittel und Ausdrucksformen

Augen

Die Sprache der Augen ergibt sich aus ihrer Öffnungsweite und der Blickrichtung. Entsprechend der unterschiedlichen Öffnungsweite der Augen (Ausdrucksformen) werden verschiedene Botschaften gesendet (Tabelle 1).

Tabelle 1: Unterschiedliche Öffnungsweiten der Augen und ihre Botschaften		
Ausdrucksmittel	Ausdrucksform	Botschaft
Öffnungsweite der Augen	Weit geöffnete Augen	Interesse, Aufgeschlossenheit
	Eng gestellte Augen	Skepsis, Ablehnung, Strenge
	Aufgerissene Augen	Erstaunen, Erschrecken
	Verschleierte Augen	Lustlosigkeit, Trägheit, Erschöpfung

Ebenso wie bei der Öffnungsweite der Augen lassen auch verschiedene Blickrichtungen Rückschlüsse auf Gedanken, Überlegungen, Empfindungen einer Person zu. Was Blickrichtungen (vom Beobachter aus gesehen) verdeutlichen können, zeigen die Beispiele in der nachfolgenden Tabelle 2.

Tabelle 2: Blickrichtungen und ihre Botschaften		
Ausdrucksmittel	Ausdrucksform	Botschaften und ihre möglichen Rückschlüsse
Blickrichtung	Bild 1: Blickrichtung nach oben	Hilfe erflehend („Mir muss jetzt ganz schnell eine Lösung einfallen, sonst…!")
	Bild 2: Blickrichtung nach links oben	Überlegend, nach erfundenen und konstruierten Lösungen suchend (Was sage ich jetzt bloß auf die Frage des Chefs nach dem Grund der Verspätung?", „Der Bus stand zu lange vor der roten Ampel.")
	Bild 3: Blickrichtung nach rechts oben	Persönliches Wissen abrufend („Tenside sind in jedem Fall in Shampoos enthalten.")

3 Körpersprachlicher Ausdruck

Ausdrucksmittel	Ausdrucksform	Botschaften und ihre möglichen Rückschlüsse
	Fortsetzung Tabelle 2: Blickrichtungen und ihre Botschaften	
Blickrichtung	Bild 1: Blickrichtung nach links unten	Gefühlen bzw. der persönlichen Stimmungslage nachgehend ("Ich finde es nicht gut, wie ich von meiner Kollegin behandelt worden bin.")
	Bild 2: Blickrichtung nach rechts unten	Inneres Selbstgespräch führend ("Oh je, hier ist mir aber wieder ein Fehler passiert. Was mache ich bloß?")
	Bild 3: Blickrichtung nach unten	Neues abwägend ("Schaffe ich diese neue Anforderung?")
	Bild 4: Blickrichtung geradeaus, fixierend	Abschätzend, drohend ("Erledige sofort deine Arbeiten, sonst ...")
	Bild 5: Blickrichtung in die Ferne	Zukunftsorientiert denkend ("Wie geht es nach meiner Ausbildung weiter?")

Mund

Durch eine bestimmte Art, den Mund zu formen, werden ebenfalls Grundstimmungen deutlich. Eine Auswahl bedeutender Formen verdeutlicht die folgende Tabelle.

Tabelle 1: Mundformen und ihre Botschaften

Ausdrucksmittel	Ausdrucksform	Botschaft
Mundwinkel	Mundwinkel nach oben gerichtet	Heitere Stimmung, positive Einstellung
	Mundwinkel nach unten gerichtet	Entschlossenheit, Ärger, Verstimmtheit, negative Einstellung, Traurigkeit, Spott
Öffnungsweite des Mundes	Mund weit geöffnet	Erstaunen, Überraschung, Schreck, Überforderung
	Mund fest, aber nicht verkrampft geschlossen	Entschlossenheit
	Mund leicht geöffnet	Zugänglichkeit, Aufgeschlossenheit, Kontaktbereitschaft
Lippen	Lippen fest verschlossen	Zurückhaltung, Ablehnung, nichts sagen wollen, Anspannung
	Lippen nach vorne gespitzt	Entscheidungsschwierigkeiten, prüfende Haltung
	Unterlippe vorgeschoben (Schmollmund)	Schutzbedürftigkeit, Appell an den Beschützerinstinkt des Gegenüber, beleidigt sein

Stirn

Bei Bewegungen der Stirn bilden sich charakteristische mimische Falten, die im Alter immer tiefer werden. Fast kann man sagen, dass der Verlauf des Lebens einer Person ins Gesicht geschrieben ist. Typische Faltenmuster werden in Tabelle 2 vorgestellt.

Tabelle 2: Ausdrucksformen der Stirn und ihre Botschaften

Ausdrucksmittel	Ausdrucksform	Botschaft
Stirn	Waagerechte Stirnfalten	Aufgeschlossenheit, Aufmerksamkeit
	Senkrechte Stirnfalten	Skepsis, Konzentration, Enttäuschung, Zorn, körperliches Unbehagen
	Glatte Stirn	Entspanntheit, Gelassenheit

Gesamteindruck

Normalerweise betrachtet man nicht die einzelnen mimischen Ausdrucksmittel für sich allein, sondern ihre Gesamtheit.

Der Betrachter gewinnt dadurch ein eindeutigeres Bild über die Befindlichkeit der Person, ihre Stimmungslage oder Einstellung.

Einen solchen Gesamteindruck verdeutlichen die folgenden drei Bilder, die Gesamteindrücke zu diesen Stimmungen darstellen:

- Aufmerksamkeit, Erstaunen, Erschrecken
- Ausgeglichenheit und Zufriedenheit
- Wut und Trotz

Bild 1: Aufmerksamkeit, Erstaunen, Erschrecken

Bild 1: Ausgeglichenheit, Zufriedenheit

Bild 2: Wut, Trotz

3.1.2 Gestik

Mit der Gestik wird die Bewegung von Händen und Armen verbunden. Die nachfolgende Tabelle liefert eine kleine Auswahl von häufigen Gesten und ihren Botschaften.

Tabelle 1: Gestik und ihre Botschaften		
Ausdrucksmittel	**Ausdrucksform**	**Botschaft**
Hand und Arm	Verschränkte Arme vor dem Körper	Ablehnung, Nachdenken, Abschalten, Überheblichkeit, mangelnde Kommunikationsbereitschaft, Müdigkeit
	Hände in den Taschen	Unhöflichkeit, Nachlässigkeit, Desinteresse, Passivität
	Hände hinter dem Rücken	Zurückhaltung, Befangenheit, Verlegenheit
	Hände in den Hüften	Überlegenheit, Stärke, Imponiergehabe
	Bewegung der Hände und Arme in den Raum hinein	Geben, Übermitteln, bildliches Mitteilen
Hände	Handfläche nach oben geöffnet	Offenheit, Aktivität, Ehrlichkeit
	Handfläche nach unten geöffnet	Beschwichtigung, Passivität
	Handfläche nach vorne	Ablehnung, Abgrenzung, auf Distanz halten

Gesten müssen immer in Abhängigkeit von der Situation betrachtet werden. Folgende Beispiele beziehen sich auf die Geste „verschränkte Arme". Diese soll im Kontext verschiedener Situationen analysiert werden.

1. Beispiel: In der Eingangssituation werden Anjas verschränkte Arme von der Chefin als Hinweis auf Verweigerung der Arbeit gesehen, denn die Arme befinden sich in gewisser Weise in Ruheposition. Am Arbeitsplatz erwartet jede Chefin jedoch geschäftiges Tun. Dies ist verknüpft mit Aktion, also Körperbewegung, Körperspannung und handlungsorientierter Gestik.

2. Beispiel: Betritt eine Kundin den Salon kurz vor Ladenschluss, kann sie aus den verschränkten Armen der Friseurin verschiedene Schlüsse ziehen. Die Friseurin kann müde sein und hat eine bequeme Haltung eingenommen. Oder die Friseurin will Feierabend machen und die Kundin nicht mehr bedienen.

3. Beispiel: Im Rahmen einer Beratung vermitteln die verschränkten Arme der Friseurin möglicherweise den Eindruck von Überheblichkeit und Dominanz. Bei der Kundin stellt sich das Gefühl ein, dass der absolute Fachmann vor ihr steht und ihr etwas vorschreibt. Auf keinen Fall sind persönliche Einmischungen der Kundin erwünscht.

3.1 Nonverbale Ausdrucksmittel und Ausdrucksformen

3.1.3 Körperhaltung

Die Körperhaltung vermittelt besonders deutlich Signale der inneren Befindlichkeit, Ansichten und Absichten eines Menschen. Grundsätzlich zu unterscheiden sind dabei die geschlossene und die offene Grundhaltung des Körpers.

Die Silhouette einer geschlossenen Körperhaltung zeigt einen kompakten Umriss. In Bild 1 vermittelt Anjas Körperhaltung Traurigkeit, Schuld und Resignation. In Bild 2 werden durch ihre Körperhaltung Angst, Verschüchterung und Verkrampfung deutlich.

Bei der offenen Körperhaltung ist der Umriss durchbrochen, beispielsweise durch einen herausragenden Arm oder ein seitlich ausgestelltes Bein. In Bild 3 werden Stärke und Macht erkennbar. Die Körperhaltung in Bild 4 spiegelt Gesprächsbereitschaft und Aktivität wider.

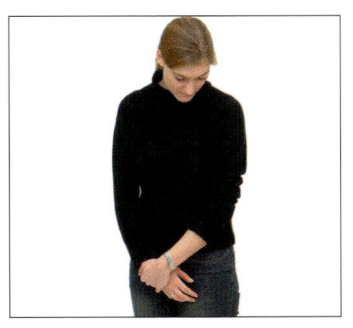

Bild 1: Traurigkeit, Schuld, Resignation

Bild 2: Angst, Verschüchterung, Verkrampfung

Bild 3: Stärke, Macht

Bild 4: Gesprächsbereitschaft

3.1.4 Körperbewegung

Die Körperbewegung kann ruhig oder unruhig, ausgeglichen oder hektisch, schleichend oder energisch, angespannt oder locker sein. Diese Eindrücke stehen in engem Zusammenhang mit dem Gang, der Oberkörper- und der Kopfbewegung. Beispiele dazu sind in Tabelle 1 aufgeführt.

Tabelle 1: Botschaften der Körpersprache

Ausdrucksmittel	Ausdrucksform	Botschaft
Gang	Schleichender Gang	Hinterhältigkeit, Müdigkeit, Lustlosigkeit
	Energischer Gang	Selbstbewusstsein, Offenheit, Ausgeglichenheit, Sicherheit, Zielstrebigkeit
Oberkörper	Unruhige Oberkörperbewegung	Nervosität, Unsicherheit, Unausgeglichenheit, innere Anspannung
	Gleichmäßige Oberkörperbewegung	Ruhe, Selbstsicherheit, Ausgeglichenheit, Gelassenheit
Kopf	Seitliches Kopfschütteln	Verneinung, Ablehnung, Unverständnis
	Kopfnicken	Aufmerksamkeit, Zustimmung, Verständnis
	Kopf ruckartig in den Nacken werfen	Drohung, Überlegenheit, Verächtlichkeit
	Seitliches Kopfschaukeln	Abwägen, Skepsis, Misstrauen

3 Körpersprachlicher Ausdruck

■ 3.1.5 Distanzbereiche

Es gibt ein „ungeschriebenes Gesetz", dass bei Kontakten zwischen Menschen Distanzbereiche (Bild 1) eingehalten werden müssen. Insbesondere das Eindringen in den intimen Distanzbereich wird eigentlich nur persönlich nahe stehenden Personen gestattet. Bei der Diagnose und Ausführung von Facharbeiten ist es unerlässlich, dass die Friseurin in diesen Bereich vordringt.

Dies macht deutlich, zu welch hohem Maß an Umsichtigkeit und Sensibilität die Friseurin verpflichtet ist. Unabhängig davon wird den Salonkräften dieser Freiraum nur zugestanden, wenn sie zuvor durch ihr Verhalten das Vertrauen und die Zuneigung der Kundin gewonnen haben. Auch in diesem Zusammenhang gilt der Grundsatz, dass bereits über ein Lächeln der Zugang zur Kundin gelingt. Dennoch sollte man sich in jedem Fall mit der gängigen Frage: „Darf ich mir Ihre Haare einmal näher anschauen?" das Einverständnis der Kundin einholen.

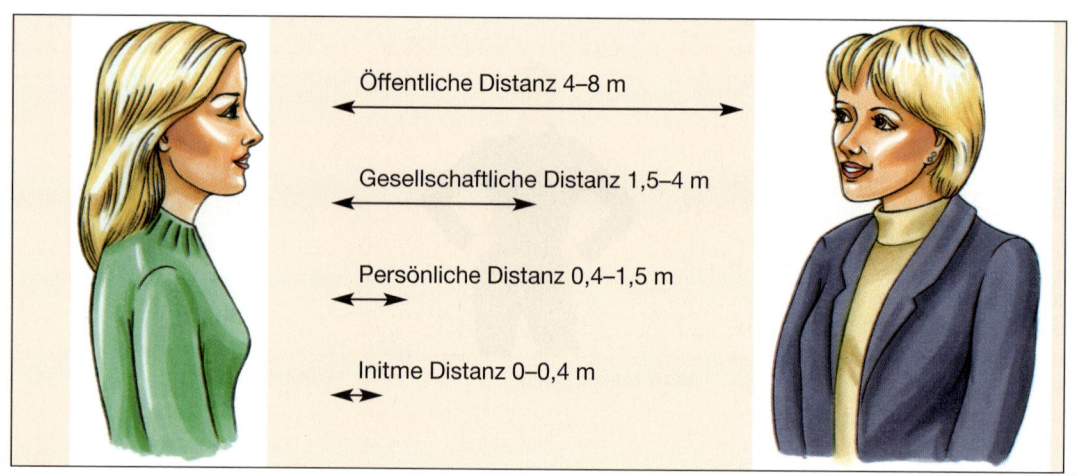

Bild 1: Distanzbereiche

- Öffentliche Distanz 4–8 m
- Gesellschaftliche Distanz 1,5–4 m
- Persönliche Distanz 0,4–1,5 m
- Initme Distanz 0–0,4 m

■ 3.2 Körpersprache im Beruf

Anja wird von ihrer Chefin angesprochen: „Wieso hast du Frau Gerneschön heute so unfreundlich angesehen? Sie hat sich beschwert." Anja: „Ich habe gar nicht gemerkt, dass ich so böse geschaut habe. Beim Färben der Haare war ich so angespannt und konzentriert." Chefin: „In jeder Situation musst du dir der Wirkung deiner Körpersprache bewusst sein. Kontrolliere deinen Gesichtsausdruck und deine Körperhaltung ab und zu im Spiegel."

Um die berufliche Bedeutung von nonverbalem Ausdruck herauszuheben, ist es wichtig zu wissen und zu bedenken, dass der Körper eigentlich immer „spricht". Dabei ist es egal, ob jemand alleine oder mit anderen Personen zusammen ist, ob er arbeitet oder gerade eine Pause einlegt. Ständig verrät der Körper nonverbal etwas über die Gedanken, Stimmungen und Wünsche.

Die Wirkung des Lächelns im Dienstleistungsbereich wird in den Zeitungsartikeln auf der folgenden Seite besonders hervorgehoben.

Themenschwerpunkte:
- Bewusster Einsatz von Körpersprache im Salon
- Körpersprache von Kundinnen in ausgewählten Situationen

3.2 Körpersprache im Beruf

Pförtnerin hat für jeden Besucher ein Lächeln
RATHAUS: Ilka Schaffhauser weist sicheren Weg durch den Ämter-Dschungel

Ilka Schaffhauser besitzt eine „Geheimwaffe", die sie in jeder Situation und bei jedem Menschen einsetzt: ihr Lächeln. „Das funktioniert immer", verrät die 57-jährige, die an exponierter Stelle sitzt: an der Pforte des Rathauses und der Stadthäuser. Dort ist die Recklinghäuserin erste Ansprechpartnerin für die Bürgerinnen und Bürger.

Quelle: RZ vom 24.08.2001

Das Lachen bringt's
Auch Mimik kann Gefühle beeinflussen

Jede Bewegung des Gemüts läßt sich an einer Veränderung des körperlichen Ausdrucks ablesen. Neuesten Forschungen zufolge aber kann umgekehrt auch die Körperhaltung die Gefühle beeinflussen.

Schon Jarles Darwin hatte im vorigen Jahrhundert die Theorie aufgestellt, dass der mimische Ausdruck auf das Gefühl zurückwirkt, das ihm zugrunde liegt und sogar verstärkt. Mit anderen Worten: Wer lacht, weil es ihm gut geht, wird sich noch besser fühlen durch den Einsatz der entsprechenden Gesichtsmuskeln. Den entscheidenden Beweis für die Theorie der „Gesichts-Rückkopplung" liefert der Psychologe Prof. Fritz Strack von der Universität Trier. Er bat eine Gruppe von Versuchspersonen, einen Bleistift zwischen den Zähnen einzuklemmen. Eine zweite Gruppe klemmt den Stift zwischen die Lippen. Was niemand wusste: Wird der Stift mit den Zähnen gehalten, dann werden die gleichen Gesichtsmuskeln eingesetzt wie bei herzhaftem Lachen. Klemmt der Stift aber zwischen den Lippen, dann nehmen die Lippen die gleiche Haltung ein wie bei einer sauertöpfischen Miene.

Nun werden den Testern Witzzeichnungen gezeigt – das Ergebnis: Wer einen Stift zwischen den Zähnen hielt, fand die Zeichnungen viel lustiger als die anderen, die die Lippen zusammenklemmten. Der Humor kommt also tatsächlich beim Lachen.

Die Frage war nun, ob diese Gesetzmäßigkeit nur auf den Sonderfall „Belustigung" zutrifft oder ob auch Empfindungen wie Stolz, Überraschung oder Anstrengung durch Gebärden- und Mienenspiel oder körperliche Gesten verstärkt werden.

Schon Darwin hatte beobachtet, dass Stolz von einer aufrechten Körperhaltung begleitet wird – als wolle der Mensch seine Überlegenheit zur „Schau stellen". Worte mit ähnlicher Bedeutung wie „stolz" lauten ja auch „hochgemut" oder „herablassend". Menschen mit geringem Selbstbewusstsein nehmen dagegen eine gebückte „unterwürfige" Körperhaltung ein.

Um zu testen, ob die Körperhaltung den Stolz beeinflusst, führte Strack ein weiteres Experiment durch: Durch die Anordnung von Büromöbeln wurden ihre Versuchspersonen teils zu einer aufrechten, teils zu gebeugter Schreibposition veranlasst. Gleichzeitig wurde allen mitgeteilt, sie hätten bei einem geistigen Leistungstest überragend gut abgeschnitten. Die Reaktionen wurden mit einem Fragebogen eingeholt – und es zeigte sich, das die Versuchspersonen viel stolzer reagierten, wenn sie die gute Botschaft in einer aufrechten Körperhaltung hörten. Die gebückte Position beeinträchtigte das Gefühl stark.

Auf welche Weise der Schub für das Selbstbewusstsein zustandekommt, ist den Psychologen noch unklar. Eine Erklärung könnte die vaskuläre Theorie der Gefühle sein: Danach verändert der mimische und gestische Ausdruck über die Adern die Blutversorgung des Gehirns. Wenn Menschen einem angenehmen Geühl Ausdruck geben, wandert mehr abgekühltes Blut ins Gehirn, diese leichte Abkühlung erzeugt eine Verbesserung der Stimmung.

Vielleicht führten die Versuchspersonen diesen Effekt durch die Atmung herbei; es ist bekannt, dass in aufrechter Körperhaltung viel kräftiger und tiefer Luft geholt wird.

Eine andere Erklärung liegt womöglich in der unterbewußten Konditionierung: Menschen richten immer wieder reflexhaft ihren Körper auf, wenn sie ein Gefühl des Stolzes durchleben. Irgendwann geht dieser Zusammenhang so „in Fleisch und Blut" über, dass die eine Komponente (Stolz) automatisch mitschwingt, wenn die andere Komponente (aufrechte Haltung) ausgeführt wird.

Quelle: WAZ vom 10.04.1993

Lächeln öffnet jedes Tor
PFÖRTNER: Werner Pest „bewacht" den Hartmann" - Eingang / Stets gut gelaunt

Ob Liferanten oder Vertreter: Sie alle klopfen an Pests Schreibe oder fahren mit ihren Lastwagen voller Rohmaterial an ihm vorüber. Und der empfängt sie mit einem fröhlichen Lachen, sogar morgens um 7 zu Beginn der Frühschicht. „Schliesslich öffnet ein Lächeln im Gesicht Tür und Tor", sagt der Pförtner, der aber nirgends hinein möchte, sondern – umgekehrt – auf Knopfdruck Einlass gewährt, doch erst wenn sich der Gast in das „Personen-Kontrollbuch" eingetragen hat. Immer wieder freut sich Pest, wenn die Besucher nich an ihm vorbeieilen, als seien sie auf der Flucht, sondern für einen Plausch und einige private Worte stehen bleiben. „Aber diese Zeit haben die wenigsten."

Quelle: RZ vom 24.08.2001

Die Wirkung des Lächelns im Dienstleistungsbereich

3.2.1 Bewusster Einsatz von Körpersprache im Salon

Im Salon ist es nicht passend, wenn die Auszubildende/Angestellte der Kundin in aller Deutlichkeit zeigt, wie sie sich fühlt. Die persönliche nonverbale Ausstrahlung und das gesamte Tun müssen im Kern auf die Bedürfnisse der Kundin ausgerichtet sein.

Kundinnen erwarten immer eine entspannte und spannungsfreie Atmosphäre, uneingeschränktes Interesse an ihrer Person und Offenheit für Probleme und Wünsche. Mit diesem hohen Anspruch nehmen sie daher auch schon kleinste atmosphärische Störungen wahr, die Unzufriedenheit zur Folge haben können.

Besonders unangenehm berührt fühlt sich die Kundin, wenn Spannungen unter den Mitarbeitern spürbar sind und möglicherweise dann noch offen, also verbal, ausgetragen werden. Aus diesem Grund erfordert die Rolle eines Verkäufers und Beraters ein diszipliniertes, konzentriertes und zielstrebiges Verhalten. Dieses wird durch eine bewusst eingesetzte positive Körpersprache hervorgerufen. Mit folgenden Ausdrucksformen können solche Akzente gesetzt werden:

- Offener und direkter Blick/Augenkontakt
- Freundliches Lächeln
- Ruhige Haltung von Armen und Händen
- Aufrechte Haltung mit leichter Körperspannung

Der nachfolgende Text verdeutlicht den Zusammenhang zwischen körpersprachlichem Verhalten und der Kundenwahrnehmung/Kundenreaktion recht eindrucksvoll.

Ich bin eine nette Kundin

„Kennen Sie mich? Ich bin eine nette Kundin. Ich beklage mich eigentlich nie. In der Parfümerie warte ich geduldig, während die Verkäuferin mit ihrer Kollegin plaudert und mich nicht einmal ansieht.

Ob sie mir heute wohl noch ein Make-up verkauft? Manchmal wird eine Kundin, die nach mir gekommen ist, zuerst bedient. Aber ich beschwere mich nicht. Ich bin eine nette Kundin.

Im Friseursalon nehme ich auf meine Mitmenschen ebenfalls Rücksicht. Bedient mich zum Beispiel eine genervte Friseurin, die mich mit mürrischer Miene ansieht, nur weil ich mich nicht so schnell entscheiden kann, bleibe ich trotzdem höflich und nett. Denn ich bin ja eine nette Kundin!

Ich kritisiere nie. Es würde mir nicht im Traum einfallen, der Friseurin eine Szene zu machen und sie dadurch in Verlegenheit zu bringen. Das ist albern und peinlich! Schließlich bin ich eine nette Kundin!

Ich will Ihnen aber auch sagen, was ich noch bin. Ich bin die Kundin, die nie wiederkommt. Dadurch räche ich mich dafür, dass man mich nicht wertschätzt. Auf diese Weise kann ich meinen Ärger zwar nicht gleich zeigen, aber auf lange Sicht ist diese Art der Rache viel effektvoller.

Ein Sprichwort sagt: Wer zuletzt lacht, lacht am besten. Ich lache, wenn ich sehe, wie mein ehemaliger Friseur viel Geld für Werbung ausgibt, um mich wieder als Kundin zu gewinnen. Dabei hätte man mich mit netten Worten und mit einem freundlichen Lächeln von Anfang an behalten können."

Es gelingt mit dem minimalen Aufwand des Lächelns, Kundenzufriedenheit zu erzielen. Aber auch der Friseurin bringt das vielleicht verordnete, und dann als aufgesetzt empfundene Lächeln, etwas Positives. Sie wird feststellen, dass das bestellte Lächeln eine spiegelbildliche Reaktion bei der Kundin bewirkt

3.2 Körpersprache im Beruf

– sie wird zurück lächeln. Man nimmt damit ein positives Signal auf, das eine Rückkopplung entstehen lässt. Der Umgang mit der Kundin bereitet Freude und macht Spaß!

Bewusste Steuerung von Körpersprache wirkt somit auf die eigene Persönlichkeit zurück. Wem es gelingt, Signale der Unsicherheit, wie z. B. „Ordnen" der eigentlich ordentlichen Haare oder „Festhalten" an Türpfosten oder anderen Gegenständen, abzulegen, legt gleichzeitig ein Stück Unsicherheit mit ab.

■ 3.2.2 Körpersprache von Kundinnen in ausgewählten Situationen

Bislang wurde die eigene Körpersprache in den Mittelpunkt der Betrachtung gestellt. Im unmittelbaren Umgang mit der Kundin sind aber deren körpersprachliche Signale ebenso wichtig, da sie für die Friseurin einen ständigen Kontrollmechanismus darstellen. Genaues Beobachten und ein grundlegendes Verständnis hinsichtlich der vermittelten Körpersprache geben ihr Hinweise darauf, wie gut sie Erwartungen und Wünsche der Kundin erfüllt.

Natürlich lässt sich einwenden, dass Kundinnen schon sagen werden, was sie stört und womit sie überhaupt nicht einverstanden sind. Aber in dieser Form geben die wenigsten Rückmeldung. Das erklärt sich damit, dass sie durch die große (vor allem auch räumliche) Nähe zur Friseurin und den Körperkontakt eine Beziehungsverpflichtung verspüren. Und da liegt es in der Natur der Sache, dass man jemandem, der einem sehr „nahe steht", nur selten offen gegenüber Kritik übt. Man möchte den anderen schließlich nicht verletzen. Also hält die Kundin sich lieber bedeckt und schweigt, vielleicht in der stillen Hoffnung, dass die Friseurin schon spürt oder sieht, wie es im Innern um sie steht.

Was die Körpersprache von Kundinnen in typischen Salonsituationen verraten kann, wird in den nachfolgenden Tabellen verdeutlicht.

Tabelle 1: Körpersprache einer Kundin beim Empfang und in der Warteecke

Bild 1	Bild 2	Bild 3
Ausdrucksform der Kundenkörpersprache		
Von der Friseurin weggewandte Körperhaltung	Entspannte Sitzposition	Angespannte Haltung, Sprunghaltung
Botschaften und mögliche Gedanken der Kundin		
Ablehnung, Verärgerung „Mein Gott, ist das ein unfreundliches Volk. Die Friseurin ist zu faul, um mich zum Platz zu begleiten."	Zufriedenheit „Schön, mal wieder etwas Zeit für mich selbst zu haben."	Unzufriedenheit, Entschlossenheit zu gehen „Jetzt reicht es, lange warte ich nicht mehr."

3 Körpersprachlicher Ausdruck

Tabelle 1: Körpersprache einer Kundin während und nach der Haarwäsche

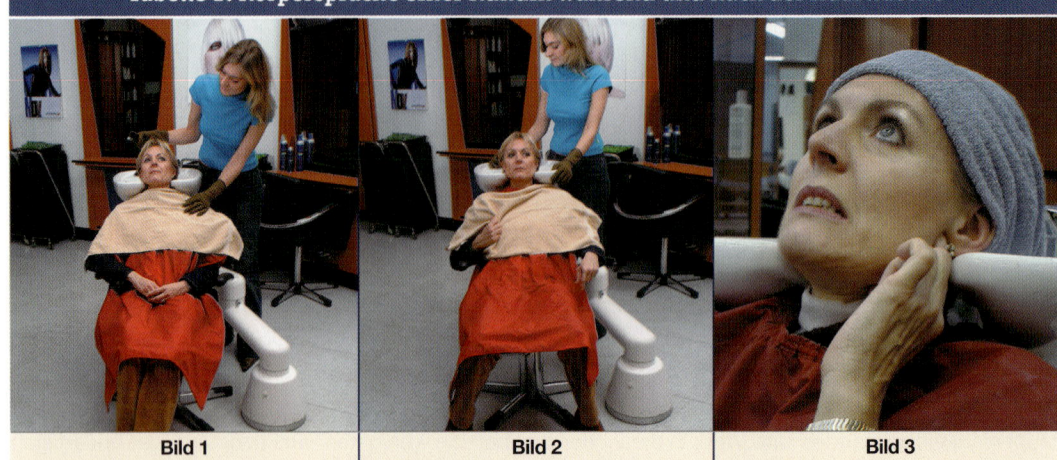

Bild 1	Bild 2	Bild 3
Ausdrucksform der Kundenkörpersprach		
Entspannte Haltung, ausgestreckte, übereinander geschlagene Beine	Festhalten am Stuhl, ernste Mimik, angewinkelte Beinstellung	Verzerrte Mimik, heruntergezogene Mundwinkel
Botschaften und mögliche Gedanken der Kundin		
Wohlfühlen „… tut das gut …"	Unzufriedenheit, Unwohlsein „Ist das unbequem. Und das Wasser – viel zu kalt."	Ärger, Missgestimmtheit „Ist das unangenehm mit dem Wasser im Ohr."

Tabelle 2: Körpersprache einer Kundin während des Haarschnitts

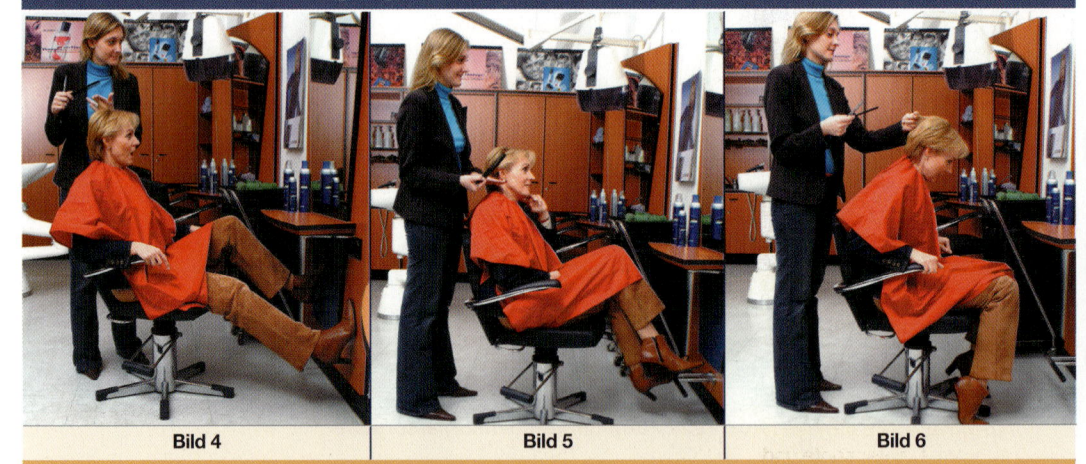

Bild 4	Bild 5	Bild 6
Ausdrucksform der Kundenkörpersprach		
Angespannte Sitzposition, „bremsender" Fuß	Übereinander geschlagene Beine, lockere Armhaltung	Verkrampfte Sitzhaltung, Beine angewinkelt, Hände suchen Halt
Botschaften und mögliche Gedanken der Kundin		
Anspannung, Flucht „Stopp!! Noch kürzer muss es jetzt aber nicht mehr werden!"	Entspannung, Zufriedenheit, Vertrauen „Das macht sie heute wieder richtig gut."	Anspannung, Unzufriedenheit „Wenn das jetzt auch noch schief geht, dann …"

3.2 Körpersprache im Beruf

Tabelle 1: Körpersprache einer Kundin während des Verkaufsgesprächs und bei der Bezahlung

Bild 1	Bild 2	Bild 3
Ausdrucksform der Kundenkörpersprache		
Abgewandte Körperhaltung, kein Blickkontakt, verschlossene Hände	Aufmerksamer Blick, zugewandte Körperhaltung	Irritierter Blick, offener Mund, nach vorne gebeugter Körper, in die Hüften gestemmte Arme
Botschaften und mögliche Gedanken der Kundin		
Desinteresse, Ablehnung „Was erzählt die denn, das ist doch überhaupt nicht günstig."	Interesse, Neugier „Das ist ja interessant, ich müsste nur noch wissen ..."	Unverständnis „Da kann doch wohl etwas nicht stimmen ...."

Tabelle 2: Körpersprache einer Kundin bei der Bezahlung und der Verabschiedung

Bild 4	Bild 5	Bild 6
Ausdrucksform der Kundenkörpersprache		
Geöffnete Arme, entspannte und lockere Körperhaltung	Zugewandte Körperhaltung, ausgestreckte Hand, Blickkontakt	Blickkontakt, zugewandte Körperhaltung, verbindliche Geste
Botschaften und mögliche Gedanken der Kundin		
Einverständnis, Akzeptanz, Offenheit „Ich kann alle aufgeführten Positionen nachvollziehen." – „...das ist ja interessant, ich müsste nur noch wissen ..."	Zuneigung, Höflichkeit „Eigentlich würde ich mich gerne verabschieden, aber das ist ja einseitig."	Zuneigung, Kontaktfreude „Ich habe mich richtig wohl gefühlt, hier sind wirklich alle nett."

3 Körpersprachlicher Ausdruck

■ Aufgaben

1. **Überprüfen Sie den Zusammenhang zwischen Blickrichtungen und Gedankenvorgängen. Wählen Sie dazu folgende Vorgehensweise:**
   a) Eine Mitschülerin verlässt den Raum.
   b) Die übrigen Schülerinnen formulieren Fragen, mit denen gespeichertes Wissen abgerufen wird oder Lösungsvorschläge zu neuen Aufgaben entwickelt werden müssen.
   c) Die Fragen werden der Mitschülerin vorgetragen. Die anderen Schülerinnen protokollieren jeweils die Reaktion (Blickrichtung) auf die gestellten Fragen.
   d) Deuten Sie die Ergebnisse.
   e) Welche Bedeutung haben Erkenntnisse über den Zusammenhang von Blickrichtung und Gedankenvorgängen für die Friseurpraxis?

2. **Im Beratungsgespräch werden Frisuren häufig gestisch erläutert.**
   a) Wählen Sie aus einer Zeitschrift eine Frisurenvorlage aus.
   b) Erläutern Sie diese Frisur ausschließlich gestisch Ihrer Mitschülerin, ohne dass diese die Frisurenvorlage gesehen hat. Die Frisurenbestandteile Pony, Oberkopf, Nacken usw. dürfen genannt werden.
   c) Legen Sie anschließend Ihrer Sitznachbarin die Bildvorlage vor. Deckt sich die Frisurenvorstellung Ihrer Mitschülerin damit?

3. **Betrachten Sie die folgenden Körperhaltungen a – i in Bild 1.**

Bild 1: Körperhaltung und ihre Botschaften

a) Beschreiben Sie die Körperhaltungen!
b) Welche Botschaften werden dadurch jeweils vermittelt?

Aufgaben

4. **Partnerarbeit zum Thema Körpersprache mit wechselnden Rollen (Darstellerin/Beobachterin)**
   a) Darstellerin: Bilden Sie eine der folgenden Stimmungen/Botschaften (Freude, Trauer, Zorn, Zuneigung, Abneigung, Interesse, Desinteresse) im Standbild ab.
   b) Beobachterin: Erörtern Sie, welche Botschaft vermittelt wurde und beurteilen Sie deren Eindeutigkeit.

5. **Bewerten Sie folgende Aussagen und begründen Sie Ihren Standpunkt jeweils. Körpersprache ist:**
   a) Unmittelbar (direkt)
   b) International
   c) Ausdrucksstark
   d) Uneindeutig
   e) Unbewusst
   f) Ehrlich

6. **In der Salonpraxis nimmt die Friseurin unterschiedliche Distanzen zur Kundin ein.**
   a) Geben Sie dafür Beispiele an und ordnen Sie diese den Distanzbereichen zu.
   b) Welche Distanzbereiche bestimmen im Wesentlichen die Arbeit der Friseurin?
   c) Zeigen Sie Konsequenzen auf, die sich daraus für Ihr Verhalten ergeben.

7. **Lesen Sie folgendes Fallbeispiel und lösen Sie die zugehörigen Aufgaben.**

   > **Fallbeispiel:**
   > Anja soll bei einer Neukundin eine Haar- und Kopfhautdiagnose durchführen. Sie geht zur Kundin, begrüßt diese und will die Haare für die Untersuchung scheiteln. Die Kundin zieht den Kopf weg.

   a) Erklären Sie, weshalb die Kundin den Kopf weggezogen hat.
   b) Beschreiben Sie, wie Anja vorgehen muss, damit die Kundin eine Kopfhautdiagnose zulässt.

8. **Lesen Sie aufmerksam den Zeitungsartikel „Das Lachen bringt's" in Kap. 3.2.**
   a) Stellen Sie die These zur Bedeutung des Lächelns nach Charles Darwin (Biologe) dar.
   b) Beschreiben Sie den Beweis dieser These durch Prof. Fritz Strack (Psychologe).

9. **Bearbeiten Sie die nachfolgenden Aufgaben:**
   a) Erarbeiten Sie in der Gruppe ein Drehbuch zu einer ausgewählten Salonsituation zwischen einer Kundin und einer Friseurin.
   b) Filmen Sie diese Situation.
   c) Präsentieren Sie Ihren Mitschülerinnen die filmische Darstellung ohne Ton.
   d) Ihre Mitschülerinnen machen sich zu den verschiedenen körpersprachlichen Ausdrucksformen bei der Kundin und Friseurin Notizen.
   e) Im Plenum werden die festgestellten Ausdrucksformen und ihre Botschaften analysiert und diskutiert.

4 Sprache – Das wichtigste Handwerkszeug für die Beraterin und Verkäuferin

Sprache ist ohne die Stimme und ihre bewusste Steuerung nicht möglich. Beim Sprechen kommt es jedoch nicht nur darauf an, wie etwas gesagt wird, sondern auch was gesagt wird.

4.1 Stimmbildung und zielgerichteter Einsatz der Stimme

> Anja begrüßt eine Kundin. Allerdings fällt ihr das Sprechen an diesem Tag schwer. Sie kann nur noch krächzende Laute von sich geben (Bild 1). So etwas ist ihr noch nie passiert. Aber sie war am Abend zuvor in der Disco und hat sich lange mit ihrer Freundin unterhalten. Die Verständigung dort war etwas schwieriger, da sie immer gegen die Musik anschreien musste.

Ein Beratungsgespräch ohne Stimme ist wie ein Haarschnitt ohne Schneidewerkzeug. Daher sollte die Friseurin ihre Stimme besonders schulen und pflegen.

Themenschwerpunkte:

- Funktionsweise des Stimm- und Sprechapparates
- Stimmhygiene oder Gesunderhaltung der Stimme
- Training zur Stärkung des Stimm- und Sprechapparates

Bild 1: Die Stimme versagt

4.1.1 Funktionsweise des Stimm- und Sprechapparates

Das Arbeitszeug für den, der redet, ist der Mund mit seinen innenliegenden Sprechorganen.

Durch die zentrale Steuerung und Koordination im Gehirn werden die einzelnen Organe (Bild 2) zu einer Funktionseinheit für Stimme und Sprache zusammengefügt. Der Ausatmungsstrom wird zur Stimmerzeugung benützt. Die Stimmlippen im Kehlkopf dienen der Stimmerzeugung. Die Töne entstehen durch die Vibration der Stimmbänder. Alle lufthaltigen Räume oberhalb des Kehlkopfes mit den Stimmlippen wie der Rachen, die Mundhöhle, die Nase und die Nasennebenhöhlen dienen der Klang- und Lautbildung.

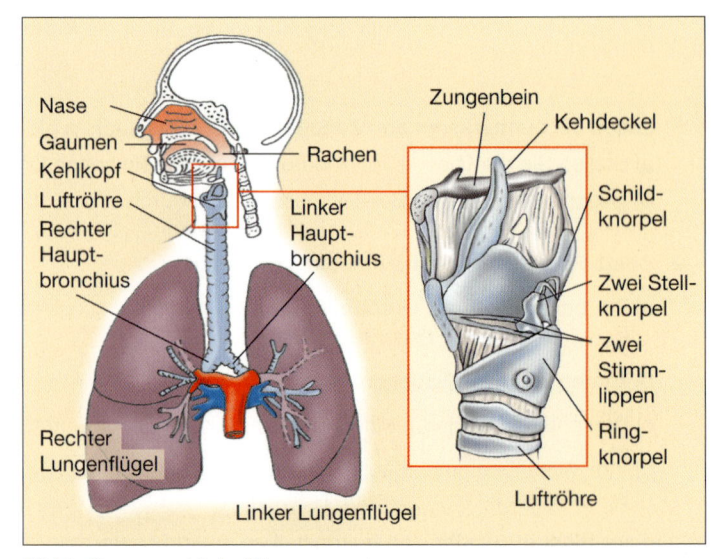

Bild 2: Der menschliche Stimmapparat

4.1.2 Stimmhygiene oder Gesunderhaltung der Stimme

Stimmhygiene heißt, dass die Stimme durch bestimmte Maßnahmen positiv beeinflusst wird. Diese positive Beeinflussung ist sinnvoll, damit die Stimme im Umgang mit Kundinnen wirkungsvoll eingesetzt werden kann. Die Maßnahmen sind in Tabelle 1 näher erläutert.

Neben der Stimmhygiene ist auch eine ungehinderte Atmung Grundlage für eine gute Stimmproduktion. Es sollte daher auf freie Atemwege sowie freie Brustraumbeweglichkeit ohne Einengung durch Kleidung, zu reichliche Speisen usw. geachtet werden. Weiterhin sollten Atemfehler vermieden werden (Tabelle 1).

Das Zusammenspiel von Atmung und Stimme wird durch eine korrekte Körperhaltung unterstützt. Diese gewährleistet die für das Sprechen erforderliche Arbeitsspannung ohne zu Verspannung zu führen. Daneben fördert sie auch die notwendige innere Haltung und Einstellung beim Kontakt mit der Kundin. Grundsätzlich gilt, dass die Stimme beim Sprechen nicht überanstrengt werden darf, wie z. B. Anschreien gegen Lärmquellen, viel Sprechen bei Heiserkeit.

Tabelle 1: Maßnahmen der Stimmhygiene	
Positive Beeinflussung der Stimme durch	**Zu vermeidende Atemfehler**
■ Ausgeglichenen Lebens-, Schlaf und Wachrhythmus	■ Sprechen bei der Einatmung
■ Wechsel von Belastungs- und Entlastungsphasen	■ Geräuschvolles Einatmen
■ Bewegungsreiche und sportliche Lebensführung	■ Nach Luft schnappen
■ Gesunde und ausgeglichene Psyche	■ Zu kurze Ausatmung

4.1.3 Training zur Stärkung des Stimm- und Sprechapparates

Durch Atem- und Sprechübungen lässt sich die Stimme trainieren und sie wird gefestigt. Nachfolgend werden einige Beispiele für Atem- und Sprechübungen vorgestellt.

Atemübung

Ziel:
Durch Atemübungen kann flüssiges und gleichmäßiges Sprechen gefördert werden. Eine richtige Atemtechnik vermeidet beispielsweise stockendes Sprechen oder unbeendete Sätze. Für ein Training der Atmung sollte ein Ort bevorzugt werden, der Ruhe und Ungestörtheit gewährleistet.

Verfahren:
Die Teilnehmer sitzen aufrecht auf einem Stuhl und rücken mit dem Gesäß bis an die Stuhlkante (Bild 1). Die Augen werden geschlossen und jeder konzentriert sich ausschließlich auf seine Atmung. Beim Ein- und Ausatmen sollte bewusst auf die Bewegung des Brust- und Bauchraums geachtet werden. Ratsam ist es, sich für die Übung ausreichend Zeit zu nehmen, um schließlich einen Zustand tiefer Entspannung zu spüren.

Bild 1: Sitzposition bei Atemübungen

Die bewusste Wahrnehmung der Atmung wird verstärkt, indem beim Einatmen gedanklich bis fünf gezählt, die Luft kurz angehalten wird und schließlich beim langsamen Ausatmen gleichfalls bis fünf gezählt wird. Die Übung sollte mehrfach wiederholt werden.

Beim Sprechen muss mit dem Atemvolumen gehaushaltet werden, damit am Ende nicht die „Luft ausgeht" und es zu stockendem bzw. ungleichmäßigem Sprechen kommt. Daher ist es sinnvoll, zu Beginn eines Satzes einzuatmen und früh genug, möglichst zwischen Aussageeinheiten, erneut zu atmen.

4 Sprache

Beispiel: (einatmen) Ihre Haare sind in den Längen und Spitzen geschädigt. (einatmen), Ich empfehle zum Strukturausgleich für Ihr Haar (atmen) die Haarkur von M`Oreal (atmen), mit der Feuchtigkeits- und Substanzverluste ausgeglichen werden können.

Sprechübungen

Sprechübungen dienen dazu, die Stimme als Sprechwerkzeug zu trainieren, die Artikulation zu schulen und die Fähigkeit zu entwickeln und Satzaussagen durch richtiges Betonen hervorzuheben. Durch Sprechpausen können Sätze in sinnvolle Aussageeinheiten gegliedert werden.

- Vokale (Selbstlaute) A, E, I, O, U werden mit bewusst ausgeprägter Mundstellung gebildet, z. B. das „A" mit breit geöffnetem Mund (Bild 1), das „O" mit nur leicht geöffnetem Mund und runder Lippenstellung (Bild 2) usw., damit eine deutliche Aussprache eingeübt wird.
- Die Übung wird mit den Konsonanten (Mitlauten) B, C, D, F bis Z durchgeführt.
- Die Fachwörter „Spitzenpapier, Dauerwellwickel, Trockenhaube, Rückwärtswaschbecken, Hygienevorschriften, Arbeitsstättenverordnung" werden langsam und mit ausgeprägter Betonung der einzelnen Silben (Klangeinheiten = Spit-zen-pa-pier) und Buchstaben ausgesprochen, um das korrekte Artikulieren schwieriger Wörter zu proben.
- Durch das Nachsprechen von „Zungenbrechern" wird die Artikulation in ganzen Sätzen geübt.

Bild 1: Weit geöffneter Mund beim Vokal „A"

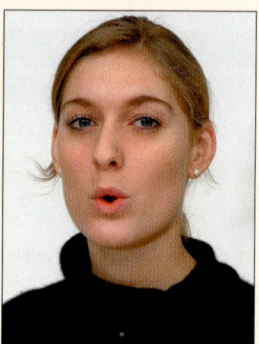

Bild 2: Leicht geöffneter Mund beim Vokal „O"

Beispiele:
– „Blaukraut bleibt Blaukraut und Brautkleid bleibt Brautkleid".
– „Die Katze tritt die Treppe krumm, krumm tritt die Katze die Treppe".
– „In Ulm und um Ulm herum".
– „Fischers Fritz fischt frische Fische, frische Fische fischt Fischers Fritz".

- Durch Betonung (Hervorhebung) unterschiedlicher Worte innerhalb eines Satzes erhält dieser unterschiedliche inhaltliche Schwerpunkte und damit verschiedene Bedeutungen. In folgendem Satz ist jeweils der Begriff, der betont werden soll, fett gedruckt. Die Bedeutung ist in Klammern gesetzt.

Beispiele:
– **Heute** hat unser Salon ein besonderes Angebot. (Nur heute, an keinem anderen Tag)
– Heute hat **unser Salon** ein besonderes Angebot. (Nicht der Salon nebenan)
– Heute hat unser Salon ein **besonderes** Angebot. (Dieses Angebot hebt sich von allen anderen ab)

- Durch das Setzen von Pausen lassen sich Sätze in sinnvolle Abschnitte gliedern. Außerdem können sie von der Sprecherin als Gelegenheit zum Nachdenken über die weiteren Ausführungen genutzt werden. Beim Lesen geben Satzzeichen häufig Hinweise darauf, wann solche Lesepausen eingelegt werden sollten. In folgendem Beispielsatz sind solche Sprechpausen durch das Zeichen [/] gekennzeichnet.

Beispiel: Beim Auftragen von Shampoo auf das Haar ist darauf zu achten [/], dass es verdünnt ist [/]. Dies dient zum einen der besseren Benetzung der Haare [/], dem gleichmäßigen Auftragen des Shampoos [/] und der Hautschonung. Für die Friseurin gilt aber in jedem Fall das Tragen von Schutzhandschuhen [/], wie es nach TRGS 530 vorgeschrieben ist.

4.2 Verbale Kommunikation

> Anja hilft Frau Gerneschön aus der Jacke. Bewundernd äußert sie sich über das Halstuch: „Das Halstuch sieht ja voll krass aus". Der Gesichtsausdruck der Kundin spricht Bände (Bild 1).

Wer mit seinen Kundinnen redet, um etwas zu bewirken, muss seine Sprache kundengerecht einsetzen können. Die wesentlichen Gesichtspunkte, die dabei von Bedeutung sind, werden in Bild 2 aufgezeigt.

Themenschwerpunkte:
- Sprechvorgang
- Sprachkompetenz
- Formen des Sprechens
- Sprechregeln

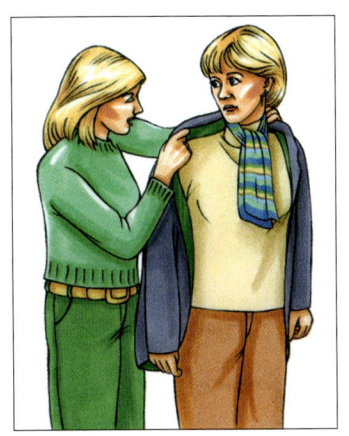

Bild 1: Anja nimmt der Kundin die Jacke ab

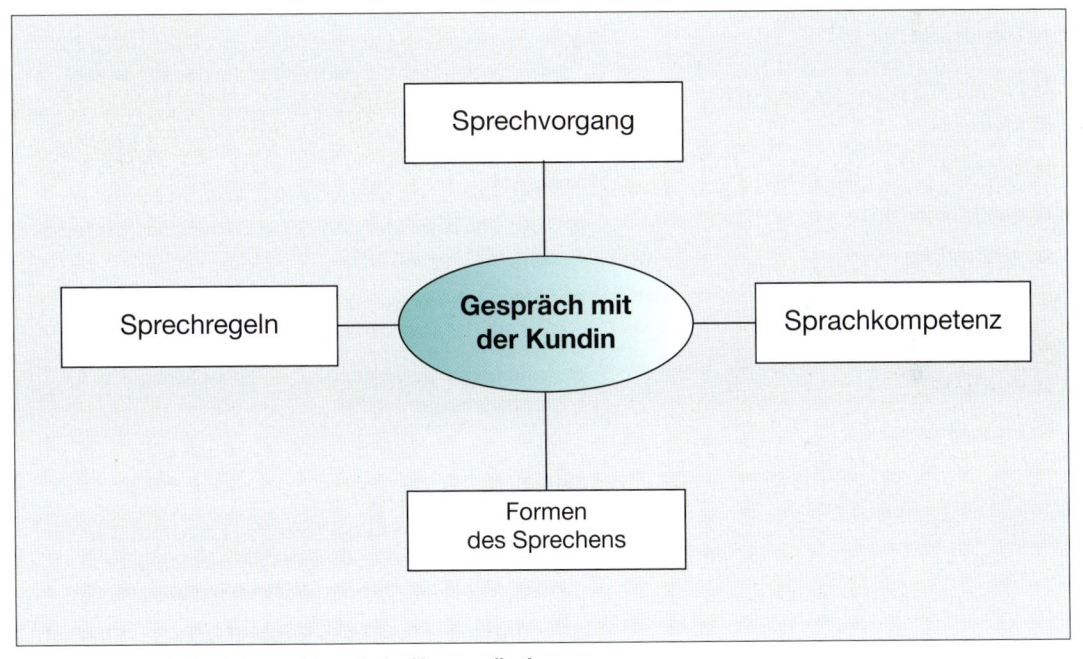

Bild 2: Bedeutende Gesichtspunkte verbaler Kommunikation

4.2.1 Sprechvorgang

Immer dann, wenn sich Personen untereinander verständigen, kommunizieren sie miteinander. Zwischenmenschliche Verständigung (Kommunikation) findet nahezu in jeder Lebenssituation statt. Am Frühstückstisch wird beispielsweise mit Eltern oder Geschwistern der geplante Tagesablauf besprochen. Am Arbeitsplatz folgt mit den Kollegen der Austausch über das Verfahren bei der neuen Dauerwelle. Mit der Kundin wird das Gespräch über den persönlichen Frisurenwunsch geführt. Die Rezeptionistin hat die Aufgabe, mit Kundinnen ins Gespräch zu kommen.

Einstellungen und Gesprächsziele

Kommunikation wird geprägt von den **persönlichen Einstellungen** und Befindlichkeiten sowie den **Gesprächszielen** aller Teilnehmer eines Kommunikationsvorgangs.

Die Gesprächsziele lassen sich aus den drei Grundfunktionen von Sprache ableiten: der **Darstellung** von Sachinformationen, dem **Ausdruck** von Gefühlen, Meinungen, Wertungen sowie dem **Appell** an das Verhalten. Beispiele dazu sind in Tabelle 1 aufgeführt. Unterschiedliche persönliche Einstellungen und Gesprächsziele der Kommunikationspartner können die Verständigung fördern, lenken, erschweren oder verhindern.

Tabelle 1: Beispiele für Einstellungen und Ziele, durch die Kommunikation bestimmt werden kann

Beispiele für persönliche Einstellungen	Grundfunktion von Sprache und Gesprächszielen
■ Offenheit ■ Verschlossenheit ■ Verbindlichkeit ■ Freundlichkeit ■ Zuvorkommenheit ■ Hilfsbereitschaft ■ Verständnis ■ Müdigkeit ■ Dynamik ■ Ausgeglichenheit ■ Anspannung ■ Nervosität ■ Gereiztheit ■ Fröhlichkeit ■ Entspanntheit	**Darstellung** ■ Weitergabe einer Sachinformation („Wir haben heute keinen Termin mehr frei.") ■ Steuerung und Gestaltung des Gesprächsverlaufes („Guten Morgen, Frau Gerneschön, Sie sind heute zur Dauerwelle angemeldet?") ■ Konsensbildung („Ich gehe jetzt davon aus, dass Sie sich für den Bob mit dem angeschnittenen Nacken entschieden haben.") **Ausdruck** ■ Äußerung einer Meinung („Frau Gerneschön, diese Frisur gefällt mir auch.") ■ Äußerung einer Empfindung („Die Temperatur des Wassers ist so angenehm.") ■ Äußerung einer Wertung („Die Frisur passt gut zu Ihrem sportlichen Typ.") **Appell** ■ Jemandem einen Auftrag erteilen, ihn zu etwas auffordern, ermuntern („Kommen Sie morgen gegen 10:00 Uhr, da könnte die Meisterin Sie bedienen!") ■ Kontaktaufnahme („Hallo, wie geht es?") ■ Steuerung und Gestaltung der Gesprächsatmosphäre („Wir sollten jetzt aber wieder ein wenig sachlicher werden.")

Grundmodell der Kommunikation

Kommunikationsvorgänge sind Abläufe, die immer nach dem gleichen Muster gestaltet sind. Es gibt zunächst einen Auslöser (Anreiz), der den Sprecher zu einer Reaktion veranlasst. Der Hörer nimmt diese Reaktionsweise wahr und verwertet diese. Diese drei Phasen – **Anreiz, Reaktion, Verwertung** – ergeben zusammen einen geschlossenen Kommunikationsvorgang. Das Modell des Kommunikationsablaufes wird in Bild 1 auf der nächsten Seite verdeutlicht.

4.2 Verbale Kommunikation

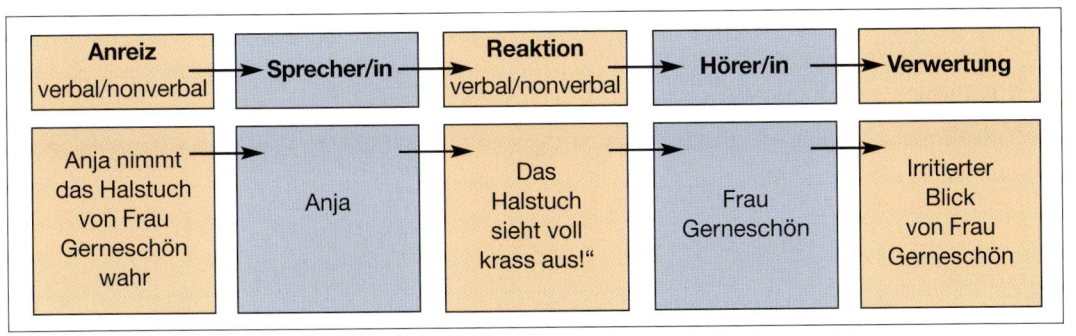

Anreiz verbal/nonverbal	Sprecher/in	Reaktion verbal/nonverbal	Hörer/in	Verwertung
Anja nimmt das Halstuch von Frau Gerneschön wahr	Anja	„Das Halstuch sieht voll krass aus!"	Frau Gerneschön	Irritierter Blick von Frau Gerneschön

Bild 1: Modell des Kommunikationsablaufes - hier bezogen auf die Begrüßungssituation von Seite 51

Die Sprecher-Hörer-Beziehung kann natürlich jederzeit umgekehrt werden und der Hörer besetzt dann die Rolle des Sprechers. Durch diesen Wechsel kann der Kommunikationsvorgang weiter fortgeführt werden. Die beiden Kommunikationspartner haben anhand der jeweiligen Verwertung die Möglichkeit zu überprüfen, ob ihre Äußerungen (Reaktion) richtig verstanden und aufgenommen worden sind oder nicht.

Dieser Gesichtspunkt ist entscheidend bei der Beratung. Denn ein aufmerksames Beobachten dessen, wie die Kundin das Gesagte verwertet hat, ist Grundvoraussetzung für eine gute Verständigung und ein positives Arbeitsergebnis. Das macht die Kundin zufrieden und vermittelt ihr das Gefühl, dass ihr die ganze Aufmerksamkeit der Friseurin gehört. Zu diesem Zweck muss Beratung so gestaltet werden, dass sich die Kundin einbringen und aktiv beteiligen kann. Folgende Punkte sind daher für das Beratungsgespräch wesentlich:

- Erfragen der gewünschten Dienstleistung
- Gelegenheit zur Beschreibung der persönlichen Vorstellungen geben
- Ausführungen nicht unterbrechen
- Vorstellungen der Kundin aufnehmen und ggf. um fachliche Gesichtspunkte ergänzen
- Einsatz von Bildern und Zeichnungen zur Veranschaulichung und als Erklärungshilfe
- Erläuterung der Arbeitsschritte
- Beschreibung der erforderlichen Präparate in ihrer Wirkung
- Nachfrage des Verständnisses sämtlicher Beratungsgesichtspunkte

4.2.2 Sprachkompetenz

Wenn sich zwei Kommunikationspartner verständigen, bezeichnen das Sprachwissenschaftler als einen Austausch von Signalen oder sprachlichen Zeichen. Jeder Mensch verfügt über eine unterschiedliche Menge sprachlicher Zeichen. Im Laufe des Lebens werden verschiedene Wahrnehmungen im Umgang mit Personen (Eltern, Geschwister, Verwandte, Freunde, Arbeitskollegen, Kundinnen, Fremde) und Situationen gemacht. Über diese Kontakte werden die notwendigen Begriffe und deren sachgerechte Anwendung erlernt. Dieser Lernprozess befähigt uns mehr und mehr, auf neue Situationen und Wahrnehmungen sprachlich angemessen zu reagieren. Manche Sprachphilosophen vertreten den Standpunkt, dass der Mensch erst dann die Dinge des Lebens versteht und gedanklich verarbeiten kann, wenn er sie in Worte fassen kann.

Mit jedem zwischenmenschlichen Kontakt wird die Sprache trainiert. Dabei wird der Sprachschatz verfestigt und ausgebaut – **Sprachkompetenz** wird erlangt. Die Entwicklung von Sprachkompetenz kann darüber hinaus noch verstärkt werden, indem der Kontakt zu Mitmenschen aktiv gesucht wird. Je umfassender die Sprachkompetenz einer Beraterin und Verkäuferin ist, umso leichter gelingt ihr der Kontakt zur Kundin. Darüber hinaus ist eine umfassende Sprachkompetenz förderlich für die fachliche Beratung. Voraussetzung dafür ist ein grundlegendes Interesse an fachlichen Zusammenhängen. Das dazu notwendige Fachwissen wird durch Gespräche mit Fachkolleginnen und durch die Lektüre von Fachzeit-

4 Sprache

schriften sowie Fort- und Weiterbildungsmaßnahmen gewonnen. Für Beratungs- und Verkaufssituation bedeutsame Gesichtspunkte von Sprachkompetenz sind:

- Performanz
- Denotat
- Konnotat

Performanz

Es kann sein, dass eine Friseurin trotz größter Bemühungen sprachliche Schwierigkeiten beim Kundenkontakt hat. Das kann z. B. daran liegen, dass Personen oder Situationen so fremd oder neu sind, dass sie irritieren (Bild 1). In der Folge ist die Person blockiert und lähmt sich selbst in der Weise, dass sie ihre Sprachkompetenz nicht wie gewohnt abrufen kann. Der Satz „mir fehlten die Worte" beschreibt das recht treffend.

Bild 1: Sprachlosigkeit in einer für die Friseurin irritierenden Situation

Sprachkompetenz – bezogen auf den inneren Sprachbesitz eines Menschen – reicht für Sprechhandeln (Bewältigung einer Situation mittels Sprache) nicht immer aus. Man muss neben dieser Kompetenz des Menschen noch seine **Performanz** unterscheiden. Diese bedeutet die Fähigkeit, auch in jeder Situation sprachlich handeln zu können.

Zur Verbesserung der Performanz ist es hilfreich, das Sprechen in Stresssituationen immer wieder zu probieren und Gespräche mit anderen zu suchen. Gespräche können beispielsweise in Arbeitsgruppen, in der Klasse, in Workshops oder auf Fortbildungen trainiert werden.

In den genannten Situationen ergeben sich oft Momente, die Fragen aufwerfen, die einen beschäftigen, die unklar oder interessant sind. Das können z. B. Ansatzpunkte für Gespräche oder Einlassungen sein. Wer sich diesen Situationen sprachlich stellt, wird seine Performanz Stück für Stück ausbauen.

Natürlich kann Sprachlosigkeit auch ihre Ursachen in mangelndem Fachwissen haben. Hier ergibt sich die Lösung bei mangelnder Performanz von selbst: Die erforderliche Fachinformation sollte bei Kollegen, über Fachzeitschriften oder Fachbücher eingeholt werden.

4.2 Verbale Kommunikation

Nachfolgend werden Übungen zur Verbesserung der Performanz aufgelistet:

Kugellagermethode

Ziel: Steigerung der Sprachkompetenz, indem in freier Rede gegenüber einer Zufallspartnerin ein Thema sprachlich dargestellt wird.

Verfahren: Alle Schülerinnen bilden einen Stuhlkreis mit einem Innen- und Außenkreis. Sie setzen sich in Kreisform paarweise gegenüber. Jede Schülerin wählt eines der unten genannten Themen aus. Zunächst erzählen/berichten/erläutern alle im Innenkreis sitzenden Schülerinnen ihr Thema (2 Minuten). Die Gesprächspartner hören zu und fragen eventuell nach. Anschließend rücken die Schülerinnen im Innenkreis im Uhrzeigersinn einen Stuhl weiter, sodass neue Gesprächspaare gebildet werden. Jetzt werden die Schüler im Außenkreis aktiv und äußern sich zu ihrem Thema. Bei jedem Wechsel muss ein neues Thema aufgegriffen werden.

Themen: Mein Hobby, mein Eindruck von der Schule, mein Lieblingsfach, meine Erwartungen an den Unterricht im Fach Technologie, Schuppen auf dem Kopf, der Aufbau der Oberhaut, Hygiene im privaten Bereich, Hygiene im gewerblichen Bereich, Kopfläuse zu haben, Infektionswege, Krankheitserreger, Disstress, Eustress, Sprachkompetenz, Performanz.

Fotosprache

Ziel: Steigerung der Performanz.

Verfahren: Sie teilen Ihre Klasse in Kleingruppen (4–6 Personen) auf. Entsprechend der Anzahl der Schülerinnen werden Fotos aus Fachzeitschriften umgekehrt auf den Tisch gelegt. Jedes Gruppenmitglied wählt per Zufallsprinzip ein Foto aus. In einer von der Gruppe festgelegten Reihenfolge decken die einzelnen Mitglieder ihr Foto auf und nehmen dazu Stellung (Motiv, Aussage, Gestaltung, Wertung). Unmittelbar nach jedem Beitrag gibt die Gruppe ein Feed Back.

Begriffsassoziation

Ziel: Rede und Antwort in Stresssituationen.

Verfahren: Eine Schülerin tritt vor die Klasse, um sich dort zu Begriffen aus dem alltäglichen Leben/aus dem Berufsbereich zu äußern. Die Begriffe (max. drei) werden ihr nacheinander in kurzen Zeitabständen durch Zurufen von Mitschülern mitgeteilt.

Das sprachliche Zeichen oder Denotat

Den Sprachschatz eines Menschen darf man sich nicht so vorstellen wie ein Wörterbuch, das im geistigen Regal abgestellt und bei Bedarf hervorgeholt wird. Der Mensch speichert Begriffe nicht als solche ab, sondern als Sinneswahrnehmungen und Assoziationen. Mit dem Begriff Zitrone verbindet man folglich deren Form (oval), Farbe (gelb) und Geschmack (sauer). Das Gehirn des Menschen ist also ein Wahrnehmungsspeicher.

4 Sprache

Bei der Kommunikation über Gespeichertes nutzt der Menschen unterschiedliche Darstellungsformen wie Laute, Buchstaben, Zeichnungen, Abbildungen und Gesten. Diese Darstellungsformen werden mit Inhalten (Sinneswahrnehmungen, Assoziationen) verknüpft. Diese Verknüpfungen sind sprachliche Zeichen und heißen Denotat. Einige Beispiele finden sich in Tabelle 1.

Tabelle 1: Verschiedene Denotate

Das sprachliche Zeichen/Denotat	
Darstellungsformen	Inhalte
z. B.: die Buchstabenfolge MENSCH	■ Lebewesen ■ Männlich/weiblich ■ Aufrechter Gang ■ Fühlen ■ Intelligentes Handeln ■ Denken
z. B. die Abbildung ☎	■ Verständigung ■ Gespräch ■ Rufnummern ■ Kontakt
z. B. die Geste ☝	■ Achtung ■ Aufpassen ■ Konzentration ■ Warnung

Manchmal ist die Verbindung von Darstellungsform und Inhalt nicht eindeutig. Das kann in Berufs- oder anderen Lebenssituationen zu Irritationen führen. Beispiele für irritierende Verknüpfungen liefert die nachfolgende Tabelle:

Tabelle 2: Unterschiedliche Inhalte zu einer Darstellungsform

Das sprachliche Zeichen/Denotat	
Darstellungsformen	Inhalte
Die Buchstabenfolge: **Unter die Haube bringen**	■ Für die Friseurin: Trockengerät einsetzen, Haare trocknen, warmer Luftstrom ■ Für die Kundin: Jemanden verheiraten, Ehe schließen
Die Buchstabenfolge: **WELLE**	■ Für die Friseurin: Dauerhafte und nicht dauerhafte Umformung der Haare ■ Für den Seemann: Durch Wind oder Seebeben ausgelöste Bewegung des Wassers

4.2 Verbale Kommunikation

Die Verbindung von Darstellungsform und Inhalt (Denotat) ist nicht ererbt, sondern eine Vereinbarung der jeweiligen Sprachgemeinschaft, in der der Mensch lebt. Ein Beispiel dafür gibt die nachfolgende Tabelle:

Tabelle 1: Unterschiedliche Darstellungsformen mit gleichem Inhalt	
Darstellungsformen	**Inhalt**
■ Die Buchstabenfolge: **Friseur** (deutschsprachige Gemeinschaft)	Berufsgruppe, die sich dem Pflegen, Formen und Gestalten von Haaren verschreibt.
■ Die Buchstabenfolge: **Hairdresser** (englischsprachige Gemeinschaft)	
■ Die Buchstabenfolge: **Coiffeur** (französischsprachige Gemeinschaft)	
■ Die Buchstabenfolge: **Parrucchiere** (italienischsprachige Gemeinschaft)	

Die Botschaft zwischen den Zeilen oder Konnotat

Es gibt Situationen, in denen einem Kommunikationspartner neben der inhaltlichen Aussage weitere Informationen vermittelt werden sollen. Eine solche Situation erlebt die Kundin bei der Begrüßung durch Anja (Bild 1).

In der Aussage von Anja, die sich auf die Pünktlichkeit bezieht, steckt zugleich die Botschaft der Kritik. Zwischen den Zeilen vermittelt sie der Kundin, dass eine Verspätung nicht erwünscht ist. Indirekt teilt sie ihr auch mit, dass beim nächsten Termin ein pünktlicheres Erscheinen erwartet wird.

Sprachwissenschaftler nennen die Form der Sprachverwendung mit unausgesprochenen Botschaften Konnotat. Neben der eigentlichen Bedeutung der Kernaussage (Denotat) schwingen weitere Informationen mit, die nicht direkt formuliert sind. Eine besondere Form von konnotativen Botschaften ist die Ironie. Diese meint genau das Gegenteil von dem, was gesagt wird. Ironie ist eine unredliche Form der Kritik. Dies hat zwei Gründe:

■ Der Kritisierte ist in der Regel auf diese Art des Angriffs nicht eingestellt und kann somit in der Situation nicht angemessen reagieren.

Bild 1: Eigenwillige Begrüßung der Kundin

■ Außerdem bleiben ihm immer Zweifel, ob die Anfeindungen mit einem Augenzwinkern oder als ernst gemeintes Ansinnen aufgenommen werden soll.

Darüber hinaus können viele Menschen Konnotate nicht wahrnehmen und verstehen. Das gilt besonders für Personen, die noch nicht lange Mitglied der Sprachgemeinschaft sind, wie z. B. Kinder und auch Menschen aus fremden Ländern. Die Fähigkeit einer konnotativen Sprachverwendung ist nicht ererbt und lässt sich auch nicht mithilfe des Lexikons erlernen. Vielmehr ist sie das Ergebnis einer regelmäßigen Auseinandersetzung mit den Gestaltungsmöglichkeiten von Sprache.

Die Verwendung von Konnotaten verbietet sich daher im Rahmen des Verkaufsgespräches und der Beratung. Ausnahmen sollten nur gemacht werden, wenn sich die Kommunikationspartner gut kennen und miteinander vertraut sind.

4.2.3 Formen des Sprechens

Beim Sprechen kann eine Sache auf unterschiedliche Art und Weise zum Ausdruck gebracht werden. Entscheidend ist dabei, wie etwas gesagt wird, d. h. es gibt unterschiedliche Formen des Sprechens. Damit sind der persönliche Sprachstil, die Sprachebenen, die Sondersprachen und die Fachsprache gemeint.

Der persönliche Sprachstil

Miteinander kommunizieren erfordert die Fähigkeit zum Aufbau, zur Gestaltung und Verarbeitung von Sprache. Die Kompetenzen dazu werden in der Schule erlangt. Diese werden durch Formen schriftlicher Kommunikation, wie Beschreiben, Berichten, Analysieren und Interpretieren geübt. Gelegenheiten, den mündlichen Sprachgebrauch zu entwickeln, bieten in erster Linie das private und berufliche Umfeld (Eltern, Geschwister, Freunde, Mitschüler, Arbeitskollegen, Chef usw.) sowie die Lektüre von Zeitschriften, Zeitungen und Büchern.

Die Art und Weise, wie die Sprache erlebt wird, prägt die Fähigkeit zur Entfaltung des eigenen Sprachstils. In jedem Gespräch nimmt der Sprechende den Sprachstil seiner Gesprächspartner wahr und prägt durch diese Einflüsse seinen individuellen Sprachstil. Beispielsweise wird gehört, wie Wörter kombiniert werden und welche Bedeutung die Betonung für die Satzaussagen hat. Man erfährt, welche Begriffe gerade „schick" oder „in", welche altmodisch und nicht mehr gebräuchlich sind. Man lernt, wie Sprache situations- und adressatengerecht eingesetzt wird, also wie z. B. zu Hause, unter Freunden und mit der Kundin gesprochen werden muss oder darf. Mit der folgenden Methode kann der eigene Sprachstil verbessern werden:

Wortfeld bilden	
Ziel:	Lebendiger Sprachstil durch variantenreiche Begriffsverwendung
Verfahren:	Zu einem Begriff werden Wörter mit gleicher oder ähnlicher Bedeutung gesucht.
Beispiel:	„GEHEN"
Wortfeld:	gehen, laufen, kriechen, hüpfen, schleichen, hopsen, springen, robben, humpeln, klettern, krabbeln, wanken, schwanken usw.

Sprachebenen

Das Können einer Beraterin und Verkäuferin beruht u. a. auf ihrem Vermögen, jeweils den passenden „Ton" anzuschlagen und aus den persönlich erlernten und erfahrenen zahlreichen Variationsmöglichkeiten von Sprache den richtigen Mix zu wählen. Eine Spielmöglichkeit in der Sprachverwendung ergibt sich aus der Nutzung verschiedener Sprachebenen. In der nachfolgenden Tabelle werden vier Sprachebenen des täglichen Sprachgebrauchs beschrieben. Für die Beratung und das Verkaufsgespräch eignet sich vorwiegend die normale Sprachebene.

Tabelle 1: Sprachebenen und ihre Merkmale		
Sprachebenen	**Merkmal**	**Wortbeispiel**
Gehobene Sprache	Verwendung in Reden und offiziellen Schreiben	Antlitz
Normalsprachlich	Verwendung in der Öffentlichkeit, emotionslose, rein informative Sprachverwendung	Gesicht
Umgangssprachlich	Verwendung im Alltag mit wiederkehrenden, vorhersagbaren Redewendungen, weitschweifig	Visage
Vulgäre Sprache	Verwendung meist in Gruppen, derbe und obszöne Ausdrucksweise	Fresse

Sprache der Jugendlichen

In dem Eingangsbeispiel von Seite 51 lässt die Auszubildende Anja einen ganz persönlichen Sprachstil erkennen. Anja bezeichnet das Halstuch der Kundin als „voll krass" und hat offensichtlich damit nicht die richtige Wortwahl getroffen, was sich aus der nonverbalen Reaktion der Kundin ablesen lässt. Diese Form des Sprachgebrauchs war somit in dieser Situation unangemessen.

Da sich die Friseurbranche in der Regel offen gegenüber Trends präsentiert, werden in der Kommunikation auch Sprachstile genutzt, die von jungen Kundinnen – also Trendsettern – gepflegt werden. Die Sprache der Jugendlichen ist einfach, bunt, bildhaft, witzig, fantasievoll und abwechslungsreich.

Nachfolgend wird diese Sondersprache näher beschrieben. Jugendliche nutzen in ihrer Sprache typische Ausdrücke wie z. B.:

- Cool, trendy (Anglizismen)
- Scheiße, geil (Vulgarismen)
- Szenemäßig, megamäßig (Endungen auf „-mäßig" Adjektivbildungen)
- „Voll geil, ey", „hammermäßig gut" (reduzierter, ausdrucksstarker Satzbau)
- Ultracool, oberätzend (künstliche Steigerungsformen)
- Kopfgärtner = Friseur, Achselterror = Verbreiten von Schweißgeruch, Pommespanzer = korpulente Person (bildhafte Ausdrucksweise)

Durch die Verwendung von Satzbausteinen wie „irgendwie", „ich weiß nicht, aber ...", „sag ich jetzt mal so" oder „... und so", werden die eigenen Aussagen relativiert. Um die Gruppenzugehörigkeit zu festigen und sich gegen die Erwachsenen abzugrenzen, tauscht man besondere Grußformeln („Hi", „Hey, Alter!") aus.

Fachsprache

Fachsprache ist die Sprache von Fachleuten und Experten. Hauptmerkmal dieser besonderen Sprache sind die Fachausdrücke. In Tabelle 1 sind die verschiedenen Kategorien von Fachausdrücken und ihre Merkmale aufgeführt.

Tabelle 1: Kategorien von Fachausdrücken und deren Merkmale		
Kategorie	**Merkmal**	**Wortbeispiel**
Wortzusammensetzung	Zusammenfügen mehrerer Wörter zu einem neuen Begriff	Feuchtigkeitskomplex, Pflegeprodukt, Sofort-Repair-Schaum
Wortneubildung	Ein feststehender Begriff wird mit einem neuen Inhalt versehen	Fön, Haube
Wortentlehnung	Begriffe aus anderen Sprachgemeinschaften	Protein, vivality
Benennungen	Bezeichnungen der Produkte nach Erfinder, Hersteller usw.	BOSS, Wella vivality, Frimator
Abkürzungen	Verkürzte Darstellung von Begriffen durch Buchstaben, Silben	UV- Sterilbox, DW, PH, WAS

Eine Sprache, die mit Fachausdrücken durchsetzt ist, ist nicht immer die richtige Basis für eine Verständigung mit der Kundin. Viele Produktbezeichnungen und -beschreibungen beinhalten eine Reihe an Fachbegriffen, die sich bei der Warenvorlage jedoch nicht ausklammern lassen.

In der in Bild 1 dargestellten Situation kommt es aufgrund des fachsprachlichen Ausdrucks „polymere Quatsverbindungen" zu einem Missverständnis über die Aussageabsicht, zumindest scheint Frau Gerneschön in höchstem Maße irritiert.

Ein Fachmann muss fachsprachliche Aussagen und Informationen verarbeiten können, damit sich Zusammenhänge und neue Erkenntnisse erschließen. Aber in der Weitergabe dieses Wissens an Kundinnen sollte er sich auf allgemein verständliche Beschreibungen beschränken, wohlwissend, dass solche Umschreibungen z. T. ungenau und unvollständig ausfallen. Von komplexen Fachzusammenhängen werden in der Regel Inhalte ausgewählt, die der Redner parat hat und von denen er meint, dass sie die Kundin interessieren könnten.

Bild 1: Missverständnisse durch die Verwendung von Fachsprache

Allerdings befindet man sich im Zusammenhang mit Produktpräsentationen in einer gewissen Zwickmühle. Produktverpackungen weisen in geballter Form spezielle Fachbegriffe auf und es ist nicht möglich, einfach über diese Angaben hinwegzugehen. Hier entscheidet die Kundin häufig selbst, zu welchen Produktangaben sie nähere Ausführungen wünscht.

Es wird allgemein festgestellt, dass von den Kundinnen Hinweise auf Inhaltsstoffe in Präparaten zur Haar- und Hautpflege zunehmend kritischer aufgenommen werden. Sie wollen wissen, mit welchen Stoffen Haar und Haut in Berührung kommen und ob diese gegebenenfalls problematisch in ihren Nebenwirkungen sind.

Eine gute Beraterin und Verkäuferin muss solche Anliegen ernst nehmen und auf entsprechende Nachfragen eingestellt sein. Sollte sie in einem solchen Zusammenhang mangelnde Kompetenz erkennen lassen, wird die Kundin auch das erforderliche Vertrauen in das Produkt und den gesamten Beratungs- und Verkaufsansatz nicht aufbringen und keine Kaufentscheidung treffen.

Zusammenfassend sind in der folgenden Tabelle die Vor- und Nachteile der Verwendung von Fachsprache aufgelistet:

Tabelle 1: Vor- und Nachteile von Fachsprache	
Vorteile	**Nachteile**
■ National und international gebräuchlich ■ Ausdrucksökonomisch, d. h. mit wenigen Worten können komplexe Vorgänge oder Zusammenhänge dargestellt werden ■ Unmissverständliches und eindeutiges Verständigungsmittel unter Fachleuten	■ Auslösen von Miss- und Unverständnissen bei Laien ■ Missbräuchliche Verwendung zu Manipulationszwecken ■ Vortäuschen von Fachkompetenz

■ 4.2.4 Sprechregeln

Die Art des Sprechens oder der sprecherische Ausdruck kann wie ein persönliches Markenzeichen des Menschen angesehen werden, ähnlich wie seine Frisur, seine Kleidung und sein Geschmack.

Mit diesem Markenzeichen wird der Kommunikationspartner angesprochen und die Verständigung erfolgt meist störungsfrei. Damit dies in jedem Fall gewährleistet ist, muss eine Beraterin und Verkäuferin folgende Regeln und Empfehlungen zum Sprechverhalten berücksichtigen:

- Angemessenes Sprechtempo wählen. Die Aufnahme und Verarbeitung der Ausführungen wird erleichtert.
- Betontes Sprechen. Die Aussageabsicht wird unterstützt und zentrale Begriffe bzw. Aspekte werden deutlich hervorgehoben.
- Überlegt und zielgerichtet sprechen. Man klärt gedanklich ab, was gesagt werden muss und wie der Sachverhalt sachlogisch darzustellen ist.
- Kundengerecht sprechen. Fachbegriffe werden möglichst vermieden oder allgemein verständlich formuliert.
- Adressatenbezogen sprechen. Gegenüber Erwachsenen bietet sich der Gebrauch der Normalsprache/gehobenen Sprache an („Die Jacke ist sehr schick. Sie steht Ihnen ausgesprochen gut!"). Bei Jugendlichen kann eine ungezwungene und lockere Sprache benutzt werden („Die Jacke sieht voll krass aus, da hast du einen absoluten Treffer gelandet!"). Mit Kindern spricht man einfach („Du hast aber eine schöne Jacke, hast sie dir selbst ausgesucht?").
- Höflich und verbindlich sprechen, aber nicht distanzlos und kumpelhaft.
- Umschreibende Formulierungen wählen, wenn besondere individuelle Gegebenheiten der Kundin eine sensible Berücksichtigung erfordern. Beispiele:
Positiv: „Ich schlage vor, den Pony etwas länger zu lassen, vielleicht ein wenig zu pointen. Dadurch erhalten wir eine Bewegung, die Ihrem Gesicht einen interessanten Akzent gibt."
Negativ: „Bei Ihrem langweiligen Gesicht würde ich mal etwas Besonderes probieren."
- In angemessener Lautstärke sprechen, dem allgemeinen Geräuschpegel entsprechend. Wenn vertrauliche Informationen ausgetauscht werden, sollte leise gesprochen werden.
- Lebendiges Sprechen. Vermeiden von Wortwiederholungen, Bandwurmsätzen und immer wiederkehrenden gleich lautenden Satzteilen und unvollständigen Sätzen. Beispiele:
Positiv: „Ich kann mir vorstellen, dass diese Frisur – ein klassischer Bob – für Sie sehr vorteilhaft ist. Sie betont Ihr Gesicht und unterstreicht Ihre Sportlichkeit. Außerdem kommt dieser Schnitt Ihrem Wunsch nach einer einfachen Pflege entgegen."
Negativ: „Ich empfehle Ihnen daher einen klassischen Bob, weil er gut zu Ihrem Gesicht passt und weil er auch Ihre Sportlichkeit unterstreicht und außerdem leicht zu pflegen ist."
- Einhalten von Sprechpausen. Das Verständnis des Sachverhaltes wird erleichtert.
- Vermeiden von Füllwörtern wie „äh", „ähm", „nicht", „nicht wahr".

4.3 Salongespräche und ihre Themen

Anja führt gekonnt die Haarwäsche bei Frau Gerneschön durch und fragt: „Ist es so angenehm, Frau Gerneschön?" Frau Gerneschön: „Ja, sehr angenehm. Ich kann mich richtig entspannen. Ihre Massage tut mir sehr gut! Uns hier im Lande geht es sowieso sehr gut, wenn man bedenkt, was den Menschen in der Dritten Welt widerfährt." Anja: „Ja …?"

Zum Berufsalltag der Friseurin gehören die Salongespräche zu unterschiedlichen Themen. Mit dem Gespräch gestaltet sie die Beziehung zur Kundin und schafft zugleich eine Vertrauensbasis, die als Grundvoraussetzung für ein vollständiges Dienstleistungsangebot anzusehen ist. Jeder weiß, dass Salongespräche nicht immer einfach sind, denn nicht jedes Thema liegt jedem. Die Friseurin kann nicht zu allen Bereichen über (Detail)Informationen verfügen. Außerdem werden Informationen, die nicht zum persönlichen Interessensbereich gehören und für die eigene Lebensbewältigung unbedeutend sind, kaum wahrgenommen. Politische Themen sind auch nicht jedermanns Steckenpferd, weil sie häufig viel zu kompliziert dargestellt werden und ein Nachvollziehen schwer fällt. Dennoch muss die Friseurin auf solche Gesprächsinhalte eingestellt sein. Kundinnen erwarten, dass sie sich auch dazu äußern kann. Politikbezogene Gesprächssituationen sind im Salonalltag allerdings eher selten. Die Friseurin redet mit Kundinnen häufiger über die gewünschte Dienstleistung (z. B. den Haarschnitt). Auch das Wetter, die eigene Person (Kleidung, Freizeitgestaltung, Interessen, Urlaubsplanungen usw.) und das Neueste aus der Nachbarschaft sind regelmäßige Gesprächsthemen. Dass Salongespräche in den USA schon zum Aufdecken von Straftaten geführt haben, verdeutlicht der folgende Zeitungsartikel:

Friseusen greifen der Kripo unter die Arme

SAN FRANCISCO: Misshandlungen beim Haareschneiden entdecken/ Frauenhäuser-Infos im Salon

Die Polizei und die Staatsanwaltschaft von San Francisco vertrauen auf die alte Weisheit, dass Friseure über Geheimnisse und Sorgen ihrer Kunden bestens informiert sind.
Von Barbara Munker (DPA)

Bei der Haarwäsche oder beim Styling sollen sie ein wachsames Auge auf mögliche Spuren von häuslicher Gewalt werfen. „Blaue Flecken, Schwellungen, alte Narben und Blutkrusten sind verdächtig", meint die Friseuse Helene Rene. Das hat sie kürzlich beim beim städtischen Training für Haarstylisten zur Erkennung von Opfern, die vom Ehemann oder Freund misshandelt werden, gelernt.

Susan Breall von der Staatsanwaltschaft in San Francisco steht hinter der neuen Initiative, Friseusen als Helfer im Kampf gegen häusliche Gewalt zu rekrutieren. „Beim Friseur erzählen Frauen private Dinge, die sie nicht einmal Freundinnen anvertrauen. Geschlagene Frauen werden von ihren Männern häufig überwacht. Der Gang zum Friseur ist manchmal eine der wenigen Gelegenheiten, das Haus zu verlassen."

Helene Rene betreibt einen Salon in einem wohlhabenden Stadtteil von San Francisco. Einige Frauen hätten schon mal Andeutungen gemacht, dass sie misshandelt wurden, meint die Friseuse. „Wir sind Ersatz-Therapeuten. Manche Kundinnen breiten ihr ganzes Leben aus. Häufig muss ich ihnen versprechen, ihre Geheimnisse niemandem weiter zu erzählen."

10 000 Fälle von häuslicher Gewalt

Rene war eine von sieben Teilnehmerinnen des ersten „Hairdresser Project"-Kurses für Friseusen im vergangenen Monat. Für den nächsten Workshop Ende Oktober haben sich bereits 40 Personen angemeldet. Eine Ärztin erklärt ihnen die typischen Anzeichen von körperlicher Gewalt. Eine Sozialarbeiterin verteilt Broschüren und Adressen, wo die Betroffenen Hilfe finden können. Ein Psychologe gibt ihnen Tipps, wie sie die Frauen zum Reden bringen und welche Hilfestellung sie leisten können. Ein Polizist teilt mit, dass allein in San Francisco pro Jahr etwa 10 000 Fälle von häuslicher Gewalt gemeldet werden.

Helene Rene hat die „Domestic Violence"-Broschüren der Polizei in ihrem Salon, neben den Zeitschriften für die Kundinnen, sichtbar platziert. An einem schwarzen Brett hängen Adressen und Visitenkarten von Frauenhäusern. Nach dem Kurs sei sie wachsamer geworden, erzählt die Stylistin. Neuerdings macht sie auf den Karteikarten ihrer Kundinnen neben der Farbe der Haartönung auch kleine Notizen, etwa ob die Kundin bedrückt erschien oder Sorgen äußerte.

Helene Rene in San Francisco will kein Geld für ihren Einsatz. Sie erinnert sich noch gut an eine Kundin, die ihr weinend von den Schlägen ihres Mannes erzählte. Das ereignete sich einige Montae vor der Schulung, als sie, abgesehen von ein paar ermutigenden Worten, keine weitere Hilfe leisten konnte. „Jetzt hätte ich Ratschläge und Adressen für die Frau", meinte die Friseuse. „Und ich werde sie mir beim nächsten Termin bestimmt gründlicher anschauen."

Recklinghauser Zeitung vom 17.10.01

Egal, welches Thema die Gesprächssituation bestimmt, für ihre befriedigende Gestaltung benötigen beide Kommunikationspartner Hintergrundwissen. Sprachwissenschaftler sprechen dabei vom (geistigen) Horizont. Mit jedem zwischenmenschlichen Kontakt wird dieser Horizont erweitert. Der Erfahrungsschatz wird kontinuierlich ausgebaut, indem aufmerksam Meinungen, Ansichten, Empfindungen, Wissen der Gesprächspartner und anderer Informationsquellen (Zeitung, Zeitschrift, Fernsehen usw.) aufgenommen werden. Dieser Prozess befähigt mehr und mehr, aktiv Gesprächssituationen mitzugestalten und so zu einem echten Gesprächspartner zu werden. Je mehr sich der eigene Horizont mit dem der Kundin deckt, desto intensiver ist der Gedankenaustausch und umso leichter fällt die Gesprächsgestaltung. Die Rolle des Gesprächspartners erfordert darüber hinaus:

- die Fähigkeit des genauen und geduldigen Zuhörens,
- die Fähigkeit des vertraulichen Umgangs mit persönlichen und privaten Kundeninformationen,
- die Bereitschaft zur fachlichen und allgemeinen Weiterbildung,
- eine angemessene Zurückhaltung im Rahmen der Gesprächsbeteiligung.

Aufgaben

1. Kommunikationsvorgänge laufen nicht immer so „glatt" ab, wie das Modell in Kap. 4.2.1 es beschreibt. Nennen Sie mögliche Ursachen für Störungen.

2. Lesen Sie folgende Fallbeschreibung und lösen Sie die Aufgaben.

   > **Fallbeschreibung:**
   > Die Salontür öffnet sich mit leichtem Quietschen. Das Geräusch erweckt die Aufmerksamkeit der Rezeptionistin und sie unterbricht die Überprüfung des Terminkalenders.
   > Rezeptionistin: „Guten Morgen, Frau Gerneschön, schön, dass Sie so pünktlich sind!"
   > Frau Gerneschön: „Mhm."
   > Rezeptionistin: „Das ist ja wieder einmal ein Wetter heute!"
   > Frau Gerneschön: „Ja, ja."
   > Rezeptionistin: „Darf ich Ihnen aus dem Mantel helfen?"
   > Frau Gerneschön: „Das schaffe ich schon noch alleine!"

   a) Notieren Sie, welche unterschiedlichen Einstellungen und Gesprächsziele die Gesprächspartner zu erkennen geben.
   b) Stellen Sie den Kommunikationsablauf mithilfe des Grundmodells dar.

3. Formulieren Sie drei Sätze, die den Begriff Shampoo enthalten, und welche die drei unterschiedlichen Funktionen von Sprache erfüllen.

4. Geben Sie an, mit welchen Inhalten folgende Begriffe verknüpft sind: Dienstleister, Verkäufer, Berater.

5. Fachbegriffe aus dem Friseurbereich sind bisweilen mit mehreren Inhalten verknüpft (Beispiel: Welle).
   a) Suchen Sie in Partnerarbeit nach mehrdeutigen Begriffen innerhalb Ihres Berufsfeldes!
   b) Ordnen Sie diesen Begriffen die entsprechenden Inhalte zu!
   c) Lassen Sie die Begriffe von Ihren Mitschülerinnen erraten. Dazu werden die Inhaltsbeschreibungen von Ihnen abwechselnd nach und nach vorgetragen.

6. Formulieren Sie Sätze, in denen mit dem Begriff „Meister" verschiedene Bedeutungen (denotative und konnotative) verknüpft sind.

7. Bilden Sie Wortfelder zu den Begriffen „empfehlen", „Produkt", „gut".

8. Sammeln Sie Fachwörter aus Ihrem Berufsfeld und ordnen Sie diese nach den in der Tabelle (Seite 59) vorgestellten Kategorien.

9. Geben Sie allgemein verständliche Erklärungen zu folgenden Fachbegriffen: Tensid, Rückfetter, WAS.

10. Inhaltsstoffe von Shampoos nach INCI-Nomenklatur:
    a) Ordnen Sie Shampoos verschiedener Hersteller nach ihren Eigenschaften (z. B. gegen fettiges Haar).
    b) Vergleichen Sie die Hinweise zu den Ingredientien (Inhaltsstoffen) und fassen Sie Ihre Beobachtungen in einer Tabelle nach folgendem Muster zusammen:

Name des Shampoos	Eigenschaften	Wichtige Inhaltsstoffe	Bedeutung der Inhaltsstoffe

4 Sprache

11. **Empfehlen Sie folgenden Personen ein Shampoo, indem Sie seine speziellen Eigenschaften herausstellen und ausgewählte Inhaltsstoffe ansprechen:**
    a) einer Kundin
    b) einer Fachkollegin

12. **Dieses Shampoo** ist in **besonderer Weise** auf **Ihr Haar** abgestimmt!
    a) Lesen Sie den Satz, indem Sie jeweils ein fett geschriebenes Wort betonen.
    b) Welche Änderungen ergeben sich aus den unterschiedlichen Betonungen?

13. **Ermitteln Sie anhand der Aufschriften von Shampooflaschen die besonderen Eigenschaften des Reinigungsmittels. Je eine Eigenschaft wird dann in einen Aussagesatz eingebaut. Die so gewonnenen Einzelsätze müssen anschließend durch unterschiedliche Bindewörter (und, außerdem, des Weiteren, gleichzeitig, weiterhin ...) verknüpft werden.**

14. **Sie sind Vertreter der Firma XYZ und stellen das Shampoo einer interessierten Zuhörerschaft (Klassenverband) vor! Wenden Sie dabei Fachbegriffe adressatenbezogen an.**

15. **Sie bitten eine Kundin zum Platz in die Kabine. Formulieren Sie Ihre Bitte unter Berücksichtigung sämtlicher Sprachebenen.**

16. **Eine Schülerin liest einen beliebigen Text (Fachbuch, Fachzeitschrift) vor.**
    a) Eine Mitschülerin wird benannt, die das Vorgelesene vor der Klasse inhaltlich vollständig wiedergibt.
    b) Die Klasse reflektiert das Vorgetragene hinsichtlich:
       – gedanklicher Vollständigkeit
       – gedanklicher Klarheit
       – sachlogischem Aufbau
       – lebendigem Sprachstil

17. **Simulieren Sie mit einer Partnerin eine Gesprächssituation, in der die eine Person die Friseurin darstellt und die andere die Kundin. Dabei schneidet die Kundin ein beliebiges Thema an, zu dem die Friseurin in einen Dialog eintritt (Gesprächszeit: 3 Min.).**

18. **Zeichnen Sie eine Gesprächssituation (Friseurin – Kundin) Ihrer Mitschülerinnen mit der Videokamera auf und beurteilen Sie dieses Gespräch hinsichtlich folgender Punkte:**
    a) Gesprächsverlauf (Rede/Gegenrede, Redeanteile)
    b) Gesprächsdisziplin (genaues, geduldiges Zuhören, angemessene Zurückhaltung, den Partner ausreden lassen)
    c) Qualität und Ergiebigkeit des Gesprächs
    d) Störungen

19. **In Gesprächen mit Ihren Kundinnen müssen Sie immer gut und über vielfältige Themenbereiche informiert sein.**
    a) Beschaffen Sie sich anhand von Zeitungen und Zeitschriften die notwendigen Informationen über:
       – aktuelle Trends in der Mode
       – politisches Geschehen vor Ort und in der Welt
       – die Welt von Stars und Sternchen
    b) Stellen Sie die Ergebnisse Ihrer Erkundungen der Klasse im freien Vortrag vor.

5 Typisierungen – Das Erkennen von Kundentypen

Der Anspruch der Friseurin, ein möglichst individuelles und typgerechtes Beratungs- und Dienstleistungsangebot zu unterbreiten, erfordert die Notwendigkeit des genauen Beobachtens und Einordnens der „typischen" Seiten einer Kundin. Dabei wird sich bei der Beobachtung meist auf wenige äußere Merkmale, wie z. B. Kleidung, Frisur, Auftreten und Verhalten bezogen. Der Beobachtende fügt seine Feststellungen zu einem Gesamtbild über den jeweiligen Menschen zusammen und entwickelt daraus eine Einschätzung, die Typisierung genannt wird. Je nach Bezugsgröße wie Charakter, Kommunikationsverhalten und Aussehen ergeben sich verschiedene Typisierungen. Unterschieden werden beispielsweise Charaktertypen, Konstitutionstypen, Persönlichkeitstypen oder Gestaltungstypen. In der Verkaufs- und Beratungssituation wirken die genannten Bezugsgrößen gleichzeitig und prägen den entsprechenden Kundentypen.

5.1 Von der Wahrnehmung zur Typisierung

Die Friseurin Randa studiert die Liste der Kundennamen, die für den Tag eingetragen sind (Bild 1). Bei den meisten Namen hat sie eine genaue Vorstellung darüber, welche Person sich dahinter verbirgt und wie sie mir ihr auskommt. Diese Eindrücke hat Randa recht schnell gewonnen, denn bei jeder Begegnung mit Kundinnen bieten sich Gelegenheiten zum Sprechen, Beobachten und zum genauen Kennenlernen. Bislang hat sie überwiegend gute Erfahrungen gemacht. Ein Name auf der Liste löst bei Randa jedoch Stirnrunzeln aus. Sie hat die Kundin als altmodisch in Erinnerung und denkt: „Einer solch unmodernen Person brauche ich erst gar nicht aktuellen Modetrends anzubieten. Sie möchte sowieso das Gleiche wie immer."

Bild 1: Friseurin Randa über dem Terminkalender

In die Wahrnehmung einer Person wird immer wieder deren äußeres Erscheinungsbild mit einbezogen. Dies geschieht zum größten Teil unbewusst. Das Sprichwort „Der erste Eindruck zählt." hat jeder schon einmal gehört. Mit diesem ersten Eindruck richtig umzugehen und die Beratung bzw. den Verkauf nicht durch ungerechtfertigte Vorurteile zu behindern, ist nicht einfach. Daher ist es von Bedeutung, dass sich die Friseurin mit diesem Thema näher beschäftigt.

Themenschwerpunkte:

- Wahrnehmungsprozess
- Von individuellen zu allgemeinen Personenmerkmalen
- Typisierung
- Perspektivwechsel

5.1.1 Wahrnehmungsprozess

Bei der objektiven Betrachtung des Sachverhalts in der Eingangssituation ist die Wahrnehmung der Friseurin gerechtfertigt, allerdings nicht ihr abschließendes Gesamturteilurteil über die Person. Sie macht den grundlegenden Fehler, sich bereits anhand weniger Merkmale ein vollständiges Bild von einer Kundin zu machen. Die Persönlichkeitsstruktur eines Individuums ist wesentlich komplexer und komplizierter, als dass sie nur durch Bestimmung eines Merkmals erschlossen werden könnte. In einem solchen Verhalten sind auch viele Missverständnisse, Kommunikationsstörungen und Probleme im zwischenmenschlichen Miteinander begründet.

5 Typisierungen

Sämtliche Wahrnehmungen, die der Mensch im Laufe seines Lebens über seine Sinne macht, speichert das Gehirn. Eindrücke, Erfahrungen und Informationen werden im Gehirn bewertet und als Gefühl oder Emotion registriert. Der heranwachsende Mensch speichert zunehmend mehr Eindrücke seiner Umwelt, die er nach den Kriterien angenehm/unangenehm einteilt. Gleichzeitig richtet er seine Verhaltenseisen danach aus, was ihm Wohlbefinden sichert. Er programmiert sich selbst, indem er sich entsprechend der positiven Wahrnehmung verhält und danach handelt. Je umfangreicher unser Speicher mit den vielfältigsten Wahrnehmungen angefüllt ist, desto stärker lässt sich der Mensch beim täglichen Wahrnehmungsprozess von Interessenslagen, Erfahrungen, Bedürfnissen, Gedanken und Gefühlen leiten.

■ 5.1.2 Von individuellen zu allgemeinen Personenmerkmalen

Viele Menschen möchten individuell sein. Dies versuchen sie durch Auftreten, Erscheinungsbild und Handeln darzustellen. Doch häufig lässt sich feststellen, dass das scheinbar ganz persönliche Verhalten in seiner Grundstruktur dem einer oder mehrerer Person(en) ähnelt oder gleich ist. Als Beispiel kann an dieser Stelle ein etwas überzeichnetes Begrüßungsritual zwischen Friseurin und Kundin angeführt werden, das jedoch zugleich ein typisches Sprachverhalten vieler Menschen in ähnlichen Situationen ist.

Friseurin: *„Guten Morgen!"*

Kundin: *„Guten Morgen!"*

Friseurin: *„Wie geht es?"*

Kundin: *„Gut. Und selbst?"*

Friseurin: *„Muss."*

Merkmal dieser Gesprächssituation ist, dass beide Kommunikationspartner wiederkehrende (stereotype) Verhaltensweisen (hier Äußerungen) nutzen, die sinnentleert sind. Die Fragen und Antworten geben etwas vor, was in Wirklichkeit nicht von dem einzelnen bewusst bzw. ernstgemeint beantwortet werden will. Vielmehr scheint es die Absicht beider Gesprächspartner zu sein, möglichst schnell zu interessenbezogenem Austausch kommen zu wollen.

Bild 1: Alter Mensch

Bild 2: Junger Mensch

Auch bei der Wahl seiner Kleidung, z. B. bei der Farbwahl und beim Schnitt, sucht der Mensch vielfach nach Übereinstimmung mit den Kleidungsgewohnheiten seiner Mitmenschen. Gedeckte Farben und gleichmäßige Schnittmuster werden eher von älteren Menschen (Bild 1) bevorzugt, bunte Farben und ausgefallene Schnitte hingegen von jungen Leuten (Bild 2). Diese Beobachtung ist selbstverständlich auch auf die Art der Frisurengestaltung oder die Wahl der Haarfarben übertragbar.

Auch die scheinbar auf Individualität gerichtete außergewöhnliche Bekleidung eines jungen Menschen ist tatsächlich häufig eine Kopie der aktuellen und gemeinschaftlich gepflegten (Mode)Trends. Trends entwickeln sich aus dem Bestreben, einen Abgleich mit anderen hinsichtlich Kriterien wie Kleidung, Frisur, Auftreten oder Gesprächsverhalten herzustellen.

Die Tatsache, dass Personengruppen nahezu einheitlich auftreten, also einem Trend folgen, würde für die Friseurin bedeuten, dass sie sich lediglich über Trends zu informieren hätte. Eine individuelle, also auf die persönlichen Umstände und Gegebenheiten abgestimmte, Beratung wäre überflüssig. Das eine wie das andere Extrem sind natürlich falsch. Vielmehr muss die Beratung beide Faktoren – die Orientierung an Trends und die individuellen Gegebenheiten – berücksichtigen. Eine diesbezüglich mangelhafte Abstimmung verdeutlicht Bild 1.

Bild 1: Misslungene Beratung beim Trendhaarschnitt

■ 5.1.3 Typisierung

Typisierungen sind vereinfachende Einschätzungen von Menschen. Im Eingangsbeispiel hat Randa ein Bild von der Kundin im Kopf. Sie stuft diese Kundin als unmodernen Typ ein, sie typisiert. Ihre Schlussfolgerung ist, dass sich ein engagiertes Beratungsangebot erübrigt.

Bei der Typisierung orientiert man sich an Merkmalen, die von mehreren gezeigt werden. Personen, die bei trübem Wetter eine Sonnenbrille im gegelten Haar tragen, gelten allgemein als „coole Typen". Lieben Kundinnen den Chignon, werden sie vorschnell als „konservative Typen" eingestuft, entscheiden sich hingegen andere regelmäßig für Hochsteckfrisuren, werden sie als „elegante Typen" beschrieben. Im Vordergrund dieser Typisierungen steht das Bestreben, sich schnell ein grobes Bild vom Menschen zu machen und dieses als Orientierungshilfe zu nutzen, um sich auf den Menschen einzustellen.

Allerdings wird mit solchen Typisierungen ein Mensch in der Regel recht ungenau und vor allem unvollständig beschrieben. Oftmals erweisen sich daher vorschnelle Typisierungen als Fehl– oder Vorurteile. Das gilt insbesondere für Typisierungen, die sich auf das Wesen, den Charakter des Menschen beziehen. Solche Typisierungen finden sich etwa in Formulierungen wie z. B.: „Das ist ein ätzender, schräger, gemeiner, unkollegialer, zuverlässiger, sensibler, aggressiver, unselbstständiger oder aufmerksamer Typ."

In dem Beruf der Friseurin kommt man im Rahmen der Kundenberatung nicht ohne Typisierungen aus und bezieht sich dabei oftmals ausschließlich auf das Äußere. Es werden in erster Linie Hautteint, Beschaffenheit der Haut, Haarfarbe und -beschaffenheit, Augenfarbe, Alter, Körperform, Kleidung und Gesamterscheinung in die Beratungsüberlegungen einbezogen. Diese Orientierungspunkte für die Typenbestimmung führen ebenso zu typischen Festlegungen wie etwa sportlicher Typ, gepflegter/ungepflegter Typ, eleganter Typ, moderner Typ, trendiger Typ, klassischer Typ, konservativer Typ, progressiver Typ oder avantgardistischer Typ.

Aber Vorsicht! Auch bei solchen Einschätzungen gilt das gleiche wie für alle anderen Typisierungen. Schnell ist ein Vor-/Fehlurteil gefällt und die scheinbar begründete Beratungsempfehlung der Fachfrau trifft nicht den Kundengeschmack.

5 Typisierungen

■ 5.1.4 Perspektivwechsel

Zur Vermeidung von Fehl- und Vorurteilen ist es sinnvoll und hilfreich, sich bei der Typisierung von Kundinnen nicht nur auf eine Wahrnehmung zu beschränken. Erst weitere Wahrnehmungen und Orientierungen vermitteln einen objektiveren (allgemeingültigen) und umfassenderen Eindruck von einer Person. Bezogen auf das Eingangsbeispiel „altmodische Kundin" bedeutet dies, dass die Wahrnehmung des Merkmals der schlichten Kleidung z. B. beim Gespräch relativiert wird. Dabei kann sich herausstellen, dass die Kundin durchaus Interesse an modischen Trends zeigt und offen für eine persönliche Veränderung ist. Randa erhält nach dem Gespräch ein erweitertes Bild von der Kundin. Diese Änderung in der Wahrnehmung nennt man Perspektivwechsel.

Ein solcher Wahrnehmungswechsel ist bei der Betrachtung der Bilder 1 bis 4 nachzuvollziehen. Die Bilder und ihre unterschiedlichen Perspektiven zeigen, dass ein Wahrnehmungswechsel gelingt, wenn man sich bemüht. Dies gilt auch für einen Perspektivwechsel gegenüber Kundinnen.

Bild 1: Alte oder junge Frau?

Bild 2: Kahlkopf oder Maus?

Bild 3: Aufgeschlagenes Buch oder Buchrücken?

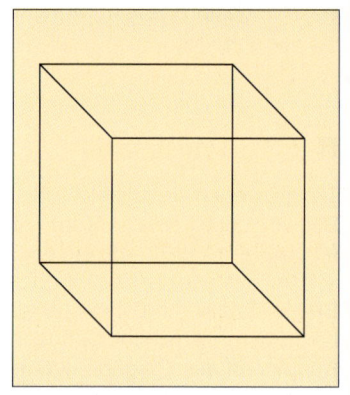

Bild 4: Grundfläche oder Vorderkante eines Würfels?

■ 5.2 Ausgewählte Typisierungen

Die Kundin Frau Gerneschön zeigt der Auszubildenden Anja ein Frisurenfoto in einer Modezeitschrift und verknüpft dies mit der Frage: „Passt diese Frisur zu meinem Typ?"

Beratung muss typbezogen ausgerichtet sein. Das setzt Kenntnisse über die unterschiedlichen Typen und deren besondere Merkmale voraus (Bild 5). Werden bestimmte Merkmale eines Menschen zur Festlegung des jeweiligen Typen herangezogen, wird das Typisierung genannt. Es gibt unterschiedliche Typisierungen. Für den Friseur in der Beratungssituation sind die nachfolgend beschriebenen bedeutsam.

Bild 5: Welcher Typ bin ich?

5.2 Ausgewählte Typisierungen

Themenschwerpunkte:
- Charaktertypen nach Hippokrates und Galeanus
- Persönlichkeitstypen nach Myers Briggs
- Konstitutionstypen nach Kretschmer
- Gestaltungstypen
- Kundentypen in der Verkaufs- und Beratungssituation
- Verkäufertypen in der Verkaufs- und Beratungssituation

5.2.1 Charaktertypen nach Hippokrates und Galeanus

Schon in der Antike wurden Untersuchungen durchgeführt, bei denen das besondere Augenmerk den Verhaltensweisen und Charaktereigenschaften der Menschen galt. Insbesondere die Studien des Arztes Hippokrates (460 –377 v. Chr.) und später die seines Kollegen Galeanus (129 – 199 n. Chr.) ergaben eine Einteilung in vier grundlegende Charaktertypen, denen sie die vier Elemente Luft, Wasser, Erde, Feuer sowie die Körpersäfte Blut, Schleim, schwarze Galle, gelbe Galle zuordneten:

- Sanguinikerin
- Phlegmatikerin
- Melancholikerin
- Cholerikerin

Sanguinikerin

Die **Sanguinikerin** entspricht nach Hippokrates und Galeanus dem Element Luft und dem Körpersaft Blut.

Ihren Charakter beschreiben die Wissenschaftler als genussorientiert und oberflächlich.

Als Kundin schätzt sie grundsätzlich die Dienstleistung beim Friseur, lässt sich gerne verwöhnen und sucht die Entspannung. Allerdings kommt es ihr vermutlich auf Details und Spitzfindigkeiten in der Ausführung nicht so sehr an. Ebenfalls muss aus ihrer Sicht eine intensive und ausführliche Beratung nicht unbedingt erfolgen, entscheidend ist vielmehr ein zufriedenstellendes Gesamtergebnis.

Bild 1: Sanguinikerin

Phlegmatikerin

Die Phlegmatikerin wird mit dem Element Wasser und dem Körpersaft Schleim in Zusammenhang gebracht.

Charakterlich präsentiert sie sich bequem und antriebsschwach.

Für sie ist der Besuch beim Friseur eher ein notwendiges Übel. Meist zeigt sie wenig Interesse an Veränderungsvorschlägen oder Empfehlungen für die Haar- und Kopfhautpflege. Auf die Frage „Haben Sie bestimmte Vorstellungen über die Frisurengestaltung?", wird wahrscheinlich die Antwort „Wie immer!" oder „Alles im Ganzen etwas kürzer" folgen. Mit viel Engagement geführte Verkaufs- oder Beratungsempfehlungen können aber auch bei diesem Typen zu dem gewünschten Erfolg führen.

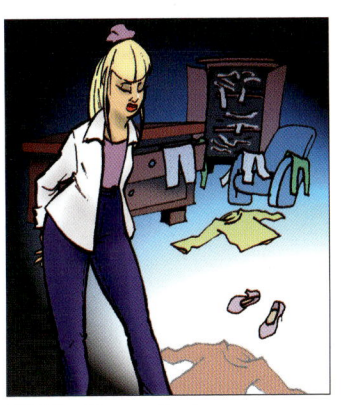

Bild 2: Phlegmatikerin

Melancholikerin

Der **Melancholikerin** werden das Element Erde und der Körpersaft schwarze Galle zugeordnet.

Das Wesen dieses Menschentyps zeichnet durch Schwermut und Introvertiertheit aus.

Soll die Beratung auf diesen Typ abgestimmt werden, ist eine einfühlsame Vorgehensweise angezeigt. Eine konsequent höfliche Distanz zur Kundin sollte eingenommen wird, denn eine unmittelbare und unangekündigte Berührung oder eine unverbindliche Ansprache werden von ihr als unangenehm empfunden. Vor der Haar- und Kopfhautdiagnose wird das Einverständnis der Kundin eingeholt, zum Beispiel durch die Frage: „Darf ich mir zur Beurteilung des Ausgangszustandes Ihre Kopfhaut näher anschauen? Ich benötige diese Diagnoseergebnisse, um abschätzen zu können, inwieweit sich der Frisurenwunsch umsetzen lässt". Das Diagnoseergebnis sollte sie eher in umschreibender Weise formulieren, z. B.: „Ihre Kopfhaut neigt zu einer verstärkten Talgproduktion." Dies ist bei diesem Charaktertyp eher angebracht als die Äußerung: „Ihr Kopfhaut ist fettig!"

Bild 1: Melancholikerin

Cholerikerin

Die **Cholerikerin** ist mit dem Element Feuer und dem Körpersaft gelbe Galle verbunden.

Sie gilt als jähzorniger, aufbrausender, ungeduldiger und dominanter Typ.

Die Friseurin ist daher gut beraten, das Kundengespräch zielgerichtet, überlegt, kompetent und selbstbewusst zu gestalten. Einwände dieser Kundin werden als konstruktive Beratungsaspekte aufgenommen und durch entsprechende Vorschläge zur Frisurengestaltung und für die Kosmetik bestätigt. Durch regelmäßige Erläuterung und Kommentierung des momentanen Arbeitsprozesses versichert sich die Friseurin der Akzeptanz seitens der Kundin.

Bild 2: Cholerikerin

■ 5.2.2 Persönlichkeitstypen nach Myers Briggs

Mit der Persönlichkeit eines Menschen ist die Art und Weise gemeint, wie er sich anderen gegenüber optisch (Kleidung, Frisur, Hygiene usw.) und in seinem Rollenverhalten (seinen Entscheidungen, seinen Verhaltensweisen, seinem Reden, seiner Wahrnehmung usw.) präsentiert. Myers Briggs unterscheidet nach diesen Kriterien acht Persönlichkeitstypen:

- Sensitiver Typ
- Intuitiver Typ
- Extrovertierter Typ
- Introvertierter Typ
- Wahrnehmer Typ
- Beurteilender Typ
- Einfühlsamer Typ
- Denker Typ

Das Dienstleistungsgeschäft ist abhängig von dem zwischenmenschlichen Miteinander. Ein gutes Verhältnis zur Kundin sichert die längerfristige Kundenbindung. Dies kann durch kundengerechte Kommunikation erreicht werden. Jeder Persönlichkeitstyp zeigt jedoch ein eigenes Kommunikationsverhalten, auf das sich die Friseurin einstellen muss.

5.2 Ausgewählte Typisierungen

Sensitiver Typ

Kennzeichen dieses Typs:
- Detailwahrnehmung
- Realitätsbezogenheit
- Gegenwartsbezug
- Vernunftbezogenheit
- Sachlichkeit
- Direktheit
- Gepflegtes Äußeres

Die Friseurin sollte bei diesem Typ:
- Fachinformationen systematisch darlegen
- Die praktische Bedeutung des Vorgetragenen hervorheben
- Das Thema des Gesprächs vorgeben
- Auf eigene und mitgeteilte Erfahrungen zurückgreifen

Bild 1: Sensitiver Typ

Intuitiver Typ

Kennzeichen dieses Typs:
- Bildhafte Sprachverwendung
- Strukturiertes Denken
- Überlegtes Handeln
- Durchgeistigte Lebensgestaltung
- Kleidung spielt nachgeordnete Rolle

Die Friseurin sollte bei diesem Typ:
- Ein überschaubares Maß an Gestaltungsalternativen aufzeigen
- Vorschläge anschließend zusammenfassen
- Auf Detailbeschreibungen verzichten
- Das Vorstellungsvermögen der Kundin einbeziehen

Bild 2: Intuitiver Typ

Extrovertierter Typ

Kennzeichen dieses Typs:
- Ausgeprägtes Redebedürfnis
- Lautes Auftreten
- Auffälliges Äußeres
- Kontaktfreudigkeit
- Handeln vor dem Denken

Die Friseurin sollte bei diesem Typ:
- Raum bieten für den Rededrang und das Bestreben nach Selbstdarstellung
- Weitere (allgemein bezogene) Gesprächsanlässe bieten
- Sich selbst weitgehend bei dem Gespräch zurücknehmen
- Berufsbezogene Fachbeiträge vermeiden oder nur in stark eingeschränkter Weise anbieten

Bild 3: Extrovertierter Typ

5 Typisierungen

Introvertierter Typ

Kennzeichen dieses Typs:
- Geringer Redeanteil
- Zurückhaltung
- Unauffälligkeit
- Leises und langsames Sprechen
- Ruhiges und überlegtes Auftreten
- Dezente Kleidung

Die Friseurin sollte bei diesem Typ:
- Fragen stellen
- Redeanstöße bieten
- Bei Antworten nicht unterbrechen
- Nicht ins Wort fallen
- Raum Zeit des Nachdenkens geben
- Gespräche auf möglichst wenig Themen beschränken

Bild 1: Introvertierter Typ

Wahrnehmer Typ

Kennzeichen dieses Typs:
- Gutes Anpassungsvermögen
- Hohes Maß an Flexibilität/Spontaneität
- Orientierung an Prozessabläufen
- Geringe Entscheidungsfreudigkeit

Die Friseurin sollte bei diesem Typ:
- Auf viele Fragen/Nachfragen eingestellt sein
- Die Themenwahl nach eigenen Kompetenzen persönlich entscheiden
- Offen sein für (neue) Informationen
- Genügend Zeit geben für die Entscheidungsfindung
- Alternativen aufzeigen

Bild 2: Wahrnehmer Typ

Beurteilender Typ

Kennzeichen dieses Typs:
- Ordnungsliebend
- Ergebnisorientiertes Arbeiten
- Entscheidungsfreudigkeit
- Möchte alles geregelt wissen

Die Friseurin sollte bei diesem Typ:
- (Termin)Absprachen einhalten
- Nur das darstellen, von dem sie wirklich etwas weiß/etwas versteht
- Selbstbewusst das eigene Betätigungsfeld vertreten
- Arbeitsschritte geplant und zielgerichtet angehen
- Gespräche nur innerhalb des vertretbaren Zeitrahmens führen

Bild 3: Beurteilender Typ

Einfühlsamer Typ

Kennzeichen dieses Typs:
- Ausgeprägtes Sozialverhalten
- Emotionale und persönliche Reaktion
- Erfasst und berücksichtigt die Gefühlslage/-welt anderer
- Trifft „Bauchentscheidungen"

Die Friseurin sollte bei diesem Typ:
- Kommentare des anderen bestätigen bzw. nicht kommentieren
- Mit einer verbindlichen Mimik und Gestik Nähe zeigen
- Mit einer diskreten und zugleich emotionalen Gesprächshaltung Sensibilität zeigen

Bild 1: Einfühlsamer Typ

Denker Typ

Kennzeichen dieses Typs:
- Kopfbezogenes und überlegtes Handeln
- Distanziert
- Klar strukturierte Denk- und Sprachmuster
- Objektive Grundhaltung

Die Friseurin sollte bei diesem Typ:
- Sachlich argumentieren
- Gesprächsinhalte bieten, Stichworte liefern
- Auf eine Abfrage/Ansprache der persönlichen Gefühlslage und des persönlichen Empfindens verzichten
- Durch nonverbalen Ausdruck das eigene Handeln in den Vordergrund rücken

Bild 2: Denker – Typ

5.2.3 Konstitutionstypen nach Kretschmer

Nach der Konstitutionslehre des Psychiaters Ernst Kretschmer (1888 – 1964) werden Männer und Frauen nach drei grundlegenden Formen des Körperbaus typisiert. Er unterscheidet die Menschen entsprechend ihren verschiedenen Körperformen und ordnet ihnen auch typische seelisch-geistige Eigenschaften zu. Die drei Konstitutionstypen sind:
- Pykniker
- Leptosom
- Athletiker

Die Pyknikerin

Die **Pyknikerin** hat einen gedrungenen Körperbau und Neigung zum Fettansatz, einen kurzen Hals und ein rundes Gesicht.
Pyknikerinnen haben ein liebenswertes Wesen, reagieren emotional und gelten insgesamt als kontaktfreudig. Im Salonalltag ist der Umgang mit solchen Personen in der Regel unproblematisch. Das bedeutet, dass das Arbeiten in entspannter und lockerer Atmosphäre erfolgen kann. Die Friseurin darf ihre Beratungsvorschläge der Kundin offen und direkt unterbreiten, muss aber auch damit rechnen, dass die Kundin sich ihr gegenüber klar und eindeutig zu den eigenen Wünschen und Vorstellungen äußert.

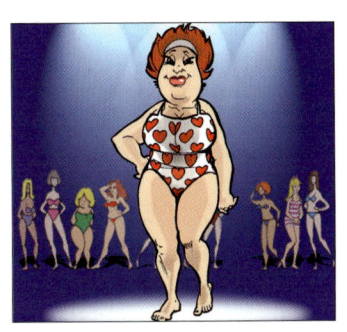

Bild 3: Die Pyknikerin

5 Typisierungen

Die Leptosome

Die **Leptosome** bzw. Asthenikerin hat einen langen, schmalen und schlanken Körperbau.

Leptosome werden als einfühlsame Menschen beschrieben. Sie pflegen einen verhaltenen Umgang mit Mitmenschen und erwarten diesen auch in gleicher Weise von anderen. In ihren Entscheidungsprozessen geben sie sich vorsichtig abwägend. Die Friseurin muss davon ausgehen, dass sie eine weniger entschlussfreudige Kundin vor sich hat. Sie muss geduldig sein, wenn die Kundin bei mehreren Alternativangeboten mehrfach Vor- und Nachteile abwägt. Dadurch können sehr intensive und langwierige Beratungsgespräche entstehen.

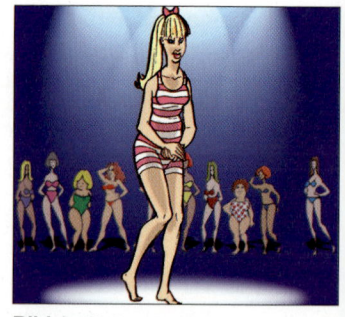

Bild 1: Die Leptosome

Die Athletikerin

Athletikerinnen haben einen sportlichen und muskulösen Körperbau, einen breiten Brustkorb und breite Schultern.

Athletikerinnen beschreibt Kretschmer als verlässliche und ausgeglichene Typen, die nach seiner Einschätzung allerdings bisweilen mit einer langsamen Auffassungsgabe ausgestattet sind. Dies würde bedeuten, dass sich die Friseurin im Beratungsgespräch der Kundin intensiver zuwendet, gegebenenfalls Informationen und Argumentationen wiederholt oder anders formuliert. Gleichzeitig sollte sie sich regelmäßig versichern, ob die Kundin alle Informationen verstanden hat, und sie durch Verbalimpulse aktiv am Beratungsprozess beteiligen.

Bild 2: Die Athletikerin

■ 5.2.4 Gestaltungstypen

Aus der Tatsache, dass jede Kundin persönliche Voraussetzungen bezüglich ihres Erscheinungsbildes (Körpergröße, Kopfform, Hautteint, Haarfarbe, Kleidung) mitbringt, ergibt sich die Notwendigkeit einer individuellen Beratung. Von der Friseurin wird dabei erwartet, dass sie die individuellen Gegebenheiten erkennen und einordnen kann. Diese Form der Typisierung erfolgt anhand folgender Merkmale der Kundin:

- Modelinie
- Gesichts- und Kopfform
- Farbe von Augen, Haut und Haar (Farbtypen)

Grundlage für eine Beratungsempfehlung ist der Kundenwunsch. Daneben müssen individuelle Gegebenheiten und ästhetische Grundsätze bedacht werden. Dieser Zusammenhang wird in Bild 3 verdeutlicht.

Ästhetik ist die Lehre vom Schönen. Die Friseurin, die sich von Berufs wegen mit Schönheitspflege beschäftigt, muss für ihre Entscheidungsfindung wissen, was schön ist und was insbesondere für die jeweilige Kundin schön ist.

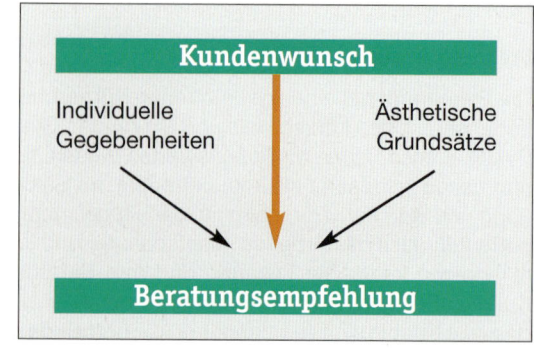

Bild 3: Beratungskriterien

5.2 Ausgewählte Typisierungen

Nun ist das, was schön ist oder als schön empfunden wird, eine subjektive Einschätzung. Dennoch gibt es allgemeingültige Ästhetikregeln:

- **Schönheit ist Harmonie.** Harmonie bedeutet ein Gleichmaß in Form und Proportion. Für die Friseurin sind dabei insbesondere Kopf- und Gesichtsform sowie das Verhältnis der Frisurenelemente (Fläche, Welle, Locke) zueinander und zur Gesichts- und Kopfform entscheidend. Das Auge empfindet manches als proportioniert und anderes als unproportioniert. Das, was als harmonisch, ausgeglichen oder proportioniert empfunden wird, kann mithilfe vom „Goldenen Schnitt" (Verhältnis ca. 5:3) auch mathematisch begründet werden. In Bild 1 ist der Goldene Schnitt auf die Körperproportionen einer Frau übertragen (Kopf bis Taille 3 Teile, Taille bis Fuß 5 Teile).

- **Schönheit ist nicht altersabhängig.** So kann eine alte Kundin mit weißem Haar und ihrem in besonderer Weise durch Falten gezeichneten Gesicht ebenso als schön angesehen werden wie das Kleinkind mit dem rosafarbenen Teint, der glatten und feinen Haut. Es ist daher die Aufgabe einer Spezialistin für Schönheit, einerseits das Individuelle eines Menschen hervorzuheben und andererseits Disproportionen wie z. B. einen zu kurzen Hals, einen zu flachen Hinterkopf oder ein zu rundes Gesicht auszugleichen.

- **Schönheit hat ihre Ideale.** Bei der Frau gelten ein zarter, feingliedriger Körperbau mit schmaler Taille sowie weiche Konturen als Schönheitsideal; beim Mann hingegen ein großer, muskulöser Körper und ein kantiges Profil.

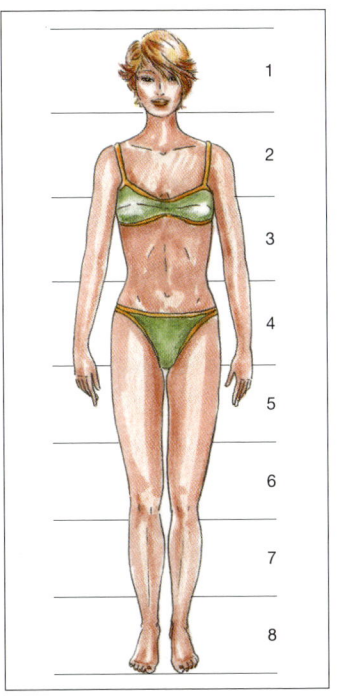

Bild 1: Der Goldene Schnitt auf den Körper einer Frau übertragen

Gestaltungstypen nach der Modelinie

Im Wesentlichen orientiert man sich bei einer Festlegung auf Modelinien an der Frisur, dem Make-up, der Kleidung, dem Schmuck, dem Schuhwerk. Für die unterschiedlichen Linien sind Bezeichnungen wie klassisch, modern, konservativ, trendy, sportlich üblich.

Die Grenzen der einzelnen Modelinien sind fließend, wodurch eine eindeutige Bestimmung bisweilen Schwierigkeiten bereitet. Außerdem ist Mode einer ständigen Veränderung unterworfen und eine ehemals trendige Linie wird heute zur modernen und morgen zur klassischen. Unter Berücksichtigung dieser Einschränkungen kann die nachfolgende Tabelle als Orientierungshilfe für eine Einordnung des jeweiligen (hier: weiblichen) Gestaltungstypens sein.

Tabelle 1: Gestaltungstypen nach der Modelinie

Modelinie	Merkmale	Beratungsempfehlungen
Bild 2: Klassisch	**Kleidung:** Betonung der Figur, gedeckte Farben, passende Handtasche **Schuhe:** abgestimmt auf die Kleidung, hohe Qualität, unauffällige Form **Schmuck:** erlesen, ausgefallene Einzelteile	**Frisur:** herkömmlich, traditionell, konventionell, kompakt, ruhige Bewegung, geordnet, klare Kontur **Make-up:** dezent

Fortsetzung Tabelle 1: Gestaltungstypen nach der Modelinie

Modelinie	Merkmale	Beratungsempfehlungen
Bild 1: Modern	**Kleidung:** extreme Formen, aktuelle Farben und Farbkombinationen, bisweilen außergewöhnliches Material **Schuhe:** vielfältige Materialien, außergewöhnliche Formen und Farben **Schmuck:** vielfältig, häufig preiswertes Material	**Frisur:** neuartig, fortschrittlich, aktuell, ausgefallene Formen und Schnitte, Asymmetrie, Bewegung, technische Elemente, auffällig **Make-up:** vielfältige Techniken, aktuelle Farben
Bild 2: Konservativ	**Kleidung:** traditionell, einfarbig, praktische Formen, gepflegt, hochwertig, ruhige Schnittmuster **Schuhe:** bequem, einfache Formen, schlichte Struktur, eingeschränkte Farbauswahl schwarz/grau **Schmuck:** wenig	**Frisur:** unauffällig, zeitlos, bürgerlich, althergebracht, schlicht, symmetrisch, haltbar, pflegeleicht, geringe Farbveränderung **Make-up:** gar nicht bzw. nur angedeutet
Bild 3: Trendy	**Kleidung:** auffallend, teilweise orientiert an Leitfiguren der Unterhaltungsbranche, eigenwillige Schnitte, verschiedene Materialien **Schuhe:** außergewöhnliche Formen und Farben, einfache Verarbeitung, Bequemlichkeit sekundär **Schmuck:** auffällig, preiswerte Materialien, Einzelstücke	**Frisur:** extrem in der Farb- und Formgebung, individuell, innovativ, avantgardistisch, auffällige Farbeffekte, asymmetrisch, aktuell, futuristisch **Make-up:** auffällig, übersteigert, frech
Bild 4: Sportlich	**Kleidung:** figurbetont, praktisch, farblich aufeinander abgestimmt **Schuhe:** flach, bequem, modern **Schmuck:** wenig	**Frisur:** kurz oder lang (glatt und zusammen gebunden), unauffällig, zweckmäßig, pflegeleicht, wenig Farbe **Make-up:** wenig, unauffällig

5.2 Ausgewählte Typisierungen

Gestaltungstypen nach der Gesichts- und Kopfform

Bei den Beratungsüberlegungen und Empfehlungen sind auch Gesicht- und Kopfform der Kundin einzubeziehen. In der folgenden Tabelle werden typische Gesichts- und Kopfformen beschrieben und Möglichkeiten aufgezeigt, welche Frisuren- bzw. Make-up-Gestaltung von Vorteil ist.

Tabelle 1: Gestaltungstypen nach Gesichts- und Kopfform

Gesichts- und Kopfform	Beratungsempfehlungen	Frisurenvorschlag
Bild 1: Ovale Kopfform	**Frisur:** Die ovale Kopfform gilt als ideal. Eine Kundin mit dieser Kopfform kann jede Frisur tragen. **Make-up:** Keine Korrekturen durch Make-up-Auftrag erforderlich.	Bild 2: Frisur zur ovalen Gesichtsform
Bild 3: viereckige Kopfform	**Frisur:** Hier sind Bewegung (Locken und Wellen) und eine konkave Form in den Frisurenvorschlag einzubeziehen. Der innere Frisurenumriss sollte eine ovale Form aufweisen. Zudem sind federig geschnittene Seitenkonturen vorteilhaft. **Make-up:** Rougeauftrag in der Wangenpartie verschmälert das Gesicht.	Bild 4: Ausgleich der viereckigen Gesichtsform
Bild 5: Zylinderförmige Kopfform	**Frisur:** Bei dieser Kopfform rät man auf jeden Fall zu einem Pony, zu Volumen im Seitenbereich und zum flachen Oberkopf. Auch eine asymmetrische Frisur ist vorteilhaft. Geknetete, leicht gewuschelte Haarpartien sowie sanfte Locken lassen das Gesicht kürzer erscheinen. **Make-up:** Das Rouge darf nicht zu weit in das Gesicht hinein gezogen werden. Kantige Ecken im Stirn- und Kinnbereich können mit dunklem Puder oder Rouge abgerundet werden.	Bild 6: Ausgleich der zylinderförmigen Gesichtsform

Fortsetzung Tabelle 1: Gestaltungstypen nach Gesichts- und Kopfform

Gesichts- und Kopfform	Beratungsempfehlungen	Frisurenvorschlag
Bild 1: Dreieckige Kopfform	**Frisur:** Die breite Stirn und das spitze Kinn können durch Volumen an der Kinnpartie ausgeglichen werden. Daher muss die Frisur mindestens kinnlang sein. Auch ein fransig gestylter Pony bewirkt einen optischen Ausgleich. **Make-up:** Rouge sollte an den Seiten sparsam verwendet werden. Rouge oder dunkler Puder an Stirn und Kinnspitze können das Gesicht optisch verkürzen	Bild 2: Ausgleich der dreieckigen Gesichtsform
Bild 3: Runde Kopfform	**Frisur:** Im Ponybereich sollte das Haar aus der Stirn gebracht und volumig frisiert werden. Eine schmale und konkave Seitenpartie sowie ein dreieckiger äußerer Frisurenumriss gleichen die runde Form aus. Der innere Frisurenumriss sollten die Seiten der Wangenpartie überdecken, z. B. durch fransige Elemente. **Make-up:** Durch Rougeauftrag in der Wangenpartie kann das Gesicht verschmälert werden.	Bild 4: Ausgleich der runden Kopfform
Bild 5: Kurzer Hals	**Frisur:** Hier empfiehlt sich eine Nackenpartie mit Bewegung und ovaler Konturenform.	Bild 6: Ausgleich beim kurzen Hals

5.2 Ausgewählte Typisierungen

Fortsetzung Tabelle 1: Gestaltungstypen nach Gesichts- und Kopfform

Gesichts- und Kopfform	Beratungsempfehlungen	Frisurenvorschlag
Bild 1: Flacher Hinterkopf	**Frisur:** Die fehlende ovale Konturenlinie wird durch Volumen ausgeglichen.	Bild 2: Ausgleich des flachen Hinterkopfes
Bild 3: Fliehende Stirn	**Frisur:** Die Stirnpartie sollte einen Pony aufweisen, der fedrig und leicht volumig ausgebildet ist.	Bild 4: Ausgleich der fliehenden Stirn
Bild 5: Langer Hals	**Frisur:** Die Hinterkopfpartie wird möglichst lang gehalten, verdeckt und bildet durch ihr Volumen ein optisches Gegengewicht zum langen Hals.	Bild 6: Ausgleich eines langen Halses

Gestaltungstypen nach der Farbe von Augen, Haut und Haar (Farbtypen)

Die Farbtypen ergeben sich aus den natürlichen Farben von Augen, Haut und Haar. Je nach Farbkombination unterscheidet man vier Richtungen, nämlich Frühlings-, Sommer-, Herbst- und Wintertyp. Diese erfordern bei der Farbberatung eine typenspezifische Empfehlung (Tabelle 1 auf der folgenden Seite).

5 Typisierungen

Tabelle 1: Gestaltungstypen nach der Farbe von Augen, Haut und Haar (Farbtypen)

Bezeichnung des Farbtyps	Merkmale	Beratungsempfehlungen
 Bild 1: Frühlingstyp	**Augenfarbe:** Blau bis grünlich **Haarfarbe:** Goldblond, goldbraun **Hautfarbe:** Hell, elfenbeinfarben, Sommersprossen, goldiger Unterton	**Haarfarben:** alle warmen Blond- und Brauntöne **Make-up:** Dezente warme Farbtöne, zarte Grüntöne, helle Petrol- und Türkisblautöne  Bild 2: Vorschlag Augen Make-up
 Bild 3: Sommertyp	**Augenfarbe:** Blau, blaugrau, grünlich **Haarfarbe:** Hell- mittel- dunkelblond mit aschigem Anteil **Hautfarbe:** Hell, dezent rosafarben mit bläulichem Unterton	**Haarfarben:** alle Blondtöne ohne oder mit wenig Goldanteil, Strähneneffekte **Make-up:** Dezente kühle Pastelltöne, Perlglanz  Bild 4: Vorschlag Augen Make-up
 Bild 5: Herbsttyp	**Augenfarbe:** Braun, grün **Haarfarbe:** Dunkel, rötliche Nuancen **Hautfarbe:** Beige, braun	**Haarfarben:** alle warmen Brauntöne mit Gold-, Kupfer und Rotanteil **Make-up:** Warme, kräftige Farben, dunkles Rotbraun, Terrakottatöne  Bild 6: Vorschlag Augen Make-up

5.2 Ausgewählte Typisierungen

Fortsetzung Tabelle 1: Gestaltungstypen nach der Farbe von Augen, Haut und Haar (Farbtypen)

Bezeichnung des Farbtyps	Merkmale	Beratungsempfehlungen
Bild 1: Wintertyp	**Augenfarbe:** Braun, dunkelblau, grau **Haarfarbe:** Schwarz oder platinblond **Hautfarbe:** Weiß mit bläulichem Unterton	**Haarfarben:** Blaurote bis blauviolette Nuancen in mittelbraunem bis schwarzem Haar **Make-up:** Klare und kühle Farben, starke Kontraste Bild 2: Vorschlag Augen Make-up

■ 5.2.5 Kundentypen in der Verkaufs- und Beratungssituation

Jeder Kundenkontakt erfordert die Notwendigkeit abschätzen zu können, zu welcher Gruppe von Kundinnen die jeweilige Person gehört. Gemeint ist damit eine Typisierung nach dem spezifischen Verhalten der Kundin in Verkaufs- und Beratungssituationen.

Gelingt der Beraterin eine Zuordnung ihrer Kundin, ist es ihr möglich, sich schnell und effektiv auf die Person in ihrer Erwartung, Denk- und Verhaltensweise einzustellen. Das sichert den notwendige Zugang und die Nähe zur Kundin und ist in der Regel Garantie dafür, dass die Beraterin mit ihren Angeboten erfolgreich ist.

Dieser kundentypbezogene Verkaufs-/Beratungsansatz wird etwa seit den 90er Jahren favorisiert und bestimmt auch heute noch die Konzeptionen der verschiedenen Verkäufer- und Beraterschulungen. In den Jahren davor kam es insbesondere auf das „schöne Reden" – also rhetorische Kompetenzen – in der Verkaufs- und Beratungssituation an. Die Erkenntnis, dass man damit nicht selten über den Kopf der Kundin hinweg geredet hat, führte schließlich zur Aufgabe dieses Konzeptes.

Je nachdem, auf welche Art sich die Kundin auf das Verkaufs- und Beratungsangebot einlässt, repräsentiert sie einen bestimmten Kundentypus (Bild 1-7):

- Die Traditionelle
- Die Qualitätsbewusste
- Die Preisbewusste
- Die Skeptische
- Die Unsichere und Unentschlossene
- Die Eilige
- Die Bedächtige

5 Typisierungen

Die Traditionelle

Diese Kundin kennzeichnet eine herkömmliche, althergebrachte Lebens- und Denkweise, was sich unter anderem in einem klassischen bis konservativen Erscheinungsbild bezüglich Kleidung, Frisur und Schmuck zeigt. Ihr Augenmerk gilt insbesondere den Produkten einer besseren Qualität. Die Kundin ist bzw. gibt sich gewöhnlich sachkundig und hat eine klare Vorstellung von ihren Wünschen.

Eine Beratung wird nur bedingt gewünscht, da die Kundin im Grunde auf Art, Qualität und Umfang der Dienstleistungen festgelegt ist. Das Beratungsgespräch erfüllt hierbei lediglich die Funktion, den Kundenwunsch aufzunehmen, zu bestätigen und zu unterstützen. Mit Probierangeboten im Rahmen eines besonderen Kundenservices kann in der Zukunft möglicherweise eine Änderung des Kundenwunsches angestoßen werden.

Bild 1: Die Traditionelle

Die Qualitätsbewusste

Diese Kundin tritt selbstbewusst und selbstsicher auf, bevorzugt eine moderne und hochwertige Kleidung und schätzt eine gepflegte Sprache. Die Gesprächsthemen sind überwiegend ernsthaft und anspruchsvoll. Die Kundin erwartet ein gehobenes und zum Teil ausgefallenes Dienstleistungsangebot, hochwertige Produkte und ein ansprechendes Salonkonzept (Ambiente, Mitarbeiterstruktur, Kundenservice). Sie weiß, dass hochwertige Leistungen auch ihren Preis haben.

Die Kundenbetreuung und -beratung müssen engagiert und mit großer Aufmerksamkeit geführt werden. Es können hochpreisige Artikel angeboten werden. Wichtig ist, dass dabei Qualität und Nutzen besonders eindeutig herausgestellt werden. Die Kundin ist offen für zeitgemäße und moderne Frisurenempfehlungen, wenn dabei deutlich gemacht wird, inwieweit das ihren Persönlichkeitstyp unterstreicht.

Bild 2: Die Qualitätsbewusste

Die Preisbewusste

Diese Kundin möchte das Dienstleistungsangebot im gesamten Spektrum nutzen, entscheidet aber letztendlich nach preislichen Gesichtspunkten. Daher erwartet sie ein reelles Preis-Leistungs-Verhältnis und möchte nicht mit dem Gefühl den Salon verlassen, man habe sie „über den Tisch gezogen". Auf Leistungen, die ihrer Ansicht nach nicht unbedingt erforderlich sind, verzichtet sie von vornherein. Sie wechselt bei einer sich ständig ändernden Preisstruktur oder für sie nicht durchsichtigen Abrechnung schnell den Dienstleister. Das gleiche gilt, wenn sie im Rahmen eines Preisvergleiches – den sie gerne vornimmt – erhebliche Unterschiede feststellt. Im Beratungsgespräch müssen in erster Linie Notwendigkeiten für bestimmte Arbeiten und Produktanwendungen herausgestellt werden. Wichtig ist dabei, dass die Friseurin offen auf die Preisstruktur für die angeratene Dienstleistung hinweist und diese gegebenenfalls mit dem notwendigen Aufwand begründet. Die Preisnennung ist auf jeden Fall verbindlich. Der Preis darf lediglich nach unten verändert werden.

Bild 3: Die Preisbewusste

Die Skeptische

Diese Kundin äußert in ihrer Grundhaltung Bedenken gegenüber allem Neuen und Unbekannten. Veränderungsvorschläge für ihr Äußeres nimmt sie zurückhaltend auf. An Neuem sucht sie zur Bestätigung ihrer Skepsis nach Mängeln oder Kritikpunkten. Äußerungen wie „ich gehe davon aus, dass das mit meinem Haar nicht zu machen ist" oder „ich habe schon so viele Sachen probiert, von denen man mir wer weiß was versprochen hat und die letztlich nichts bewirkt haben", sind typisch. Die Friseurin muss ihren Standpunkt, ihren Vorschlag selbstbewusst vertreten. Voraussetzung dafür ist, dass sie fachkompetent ist und mit Hintergrundinformationen überzeugen kann. Ungenaue Formulierungen und zögerliche Beschreibungen provozieren Skepsis. Die Sachargumente sollten beim Verkaufs- und Beratungsgespräch im Vordergrund stehen und der Redeanteil insgesamt deutlich eingeschränkt werden. Es müssen darüber hinaus der Kundin Gelegenheit und ausreichend Zeit gegeben werden, Ware selbst zu prüfen und auszuprobieren.

Bild 1: Die Skeptische

Die Unsichere und Unentschlossene

Auftreten und Verhalten dieser Kundin sind insgesamt von großer Unsicherheit und mangelnder Entscheidungsfreudigkeit geprägt. Mehrmaliges Rückversichern, ob die Beratungsempfehlung oder schließlich die getroffene Entscheidung auch wirklich die richtige war, ist für sie typisch. Die Beratung darf nur auf ein deutlich eingeschränktes Angebot an Alternativen aufbauen. Als Ermutigung zur Entscheidung für das jeweilige Dienstleistungs- und Verkaufsangebot ist es unabdingbar, wenn deren individuelle Vorteile oder persönliche Nutzen herausgestellt werden. Darüber hinaus muss der Kundin genügend Raum für den Entscheidungsprozess gegeben werden. Die Friseurin sollte nachfragen, wenn sie das Gefühl hat, dass die Kundin noch nicht völlig von ihren Vorschlägen überzeugt ist. Ein Bedrängen durch die Friseurin kann unter Umständen zu einer völligen Verweigerung des Angebotes führen. Vorteilhaft ist es, der Kundin anzubieten, die vorgeschlagene Veränderung im Moment noch einmal zurückzustellen und diese in Ruhe zu überdenken.

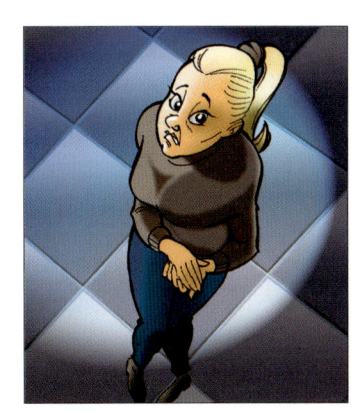

Bild 2: Die Unsichere und Unentschlossene

Die Eilige

Diese Kundin steht immer unter Zeitdruck und erwartet, dass sich alle auf ihren Zeitplan einstellen können. Betont langsames Arbeiten oder Bedienen durch die Friseurin machen sie nervös und gereizt. Auch eine umständliche oder langatmige Beratung lassen sie z. T. ungehalten werden.

Die Friseurin muss der Kundin deutlich machen, dass sie um eine zügige Bearbeitung ihres Wunsches bemüht ist. Der gesamte Beratungs- und Verkaufsvorgang sollte beschleunigt werden. Das bedeutet für die Friseurin u. a. schneller und strukturierter zu sprechen, Anschauungsmaterialien griffbereit zu halten, sich bei der Anamnese und Diagnose auf die wesentlichsten Gesichtspunkte zu beschränken, Präparate zügig vorzulegen.

Bild 3: Die Eilige

Die Bedächtige

Diese Kundin braucht Zeit für ihre Entscheidungen und nimmt sich diese auch. Sie spricht langsam und bedächtig, klärt ihre Fragen und Überlegungen bis ins Kleinste ab. Es ist kein Problem für sie, vermeintlich geklärte Dinge erneut anzusprechen und aus einem anderen Blickwinkel erneut auszuleuchten.

Die Friseurin muss geduldig bleiben und die an sie gerichteten Fragen ernsthaft und gewissenhaft beantworten. Auch die Versuche, die Kundin zu einer schnelleren Entscheidung zu bringen, sie zu drängen, sollten unterbleiben.

Bild 1: Die Bedächtige

5.2.6 Verkäufertypen in der Verkaufs- und Beratungssituation

Ein wesentlicher Grundsatz für das Beraten und Verkaufen ist die Kundenorientierung. Diese bedeutet:

- Den Besuch der Kundin nicht als eine lästige Unterbrechungen oder Störung der eigenen Arbeit zu verstehen, sondern als Anlass und Zweck für Arbeit.
- Den Besuch als eine Gunst der Kundin gegenüber dem Unternehmen zu verstehen, der mit der Gunst des Nicht-Warten-Lassens begegnet wird.
- Den Besuch als die Begegnung mit einem Menschen anzusehen, der ebenso wie jeder Mitarbeiter mit Gefühlen, Empfindungen, Nöten und Wünschen ausgestattet ist.

Eine so ausgerichtete Kundenorientierung seitens der Friseurin ist ein wesentlicher Beitrag zur Kundenzufriedenheit, die als bedeutendes Kriterium für einen langfristigen Geschäftserfolg angesehen wird. Mit einer erfolgreichen Strategie zur Förderung von Kundenzufriedenheit erreicht die Friseurin zugleich ein Höchstmaß an Kundenbindung, die sich in vielerlei Hinsicht – Werbung für den Salon, Zufriedenheit und Auslastung des Personals, Steigerung des Umsatzes und des Gewinns – positiv auswirkt. Kundenbindung ist daher auch das vornehmliche Ziel aller Marketingbemühungen.

Kundenzufriedenheit und Kundenbindung stehen in engem Zusammenhang mit dem Verhalten der Friseurin. Verkaufs- und Beratungsgespräche können nur dann erfolgreich ablaufen, wenn neben der treffenden Bestimmung des Kundentyps auch der Verkäuferin klar ist, welchen Verkäufertypus sie repräsentiert. Eine in dieser Hinsicht unkritische oder falsche Selbsteinschätzung beeinträchtigt die Beratung. Man unterscheidet je nach Verhaltensmustern folgende Verkäufertypen:

- Die Dominante
- Die Beeinflusserin
- Die Beziehungsorientierte
- Die Nachgiebige
- Die Traditionelle

Die Dominante

Die dominante Verkäuferin neigt dazu, die Kundin in ihren Wortbeiträgen zu beschneiden und damit den Eindruck zu vermitteln, sie höre ihr gar nicht richtig zu. Außerdem ist sie in ihrem Beratungsbeitrag nur auf die eigene Meinung festgelegt, bedrängt die Kundin damit und gibt ihr so keine Chance, eigene Vorstellungen oder Ideen in den Entscheidungsprozess einzubringen.

Diese Dominanz spiegelt sich gleichfalls in dem Verhalten, das eigene Wissen in einer Art und Weise einzubringen, die keinen Widerspruch duldet. Ein dominanter Verkäufertypus (Bild 1) muss lernen:

- Sich zurückzunehmen
- Bereitschaft zum Zuhören aufzubringen
- Die Kundin nicht zu unterbrechen
- Die Kundin nicht zu belehren
- Der Kundin Möglichkeiten zu geben, eigene Vorstellungen zu artikulieren

Bild 1: Die Dominante

Die Beeinflusserin

Die Beeinflusserin (Bild 2) präsentiert sich ähnlich wie der dominante Verkäufertyp, allerdings mit einem ausgeprägten Redeanteil. Sie möchte jedoch in erster Linie von der Kundin anerkannt und akzeptiert werden. Dadurch gibt sie sich auch ein wenig kompromissbereiter. Sie reagiert manchmal bei Abstrichen vom eigenen Standpunkt emotional („Natürlich können Sie auch das andere Produkt nehmen, aber Sie werden schnell den kleinen, aber entscheidenden Unterschied feststellen können! Und sagen Sie hinterher nicht, ich hätte Sie nicht darauf aufmerksam gemacht!"), sodass sich viele Kundinnen schließlich zum Kauf überreden lassen. Ein beeinflussender Verkäufertypus muss lernen:

- Sachlicher zu bleiben
- Persönliche Empfindlichkeiten auszuklammern
- Moralisierendes Verhalten zu vermeiden
- Ehrlich mit der Meinung der Kundin umzugehen

Bild 2: Die Beeinflusserin

Die Beziehungsorientierte

Bei diesem Verkäufertypus (Bild 3) steht die persönliche soziale Anerkennung im Vordergrund der Beratungs- und Verkaufsgespräche. Es geht ihr also darum, der Kundin nicht zu nahe zu treten, das Gespräch harmonisch zu gestalten und möglichst unangenehme Aussagen zu umschreiben oder völlig auszusparen. Dadurch ist die Gesprächsführung insgesamt zu umständlich und wenig zielgerichtet. Ein beziehungsorientierter Verkäufertyp muss lernen:

- In Aussagen direkter und konkreter zu werden
- In bestimmten Fragen und Themen eindeutig Position zu beziehen

Bild 3: Die Beziehungsorientierte

5 Typisierungen

Die Nachgiebige

Die nachgiebige Verkäuferin/Beraterin wirkt sehr unsicher, weil sie sämtliche Vorschläge der Kundin für die Dienstleistung akzeptiert und ihre eigenen Vorschläge daraufhin verwirft. Die Kundin bekommt dadurch den Eindruck, dass nicht die Fachfrau die Beratung führt, sondern sie selbst. Durch die nicht eindeutig erkennbare Position der Beraterin oder das nicht Festlegen wollen sowie mangelnde Entscheidungskraft erweckt sie den Eindruck, ihre Beiträge seien unverbindlich oder inkompetent. Ein nachgiebiger Verkäufertypus muss lernen:

Bild 1: Die Nachgiebige

- Auf nur einige wenige Vorschläge der Kundin einzugehen
- Die Vorschläge kritisch zu bewerten
- Bewusster und zielgerichteter auf den Abschluss der Beratung hinzuwirken
- Den Entscheidungsprozess der Kundin lenkend zu begleiten
- Auch die eigene Einschätzung deutlich zu vertreten

Die Traditionelle

Bei der traditionell ausgerichteten Verkäuferin wird häufig Skepsis gegenüber neuen Dingen oder Entwicklungen beobachtet. Ihre Beratungsempfehlungen oder Verkaufsvorschläge zielen in der Regel auf Althergebrachtes. Auf diesen Feldern fühlt sie sich wirklich sicher und auch kompetent. Mangelnde Beschäftigung oder Auseinandersetzung mit anderen Techniken, zeitgemäßen Pflegelinien, aktuellen Trends etc. begünstigt einen Stillstand in der beruflichen Weiterentwicklung und schließlich die Abkehr der Kundschaft von seinen Beratungs- und Verkaufsangeboten. Der traditionelle Verkäufertypus muss lernen:

Bild 2: Die Traditionelle

- Sich neuen Trends zu öffnen
- Sich regelmäßig über Entwicklungen, Änderungen zu informieren
- Neue Techniken auszuprobieren
- Den Kundenwunsch in den Mittelpunkt seiner Arbeit zu stellen

Aufgaben

1. Suchen Sie in Fachzeitschriften nach Abbildungen, in welchen Sie bestimmte Typen wieder erkennen (z. B. Farbtypen, Persönlichkeitstypen).
   a) Wählen Sie zwei der Typen aus und kleben Sie diese jeweils auf ein Din-A-4 Blatt.
   b) Notieren Sie die Typisierungsbezeichnungen und beschreiben Sie in einem kurzen Text die typischen Erkennungsmerkmale.
   c) Schreiben Sie anschließend auf, wie Sie persönlich in einer Beratungssituation auf diese beiden Typen eingehen sollten.

2. Welche der oben beschriebenen Typen (Charaktertypen, Körperbautypen usw.) haben Sie im Salon kennen gelernt?
   a) Wählen sie zwei dieser Typen aus und beschreiben Sie diese näher, indem Sie einer Typenbezeichnung (z. B. leptosomer Typ, melancholischer Typ) die entsprechenden Typenmerkmale (Auftreten, Erscheinung, Verhaltensweisen) zuordnen!
   b) Beschreiben Sie, wie Sie sich auf die unterschiedlichen Typen eingestellt haben und vergleichen Sie dies mit den im Text genannten Empfehlungen.

3. Nennen Sie Vor- und Nachteile von Typisierung im
   a) privaten Bereich und
   b) beruflichen Bereich.

4. Sie beobachten im Salon eine Kundin, die Sie Ihrer Kollegin gegenüber als „Sanguiniker" bezeichnen. „Was ist das denn für eine?", fragt sie irritiert. Geben Sie Ihrer Kollegin eine umfassende Erklärung.

5. Der Kundenwunsch einer Phlegmatikerin lautet: „Haarschnitt wie immer!"
   a) Wie können Sie auf diesen Wunsch angemessen reagieren, wenn Sie dem Motto Ihres Salons „Wir beraten immer und kompetent!" entsprechen möchten?
   b) Simulieren Sie Ihren Lösungsansatz in einem Rollenspiel. Lassen Sie Ihre Vorgehensweise durch die Mitschüler (Beobachtergruppe) reflektieren.

6. Erläutern Sie einer Athletikerin, warum Sie die Verwendung eines Shampoos gegen die Seborrhoe oleosa empfehlen.

7. Lesen Sie das Fallbeispiel und lösen Sie die Aufgaben.

> **Fallbeispiel:**
>
> *Der Geschäftsmann Karl Krause hat einen Termin vereinbart, um sich den Haaransatz färben zu lassen. Er ist ein Stammkunde und wird immer von seiner Stammfriseurin bedient. Doch an diesem Tag fehlt diese Mitarbeiterin krankheitsbedingt. Der Chef hat die Termine der Kollegin weitgehend auf die übrigen Angestellten verteilt, nur Herrn Krause möchte er so weit es geht persönlich bedienen. Er trägt seiner Auszubildenden Anja auf, den Kunden zu empfangen und bei der weiteren Arbeit zu assistieren. Als Herr Krause den Salon betritt, ergibt sich folgendes Gespräch mit Anja:*
>
> Anja: *„Guten Tag, Herr Krause*
>
> Krause: *„Guten Tag, Frau...?"*
>
> Anja: *„Ja, Sie kennen mich noch nicht. Mein Name ist Anja und ich darf mich heute ein wenig um Sie kümmern, weil unsere Altgesellin erkrankt ist."*
>
> Krause: *„Das ist ja eine tolle Nachricht, da hätte man mich doch benachrichtigen können, meine Zeit ist knapp bemessen!"*
>
> Anja: *„Unser Chef hat die Termine der Kollegin nicht absagen lassen, weil gerade heute nach den Vormerkungen im Kalender keine Engpässe zu erwarten sind. Die eingetragenen Termine der*

> erkrankten Kollegin konnten bislang problemlos von den übrigen Mitarbeiter aufgefangen werden."
>
> Krause: „Heißt das etwa, dass **Sie** mich bedienen werden? Ich habe mit Ihrer Kollegin den genauen Farbwunsch abgestimmt und ich war mit dem Ergebnis immer zufrieden. Jetzt fängt das gleiche Prozedere wieder von vorne an, ich kann mich noch gut an die anfänglichen Schwierigkeiten erinnern! Kennen Sie sich denn mit dem Ganzen aus? Ich will Ihnen nicht zu nahe treten, aber so eine Arbeit ist doch eine Sache des Vertrauens!"
>
> Anja: „Keine Sorge, Herr Krause! Die Arbeit führt unser Chef aus und der ist in Sachen Farbe ein Routinier. Außerdem führen wir ja genau Buch über sämtliche beim Kunden erbrachten Leistungen und notieren uns zusätzlich jede Besonderheit – wie in Ihrem Fall die Farbmischung, die Prozentzahl usw."
>
> Krause: „Das ist ja prima. Ich wusste schon immer, warum ich in Ihrem Salon so gut aufgehoben bin. Organisation ist eben alles. Wenn Sie jetzt bitte dem Chef Bescheid geben, dass ich da bin und er mit den Arbeiten beginnen kann, damit ich auch wieder pünktlich in meinen Betrieb komme."
>
> Anja: „Selbstverständlich. Wenn Sie bitte schon einmal hier Platz nehmen wollen? Darf ich Ihnen vielleicht einen Kaffee bringen?"

a) Bestimmen Sie den Persönlichkeitstyp, den Herr Krause in der Situation repräsentiert und begründen Sie Ihre Entscheidung.

b) Begründen Sie, ob und inwieweit die Beiträge von Anja auf seinen Persönlichkeitstyp abgestimmt sind.

c) Schreiben Sie ein ähnliches Drehbuch zu einer Salonsituation, in der ein von Ihnen bestimmter Persönlichkeitstyp durch sein typisches Verhalten in Erscheinung tritt.

d) Stellen Sie das Ergebnis szenisch im Übungssalon oder Klassenzimmer nach. Lassen Sie anschließend Ihre Mitschüler beurteilen, welcher Typ dargestellt werden sollte und ob auch der Kommunikationspartner angemessen reagiert hat.

8. **Sammeln Sie aus verschiedenen Zeitschriften Abbildungen von Personen.**

    a) Ordnen Sie diese nach den verschiedenen Modelinien.

    b) Begründen Sie Ihre Zuordnungen mit den entsprechenden Hinweisen zu Frisur, Make-up, Kleidung usw.

9. **Eine Kundin mit hellem Teint und schwarzem Haar wünscht von Ihnen eine Make-up Empfehlung.**

    a) Was schlagen Sie ihr vor?

    b) Begründen Sie Ihre Entscheidungen.

10. **Anja erläutert einer Kundin die Leistungen eines Produkts. Lesen Sie das Fallbeispiel und lösen Sie die Aufgaben.**

> **Fallbeispiel:**
>
> Kundin: „Das sind aber wirklich tolle Eigenschaften! Und Sie sind auch wirklich sicher, dass das die ideale Pflege für mein Haar ist?
>
> Anja: „Selbstverständlich. Sie werden schon nach der ersten Anwendung eine positive Veränderung am Haar feststellen können!"
>
> Kundin: „Und wie teuer ist das Präparat?"
>
> Anja: „Ich kann Ihnen das Produkt zum Vorzugspreis von 24.63 Euro anbieten!"
>
> Kundin: „Hm... ja, ganz toll! Aber ich werde erst einmal meine Restbestände zu Hause aufbrauchen und dann komme ich bestimmt auf Ihr Angebot zurück. Danke!"

a) Bestimmen Sie den Kundentyp und geben Sie für Ihre Einschätzung eine Begründung.

b) Überlegen Sie sich, wie Sie die Entscheidung der Kundin kommentieren können.

c) Diskutieren Sie mit Ihrer Nachbarin mögliche Maßnahmen, mit denen die verschiedenen Verkäufertypen ihr Verhalten gegenüber Kundinnen ausgleichen können.

d) Stellen Sie Ihre Überlegungen übersichtlich in einem „Katalog der Verhaltensregeln für Verkäufertypen" zusammen.

11. Bei welcher Kopfform empfiehlt sich ein Pony, in welchem Fall dagegen nicht? Begründen Sie eine solche Entscheidung gegenüber einer Kundin, indem Sie einen kurzen Dialog schreiben.

12. Eine Kundin (Bild 1) wünscht eine Beratung hinsichtlich Frisur und Make-up.

    a) Welche Empfehlungen würden Sie der abgebildeten Person geben?

    b) Begründen Sie Ihre Vorschläge.

13. Bestimmen Sie die in Ihrer Klasse vertretenen Farbtypen.

14. Sie bedienen eine in ihrer Grundhaltung skeptische Kundin, die aus Ihrer Sicht eine Dauerwelle benötigt.

    a) Worin könnte in diesem Fall die Skepsis der Kundin begründet sein?

    b) Wie reagieren Sie auf ihre skeptischen Einwände?

15. Die Generaleinkäuferin eines großen Möbelhauses zeigt in ihrem gesamten Erscheinungsbild und Auftreten, dass sie von ihrem Personal wie auch von Ihnen als ihrem Friseur Topleistung erwartet.

Bild 1: Kundin, die eine Beratung wünscht

a) Welche Produkte aus Ihrem Haus können Sie für die Heimbehandlung (Haar- und Hautpflege) anbieten?

b) Was sagen Sie ihr über die besonderen Qualitäten und den Nutzen der empfohlenen Produkte?

c) Simulieren Sie das Verkaufsgespräch und achten Sie dabei besonders auf Ihre sprecherischen Ausdrucksmittel (Betonung, Tempo usw.).

6 Kommunikation im Salon – Was soll ich der Kundin sagen?

Im Alltag einer Friseurin gibt es viele Situationen für Gespräche und Gesprächsbedarf, wie z. B.:

- Das Telefonat: Dabei geht es beispielsweise um Terminabsprachen.
- Der Kundenempfang: Er bildet den Grundstein für eine positive Gesprächsatmosphäre.
- Das Beratungsgespräch: Es beginnt mit der Ermittlung des Kundenwunsches und hat den Verkauf einer konkreten Dienstleistung als Ziel.
- Die lockere Unterhaltung mit der Kundin während der Dienstleistung: Sie hat große Bedeutung mit Blick auf den Kundenkontakt.
- Das Verkaufsgespräch: Es rundet das komplette Dienstleistungsangebot ab, indem der Kundin Möglichkeiten für die Heimbehandlung aufgezeigt werden.
- Die Verabschiedung: Sie bildet zusammen mit der Begrüßungsphase den Rahmen für den Kundenbesuch und darf in ihrer nachhaltigen Wirkung nicht unterschätzt werden.

Je nach Anlass, Situation und Kundentyp ist die Friseurin bei allen Gesprächssituationen auf unterschiedliche Weise in ihrem Gesprächsengagement gefordert. Einiges davon lässt sich in standardisierter Form beschreiben und strukturieren. Regeln und Tipps zur Bewältigung der verschiedenen Gesprächsanlässe können aufgestellt werden. Die Orientierung an entsprechenden Regeln und Tipps hilft bei der Bewältigung der verschiedenen Gesprächssituationen. Die meisten davon erfordern jedoch zusätzliche Kompetenzen wie Flexibilität, Spontaneität, Schlagfertigkeit und Wissen.

Das folgende Kapitel gibt Anregungen und Empfehlungen für die Ausgestaltung von Rede- und Gesprächssituationen. Dabei sollen insbesondere Grundsätze für das Führen von Telefonaten angesprochen und Techniken zur Erstellung von Gesprächsnotizen aufgezeigt werden. Weiterhin behandelt dieses Kapitel die Frage, wie man positiv auf die Gesprächsatmosphäre einwirken kann und damit gute Rahmenbedingungen für den Kommunikationsvorgang schafft.

6.1 Das erste Telefonat

Anja hat an diesem Tag den Auftrag erhalten, die eingehenden Telefongespräche anzunehmen. Sie ist gerade dabei einer Kundin die Haare zu föhnen, als das Telefon klingelt.

Anja: „Frau Meyer, Sie werden entschuldigen, ich muss mal eben das Telefongespräch annehmen! Ich beeile mich ganz bestimmt!"

Kundin: „Kein Problem! Ich habe ja genügend Zeit mitgebracht."

Anja: (greift etwas hektisch zum Telefonhörer) „Salon Haargenau, guten Tag, mein Name ist Anja, was kann ich für Sie tun?"

Anruferin: „Guten Tag, mein Name ist Brettschneider. Ich hätte gerne einen Termin."

Anja: „Wer macht Ihnen denn die Haare?"

Sprechblase: Salon Haargenau, guten Tag! Mein Name ist Anja!

Bild 1: Anja am Telefon

6.1 Das erste Telefonat

Anruferin:	„Bislang noch niemand von Ihrem Team. Ich komme zum ersten Mal auf Empfehlung von Frau Niehus."
Anja:	(überfliegt den Terminplan): „Ach ja, die kenne ich sehr gut, sie ist schon lange unsere Kundin! Wäre es Ihnen morgen recht und zwar gegen 16:45 Uhr?"
Anruferin:	„Ja, das passt gut!"
Anja:	„Dann trage ich den Termin ein und wir sehen uns morgen! Auf Wiederhören!"

Der Chef von Anja hat den Anruf mitbekommen und fragt interessiert: „Na, Anja, hast du gerade einen Termin abgestimmt?"

Anja:	(antwortet stolz) „Ja, und zwar bei einer neuen Kundin! Morgen wird sie schon zu uns kommen!"
Chef:	„Wie heißt denn die Kundin und was soll bei ihr gemacht werden?"
Anja:	„Oh nein! Das habe ich leider vergessen zu fragen."

Kundinnen suchen zumeist über das Telefon den Kontakt zum Salon. Für diese Form der Kontaktaufnahme entscheiden sich etwa 70 Prozent der Kundinnen. Dieser Sachverhalt unterstreicht, wie viel Augenmerk diesem Kommunikationsmittel in der Alltagspraxis geschenkt werden muss. Ein gut geführtes Telefonat kann Kundinnen einladen und ermutigen, Dienstleistungen in diesem Salon in Anspruch zu nehmen. Genauso kann ein lustlos und in vielerlei Hinsicht von Desinteresse geprägtes Gespräch davon abhalten.

Bild 1: Terminstornierung

Neben dem vorrangigen Ziel, Kundenkontakt herzustellen oder zu ermöglichen und Terminabsprachen zu treffen, wird das Telefon im Friseurbereich auch genutzt, um Terminänderungen mitzuteilen und neu abzustimmen (Bild 1). Außerdem werden über das Telefon bisweilen Reklamationen übermittelt, die eine erste Stellungnahme zum Sachverhalt erfordern. Unter Umständen ergeben sich dabei schon Lösungen für das Problem.

Aufgabenschwerpunkte:

- Telefonieren als besondere Form der Kommunikation
- Bedeutung der persönlichen Stimmungslage für das Telefonieren
- Vorbereitung auf das Telefonat
- Phasen des Telefonats
- Ratschläge für das Telefonieren

6 Kommunikation im Salon

6.1.1 Telefonieren als besondere Form der Kommunikation

Das Telefonieren ist im Gegensatz zum direkten Gespräch, das einen permanenten Blickkontakt zum Gegenüber zulässt, ein besonderer Kommunikationsvorgang. Bei einem Gespräch unter vier Augen werden etwa 55 Prozent der Information über die körpersprachlichen Signale aufgenommen, 38 Prozent über die Stimme und lediglich sieben Prozent über die Inhalte (Bild 1). Das bedeutet zugleich, dass dem Telefonat durch die nicht einsetzbaren nonverbalen Ausdrucksmittel ein wesentliches Moment für einen umfassenden und eindeutigen Verständigungsvorgang fehlt. Folglich bewegen sich die Aufnahme und die Verarbeitung von Information für die Kundin ausschließlich im Wahrnehmungsrahmen von inhaltlicher Aussage und deren sprecherischer Umsetzung (Tonlage, Lautstärke usw.). Beide müssen so eindeutig und überlegt genutzt werden, dass ein optimaler Informationsfluss sichergestellt ist. Jeder weiß, wie schwierig das bisweilen sein kann. Hier sind insbesondere Situationen zu nennen, bei denen es um die Vermittlung von Gefühlen und Vorstellungen, z. B. über die Formgestaltung einer bestimmten Frisur, geht.

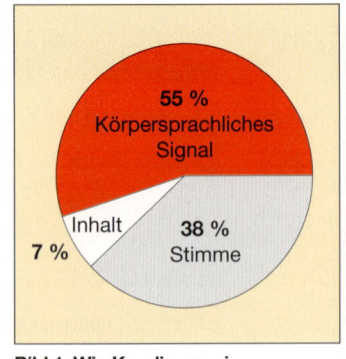

Bild 1: Wie Kundinnen eine Mitteilung wahrnehmen

6.1.2 Bedeutung der persönlichen Stimmungslage für das Telefonieren

Beim Telefonieren kommt es nicht nur darauf an, was gesagt wird, sondern auch wie es gesagt wird. Anhand wissenschaftlicher Untersuchungen ist belegt, dass schon nach wenigen Sätzen die Gefühls- und Stimmungslage des Gesprächspartners erspürt werden kann. Das heißt, mit der Stimme wird Stimmung erzeugt.

Interesse wie Desinteresse, Zuneigung wie Abneigung, Geduld wie Ungeduld, Ausgeglichenheit wie Unausgeglichenheit, Ruhe wie Unruhe, gute Laune wie schlechte Laune werden auf die Stimme übertragen und spiegeln sich im Sprechtempo, Tonfall, in der Tonlage und Lautstärke wider.

Negative Gefühlslagen, die ihren Ursprung z. B. in einem Streit unter Kolleginnen oder mit dem Chef haben, dürfen auf keinen Fall auf das Telefonat übertragen werden. Eine mögliche Telefonpartnerin würde von der vermittelten Stimmungslage ihres Gesprächsteilnehmers verunsichert. Sie kann nicht ergründen, was der Hintergrund für die Stimmung ihres Telefonpartners ist und bezieht diese möglicherweise auf sich oder das vorgetragene Anliegen.

Bild 2: Nachlässige Haltung beim Telefonieren

Darüber hinaus sollte bedacht werden, dass sich eine nachlässige Körperhaltung während des Telefonierens (Bild 2) negativ auf die Konzentrationsfähigkeit auswirkt. Es wird dadurch automatisch eine oberflächliche Gesprächshaltung eingenommen, die ein geordnetes und gezieltes Sprechen sowie das Anfertigen von Notizen erschwert.

6.1 Das erste Telefonat

Um solchen Missverständnissen bzw. Misstönen vorzubeugen, helfen einfache wirkungsvolle Tipps:
- Bewusstes Abrufen einer positiven Erinnerung
- Lächeln beim Telefonieren
- Kurzes gedankliches Innehalten durch Ablenkung (z. B. durch Konzentration auf bestimmte Details im Raum)
- Kontrollierte Körperhaltung

Mit solchen Methoden kann die innere Einstellung beeinflusst und damit im Umkehrschluss auch ein unerwünschter Klang in der Stimme vermieden werden.

6.1.3 Vorbereitung auf das Telefonat

Wird die Friseurin unvermittelt durch einen eingehenden Anruf aus einer Betätigung im Salon gerissen, kann es passieren, dass das Telefonat mit der Kundin chaotisch und unstrukturiert geführt wird. Als Folge daraus wird dann die eine oder andere wichtige Information nicht eingeholt. Das kann sich auf die Arbeitsorganisation und die Kundenzufriedenheit negativ auswirken.

Wird in diesem Zusammenhang die Eingangssituation betrachtet, so wird schnell deutlich, dass sich gerade durch Anjas Versäumnisse solche Folgen ergeben. Es bleibt ungeklärt, ob die Kundin einen Haarschnitt, eine Farbbehandlung, eine Dauerwelle oder dergleichen wünscht. Wüsste Anja den Namen der Kundin oder deren Rufnummer, ließen sich diese Fragen klären. Also bleibt dem Team von Anja nur die Hoffnung, dass die Neukundin einen Wunsch äußert, der sich in dem zur Verfügung stehenden Zeitrahmen umsetzen lässt.

Um den dargestellten Problemen vorzubeugen, ist es sinnvoll, sich auf ein Telefonat vorzubereiten. Dazu gehört das Bereitlegen von Schreibgerät und Terminplaner (Bild 1) bzw. Notizblock. Von der Anruferin vorgetragene Wünsche können sofort aufgenommen werden. Es ist auch von Nutzen, ein Gesprächsprotokoll anzufertigen. Dies gelingt umso leichter, wenn dazu gegliederte Vordrucke (Bild 2) benutzt werden.

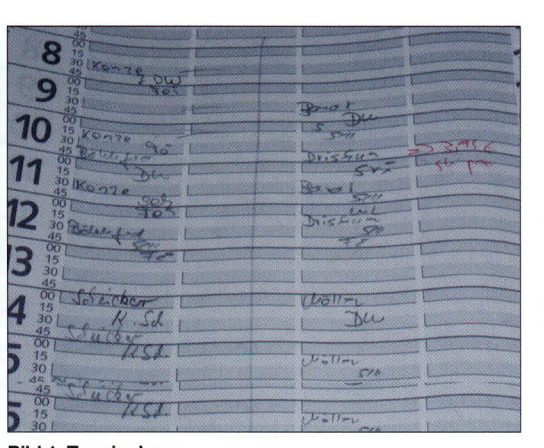

Bild 1: Terminplaner

Bild 2: Protokollbogen

Gute Vorbereitung auf ein Telefonat bedeutet weiterhin, die richtige Einstellung aufzubringen. Dazu gehören die **positive Grundhaltung** und die **Konzentration** beim Gespräch. Tipps, wie diese Einstellung erlangt wird, sind in Tabelle 1 auf der folgenden Seite aufgeführt.

6 Kommunikation im Salon

Tabelle 1: Tipps für ein gutes Telefonat	
Positive Grundhaltung	**Konzentration beim Gespräch**
■ Im Geiste oder tatsächlich lächeln. ■ Das Gespräch nicht als lästige Unterbrechung der Arbeit oder als notwendiges Übel betrachten. Kundenkontakte sichern die Zukunft des Betriebs, des Teams und Ihrer Person. ■ Die Hektik der Betriebsabläufe nicht mit in das Telefonat nehmen.	■ Sich vorab die Gesprächsinhalte bewusst machen. (Eröffnung, Klärung, Vereinbarung, Verabschiedung) ■ Sich umfassend auf die Kundin einstellen. (Mit wem hat man es zu tun? Was sind die Wünsche? Welche Angebote können gemacht werden? Hat die Kundin noch Fragen? Vermittelt die Kundin in ihrer Gesprächshaltung Zufriedenheit?) ■ Genau zuhören. (Was wird direkt gesagt? Was wird nur angedeutet? Wozu ist die Kundin auf keinen Fall bereit? Wo ergeben sich Entscheidungsspielräume?) ■ Auf Gelegenheiten achten, die Kundin am Gespräch zu beteiligen. (Hat sie genügend Zeit, ihre Gedanken vollständig auszuführen, ohne unterbrochen zu werden?)

■ 6.1.4 Phasen eines Telefonats

Jedes professionell geführte Telefonat im Salon besteht aus sechs Phasen:

Tabelle 2: Die Phasen eines Telefonats	
Phasen eines Telefonats	**Formulierungsvorschläge**
1. Begrüßung	■ „Friseursalon ..., guten Tag!" ■ „Mein Name ist ..."
2. Kundenwunsch ermitteln	■ „Was kann ich für Sie tun, Frau ... ?" oder ■ „Womit kann ich Ihnen helfen?"
3. Kundenwunsch aufnehmen bzw. spiegeln	■ „Ah, Sie möchten also einen Termin zum Schneiden, zum ... usw." ■ „ Und das sollte möglichst in dieser Woche, ... am Mittwoch ..., Anfang nächster Woche ... sein?" ■ „Sie hätten den Termin gerne bei der Kollegin ...?"
4. Angebot bzw. Vorschlag	■ „Entschuldigen Sie bitte einen Moment, ich überprüfe im Planer, ob ich einen entsprechenden Termin finden kann." ■ „Ja, das klappt prima." ■ „Zu diesem Zeitpunkt ist Frau ... leider schon ausgebucht, hätten Sie etwas dagegen, wenn die Kollegin ... ausnahmsweise die Arbeit ausführt?" ■ „Zu diesem Zeitpunk ist Frau ... voll ausgelastet, wie wäre es aber am ... um ... Uhr?"
5. Vereinbarung	■ „Also der Termin am ... um ... zur Dauerwelle, zur ... wäre Ihnen recht?" ■ „Dann werde ich das sofort eintragen!" ■ „Sollte von unserer Seite aus etwas dazwischen kommen, würden wir uns umgehend bei Ihnen melden!" ■ „Vielleicht geben Sie uns auch Bescheid, wenn Sie den Termin nicht wahrnehmen können? Danke!"
6. Verabschiedung	■ „Dann wünsche ich Ihnen noch einen schönen Tag." ■ „Herzlichen Dank für Ihren Anruf, Frau ..."

6.1.5 Ratschläge für das Telefonieren

Wer ein Telefonat professionell führen möchte, kann sich an den folgenden Ratschlägen orientieren:

- Mit der Telefonpartnerin möglichst persönlich sprechen, d.h. sie mit ihrem Namen ansprechen. Das schafft Vertrauen und Nähe zur Kundin. Persönliche Ansprache sollte aber nicht mit Distanzlosigkeit verwechselt werden, die sich durch Indiskretion und saloppen Sprechstil auszeichnet.
- Der Gesprächsteilnehmerin viel Gelegenheiten geben mitzureden und ihr das Gefühl vermitteln, in die Planungsüberlegungen einbezogen zu sein. Die Anruferin sollte an den Überlegungen und Entscheidungsschritten der Friseurin teilhaben.
- Die Anruferin zu eigenen Beiträgen ermutigen und ihr Rückmeldung geben, dass man aufmerksam und geduldig zuhört. Dies wird durch typische Anmerkungen wie „ja", „hm", „genau", „das ist richtig", „stimmt" erreicht oder durch sinngemäßes oder wörtliches Wiederholen von Wörtern und Sätzen.
- Stets neutral und ausgeglichen reagieren, selbst wenn die Telefonpartnerin Unmut über bestimmte Schwierigkeiten äußert. Man muss nicht auf alles Gesagte eingehen – manchmal ist Schweigen Gold.
- Das Telefon nicht häufiger als viermal läuten lassen und der Teilnehmerin Wartezeiten ersparen. Wenn bestimmte Fragen einer umfassenderen Klärung bedürfen, sollte ein Rückruf vereinbart werden.
- Nicht mit vollem Mund sprechen. Gleiches gilt auch für Trinken oder Rauchen während des Telefonats. Ein Missachten dieser Empfehlung führt unweigerlich zum Nachlassen der Konzentration und zu einer Beeinträchtigung des sprecherischen Ausdrucksvermögens. Außerdem hinterlässt ein solches Verhalten den Eindruck von Unhöflichkeit, Oberflächlichkeit oder gar Desinteresse.
- Wenn die Anruferin etwas unklar oder unverständlich formuliert, sollte mutig nachgefragt werden (z. B. „Entschuldigen Sie bitte, wie ist noch Ihr Name?").
- Aufrichtiges Interesse am Anrufer.

6.2 Begrüßung und Verabschiedung

Randa verabschiedet gerade Frau Müller, als sich die Salontür öffnet und eine neue Kundin eintritt.

Sie gerät in den Zwiespalt: „Soll ich die Verabschiedung von Frau Müller abkürzen oder kann die andere Kundin einen Moment warten?"

Bild 1: Friseurin Randa im Zwiespalt

Begrüßung und Verabschiedung von Kundinnen werden manchmal in ihrer Bedeutung für das Dienstleistungsgeschäft als unwichtige Rahmenhandlung betrachtet. Eine solche Einschätzung wird in einer entsprechenden Haltung der Friseurin sichtbar. Ihr Benehmen wirkt dabei häufig unverbindlich, oberflächlich und bisweilen auch arrogant. Dabei könnte schon ein bisschen mehr Engagement in diesem Punkt eine herzliche Einladung an die Kundin sein, das Arbeiten mit ihr erleichtern und sich letztendlich verkaufsfördernd auswirken. Richtiges Verhalten bei der Begrüßung und Verabschiedung verdeutlicht Tabelle 1 auf der folgenden Seite.

6 Kommunikation im Salon

Tabelle 1: Verhalten bei der Begrüßung und Verabschiedung	
Bei der Begrüßung	**Bei der Verabschiedung**
■ zeigt die Friseurin ihre Bereitschaft zur Kontaktaufnahme, ■ bekundet sie ihr Interesse an der Kundin, ■ verschafft sie sich eine Orientierung über die Kundin, ■ trägt sie zum Abbau von Vorbehalten, Scheu, Schwellenängsten seitens der Kundin bei, ■ vermittelt sie der Kundin den Eindruck einer grundsätzlichen Zuwendungsbereitschaft („Wir sind für Sie da!", „Sie sind uns willkommen!"), ■ signalisiert sie eine grundlegende Hilfs- und Handlungsbereitschaft („Wir sind auf Sie vorbereitet, auf Sie eingestellt und wollen das Bestmögliche im Sinne Ihrer Zufriedenheit!"), ■ schafft sie die Grundlage für einen offenen und freundlichen Umgang.	■ klärt die Friseurin die Kundenzufriedenheit hinsichtlich der gesamten Dienstleistung ab, ■ bietet sie Produkte für die Haar- und Kopfhautpflege und das Frisurenstyling zum Kauf an, ■ erstellt sie die Rechnung für die Dienstleistung, ■ macht sie Terminvorschläge für den nächsten Besuch, ■ verstärkt sie durch ihr Engagement während der gesamten Verabschiedung eine positive Erinnerung an den Friseurbesuch.

Aufgabenschwerpunkte:

■ Phasen der Begrüßung
■ Phasen der Verabschiedung

■ 6.2.1 Phasen der Begrüßung

Die Begrüßung einer Kundin ist eine Situation, die aus vier Phasen besteht:

1. Empfang der Kundin
2. Begrüßung
3. Ansprechen des Kundenwunsches
4. Begleitung der Kundin zur Warteecke bzw. zum Bedienungsplatz

1. Empfang der Kundin

Die Friseurin nimmt die Kundin wahr und wendet sich ihr unmittelbar zu. Langes Wartenlassen sorgt unnötig für Spannung und Unmut. Außerdem kann es das Klima der weiteren Behandlung belasten. Ideal ist es daher, die Kundin schon an der Salontür zu empfangen. Allerdings lassen dies die Gegebenheiten der Salonsituation nicht immer zu. Daher entscheiden sich immer mehr Saloninhaber für die Einstellung einer Rezeptionistin, die u.a. solche Aufgaben übernimmt.

Für den Kundenempfang muss grundsätzlich eine positive Grundhaltung aufgebracht werden. Über die Körpersprache wird der Kundin mitgeteilt, dass man sich über ihren Besuch freut.

2. Begrüßung

Mit einem der Tageszeit entsprechenden Gruß (z. B.: „Einen schönen guten Morgen!" oder „Guten Tag") wendet sich die Friseurin höflich an die Kundin.

Stammkundinnen erwarten darüber hinaus eine Anrede mit ihrem Namen. Bei diesem Kundenkreis kann die Begrüßung auch per Handschlag erfolgen. Es ist hier aber zu bedenken, dass nicht allen Menschen diese Art des direkten Kontaktes gleichermaßen willkommen ist. Genaues Beobachten der körpersprachlichen Signale, welche die Kundin aussendet, kann hierüber Aufschluss geben.

Die Begrüßung wird in der Regel mit dem Angebot verknüpft, beim Ablegen der Garderobe behilflich zu sein („Darf ich Ihnen beim Ablegen des Mantels helfen?"). Unabhängig davon, wie die Kundin sich entscheidet, wird das abgelegte Kleidungsstück in jedem Fall entgegen genommen, über einen Kleiderbügel gelegt und an der Garderobe aufgehängt.

3. Ansprechen des allgemeinen Kundenwunsches

Die Ansprache des Kundenwunsches, z. B. mit der Frage: „Womit können wir Ihnen helfen?", dient lediglich als nähere Kontaktaufnahme und Überleitung zur eigentlichen Fachberatung und Behandlung, die am Bedienungsplatz erfolgen. Im Rezeptionsbereich werden auf keinen Fall eine Schnelldiagnose und Hinweise auf den Behandlungsplan gegeben. Die Kundenangaben liefern der Friseurin in dieser Phase Hinweise für organisatorische Entscheidungen und können folgende Fragen aufwerfen:

- Welche Kollegin übernimmt Beratung und Behandlung und muss informiert werden, dass die Kundin erschienen ist?
- Welche Vorbereitungen müssen noch am Behandlungsplatz getroffen werden?
- Welche Vorarbeiten (z. B. Anlegen der Halskrause und des Umhangs) können geleistet werden?
- Ergeben sich für die Kundin Wartezeiten? Wie lange werden diese voraussichtlich sein?
- Lässt der Terminplan die gewünschte Behandlung noch zu? Muss ggf. ein weiterer Terminvorschlag gemacht werden?

4. Begleitung der Kundin zur Warteecke bzw. zum Bedienungsplatz

Mit einer entsprechenden Geste bittet die Friseurin die Kundin höflich am Bedienungsplatz oder in der Warteecke Platz zu nehmen. Auf dem Wege dorthin begleitet sie die Kundin und bietet ihr Unterstützung beim Hinsetzen an. Hat die Kundin eine bequeme Sitzposition eingenommen, können Serviceangebote, wie das Reichen von Getränken, Zeitungen oder Zeitschriften gemacht werden.

■ 6.2.2 Phasen der Verabschiedung

Die Verabschiedung gliedert sich in fünf Phasen:

1. Ermitteln der Kundenzufriedenheit
2. Verkaufen von Produkten
3. Erstellen der Rechnung
4. Terminabsprache
5. Verabschieden der Kundin

1. Ermitteln der Kundenzufriedenheit

Mit der Antwort auf die einfache Frage: „Ich hoffe, Sie haben sich bei uns wohl gefühlt und sind zufrieden?", kann festgestellt werden, ob die gebotene Dienstleistung aus Sicht der Kundin „rund" war. Natürlich ist zu erwarten, dass kaum jemand eine solche Frage mit einem „Nein" beantwortet. Schließlich müsste man befürchten, der andere könnte sich persönlich beleidigt oder angegriffen fühlen. Daher ist ganz besonders auf Mimik, Blickrichtung, Betonung und Zusatzanmerkungen zu achten. Ein „Ja" in Verbindung mit ausdrucksloser Mimik, ausweichendem Blick, langgezogener Betonung und möglicherweise der Anmerkung: „Ja, ... eigentlich schon ..." sind offenkundige Hinweise auf Unzufriedenheit.

In solch einem Fall darf durchaus noch einmal zurückgefragt werden, um die Hintergründe dafür zu erfahren. Nur so ist es der Friseurin auch möglich, in der Situation oder spätestens beim nächsten Besuch zielgerichtet zu reagieren.

2. Verkaufen von Produkten

Vor Rechnungslegung spricht die Friseurin die Kundin auf die Produkte an, die auf Grund des Beratungsergebnisses bei der Behandlung verwendet worden sind und ebenso für die Heimpflege genutzt werden sollten. Sie gibt dabei ggf. noch einmal Anwendungshinweise und fasst die Vorteile des Produkts aus kundenspezifischer Sicht zusammen.

3. Erstellen der Rechnung

Bei der Rechnung reagieren viele Kundinnen sehr sensibel und möchten ungern eine böse Überraschung erleben. Zur Vermeidung von Irritationen ist es daher wichtig, dass einige Punkte beachtet werden:

- Die Bruttopreise für sämtliche Leistungen sind auf einer gut sichtbaren Preistafel im Schaufenster, in der Kassenzone, in der Warteecke angegeben und der Kundin somit von vornherein bekannt.
- Die Abrechnungspositionen entsprechen den tatsächlich erhaltenen Leistungen.
- Zusatzleistungen, die nicht ausdrücklich mit der Kundin abgestimmt wurden, werden auch nicht berechnet.
- Ausgewiesene Preise müssen verbindlich bleiben und dürfen nicht geändert werden, auch wenn der tatsächliche Arbeitsaufwand im Einzelfall höher ausfiel als geplant.
- Das Preis-Leistungs-Verhältnis stimmt.

4. Terminabsprache

Nachdem die Rechnung beglichen ist, kann gemeinsam mit der Kundin der Termin für den nächsten Besuch abgestimmt werden. Dieser muss unmittelbar im Terminplaner des Salons vermerkt werden. Außerdem ist es sinnvoll, auch auf einem Kärtchen für die Kundin zu notieren, wann der nächste Besuch erfolgt. Durch diese Erinnerungshilfe wird sie sich stärker in die Pflicht genommen fühlen, die Verabredung einzuhalten oder bei Terminschwierigkeiten die Friseurin zu informieren.

5. Verabschieden der Kundin

Für das Verabschieden gelten die gleiche Hilfsbereitschaft und Höflichkeit wie auch bei der Begrüßung. Die Friseurin reicht der Kundin die Garderobe an und unterstützt sie beim Ankleiden. Anschließend begleitet sie die Kundin bis zur Salontür, hält die Tür auf, bedankt sich für den Besuch und verabschiedet sich freundlich.

■ 6.3 Small Talk

Anja muss an diesem Tag die Chefärztin des örtlichen Kreiskrankenhauses, Frau Prof. Dr. Klinger, bedienen.

„Mit einer solchen Kundin muss ich hochgeistige Gespräche führen", denkt Anja. „Das liegt mir gar nicht. Am liebsten würde ich mich auf die Facharbeiten konzentrieren und die Kundin fachgerecht beraten. Das ist mein Fachgebiet, da fühle ich mich sicher. Aber der Chef verlangt nun einmal von uns, dass wir über das Fachgespräch hinaus den Kontakt zur Kundin mit einer Unterhaltung aufrecht erhalten. Wie stelle ich das bloß gerade in diesem Fall geschickt an?"

Bild 1: Small Talk oder Weltpolitik

Die wenigsten Gesprächssituationen im Salon sind ausschließlich fach- und sachbezogen ausgerichtet. Meist werden vor, nach und bisweilen während der unterschiedlichsten Kommunikationsanlässe nachrangige Themen, wie z. B. das Wetter, angesprochen.

Dieser eher lockere Teilbereich der Unterhaltung, das oberflächliche und belanglose Geplauder, wird Small Talk genannt. Er erfüllt den Sinn, dass sich Gesprächspartner auf ungezwungene Weise kennen lernen, ihre Beziehung zueinander ausloten oder behutsam aufbauen können. Der Small Talk ist neben der wichtigen Orientierung an körpersprachlichen Signalen eine weitere Möglichkeit für eine ungezwungene Kontaktaufnahme.

Für diejenige, die einen Small Talk hält, ergeben sich aber auch ganz persönliche Nutzen. Mit der Fähigkeit, eine gute und ungezwungene Unterhaltung führen zu können, sorgt sie gleichzeitig für eine sympathische Ausstrahlung. Diese erleichtert auf ihre Art den Zugang zu anderen Menschen. Auch die Fähigkeit, sich im Beruf auf die unterschiedlichsten Menschentypen einzustellen, wird verbessert. Hat man herausgefunden, nach welchem einfachen „Strickmuster" der Small Talk funktioniert, kann es sogar Spaß bereiten, auf diese Weise zu kommunizieren.

Themenschwerpunkte:

- Themen des Small Talks
- Techniken des Small Talks
- Grundregeln beim Small Talk

6.3.1 Themen des Small Talks

Entscheidende Voraussetzung für den Small Talk ist zunächst einmal die richtige Einstellung dazu. Der Gesprächsinhalt muss nicht besonders geistreich, witzig oder die Sprecherin nicht zwingend schlagfertig sein. Wäre das die Voraussetzung für Small Talk, könnten die Gesprächspartner innerlich verkrampfen. Außerdem widerspräche dies dem ursprünglichen Sinn des Small Talks.

Der Small Talk nimmt einen spontanen, situationsbezogenen und zufälligen Kommunikationsverlauf und schafft eine innere Lockerheit. Jede Planung und Vorüberlegung von inhaltlichen Aussagen verbieten sich danach. Small Talk bedeutet folglich über etwas zu reden, auf das man ohne großes Nachdenken kommt. Meist sind dies ganz naheliegende Themen wie z. B.:

- Wetter
- Zeit (Jahreszeit, Zeitgeschehen, persönliche Zeit, Freizeit, Urlaub usw.)
- Ort der Kommunikation und seine Gegebenheiten (im Salon die Veränderungen bei der Einrichtung, dem Personal, den Geräten, den Dienstleistungsangeboten usw.)
- Persönliche Situation (Beruf, Familie, Gesundheit, Interessen usw.)
- Persönliches Erscheinungsbild (Frisur, Kleidung, Schmuck usw.)

Eigentlich darf alles Gesprächsgegenstand sein, was unmittelbar in dem Moment der Begegnung von unseren Sinnen (Sehen, Hören, Riechen, Fühlen, Schmecken) wahrgenommen wird. Im Grunde sollten sich die Gesprächspartner vom Standort inspirieren lassen, an dem sie gerade sind, um so ganz selbstverständlich die möglichen Themen für den Small Talk zu finden. In der Tabelle auf der nachfolgenden Seite werden einige Beispiele für mögliche Themen dargestellt.

6 Kommunikation im Salon

Tabelle 1: Themen für Small Talk

Angesprochener Sinn	Mögliche Themen	Mögliche Gesprächseinstiege
Bild 1: Die Friseurin sieht	Fingerverband der Kundin	Ursachen der Verletzung Gefahren im Haushalt Gefahren im Betrieb
	Hochaktuelle Schuhe der Kundin	Bewertung/Bewunderung der Schuhe Trends in der Schuhmode Bequemlichkeit
	Hastende Kundin	Alltagsstress im Privaten Alltagsstress im Beruflichen Folgen des Stresses
Bild 2: Die Friseurin hört	Husten der Kundin	Gesundheitszustand Bedeutung von Gesundheit Persönlich erlittene Erkrankungen Hilfe der Medizin
	Musik im Radio	Musikgeschmack Musikrichtungen Musiksendungen
	Sprache der Kundin	Dialekt Herkunftsland/Region Motive der räumlichen Veränderung
Bild 3: Die Friseurin riecht	Parfum der Kundin	Charakter der Duftnote Hersteller/Kompositeur Persönlich verwendete Düfte Wirkung von Düften Klassifizierung von Düften Preiskategorien

Neben diesen Möglichkeiten ist auch der Beruf des Gesprächspartners ein dankbares Thema. Die meisten Menschen erzählen gerne über die Betätigungen und Aufgaben in ihrem Beruf, die Mitarbeiter, den Chef, die hergestellten Produkte, den Vertrieb der Produkte oder die Konkurrenzsituation in der Branche. Die verschiedenen Facetten eines solchen Themenbereiches bieten daher zahlreiche Gelegenheiten, mit dem eigenen Beruf oder anderen Berufssparten zu vergleichen, Unterschiede und Gemeinsamkeiten herauszustellen, Unbekanntes erklären zu lassen. Auch auf die Frage nach der

6.3 Small Talk

Freizeitbeschäftigung, dem Hobby, geben viele Personen bereitwillig Auskunft und freuen sich über das Interesse.

■ 6.3.2 Technik des Small Talks

Durch das Anwenden von „W-Fragen" wird der Gesprächspartner eingeladen, ein Thema weitreichender und tiefgreifender auszuführen. Die Anwendung dieser Fragetechnik hilft auch häufig in Situationen, in denen man persönlich zum Thema nichts oder nur wenig sagen kann. Bezieht man seine W-Fragen auf **einzelne Wörter des Satzes** oder **Satzaussagen**, wirkt das auf den Angesprochenen sachorientiert und interessiert. Die eigenen Unzulänglichkeiten in der Thematik werden nicht so offenkundig wie etwa beim ratlosen Schweigen oder der inhaltsleeren Kommentierung wie z. B.: „Mmh", „Aha" oder „Ja?".

Am Beispiel des Satzes in Bild 1 soll die Technik verdeutlicht werden. Die einzelnen Wörter der Aussage und die Fragen, die sich auf diese Wörter beziehen, werden jeweils durch dieselbe Farbe gekennzeichnet.

Wer verbirgt sich genau dahinter?
Wie kommen Sie zu der Annahme?
Wie hoch schätzen Experten den Bedarf?

Die Energievorsorger gehen davon aus, dass der Energiebedarf langfristig nur über einen Energiemix gesichert werden kann.

Welche Zeiträume sind dabei angedacht?
Was bedeutet das genau?

Bild 1: W-Fragen zu einzelnen Wörtern einer Aussage

W-Fragen zur Satzaussage:

- ■ Wodurch ergeben sich denn insbesondere mögliche Engpässe?
- ■ Welche Alternativen sind denkbar?
- ■ Wird diese Ansicht auch von der Politik getragen?
- ■ Welche Bedeutung hat diese Einschätzung für den Umweltschutz?
- ■ Wie schätzen die Umweltverbände diesen Sachverhalt ein?

6.3.3 Grundregeln beim Small Talk

Obwohl der Small Talk von Lockerheit, Spontaneität und Zufälligkeit bestimmt sein soll, gibt es auch hier Grundsätzliches zu beachten:

- Diejenige, die einen Small Talk anstrebt, leitet das Gespräch. Das bedeutet, dass von ihr Impulse ausgehen müssen, die als Anstoß für Redebeiträge aufgenommen werden können. Die Steuerung eines Small Talks gleicht somit den Aufgaben, die ein Moderator zu erfüllen hat.

- „Springt" die Kundin auf diese Impulse an, werden ihre Beiträge möglichst nicht unterbrochen. Oberstes Ziel ist es schließlich, die Kundin zum Reden zu bringen. Ist das gelungen, gilt bei ihr das Gleiche wie für viele Menschen, sie redet gerne selbst und genießt es, wenn sie in der Friseurin eine aufmerksame Zuhörerin gefunden hat. Unterbrechungen werden daher als Störung empfunden und beeinträchtigen die Redebereitschaft.

- Ein Redefluss wird auch dann zum Versiegen gebracht, wenn in der Weise nachgefragt wird, dass nur mit „ja" oder ein „nein" geantwortet werden kann. Dadurch ergibt sich für die Angesprochene keine zwingende Notwendigkeit einer weiteren Ausführung des Themas.

- Beim Small Talk gilt auch der körpersprachliche Grundsatz, niemals die Distanz zum Gesprächspartner zu überschreiten. Damit ist gemeint, niemanden auszuhorchen oder durch Nachfragen bis in seine Intimsphäre vorzudringen.

6.4 Bericht

Eine aufgeregte Dame stürzt in den Salon.

Anja: *„Guten Tag. Kann ich Ihnen helfen?"*

Kundin: *„Ich habe meine Haare zu Hause gefärbt und das ist dabei herausgekommen. Können Sie so ein Farbergebnis korrigieren?"*

Anja betrachtet das Haar kritisch und schüttelt nach einiger Zeit irritiert den Kopf:
„Da bin ich in der Tat sprachlos. Bei der Haarfärbung müssen viele Details beachtet werden, die für das gewünschte Ergebnis von entscheidender Bedeutung sind, so z. B. die Haardicke, die Haarbeschaffenheit, der Naturton, eine etwaige Vorbehandlung, der Weißanteil, die Mischung des Farbbreis, die Konzentration des Wasserstoffperoxids usw. Da mir im Moment noch die Erfahrung für diese Zusammenhänge fehlen, möchte ich auf jeden Fall den Chef um Rat bitten. Er weiß sicher eine Lösung für Ihr Problem und kann Ihnen helfen. Würden Sie mir jetzt nähere Einzelheiten zur Vorgeschichte nennen, damit ich vorab den Sachverhalt meinem Chef berichten kann?"

Bild 1: Anja prüft mit kritischem Blick die Haarsträhne

Manchmal ergeben sich im Salon Situationen, in denen von Beobachtungen und Gesprächen berichtet werden muss. Anfragen oder Probleme von Kundinnen, Geschäftspartnern, Vertretern müssen dritten Personen (z. B. dem Chef) gegenüber dargelegt werden. Ihnen muss Bericht erstattet werden.

Themenschwerpunkte:

- Kernfragen einer vollständigen Berichterstattung
- Bericht mit Logik und Sachlichkeit

■ 6.4.1 Kernfragen einer vollständigen Berichterstattung

Damit Personen auf einen Bericht situationsgerecht reagieren oder Rückschlüsse für Empfehlungen ziehen können, benötigen sie entsprechend präzise und detailgenaue Angaben zum gegebenen Sachverhalt. Alle bedeutsamen Gesichtspunkte des Sachverhaltes sind anzusprechen, sodass sich der Gesprächspartner ein möglichst genaues Bild von den Zusammenhängen verschaffen kann. Dazu ist es hilfreich, an Hand folgender Kernfragen die gesamte Problematik darzustellen:

- Welche Kundin bzw. Person ist betroffen?
- Worum geht es in dem Bericht (Sachverhalt/Ereignis)?
- Wann ist das Ereignis passiert?
- Wer ist daran beteiligt?
- Wie kam es zu dem Ereignis?
- Welche Folgen ergaben sich aus dem Sachverhalt?
- Welche Ansprüche, Erwartungen, Wünsche, Forderungen verbindet die Kundin bzw. Person mit der Problematik?

■ 6.4.2 Bericht mit Logik und Sachlichkeit

Neben der Vollständigkeit beim Berichten sind auch gewisse Regeln bei der Darstellungsweise zu beachten. Über das Anliegen oder Problem wird geordnet berichtet, also in einer sinnvollen oder sachlogischen Abfolge der Kernfragen. Als Faustregel gilt in diesem Zusammenhang, zunächst allgemeine Hinweise zur Person, zum Anliegen, zum Zeitpunkt und zu weiteren Beteiligten zu geben. Anschließend geht man auf die spezielle Problematik ein und benennt das Problem, den Hintergrund, die Folgen und möglichen Ansprüche. Diese geordnete Darstellungsweise des Berichts macht es dem Ansprechpartner leichter, den Gedankengängen des Berichtenden zu folgen und den Gesamtzusammenhang schneller zu erfassen.

Da es bei dieser Form der Darstellung ausschließlich um die Vermittlung einer sachbezogenen Information geht, muss man sich auch in seinem Beitrag auf das Notwendige beschränken. Unbedeutende Nebeninformationen lenken von dem eigentlichen Problem ab, können unter Umständen sogar den Sachverhalt verfälschen. Daraus folgt auch die Forderung, immer sachlich und objektiv zu berichten. Persönliche Einlassungen wie Vermutungen, Einschätzungen, Bewertungen, Ansichten sollten unterbleiben.

■ 6.5 Rahmenbedingungen für Gesprächssituationen im Salon

Eine ältere Kundin wartet auf ihre Behandlung. Doch es geschieht nichts und so wartet sie weitere Minuten vergebens.

Um sie herum herrscht geschäftiges Treiben: Die Auszubildende Anja bespricht mit ihrer Kundin einen Frisurenvorschlag und rechts von ihrem Platz erstellt eine Mitarbeiterin des Salons ein Frisurenfinish. Von der Salondecke dröhnt der neueste Techno-Hit und im Hintergrund ist die energische Stimme der Chefin zu hören. Eine Gesellin hält Anja plötzlich laut und für alle vernehmbar vor, dass es ihre Aufgabe sei, die Reinigungsarbeiten auszuführen, ehe sie sich an Frisurenberatung beteilige. Unruhig fährt der Kopf der wartenden Kundin hin und her, langsam zeichnen sich hektische Flecken auf ihrem Gesicht ab.

Bild 1: Reizflut spült über die Kundin hinweg

6 Kommunikation im Salon

> Da erscheint die Friseurin: „Guten Tag Frau Lange! Wie geht es Ihnen?"
> Frau Lange: „Es geht so … !"
> Friseurin: „Ach, das hört sich aber nicht gut an!"
> Frau Lange: „Ja, ich bin im Moment ein wenig irritiert."
> Friseurin: „Na, dann sind Sie ja hier beim Friseur ganz richtig aufgehoben! Lassen Sie sich ein wenig von uns verwöhnen und Sie werden sehen, wie schön Sie dabei entspannen können. Wenn ich Ihnen die Haare mache, können wir uns nett miteinander unterhalten und vielleicht hilft das ja, den inneren Druck abzubauen."
> Frau Lange: „Ja, ja, … vielleicht. Danke."

In der vorliegenden Situation wird erkennbar, inwieweit Kundinnen äußere Reize aufnehmen und darauf unterschiedlich reagieren können. Hier sind es beispielsweise die „hektischen Flecken", die sich im Gesicht der Kundin abzeichnen oder die Äußerung: „Ich bin im Moment ein wenig irritiert". Das Beispiel unterstreicht zugleich, wie sich bewusst oder unbewusst aufgenommene Wahrnehmungen auf die Grundstimmung eines Menschen auswirken und seine Gemütslage verändern können. Maßgeblich für unterschiedlichste Wahrnehmungseindrücke sind die Gegebenheiten des Gesprächsraumes. Bild 1 gibt einen Überblick, welche Faktoren für den Salon als Gesprächsraum bedeutsam sind.

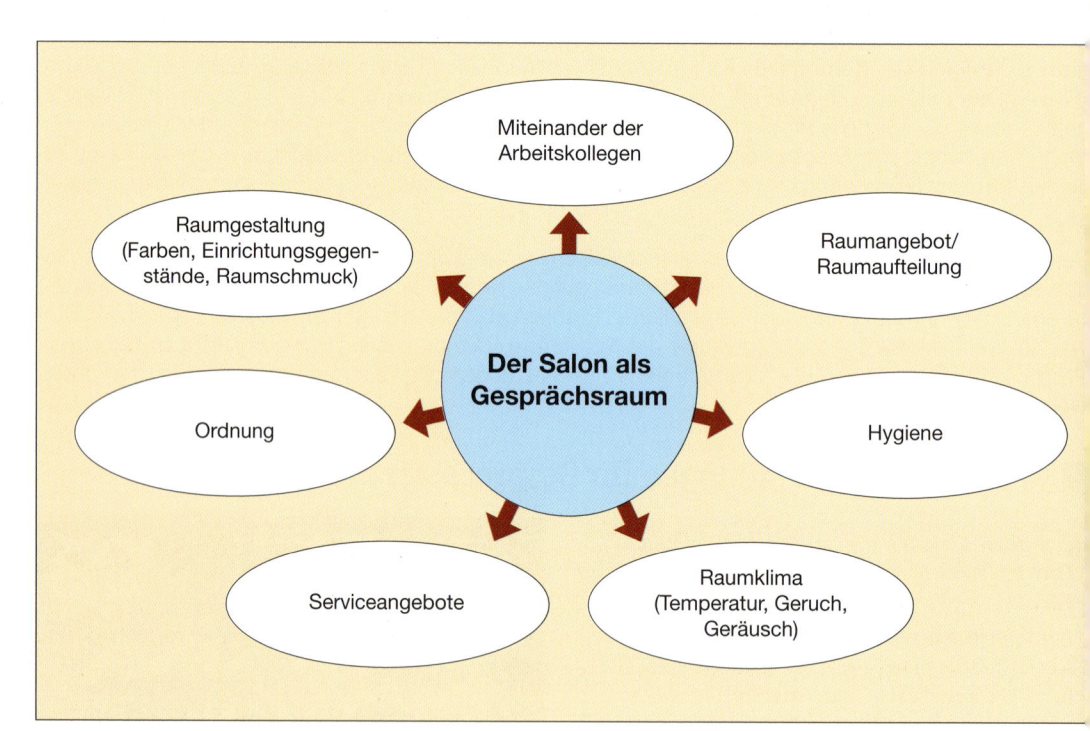

Bild 1: Der Salon als Gesprächsraum

Werden diese Faktoren berücksichtigt, kann sich eine positive Gesprächsatmosphäre entwickeln. Diese trägt mit dazu bei, dass Kommunikation vorurteilsfrei, entspannt, engagiert, ungestört, locker, offen, freundschaftlich, ehrlich und mit gegenseitigem Respekt geführt werden kann. Somit bildet eine gute Gesprächsathmosphäre die wesentliche Grundlage für Vertrauensbildung, Kundenorientierung und störungsfreie Gesprächsverläufe.

Mitentscheidend sind aber auch Einstellung und Verhalten der Gesprächspartner. Bild 1 auf der folgenden Seite verdeutlicht, welche Gesichtspunkte dabei eine Rolle spielen.

6.5 Rahmenbedingungen für Gesprächssituationen im Salon

Bild 1: Einstellung und Verhalten der Gesprächs- und Beratungsperson

Themenschwerpunkte:

- Aktives Zuhören
- Konzentration
- Zeit
- Empathie

6.5.1 Aktives Zuhören

Ohne genaues Zuhören kann die Friseurin den Kundenwunsch unzureichend oder gar nicht ermitteln. Zuhören ist aber mehr, als nur hinhören, damit die Kundin das Gefühl hat, richtig verstanden zu werden. Die Friseurin muss folgende Fähigkeiten in ein Gespräch einbringen:

- Eine innere Bereitschaft Informationen aufzunehmen. Dazu benötigt sie eine positive Grundeinstellung gegenüber der Kundin.

- Angemessene Techniken zur Rückmeldung darüber, dass sie der Kundin zuhört und ihren Gedanken folgen kann.

Da die Friseurin bei diesen beiden Aspekten aktiv am Prozess beteiligt ist, wird hier von aktivem Zuhören gesprochen. Aktives Zuhören gilt grundsätzlich für die gesamte Dauer des Kundenkontaktes, beginnt also mit der Begrüßung und endet mit der Verabschiedung.

Zeigt die Friseurin ein eher teilnahmsloses Verhalten, so wird die Kundin das merken und fühlt sich weniger gut betreut. Dies kann vorkommen, z. B., wenn die Friseurin während der Ausführungen der

6 Kommunikation im Salon

Kundin anderen Gedanken nachhängt, wie: „Heute werde ich mal wieder richtig zugetextet." oder „Hoffentlich ist die bald fertig mit ihrem Gequatsche." (Bild 1). In diesem Fall zeigt die Friseurin die falsche Einstellung gegenüber der Kundin. Auch wenn die Ausführungen der Kundin noch so langweilig sind, sollte der Person immer Aufmerksamkeit entgegen gebracht werden. Dies gelingt durch aktives Zuhören (Bild 2).

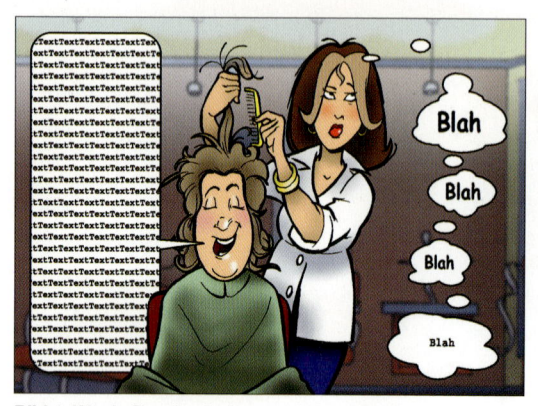

Bild 1: Wenig Bereitschaft zum aktiven Zuhören

Bild 2: Immer mit dem Ohr an der Kundin sein

In Tabelle 1 sind die eine inneren Einstellungen der Friseurin gegenüber der Kundin aufgelistet, welche Grundvoraussetzungen für das aktive Zuhören darstellen.

Tabelle 1: Einstellungen gegenüber der Kundin

Grundvoraussetzungen für das aktive Zuhören sind folgende Einstellungen der Friseurin

- Ein Höchstmaß an Aufmerksamkeit gegenüber der Kundin hinsichtlich ihrer verbalen und nonverbalen Äußerungen.
- Geduld während der Ausführungen der Kundin aufbringen.
- Der Kundin Gelegenheit zum ungestörten Ausreden geben und sie nicht unterbrechen.
- Entscheidungen, Probleme und Wünsche der Kundin sachlich kommentieren.
- Die Haltung, sich selbst und seine persönlichen Interessen zurückzunehmen.

Neben diesen Einstellungen ist es auch wichtig, der Kundin aktiv deutlich zu machen, dass ihr zugehört und sie verstanden wird. Dieses lässt sich durch verschiedene Möglichkeiten des Rückmeldens erreichen, die in Tabelle 1 auf der folgenden Seite dargestellt sind.

Bei diesen Rückmeldemethoden wird auch von Spiegeln gesprochen. Ähnlich wie ein Spiegel, der beim Blick darauf das eigene Bild zeigt, gibt die Beraterin das zurück, was die Kundin in ihren Äußerungen an Gedanken, Wünschen oder Vorstellungen zum Ausdruck bringt. Damit signalisiert die Friseurin ihr Verstehen, aber nicht unbedingt ihr Zustimmen. Sie gibt der Kundin das Gefühl, als Individuum ernst genommen zu werden und erlangt ihr Vertrauen. Sie kann anschließend ihre fachliche Empfehlung in die Beratung mit einbringen, ohne dass die Kundin sich übergangen fühlt.

Gelingt der Friseurin ein einvernehmlicher Abgleich zwischen Kundenwunsch und fachlicher Empfehlung, kann sie zielgenau arbeiten. Ein auf dieser Grundlage entstandenes Arbeitsergebnis trägt zu einem hohen Maß an Kundenzufriedenheit bei.

Tabelle 1: Rückmeldung beim aktiven Zuhören

Möglichkeiten der Rückmeldung beim aktiven Zuhören

- Einfache Bestätigungen wie „ja", „nein", „natürlich", „das finde ich auch ..." oder ein Nicken
- Bestätigungen von Empfindungen, Stimmungen, Gefühlen durch Hinweise wie „Das ist doch nicht wahr!", „Ehrlich?!", „Das gibt es doch nicht!", „Meinen Sie?"
- Ergänzungen der Kundenbeiträge, wie z. B.: „... und bei all diesen von Ihnen genannten Problemen darf man ja auch nicht vergessen ..." oder „... im Übrigen meine ich sowieso, dass es grundsätzlich falsch ist, wenn ..."
- Wiederholen einzelner Satzglieder, wie z. B. bei der Aussage: „Stellen Sie sich vor, meine Tochter hat letzte Woche geheiratet!" „... Geheiratet ...", „... Letzte Woche ..."
- Wörtliches Wiederholen der Kundenaussage bzw. des Kundenwunsches.
- Umschreibendes Wiederholen der Kundenaussage „... wie Sie gerade angedeutet haben, möchten Sie also eine Dauerwelle, die Ihrem Haar mehr Volumen gibt ..."
- Nachfragen wie „Haben Sie bei Ihrem geäußerten Frisurenwunsch auch schon eine genaue Vorstellung darüber, wie der Pony gestaltet sein soll?"
- Verständnisfragen wie „Habe ich Sie richtig verstanden, Sie möchten also, dass der Nacken so stark angeschnitten wird?"

■ 6.5.2 Konzentration

In engem Zusammenhang mit aktivem Zuhören steht die persönliche Konzentrationsfähigkeit. Sie ist die bewusste Steigerung der Aufmerksamkeit und bezieht sich nicht nur auf das genaue Zuhören. Vielmehr betrifft sie auch das scharfe Beobachten der körpersprachlichen Signale, die die Kundin sendet. Meist belegen diese recht eindeutig, ob und wieweit die notwendige Öffnung und Zuwendung während des Kundenkontaktes tatsächlich besteht. Vermittelt die Körpersprache der Kundin Unbehagen oder Unzufriedenheit in der Gesprächs- und Beratungssituation, sollte über einen erneuten Ansatz aktiven Zuhörens das zentrale Anliegen der Kundin ermittelt werden. Eine wesentliche Rolle spielt dabei der Blickkontakt.

Wenn sich allerdings die Kundin bei dem Gespräch weitgehend zurückhält und sich nur spärliche Informationen entlocken lässt, muss jeder Versuch aktiven Zuhörens scheitern.

Konzentrationsfähigkeit betrifft darüber hinaus die eigene Sprache. Sie muss gepflegt, deutlich und eindeutig sein. Das kritische Überprüfen, ob die Kundin die Fachinformation verstanden hat oder ggf. in dem einen oder anderen Punkt noch Klärungsbedarf signalisiert, ist ein selbstverständliches Muss. Ausweichende Antworten der Kundin, ein ratloser oder verständnisloser Blick geben eindeutige Hinweise darauf, dass „nachgebessert" werden muss.

■ 6.5.3 Zeit

Aktives Zuhören braucht auch Zeit. Gewinnt die Kundin durch das hektische Verhalten der Friseurin den Eindruck, sie „haste" durch das Gespräch und erledige die Facharbeit unter Zeitdruck, belastet das die Gesamtsituation des Kundenbesuchs. Im Zuge eines solchen Eindrucks werden sämtliche Hinweise und Aktionen des Fachpersonals als halbherzig und oberflächlich wahrgenommen. Daher gilt Zeitdruck als eines der größten Hemmnisse für das Unterbreiten und Umsetzen eines störungsfreien Dienstleistungsangebotes. Zeitdruck ist häufig das Ergebnis eines übervollen Terminkalenders, von schlecht oder gar nicht organisierten Arbeitsabläufen. Sind hierin die Ursachen zu suchen, bedarf es einer Überprüfung der Terminierungsregelungen und Organisationsabläufe.

6 Kommunikation im Salon

Eine große Kundenzahl ist immer Beleg für ein ansprechendes und marktgerechtes Dienstleistungsangebot und wirkt sich natürlich positiv auf die ökonomische Situation des Unternehmens aus. Werden jedoch aufgrund einer übermäßigen Kundenmenge die Möglichkeiten des Unternehmens – die Anzahl der Mitarbeiter und das Raumangebot betreffend – überschritten, kann der Kundenanspruch in diesem sensiblen Dienstleistungsgeschäft nicht mehr in vollem Umfang erfüllt werden. Als Folge daraus werden sich möglicherweise enttäuschte Kundinnen von diesem Unternehmen abwenden und umorientieren.

Auch das Aufschieben unangenehmer Arbeiten ist ein häufig zu beobachtender Grund für Zeitknappheit. Es empfiehlt sich daher, die anstehenden Arbeiten und Aufgaben der Reihe nach und zeitnah abzuarbeiten und so ein Verdichten von Arbeitsprozessen zu vermeiden. Manchmal ergeben sich im Verlauf eines Arbeitstages Leerläufe, die konsequenter für die Erledigung regelmäßig wiederkehrender Tätigkeiten (Müllbeseitigung, Wäschepflege, Überprüfung des Warensortiments, Reinigung von Arbeitsgeräten) genutzt werden können.

6.5.4 Empathie

Eine gute und vertrauensvolle Gesprächsatmosphäre lebt von einem Maß an Einfühlsamkeit gegenüber dem Gesprächspartner. Diese Fähigkeit, sich in andere hineinzuversetzen, wird Empathie genannt (Bild 1). Empathie bedeutet jedoch nicht, mit der Kundin mitzuleiden (Bild 2). Eine gewisse Distanz zur Kundin sichert eine objektive Beurteilungsfähigkeit des Sachverhaltes.

Bild 1: Empathie

Bild 2: Falsche Empathie

Angebot und Ausführung von Dienstleistungen erfordern von einer Friseurin empathisches Geschick. Wie in kaum einem anderen Beruf stehen hier die Betätigungen in engem Zusammenhang mit einer ausgeprägten körperlichen und emotionalen Nähe zur Kundin. Der Körperkontakt während der Behandlung und die individuelle Beratung sind Beleg für die sehr persönliche Kundenbeziehung. Kommt es zu Gesprächen, in denen die Kundin der Friseurin Einblicke in ihre Gefühlswelt gibt, erwartet sie indirekt von der Friseurin, dass diese ihre Empfindungen nachvollziehen kann.

Entscheidend für das Entwickeln von Empathie ist die Bereitschaft, sich emotional anrühren zu lassen und vor allem verantwortlich mit Gefühlen umzugehen. Zugleich bedeutet es die zunehmende Fähigkeit, Empathie der Kundin sprachkompetent zu spiegeln. Das fällt häufig gerade dann sehr schwer, wenn sehr starke Gefühle wie z. B. Trauer geäußert werden. Dann kann es viel sinnvoller sein, lediglich nonverbal zu reagieren. „Ein Blick sagt manchmal mehr als tausend Worte", sagt der Volksmund und beschreibt damit den Sachverhalt recht treffend. Wird Empathie deutlich, ist die Friseur-Kunden-Beziehung von gegenseitiger Akzeptanz gekennzeichnet. Einem vertrauensvollen Umgang steht nichts im Wege.

Aufgaben

1. Während des Kommunikationsvorganges werden nur 7 % Inhalt, dagegen 38 % der verbalen sowie 55 % der körpersprachlichen (analogen) Ausdrucksmittel vom Partner aufgenommen. Welche Bedeutung ergibt sich daraus für das Telefonat?

2. Simulieren Sie ein Telefonat mit einer Kundin, in dem Termin und Dienstleistungswunsch zu ermitteln sind. Erfassen Sie sämtliche Informationen in einem Gesprächsprotokoll.

3. Sie müssen aus dringenden Gründen den Termin einer Kundin absagen. Formulieren Sie schriftlich aus, wie Sie das Telefonat führen möchten.

4. Sie sind gerade mit einer Gesichtsmassage beschäftigt, als das Telefon klingelt. Was ist in dieser Situation zu tun?

5. Eine Kundin klärt am Telefon mit Ihnen einen Termin ab und nutzt diese Gelegenheit auch für einen etwas längeren privaten Schwatz. Der Salon ist voll und ihre Mitarbeit ist daher dringend erforderlich. Wie können Sie das Gespräch beenden, ohne unhöflich zu werden?

6. Üben Sie die Technik des Aktiven Zuhörens, indem Sie mit einer Partnerin wechselweise ein Gespräch über alltägliche Geschehnisse führen.

7. Frau Gerneschön erscheint pünktlich zum verabredeten Termin im Salon. Die zuständige Kollegin ist jedoch so kurzfristig erkrankt, dass eine rechtzeitige Information der Kundin nicht möglich war.
   a) Tragen Sie stichwortartig zusammen, wie Sie eine solche Begrüßungssituation regeln würden.
   b) Erproben Sie Ihr „Konzept" im Dialog mit einer Klassenkameradin, die die Rolle von Frau Gerneschön spielt. Dabei darf Frau Gerneschön durchaus verschiedene Charaktertypen repräsentieren.

8. Eine Kundin erscheint in Ihrem Salon und beklagt sich, dass mit der letzten Abrechnung etwas nicht in Ordnung sei.
   a) Welche Einwände könnten von der Kundin vorgetragen werden?
   b) Entwerfen Sie schriftlich zu einem der möglichen Einwände der Kundin den entsprechenden Dialog zwischen ihr und der Friseurin.
   c) Mit welcher Reaktionsweise der Friseurin in den verschiedenen Dialogbeispielen Ihrer Mitschüler sind Sie einverstanden bzw. nicht einverstanden? Begründen Sie Ihre Meinung und machen Sie ggf. Alternativvorschläge.

9. Sie wollen geschickt aus der Phase des Abrechnens zur Terminabsprache überleiten.
   a) Notieren Sie die verschiedenen Möglichkeiten.
   b) Diskutieren Sie Ihre Vorschläge mit den Mitschülern.

10. Stellen Sie schriftlich dar, wie Sie bei der Verabschiedung ein Frisurenergebnis oder eine durchgeführte Haarbehandlung mit einer Produktempfehlung verknüpfen.

11. Bearbeiten Sie zur Handlungssituation „Begrüßung im Salon" und/oder „Verabschiedung" folgende Aufträge:
    a) Erstellen Sie in Gruppenarbeit ein Drehbuch (Handlungsphasen, Auftreten und Sprechhandlungen) zur Handlungssituation.
    b) Führen Sie zu dem Drehbuchkonzept ein Rollenspiel durch und zeichnen Sie das Ergebnis per Video auf.

6 Kommunikation im Salon

c) Beurteilen Sie die aufgezeichneten Szenarien hinsichtlich ihrer Vollständigkeit, Umsetzung und der allgemeinen Ziele, die mit der Begrüßung im Zusammenhang stehen. Machen Sie ggf. Verbesserungsvorschläge.

d) Bewerten Sie die nonverbalen und verbalen Reaktionen der Friseurin hinsichtlich ihrer Zielgerichtetheit und Angemessenheit.

12. **Small Talk**

    a) Führen Sie mit Ihrer Nachbarin einen dreiminütigen Small Talk, der seinen Ausgangspunkt bei der neuen Brille der „Kundin" nimmt.

    b) Notieren Sie sich anschließend, welche weiteren inhaltlichen Stationen angesprochen wurden.

13. **Verbinden Sie die Begrüßung einer Kundin (Mitschülerin) mit einem Small Talk, bei dem Sie sich von den Sinnen „Riechen", „Hören" und „Sehen" leiten lassen! Reflektieren Sie das Ergebnis im Plenum.**

14. **Trainieren Sie die Technik des Small Talks, indem Sie**

    a) auf einem Blatt Papier eine beliebige Satzaussage formulieren.

    b) einen Stuhlkreis mit je sechs Schülerinnen bilden. Reichen Sie Ihr Blatt mit der Satzaussage an die rechte Nachbarin weiter. Diese hat die Aufgabe, zu einem Wort eine W-Frage auf dem Blatt zu notieren und es danach an die nächste Nachbarin weiterzugeben. Dieser Vorgang erfolgt so lange, bis jeder Teilnehmerin das eigene Blatt wieder vorliegt.

    c) danach in der Gruppe die Qualität der einzelnen Fragen diskutieren (eindeutig, sinnvoll, eng, offen, sachbezogen, ...).

    d) anschließend mit einer Mitschülerin einen Dialog über Ihre notierte Aussage führen. Dabei soll Ihre Gesprächspartnerin die zugeordneten Fragen nutzen, auf die Sie die passenden Antworten geben.

    e) schließlich gemeinsam den Gesprächsverlauf beurteilen.

15. **Berichten Sie von einem außergewöhnlichen Ereignis aus Ihrem Salonalltag.**

    a) Erstellen Sie anhand der Kernfragen einen schriftlichen Bericht zum Sachverhalt.

    b) Berichten Sie von dem Sachverhalt vor der Klasse.

    c) Ihre Mitschüler beurteilen den Beitrag hinsichtlich seiner Vollständigkeit, Sachlogik, Sprache, seines sprecherischen und nonverbalen Ausdrucks.

16. **Warum ist eine gute Gesprächsatmosphäre gerade im Salon so wichtig?**

17. **Mit welchem Verhalten können Sie die Gesprächsatmosphäre positiv beeinflussen?**

18. **Überlegen Sie, welche Gegebenheiten in Ihrem Salon sich eher förderlich bzw. hinderlich auf die Salonatmosphäre auswirken.**

19. **Wenden Sie die verschiedenen Methoden „Aktiven Zuhörens" während eines Berichts Ihrer Tischnachbarin zu einem besonderen Erlebnis an.**

20. **Welche betrieblichen und außerbetrieblichen Einflüsse verbieten eine sehr enge Arbeitsplanung?**

21. **Mit welchen Beiträgen können Sie gegenüber einer Kundin Empathie deutlich machen, die betroffen von der schweren Erkrankung ihres Lebenspartners berichtet? Notieren Sie Ihre Überlegungen.**

22. **Empathie darf nach Meinung von Experten nicht mit Mitgefühl verwechselt werden. Worin begründet sich Ihrer Meinung nach diese Einschränkung?**

7 Zwischenmenschliche Kommunikation – Ich-Du-Botschaften einer Verständigung

„Der Kunde ist König und die Friseurin muss immer freundlich sein!" Eine solche Formel ist nicht nur Maßstab im Friseurbereich, sondern gilt in jeder Dienstleistungsbranche. So einfach wie dieser Leitsatz auch klingt, umso schwieriger stellt sich seine konkrete Umsetzung dar. Der Grund dafür ist ebenso einfach wie einleuchtend. Zwischenmenschlicher Umgang ist immer ein Vorgang des gegenseitigen Miteinanders. Ein solches Grundverständnis schließt somit Gefühls- und Interessenlage sowie Befindlichkeiten aller am Kommunikationsprozess beteiligten Personen ein. Gleichzeitig hat Dienstleistung aber auch etwas mit „Dienen" zu tun und das Handeln erfolgt aus einer nachgeordneten Rolle. Daher muss sich eine Dienstleisterin wie die Friseurin während des Kundenkontaktes mit ihren innersten Bedürfnissen zurücknehmen. Dieser rollenspezifische „Maulkorb" lässt sich leichter tragen, wenn Zusammenhänge und Mechanismen zwischenmenschlichen Umgangs klar sind.

In diesem Kapitel werden Gesetzmäßigkeiten von Kommunikationsabläufen und die Ursachen für mögliche Störungen beschrieben. Die Ausführungen orientieren sich an den Untersuchungsergebnissen der Kommunikationsforscher und Psychologen P. Watzlawick und F. Schulz von Thun. Zwei bedeutsame Gesichtspunkte für den Kommunikationsvorgang sind aus ihrer Sicht:

- Die Beziehungsstruktur der Kommunikationspartner zueinander
- Die Unterschiedlichkeit der Botschaften, die von ein und derselben Mitteilung ausgehen

7.1 Grundregeln der Kommunikation nach Watzlawick

Anjas Kollegin wartet ungeduldig auf eine Kundin. Sie schaut ständig auf die Uhr, schüttelt den Kopf. „Wo bleibt sie denn nur?", denkt sie. Die Salontür öffnet sich und die erwartete Kundin hastet in den Salon.

Kundin: „Entschuldigen Sie die Verspätung – Parkplatzprobleme, Sie wissen schon..."

Friseurin: „Tag!"

Die Kundin müht sich aus dem Mantel. Die Friseurin schlendert währenddessen zum Arbeitsplatz. Die Kundin nimmt Platz.

Bild 1: „Die Wahl des Shampoos müssen Sie mir überlassen!"

Kundin: „Waschen, schneiden, föhnen, bitte."

Friseurin: „Ich weiß." (beginnt die Haare mit warmem Wasser anzufeuchten) „Angenehm?!"

Kundin: „Ja, ja..." Die Friseurin nimmt ein Shampoo gegen Schuppen und emulgiert es ins Haar.

Kundin: (entrüstet) „Die Meisterin hat aber beim letzten Mal ein anderes Shampoo genommen, eines gegen trockenes Haar!"

Friseurin: „Die Wahl des Shampoos müssen Sie schon mir überlassen. Sie haben doch Schuppen, oder? Außerdem wasche ich Ihnen die Haare und nicht die Meisterin!"

7 Zwischenmenschliche Kommunikation

Nach Watzlawick bestimmen im Wesentlichen fünf Grundregeln jeden Kommunikationsvorgang. Mit ihrer Hilfe lassen sich Verständigungsvorgänge analysieren und eventuelle Störungen erklären.

Themenschwerpunkte:
- Analoge und digitale Kommunikation
- Interpunktionen
- Beziehungs- und Inhaltsaspekte
- Symmetrische und komplementäre Kommunikation
- Man kann nicht nicht kommunizieren
- Bedeutung für die Kommunikation im Salonalltag

7.1.1 Analoge und digitale Kommunikation

Menschliche Kommunikationsvorgänge laufen analog oder digital ab. Damit sind die Möglichkeiten gemeint, die der Mensch nutzt, um Botschaften einer anderen Person zu übermitteln. Auf der einen Seite sind es körpersprachliche Signale wie Mimik, Gestik, Körperhaltung, Körperbewegung und Körperdistanzen, die Watzlawick als **analoge** Kommunikation bezeichnet. In der Eingangssituation besteht die analoge Kommunikation seitens der Friseurin darin, ständig auf die Uhr zu schauen und mit dem Kopf zu schütteln. Damit drückt sie ihren Unmut aus. Durch die Verwendung analoger Signale ergibt sich eine viel direktere und oftmals ausdrucksstärkere Verständigung.

Daneben bedient sich der Mensch bei der Kommunikation des geschriebenen und gesprochenen Wortes, was nach Watzlawick digitale Kommunikationsmittel sind. Die **digitale** Sprache liefert Informationen und vermittelt Wissen. Die Kundin vermittelt der Friseurin digital, dass die Verspätung durch Parkprobleme begründet ist.

Bei alltäglichen Verständigungsvorgängen ergänzen sich analoge und digitale Kommunikationsformen gegenseitig (Bild 1). Eine Verknüpfung von verbaler und nonverbaler Frisurenbeschreibung im Beratungsgespräch steigert die Vorstellungskraft der Kundin hinsichtlich des geplanten Frisurenergebnisses.

Stimmen analoge und digitale Kommunikation nicht überein, kann es zu Missverständnissen und damit zu Kommunikationsstörungen kommen.

Bild 1: Zusammenspiel von digitaler und analoger Kommunikation

7.1.2 Interpunktionen

Kommunikationsabläufe werden von **Interpunktionen** der Kommunikationspartner bestimmt. Diese Regel beschreibt, dass Art und Verlauf von Verständigungsvorgängen von dem Verhalten und der Einstellung der Gesprächspartner in der Kommunikationssituation abhängen. Steigt man also entspannt und fröhlich in ein Gespräch ein, wird diese Stimmung von dem Gesprächspartner aufgenommen und der weitere Gesprächsverlauf ist davon geprägt. Umgekehrt wird eine bedrückte oder aggressive Gesprächshaltung schon zu Beginn des Verständigungsvorgangs für einen Misston sorgen, der während des gesamten Kommunikationsprozesses vorhält. Es gilt in diesem Zusammenhang die Volksweisheit: „Wie man in den Wald ruft, so schallt es auch heraus." In der beschriebenen Situation ist die Friseurin darüber ungehalten, dass die Kundin unpünktlich erscheint. Diese Stimmung nimmt sie mit in das Gespräch. Sie ist wortkarg, antwortet nur knapp und unverbindlich. Das bewirkt bei der Kundin ein ähnliches, spiegelbildliches Verhalten. Sie gibt nur die notwendigsten Antworten und zeigt sich sehr reserviert.

7.1 Grundregeln der Kommunikation nach Watzlawick

Es ist naheliegend, dass bei längerem Austausch dieser Art, die Reaktionen der Gesprächspartner immer heftiger und ausgeprägter werden können. Der Ton wird schärfer. Erklärbar wird ein solcher Gesprächsverlauf durch ein typisches Wahrnehmungsverhalten der Kommunikationspartner. Beide betrachten und bewerten ihr eigenes Verhalten lediglich als Reaktion auf das Verhalten des anderen. Es gilt das Motto: „Ich reagiere und handle nur so, weil der andere so ist." Eine kritische Betrachtung des eigenen Verhaltens und gegebenenfalls eine Verhaltensänderung können diesen Teufelskreis aufbrechen oder erst gar nicht entstehen lassen. Dieser Aktions-/Reaktionsprozess der Eingangssituation wird in Bild 1 grafisch verdeutlicht.

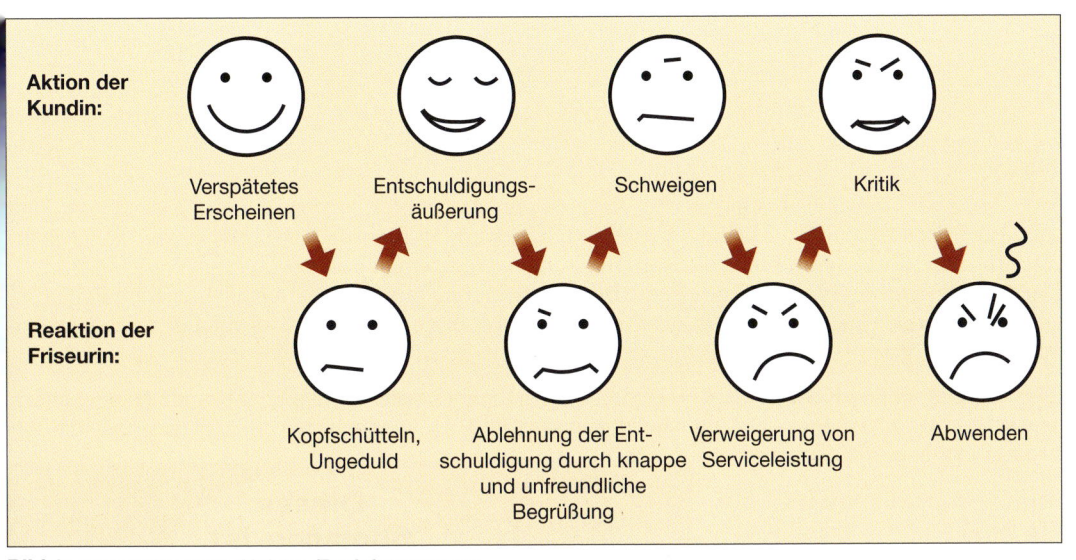

Bild 1: Beispiel für einen Aktions-/Reaktionsprozess

7.1.3 Inhalts- und Beziehungsaspekte

Jede Mitteilung beinhaltet ein mehr oder weniger hohes Maß an Information. Bei dem Informationsgehalt einer Äußerung spricht man von ihrem **Inhaltsaspekt**. Die Aussage „Tag!" ist rein sachlich betrachtet eine Information in Form einer Begrüßung. Gleichzeitig wird durch diese kurze und knappe Art der Begrüßung dem Kommunikationspartner u. U. mitgeteilt, dass man wenig Zeit für ihn hat, verstimmt ist und keine weitergehende Kommunikation wünscht. Diesen zweiten Bestandteil der Mitteilung, der etwas über das Verhältnis der Kommunikationspartner zueinander aussagt, nennt man **Beziehungsaspekt**. Ein Beispiel für das Zusammenspiel von Inhalts- und Beziehungsaspekt ist in Bild 2 dargestellt.

Bild 2: Gesagtes und Gemeintes bei der Kommunikation

Inhalts- und Beziehungsaspekte lassen sich an jeder Äußerung fest machen. Es gibt also keine rein informative Kommunikation, denn sie ist immer verbunden mit einer Beziehungsaussage, wie beispielsweise Anerkennung, Ablehnung, Bewunderung.

An Konfliktsituationen kann manchmal beobachtet werden, dass die Kontrahenten über Inhaltliches streiten, obwohl die Störungen auf der Beziehungsebene liegen und umgekehrt. In dem Situationsbeispiel wird die Beziehung Friseurin/Kundin durch die Verspätung der Kundin getrübt. Anstatt nun auf dieser Ebene (Beziehungsebene) das klärende Gespräch zu suchen, „streiten" die beiden Personen auf der Inhaltsebene über die Wahl des richtigen Shampoos.

■ 7.1.4 Symmetrische und komplementäre Kommunikation

Kommunikationsabläufe hängen weiterhin von den grundlegenden Verhaltensweisen der Kommunikationspartner zueinander ab. Damit sind beispielsweise deren Einstellungen, Reaktionen, Meinungen, Interessen und Entscheidungen gemeint.

Gibt es diesbezüglich weitgehende Übereinstimmung zwischen den Kommunikationspartnern, sind auch Kommunikation, Kommunikationsabläufe und Kommunikationsverhalten zueinander spiegelbildlich. Man spricht von **symmetrischer Kommunikation**. Diese ergibt sich meist unter Personen, die gleiche oder ähnliche soziale Rollen besetzen. Die Verständigung unter Schülern einer bestimmten Klasse, unter den Jugendlichen einer Clique, unter den Auszubildenden eines Betriebes verläuft demnach symmetrisch.

Eine **komplementäre Kommunikation** ergibt sich, wenn das Grundverhalten der Kommunikationspartner unterschiedlich ist. Diese Unterschiedlichkeit steht in Zusammenhang mit der sozialen Rolle, die beide Gesprächspartner besetzen.

Beispiele für komplementäre Beziehungen sind das Mutter/Kind-, Arzt/Patient-, Arbeitgeber/Arbeitnehmer- und Kundin/Friseurin-Verhältnis. Kennzeichen dieser komplementären Beziehungen ist die Tatsache, dass eine Person die primäre oder auch **übergeordnete Position** (z. B. Friseurin), die andere die sekundäre oder **untergeordnete Position** (z. B. Kundin) besetzt.

Es ist naheliegend, dass der Kommunikationsverlauf von dem übergeordneten Kommunikationspartner bestimmt wird. Ein Arbeitgeber lässt sich selten von seiner Auszubildenden das „Gesprächszepter" aus der Hand nehmen und auch eine Friseurin wird in dem Beratungsgespräch mit der Kundin dessen Inhalt und Verlauf maßgeblich mitbestimmen.

Bild 1: „Wer hat denn hier das Sagen?"

Konflikte entstehen z. B., wenn bei einem komplementären Beziehungsgefüge der untergeordnete Partner seine Rolle vertauscht und symmetrisch, also als ebenbürtiger Partner, kommuniziert.

Einen solchen Sachverhalt vermittelt die Situation in Bild 1. Die Kundin gibt darin einen Hinweis zum Shampoo, das ihrer Meinung nach für ihr Haar das richtige ist. Dadurch stellt sie automatisch die Kompetenz und damit die übergeordnete Position der Fachfrau in Frage. Die barsche Reaktion der Friseurin: „Die Wahl

7.1 Grundregeln der Kommunikation nach Watzlawick

des Shampoos müssen Sie schon mir überlassen" belegt eindrucksvoll, wie von ihr diese Form der symmetrischen Kommunikation aufgefasst wird.

7.1.5 Man kann nicht nicht kommunizieren

Von jedem menschlichen Verhalten in einer Situation geht eine Mitteilung aus. Dabei ist es nicht entscheidend, ob der Mensch handelt oder nicht handelt, etwas sagt oder schweigt. Er steht folglich in einem ständigen Kommunikationsprozess mit seiner Umwelt.

Die Kundin, die während der Kopfmassage die Augen schließt, signalisiert der Friseurin, dass sie zufrieden und entspannt ist. Geht eine Friseurin ihrer momentanen Beschäftigung weiter nach, während eine Kundin den Salon betritt, vermittelt sie ihr damit möglicherweise Desinteresse und Unaufmerksamkeit.

Jede Kommunikation, ob nonverbal oder verbal, hat also Mitteilungscharakter. Das bedeutet, dass der Mensch eigentlich nicht nicht kommunizieren kann. Er vermittelt immer etwas, auch wenn er nichts sagt.

7.1.6 Bedeutung für die Kommunikation im Salonalltag

Betrachtet man nun die Grundregeln (Axiome) Watzlawicks in ihrer Bedeutsamkeit für die Friseurin, so ergeben sich daraus folgende Aspekte für die Kommunikation im Beruf:

Bild 1: Kommunikation – ein ständiger Prozess

- Eine optimale Verständigung über Dienstleistungsangebote (z. B. Frisur) wird durch den Einsatz aller digitalen (Betonung, Wortwahl, Satzbau usw.) und analogen Mittel (Bilder, Vergleiche, Demonstrationen usw.) gewährleistet.
- Mit einem positiven Auftreten und angemessenem Kommunikationsverhalten schafft die Friseurin die besten Voraussetzungen für einen störungsfreien Interpunktionsverlauf. Diese Eigenschaften sind daher für sie ein absolutes Muss während der gesamten Interaktion mit der Kundin.
- Der Friseurin muss bewusst sein, dass jede Kommunikation auf der Inhalts- und Beziehungsebene erfolgt. Störungen können vermieden werden, wenn auftretende Probleme mit der Kundin auf der Ebene besprochen werden, auf der sie entstanden sind. Dazu ist erforderlich, dass sie den Hintergrund der Störung möglichst genau ermittelt.
- Die Friseurin muss sich im beruflichen Kontext rollenspezifisch verhalten. Bei Gesprächen über Fachthemen kommuniziert sie mit den Mitarbeiterinnen symmetrisch, mit der Kundin komplementär. Sollte die Kundin das superiore und inferiore Beziehungsgefüge missachten, darf die Friseurin sich in keinem Fall provozieren lassen und respektlos verhalten.
- Dadurch, dass auch die Friseurin immer in einem Kommunikationsprozess steht, muss ihr gesamtes Kommunikationsverhalten stets kontrolliert, überlegt und zielgerichtet angelegt sein.

7.2 Paradoxe Interaktion

Die Salonleitung ist mit der neuen Auszubildenden Anja zufrieden. Sie erledigt schon viele Arbeiten wie die Haar- und Kopfhautreinigung und das Auftragen von Packungen sehr gut. Nur ihr Verhalten gegenüber Kunden ist noch sehr zurückhaltend, was die Saloninhaberin zu der Aussage veranlasst:

„Nun sei doch einmal etwas mutiger und spontaner!"

Bild 1: „Wie?!" Ich kann nicht mutiger sein!"

Bei der zwischenmenschlichen Kommunikation gibt es Aufforderungen, die von einer Gesprächspartnerin nicht erfüllt werden können, wie etwa die Äußerung: „Sei spontan!". Eine Person, die spontan ist, handelt freiwillig von innen heraus und unangeregt. Kommt sie dagegen der Aufforderung des Gesprächspartners nach, ist sie nicht mehr spontan.

Ihr wird also ein Verhalten abverlangt, das gegen ihr persönliches Wesen und die innere Einstellung gerichtet ist. Dadurch gerät die Person in einen Zwiespalt mit sich selbst oder in eine Konfliktsituation mit dem Gesprächspartner. Sie soll einerseits spontan handeln, obwohl sie gar nicht will und kann. Verweigert sie sich andererseits, muss sie mit Sanktionen rechnen. Wie sie sich also verhält, sie verhält sich immer verkehrt. Eine solche Situation ist für den Angesprochenen unhaltbar und widersinnig. Watzlawick spricht in einem solchen Falle von **paradoxer Interaktion**. Bild 2 stellt die Folgen einer paradoxen Interaktion dar.

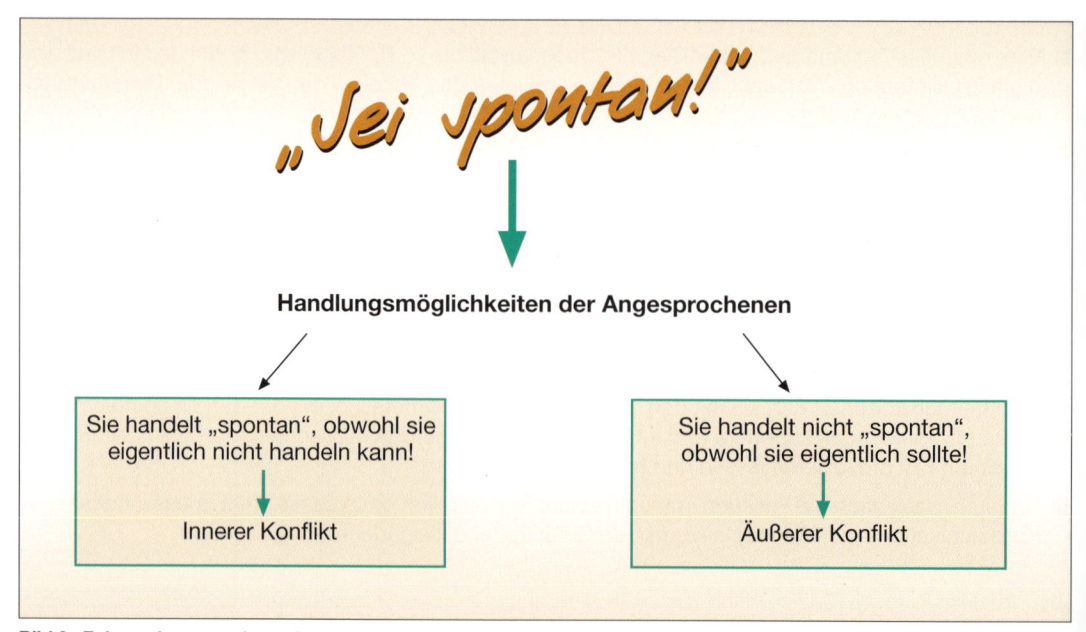

Bild 2: Folgen einer paradoxen Interaktion

Merkmale und weitere Beispiele für paradoxe Interaktionen liefern die Tabellen 1 und 2.

Tabelle 1: Merkmale einer paradoxen Interaktion

Merkmale

- Die Kommunikationspartner stehen in einer engen Beziehung zueinander (Eltern/Kind, Freund/Freundin, Friseurin/Kundin, Saloninhaber/Mitarbeiter usw.)
- Die dabei getroffenen Äußerungen lassen kein situationsgerechtes Handeln zu!
- Man kann sich einem paradoxen Interaktionsprozess nicht entziehen!

Tabelle 2: Beispiele für paradoxe Interaktion

Beispiele

- Friseurin zur Kundin: „Finden Sie nicht auch, dass diese Frisur zu Ihnen passt?"
- Friseurin zur Auszubildenden: „Das Wickeln der Dauerwelle müsste dir eigentlich genauso viel Spaß bereiten, wie den anderen Kolleginnen auch!"
- Saloninhaberin zur Auszubildenden: „Ich halte Ihre Teilnahme am Übungsabend für überaus notwendig, aber das müssen Sie entscheiden!"

7.3 Eine Nachricht – Vier Botschaften

Es ist kurz vor Geschäftsschluss und die Mitarbeiter freuen sich schon auf den Feierabend (Bild 1). Auch Anja erledigt ihre Abschlussarbeiten und föhnt die Haare der Kundin. „Gleich habe ich es geschafft", denkt sie.

In diesem Moment wird sie von der Saloninhaberin angesprochen: „Anja, die Waschbecken sind noch schmutzig!"

Anja: „Ja, sehe ich."

Kommunikation ist der Austausch einer Mitteilung zwischen zwei Personen. Die betreffenden Personen werden als **Sender** bzw. **Empfänger**, die Mitteilung als **Nachricht** bezeichnet. Dieser Sachverhalt wird im folgenden Modell (Bild 2) dargestellt.

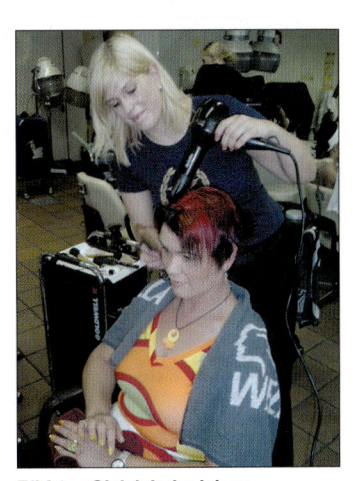

Bild 1: „Gleich habe ich es geschafft."

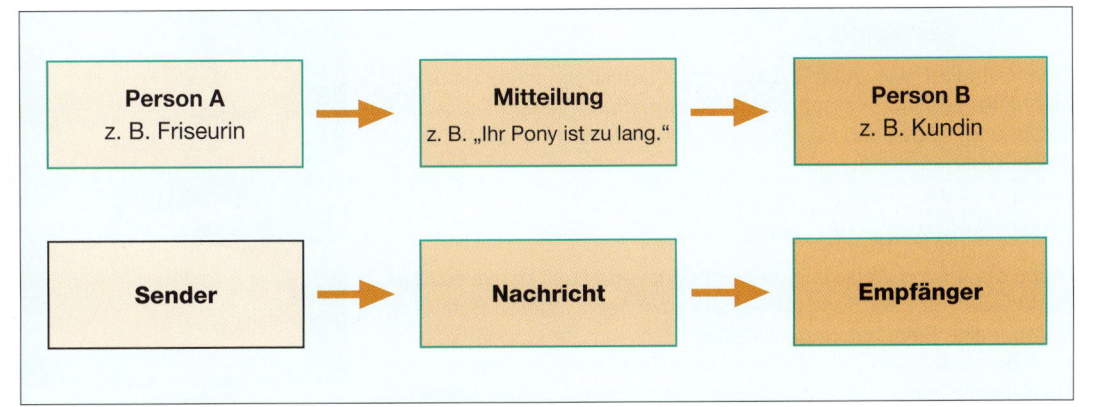

Person A z. B. Friseurin	→	Mitteilung z. B. „Ihr Pony ist zu lang."	→	Person B z. B. Kundin
Sender	→	**Nachricht**	→	**Empfänger**

Bild 2: Sender-/Empfängermodell der Kommunikation

7 Zwischenmenschliche Kommunikation

Jede Nachricht enthält nach Schulz von Thun gleichzeitig mehrere Botschaften (Bild 1), die je nach Situation und Kommunikationsverhalten; wie z. B. Mimik, Gestik, Betonung der Gesprächspartner mehr oder weniger deutlich hervortreten können. Botschaften sind:

- Eine Information über sich selbst als Sender (Selbstoffenbarung)
- Einen Hinweis über die Beziehung der Kommunikationspartner zueinander (Beziehung)
- Eine Aufforderung zum Handeln (Appell)
- Eine Aussage über einen bestimmten Sachverhalt (Sachinhalt)

Bild 1: Eine Nachricht – vier Botschaften

Laut Schulz von Thun ist die Wahrheit das, was verstanden wird, nicht das, was gesagt wird.

Der Sender kann am Verhalten des Empfängers ablesen, ob dieser seine Nachricht richtig aufgenommen und gedeutet hat. Stimmen Senderabsicht und Empfängerverhalten nicht überein, ist die Kommunikation gestört.

Themenschwerpunkte:
- Botschaften einer Nachricht aus Sicht des Senders
- Botschaften einer Nachricht aus Sicht des Empfängers
- Missverstehen von Botschaften

7.3.1 Botschaften einer Nachricht aus Sicht des Senders

Eine Nachricht, wie „Anja, die Waschbecken sind noch schmutzig!", beinhaltet zugleich verschiedene Botschaften. Selbstoffenbarung, Beziehung, Appell und Sachinhalt werden aus Sicht des Senders im Folgenden dargestellt.

Selbstoffenbarung

Durch die Art und Weise wie die Nachricht verbal und nonverbal „verpackt" wird, gibt der Sender Auskunft über seine inneren Befindlichkeiten, seine Einschätzungen, Fähigkeiten. Ihm ist jedoch nicht immer bewusst, welche Informationen über sich selbst er dem Gesprächspartner durch diese Selbstoffenbarung liefert. Somit besteht die Gefahr einer unfreiwilligen Enthüllung der eigenen Person.

Bild 1: „Anja, das Waschbecken ist noch schmutzig!"

7.3 Eine Nachricht – vier Botschaften

Aber auch die bewusste Selbstoffenbarung kann mit der Nachricht verknüpft werden. Dabei stehen für den Sender Fragen im Mittelpunkt, wie z. B.: „Was will ich dir an Persönlichem von mir mitteilen?", „Wie will ich von dir gesehen werden?" oder „Was will ich dir gegenüber verbergen?". Eine umfassende und engagierte Fachberatung kann beispielsweise mit der Absicht verknüpft sein, der Kundin von der eigenen Person ein möglichst kompetentes Bild zu vermitteln. Hingegen kann mit weitschweifigen oder nichts sagenden Ausführungen bewusst von eigenen Unzulänglichkeiten abgelenkt werden.

Mit ihrer Aussage „Anja, das Waschbecken ist noch schmutzig", tritt die Friseurin in dem Eingangsbeispiel als Sender auf. Ihre Nachricht liefert verschiedene Inhalte bzgl. der Selbstoffenbarungsbotschaft (Tabelle 1).

Tabelle 1: Eine Botschaft und mögliche Selbstoffenbarungsinhalte

„Anja, die Waschbecken sind noch schmutzig!"

Botschaft	Mögliche Inhalte
Selbstoffenbarung (z. B.: Ich-Bin-, Ich-Kann-, Ich-Möchte-, Ich-Darf-Botschaft)	■ „Ich möchte langsam Feierabend haben und nicht deinetwegen noch lange warten." ■ „Ich bin ein bisschen verstimmt."

Beziehung

Mit jeder Nachricht formuliert der Sender eine Beziehungsbotschaft. Er bestimmt damit sein Verhältnis zum Empfänger (Du-Bist-Botschaft). Anhand des Kommunikationsverhaltens zeigt der Sender dem Gesprächspartner, was er von ihm hält. Dabei gibt es grundsätzlich die Möglichkeiten der Geringschätzung oder Wertschätzung. Im ersten Fall behandelt der Sender die Person evtl. herablassend, abweisend oder erniedrigend. Im anderen Fall verbindlich, freundlich, zuwendungsorientiert, einfühlsam usw. (Tabelle 2).

Zusätzlich liefert die Beziehungsbotschaft Informationen über die Positionen beider Kommunikationspartner zueinander (Wir-Sind-Botschaft). Damit können im positiven Sinne Lenkung, Leitung, im negativen Sinne aber auch Bevormundung, Kontrolle verbunden sein. Für die Friseurin gilt als Senderin von Beziehungsbotschaften im Dienstleistungsgeschäft grundsätzlich die Vermittlung von Wertschätzung. Im Zusammenhang mit der Fachberatung muss eine Friseurin der Kundin darüber hinaus zu verstehen geben, dass sie am Entscheidungsprozess beteiligt ist. Eine Lenkung in diesem Sinne erfolgt behutsam und einvernehmlich.

Tabelle 2: Eine Botschaft und mögliche Beziehungsbotschaften

„Anja, die Waschbecken sind noch schmutzig!"

Botschaft	Mögliche Inhalte
Beziehung (Du-Bist-Botschaft bzw. Wir-Sind-Botschaft)	■ „Du bist faul und unaufmerksam." ■ „Als Auszubildende hast du solche Arbeiten zu erledigen!" ■ „Ich bin dir gegenüber weisungsbefugt!" ■ „Wenn wir gemeinsam an einem Strang ziehen, sind wir schneller mit der Arbeit fertig!"

Appell

Ein und dieselbe Nachricht enthält auch Appellbotschaften. Mit seinen Appellen nimmt der Sender Einfluss auf das Kommunikationsverhalten des Empfängers. Er veranlasst ihn dadurch, etwas zu tun oder zu unterlassen (Tabelle 1). Aber auch Denken und Fühlen des Empfängers werden dadurch beeinflusst.

Bei den Appellbotschaften werden offene und verdeckte unterschieden. Bei den offenen treten Wünsche und Aufforderungen offen zu Tage, z. B.: „Nehmen Sie bitte dort Platz!". Die Frage: „Was kann ich für Sie tun?", beinhaltet einen verdeckten Appell. Hier wird indirekt, also verdeckt, eine Angabe der Kundin zu ihren Dienstleistungswünschen erwartet. Mit verdeckten Appellen ist ein Sender häufig erfolgreicher als mit offen geäußerten, da er nicht so schnell mit Widerständen oder Zurückweisungen des Empfängers rechnen muss.

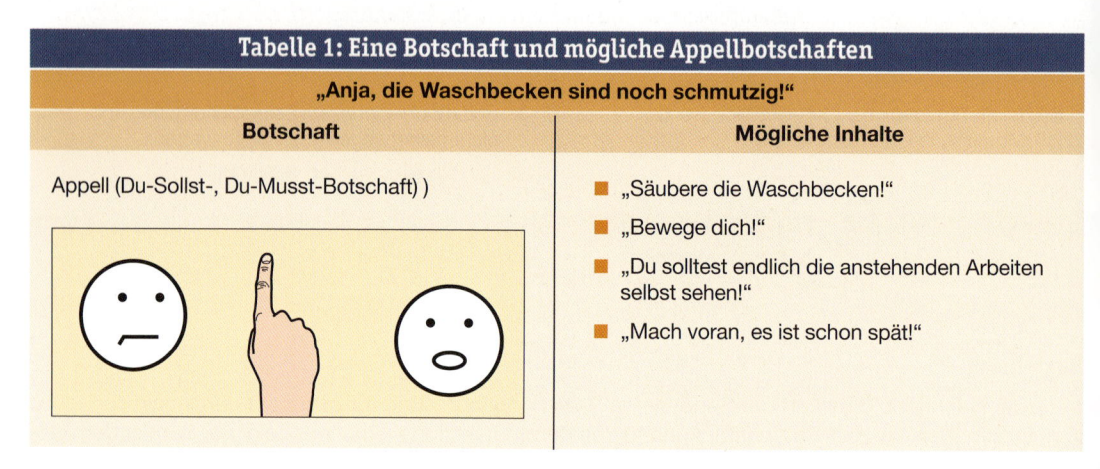

Tabelle 1: Eine Botschaft und mögliche Appellbotschaften

„Anja, die Waschbecken sind noch schmutzig!"

Botschaft	Mögliche Inhalte
Appell (Du-Sollst-, Du-Musst-Botschaft))	■ „Säubere die Waschbecken!" ■ „Bewege dich!" ■ „Du solltest endlich die anstehenden Arbeiten selbst sehen!" ■ „Mach voran, es ist schon spät!"

Sachinhalt

Jede Nachricht bezieht sich auf eine Sache oder ein bestimmtes Thema (Das-Ist-, Das-Bedeutet-Mitteilung). Im Berufsleben der Friseurin stehen im Rahmen der Beratung Fachthemen, wie Schneiden, Form- und Farbgebung, Typbestimmung im Vordergrund. Daneben beziehen sich Sachinhalte des Smalltalks auf Belange des persönlichen Umfeldes der Kundin, der Friseurin usw. (Tabelle 2).

Tabelle 2: Eine Botschaft und mögliche Sachinhalte

„Anja, die Waschbecken sind noch schmutzig!"

Botschaft	Mögliche Inhalte
Sachinhalt (Das-Ist-, Das-Bedeutet-Botschaft)	■ „Mein Hinweis bezieht sich auf die Einrichtungsgegenstände unseres Salons, in denen wir Farben auswaschen." ■ „Sämtliche Waschbecken des Salons sind schmutzig!" ■ „Die Schmutzpartikel sind Haare, Schaum- und Farbreste."

■ 7.3.2 Botschaften einer Nachricht aus Sicht des Empfängers

Auch der Empfänger verknüpft eine ihm übermittelte Nachricht mit Botschaften. Diese erschließen sich ihm durch bewusst oder unbewusst gestellte innere Fragen (Tabelle 1, folgende Seite).

7.3 Eine Nachricht – vier Botschaften

Tabelle 1: Fragestellungen zur Entschlüsselung von Botschaften

Botschaften einer Nachricht	Innere Fragestellung des Empfängers
■ Sachinhalt	■ Wozu äußert sich der Sender?
■ Beziehung	■ Wie behandelt mich der Sender? Was hält er von mir? Wie sieht er mich?
■ Selbstoffenbarung	■ Warum legt der Sender so eine Verhaltensweise an den Tag? Warum sagt er so etwas? Was ist mit ihm los?
■ Appell	■ Wozu werde ich durch den Sender aufgefordert? Was soll ich tun oder lassen?

Werden diese Fragen auf die nachfolgende Kundenäußerung (Tabelle 2) bezogen, kann eine Friseurin aus dieser Nachricht unter Umständen folgende Botschaften heraushören:

Tabelle 2: Botschaften einer Nachricht

Nachricht	Botschaften	Empfängerohr der Friseurin
Kundin: „Warum verwenden Sie eine Spülung nach der Haarwäsche?"	■ Die Kundin möchte eine Begründung für die Spülung (Sachinhalt) ■ Die Kundin hinterfragt die Fachkompetenz (Beziehung) ■ Die Kundin möchte keine Spülung. Sie sorgt sich über eine unnötige Verteuerung der Dienstleistung (Selbstoffenbarung) ■ Die Spülung soll weg gelassen werden (Appell)	

Von der momentanen Situation und Befindlichkeit des Empfängers hängt es ab, wie er die empfangene Nachricht interpretiert bzw. welche Botschaften er in sie hineindeutet. Auch seine Erwartungen, Vorerfahrungen, Einstellungen, Ansichten und Befürchtungen spielen in diesem Zusammenhang eine maßgebliche Rolle. Durch das individuelle Persönlichkeitsprofil des Empfängers kann somit ein bestimmter Botschaftsaspekt in den Vordergrund oder in den Hintergrund rücken. Man unterscheidet danach den sachohrigen, beziehungsohrigen, selbstoffenbarungsohrigen und appellohrigen Empfänger.

Sachohriger Empfänger

Sachohrige Empfänger registrieren in erster Linie den Sachaspekt. Gefühlsbedingte Hinweise werden nicht beachtet. Ihre Entscheidungen und Reaktionen sind daher ebenfalls sachbezogen ausgerichtet. Ihr Verhalten erscheint zumeist unverbindlich und distanziert. Die für zwischenmenschliche Kommunikation so bedeutsame Beziehungsebene spielt für sie eine nachgeordnete Rolle. Dagegen fällt es ihnen in emotionsgeladenen Konfliktsituationen leichter, Ruhe zu bewahren und abgeklärt, halt sachlich, zu reagieren. Ein Beispiel für sachohrige Wahrnehmung findet sich in Tabelle 3.

Tabelle 3: Sachohrige Wahrnehmung

Nachricht	Botschaftsohr	Reaktion des Empfängers
Friseurin: „Anja, die Waschbecken sind noch verschmutzt!"		Anja: „Ja genau, das sehe ich auch."

Beziehungsohriger Empfänger

Beziehungsohrige Empfänger achten besonders auf die Beziehungsbotschaften. Sie handeln daher emotional, gelten als sensibel und einfühlsam. Da sie Äußerungen jedoch oft zu persönlich nehmen, überhören sie schnell bedeutsame Sachinformationen. Außerdem mangelt es ihnen nicht selten an einem gesunden Selbstwertgefühl und Selbstbewusstsein. Kritik einer Kundin an der Dienstleistung, z. B. dem Farbergebnis, wird nicht auf den Sachverhalt, sondern auf die eigene Person bezogen. Manchmal kann eine solche Wahrnehmung zu Überreaktion führen und heftige Konflikte auslösen. Beispiele für beziehungsohrige Wahrnehmung liefert Tabelle 1.

Tabelle 1: Beziehungsohrige Wahrnehmung		
Nachricht	**Botschaftsohr**	**Reaktion des Empfängers**
Friseurin: „Anja, die Waschbecken sind noch verschmutzt!"		Anja: „Dafür kann ich doch nichts." „Warum muss ich denn immer putzen!"

Selbstoffenbarungsohriger Empfänger

Empfänger mit einem ausgeprägten Selbstoffenbarungsohr sind aktive Zuhörer, die sich gut in die Gefühls- und Gedankenwelt des Kommunikationspartners hineinversetzen können (Tabelle 2). Darüber hinaus bringen sie das notwendige Verstehen und Verständnis für die Gründe seines Handelns auf. Andererseits kann diese Wahrnehmungseigenschaft sich zu dem Extrem entwickeln, dass der Gesprächspartner nur noch in diesem Sinne diagnostiziert wird. Als Folge daraus sieht man den Partner nicht als gleichwertig an, sondern betrachtet ihn von oben herab. Der selbstoffenbarungsohrige Empfänger nimmt die an die eigene Person gerichtete Kritik nicht ernst. Auch Einwände werden nicht zugelassen, da sie mit den Unzulänglichkeiten des Gegenübers begründet werden.

Tabelle 2: Selbstoffenbarungsohrige Wahrnehmung		
Nachricht	**Botschaftsohr**	**Reaktion des Empfängers**
Friseurin: „Anja, die Waschbecken sind noch verschmutzt!"		Anja: „Mein Gott, ist die heute wieder schlecht gelaunt!"

Appellohriger Empfänger

Appellohrige Empfänger verstehen schon kleinste Hinweise als Handlungsanlässe. Sie haben ein Gespür für anstehende Arbeiten, sind teamfähig und handeln unaufgefordert. Was jedoch die unmittelbaren eigenen Bedürfnisse angeht, werden diese nachrangig betrachtet. Von daher erfüllen sie besonders gut die grundsätzlichen Ansprüche an einen Dienstleister. Kundenwünsche stehen ungeachtet der eigenen Bedürfnislage im Vordergrund.

7.3 Eine Nachricht – vier Botschaften

Tabelle 1: Appellohrige Wahrnehmung

Nachricht	Botschaftsohr	Reaktion des Empfängers
Friseurin: „Anja, die Waschbecken sind noch verschmutzt!"		Anja: „Kein Problem, ich mache das sofort sauber."

■ 7.3.3 Missverstehen von Botschaften

Mitunter kommt es zu Situationen, in denen gesendete Nachrichten mit ihren Botschaften vom Empfänger falsch verstanden werden. Die Ursachen dafür sind z. B. unterschiedliche Sprechweisen, nonverbale Mitteilungen oder fest gefügte Selbst- bzw. Fremdbilder. Im folgenden Beispiel wird verdeutlicht, wie gesendete und gedeutete Botschaften von einander abweichen können.

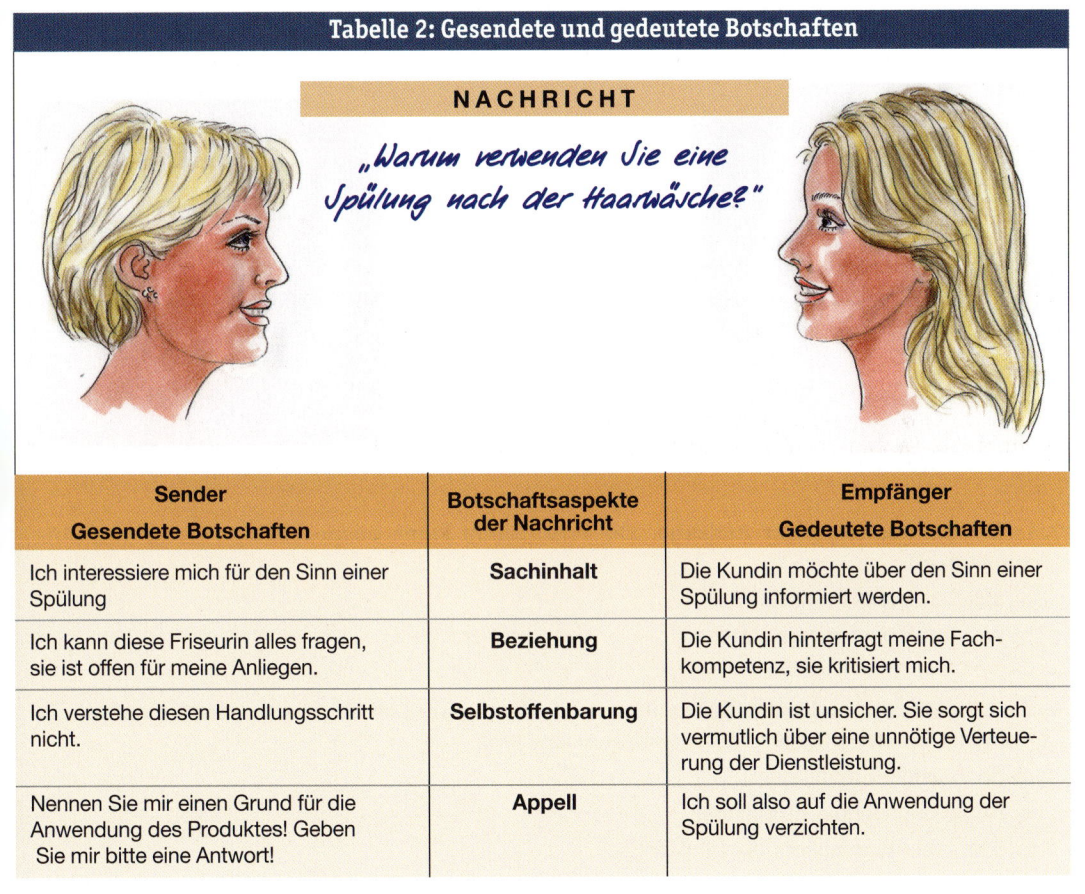

Tabelle 2: Gesendete und gedeutete Botschaften

NACHRICHT

„Warum verwenden Sie eine Spülung nach der Haarwäsche?"

Sender Gesendete Botschaften	Botschaftsaspekte der Nachricht	Empfänger Gedeutete Botschaften
Ich interessiere mich für den Sinn einer Spülung	Sachinhalt	Die Kundin möchte über den Sinn einer Spülung informiert werden.
Ich kann diese Friseurin alles fragen, sie ist offen für meine Anliegen.	Beziehung	Die Kundin hinterfragt meine Fachkompetenz, sie kritisiert mich.
Ich verstehe diesen Handlungsschritt nicht.	Selbstoffenbarung	Die Kundin ist unsicher. Sie sorgt sich vermutlich über eine unnötige Verteuerung der Dienstleistung.
Nennen Sie mir einen Grund für die Anwendung des Produktes! Geben Sie mir bitte eine Antwort!	Appell	Ich soll also auf die Anwendung der Spülung verzichten.

Um Nachrichten und Botschaften einer Kundin richtig wahrnehmen und deuten zu können, sollte die Friseurin:
- Ihr gegenüber ein Höchstmaß an Aufmerksamkeit und Konzentration aufbringen.
- Ihr genügend Zeit für die Ausführungen geben.
- Keine voreiligen Bewertungen der Kundenaussage vornehmen.
- Sich regelmäßig rückversichern, ob die Botschaft richtig verstanden wurde.

7 Zwischenmenschliche Kommunikation

■ Aufgaben

1. Lesen Sie den folgenden Dialog, in dem die Friseurin Anja eine ältere Kundin bezüglich eines neuen Haarschnittes berät. Lösen Sie anschließend die Aufgaben.

   Fallbeispiel:

   Anja: „Frau Gerneschön, wenn Ihr Pony ein wenig fransig ins Gesicht geschnitten wird, dann hebt das besonders Ihre Augenpartie hervor."

   Gerneschön: „Sie wollen mir jetzt bestimmt nur schmeicheln, oder?"

   Anja: „Keinesfalls! Nach den Grundsätzen der Formenlehre kann eine Frisurenform Gesichtselemente hervor- oder zurücktreten lassen."

   Frau Gerneschön: „Ja, ja! Reden können alle gut, aber was dabei am Schluss herauskommt, lässt oft zu wünschen übrig!"

   Anja: „Meine Beratungsempfehlungen und deren Umsetzungen haben bislang alle Kunden zufrieden gestellt!"

   Frau Gerneschön: „Dazu möchte ich mich lieber nicht äußern, ich haben schon anderes gehört!"

   Anja: „Na ja, wenn Sie meinen ... . Ich habe mein Handwerk von Grund auf gelernt und weiß, was ich kann."

   Frau Gerneschön: „Ich glaube es ist besser, wenn mir **Ihr Chef** die Haare schneidet!!"

   a) Analysieren Sie den Dialog nach den Kommunikationsregeln von Watzlawick.
   b) Analysieren Sie den Dialog hinsichtlich des kommunikationstheoretischen Ansatzes von Schulz von Thun.

2. Zwischenmenschliche Beziehungsstrukturen spielen eine wesentliche Rolle bei der Kommunikation. Nennen Sie bedeutende Gesichtspunkte, die Voraussetzung für eine gute Friseur-Kunden-Beziehung sind.

3. Leiten Sie aus folgender Aussage „Die Frisur steht Ihnen ausgezeichnet!" mögliche Botschaften ab.
   a) aus Sendersicht (Friseurin)
   b) aus Empfängersicht (Kundin)

4. Eine Kundin sitzt unter der Trockenhaube. Die Trockenzeit ist abgelaufen. Darauf äußert die Kundin: „Es hat geklingelt." Wie reagiert darauf ein:
   a) Sachohriger Empfänger,
   b) Beziehungsohriger Empfänger,
   c) Selbstoffenbarungsohriger Empfänger,
   d) Appellohriger Empfänger?

5. Vergleichen Sie die Ansätze von Watzlawick und Schulz von Thun hinsichtlich der Gemeinsamkeiten und Unterschiede.

8 Waren und Dienstleistungen – kundengerechter Verkauf

Der Friseursalon ist ein Geschäft, in dem Waren und Dienstleistungen verkauft werden. Für einen guten Absatz der Waren und Dienstleistungen müssen die Mitarbeiterinnen des Salons das Sortiment kennen und kundenorientiert gestalten.

8.1 Sortiment

Eine Unternehmensanalyse hat ergeben, dass die Umsätze im Salon Tausendschön bei einer gezielten Sortimentsgestaltung wesentlich höher liegen könnten.

Das Sortiment des Salons soll nun neu gestaltet werden, um den Bedürfnissen der Kundschaft gerechter zu werden und den Gewinn zu steigern. Die Mitarbeiter des Salons werden aufgefordert, Vorschläge für ein neues Konzept zur Sortimentsgestaltung zu unterbreiten (Bild 1).

Der Umsatz eines Salons hängt vom Verkauf der angebotenen Waren und Dienstleistungen, dem Sortiment, ab. Aus verschiedenen Gründen bieten nicht alle Salons das gleiche Sortiment an. Jede Saloninhaberin muss sich genau überlegen, wie sie ihr Sortiment gestaltet, um größtmögliche Umsätze zu erzielen.

Bild 1: Suche nach einem neuen Konzept

Themenschwerpunkte:
- Aufbau eines Sortiments
- Sortimentsgliederung
- Kennzeichen eines Sortiments
- Sortimentsentscheidungen

8.1.1 Aufbau eines Sortiments

Das Sortiment in einem Dienstleistungsbetrieb wie dem Friseursalon umfasst die Gesamtheit aller angebotenen Waren und der zu verkaufenden Dienstleistungen. Das Sortiment wird daher in das **Dienstleistungssortiment** und das **Warensortiment** unterteilt (Bild 1, folgende Seite). Das Dienstleistungssortiment beinhaltet alle Arbeitsleistungen einer Friseurin. Im Warensortiment sind alle Verkaufsartikel, die ein Salon anbietet, enthalten.

Waren und Dienstleistungen, mit denen der Betrieb seinen Hauptumsatz macht, bilden das **Kernsortiment**. Sie werden in reichlicher Auswahl angeboten. Zusatzangebote in kleiner Auswahl werden nebenher oder saisonbedingt geführt. Sie werden im **Randsortiment** zusammengefasst (Bild 1 auf der nachfolgenden Seite).

8 Waren und Dienstleistungen

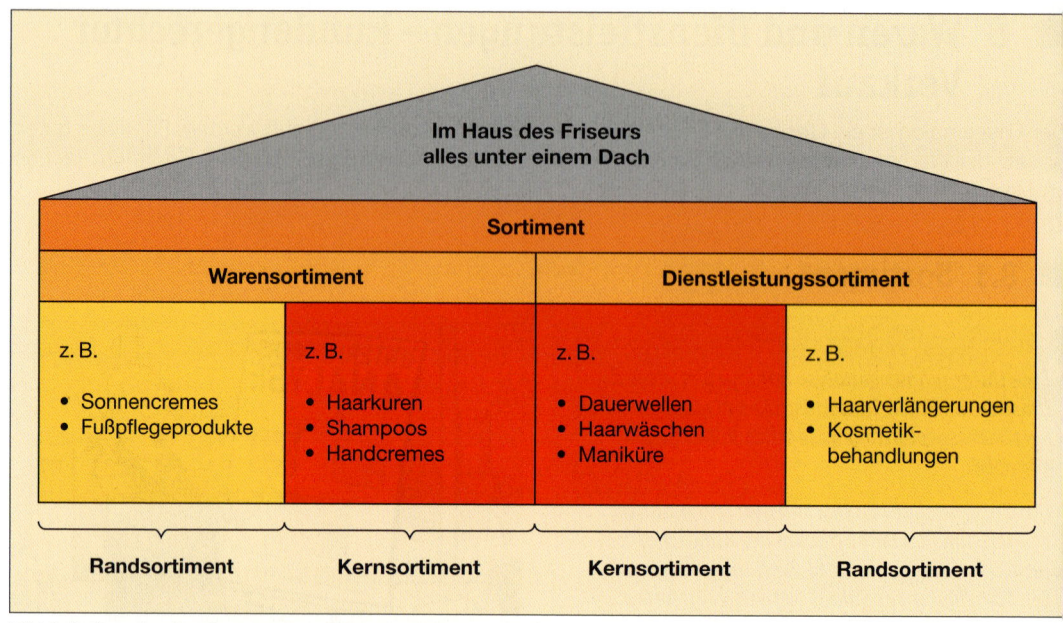

```
                    Im Haus des Friseurs
                    alles unter einem Dach

                           Sortiment
          Warensortiment              Dienstleistungssortiment

    z. B.           z. B.           z. B.           z. B.
  • Sonnencremes  • Haarkuren     • Dauerwellen   • Haarverlängerungen
  • Fußpflege-    • Shampoos      • Haarwäschen   • Kosmetik-
    produkte      • Handcremes    • Maniküre        behandlungen

   Randsortiment  Kernsortiment   Kernsortiment   Randsortiment
```

Bild 1: Aufbau des Sortiments eines Friseursalons

8.1.2 Sortimentsgliederung

Da die Anzahl der Verkaufsartikel und Einzeldienstleistungen in einem Salon sehr groß ist, sollte eine Sortimentsgliederung vorgenommen werden. Dazu werden Waren eingeteilt in:

- Fachbereiche
- Warenbereiche
- Warengruppen
- Artikelgruppen
- Artikel

Die Sortimentsgliederung beginnt auf der Ebene des **Fachbereichs**. In einem Fachbereich werden beispielsweise alle Waren für das Haar zusammengefasst.

Die **Warenbereiche** gliedern den Fachbereich grob auf und fassen Waren mit ähnlichen Aufgaben zusammen (z. B. alle Waren für die Haarreinigung).

Die **Warengruppen** untergliedern die Warenbereiche. In einer Warengruppe werden Waren zusammengefasst, die einen gemeinsamen Verwendungszweck haben (z. B. alle Shampoos).

Warengruppen werden wiederum in mehrere **Artikelgruppen** aufgefächert. Die Artikelgruppe fasst alle Artikel zusammen, die einen gemeinsamen speziellen Anwendungsbereich (z. B. Shampoos für trockenes Haar) haben.

Auf der letzten Ebene der Sortimentsgliederung, als Unterteilung einer Artikelgruppe, stehen die **Artikel**. Die Artikel sind die einzelnen kaufbaren Gegenstände einer bestimmten Firma oder Serie (z. B. Shampoo für trockenes Haar der Firma Wellgold).

Die Unterteilung wird also von Ebene zu Ebene spezieller. Um diese Einteilung zu veranschaulichen, kann man verschiedene Darstellungsmöglichkeiten wählen. Eine davon ist in Bild 1 auf der nächsten Seite dargestellt.

8.1 Sortiment

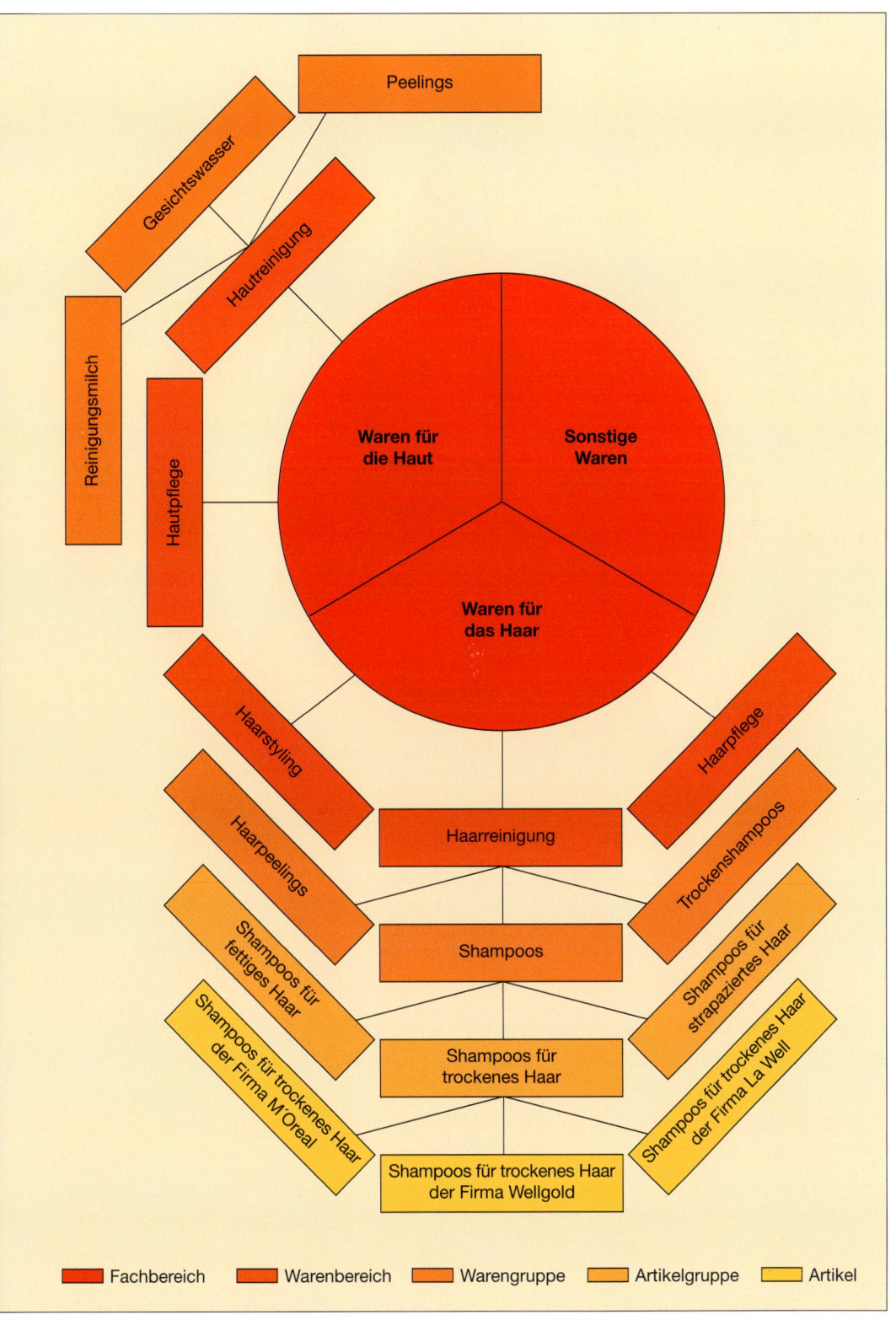

Bild 1: Gliederung eines Warensortiments

- Fachbereich
- Warenbereich
- Warengruppe
- Artikelgruppe
- Artikel

Fachbereiche: Waren für die Haut, Sonstige Waren, Waren für das Haar

Warenbereiche (Haut): Hautreinigung, Hautpflege
- Hautreinigung → Peelings, Gesichtswasser
- Hautpflege → Reinigungsmilch

Warenbereiche (Haar): Haarstyling, Haarreinigung, Haarpflege
- Haarreinigung → Haarpeelings, Shampoos, Trockenshampoos
- Shampoos → Shampoos für fettiges Haar, Shampoos für trockenes Haar, Shampoos für strapaziertes Haar
- Shampoos für trockenes Haar → Shampoos für trockenes Haar der Firma M'Oreal, Shampoos für trockenes Haar der Firma Wellgold, Shampoos für trockenes Haar der Firma La Well

8 Waren und Dienstleistungen

Eine weitere Darstellungsmöglichkeit für diese hierarchische Sortimentsgliederung bietet die **Warenpyramide** (Bild 1). Anhand der Pyramide lässt sich die hierarchische Struktur der Sortimentsgliederung gut nachvollziehen.

Fachbereich:
Waren für das Haar

Warenbereich:
Waren für die Haarreinigung

Warengruppe:
Shampoos

Artikelgruppe:
Shampoos für trockenes Haar

Artikel:
Shampoos für trockenes Haar der Firma Wellgold

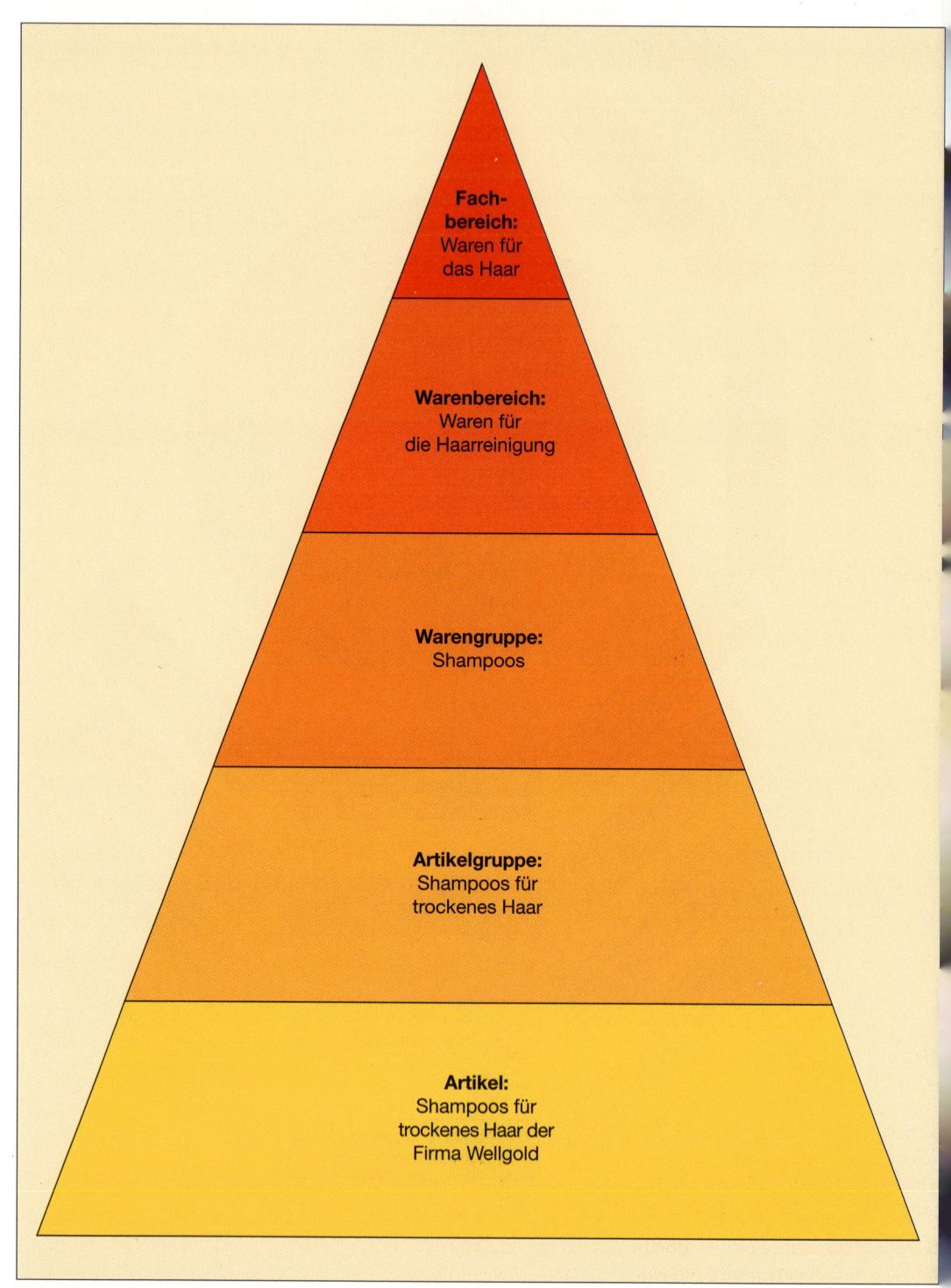

Bild 1: Gliederung des Fachbereichs „Waren für das Haar"

8.1 Sortiment

Auch Friseurdienstleistungen werden hierarchisch gegliedert. Dadurch ergibt sich eine **Dienstleistungspyramide** wie in Bild 1 veranschaulicht.

Fachbereich:
Dienstleistungen für die Haut

Dienstleistungsbereich:
dekorative Maßnahmen

Dienstleistungsgruppe:
Make-up

Einzeldienstleistung:
Tages-Make-up

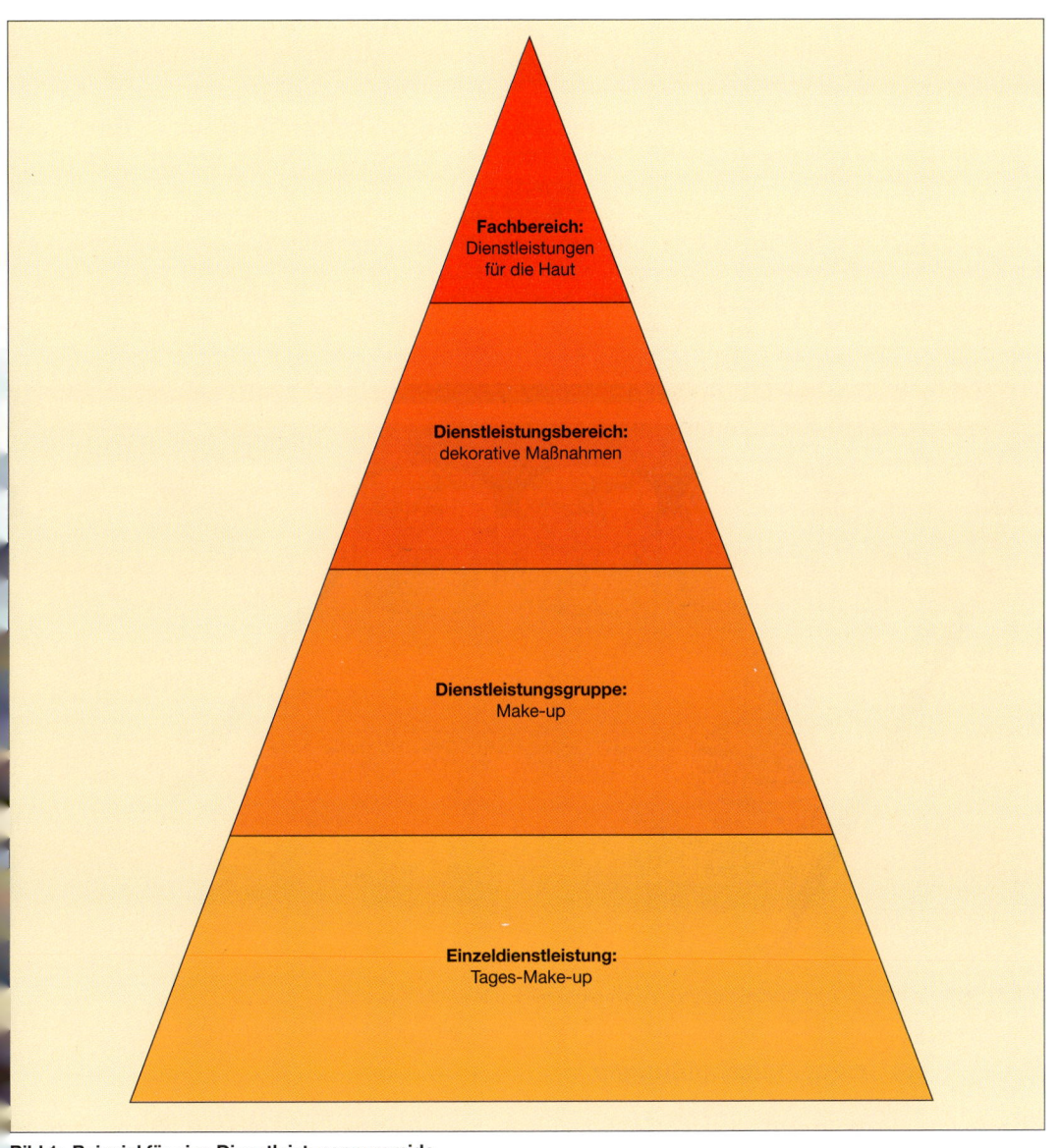

Bild 1: Beispiel für eine Dienstleistungspyramide

■ 8.1.3 Kennzeichen eines Sortiments

Ein gut geplantes Sortiment ist auf die Zielgruppe zugeschnitten. Je nach Kundenkreis unterscheiden sich die Waren- und Dienstleistungssortimente vom Umfang her. Der Umfang wird durch die Begriffe **Sortimentsbreite** und **Sortimentstiefe** beschrieben.

Sortimentsbreite

Ein **breites Sortiment** besteht aus vielen Warengruppen bzw. Dienstleistungsgruppen, ein **schmales Sortiment** besteht aus wenigen Warengruppen bzw. Dienstleistungsgruppen. Das breite Sortiment bietet der Kundin eine große Auswahl verschiedenartiger Waren und Dienstleistungen. Ein schmales Sortiment schränkt die Auswahl ein, erleichtert jedoch der Kundin die Entscheidung.

Sortimentstiefe

Ein **tiefes Sortiment** besteht aus vielen Artikelgruppen bzw. Einzeldienstleistungen, ein **flaches Sortiment** besteht aus wenigen Artikelgruppen bzw. Einzeldienstleistungen. Das tiefe Sortiment bietet auch Waren und Dienstleistungen für spezielle Wünsche und Probleme an. Das flache Sortiment kann nur die häufigsten Wünsche und Probleme der Kundinnen berücksichtigen.

In Bild 1 werden die Begriffe tiefes bzw. flaches und breites bzw. schmales Sortiment am Beispiel des Warenbereichs der pflegenden Kosmetik verdeutlicht. Vergleicht man die Sortimente mehrerer Salons, so wird deutlich, dass ein breites Sortiment sowohl tief als auch flach sein kann. Für ein schmales Sortiment gilt das Gleiche. Verkauft ein Salon z. B. nur Tagescremes und Nachtcremes, diese jedoch für vier und mehr verschiedene Hauttypen, so hat er ein schmales und tiefes Sortiment. Ein Salon führt hingegen ein breites und flaches Sortiment, wenn er zusätzlich zu den Cremes noch Masken, Packungen, Augenpflege und Sonnenpflege verkauft, hiervon jedoch nur jeweils höchstens zwei verschiedene Sorten.

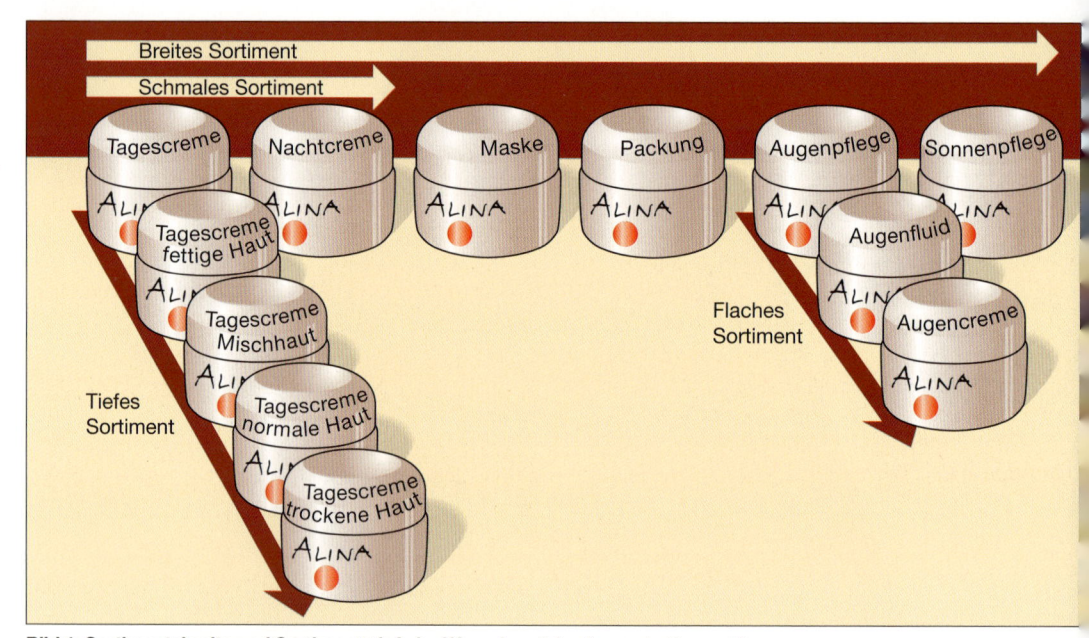

Bild 1: Sortimentsbreite und Sortimentstiefe im Warenbereich pflegende Kosmetik

8.1.4 Sortimentsentscheidungen

Was heute gut verkauft wird, kann morgen schon zum Ladenhüter werden. Aus diesem Grund muss ein Sortiment ständig überprüft und kontrolliert werden. Veränderungen in der Mode, neue Trends oder Änderungen der Bedürfnisse der Kundschaft machen es notwendig, dass neue Entscheidungen bezüglich der Sortimentsgestaltung getroffen werden müssen. Um das Sortiment den veränderten Bedingungen anzupassen, kann man ein Sortiment aktualisieren, d. h.:

- erweitern,
- einschränken,
- vollständig umstrukturieren.

Bei einer **Sortimentserweiterung** wird das Sortiment tiefer und/oder breiter, bei einer **Sortimentseinschränkung** wird es flacher und/oder schmaler. Eine **Sortimentsumstrukturierung** bedeutet, dass das Angebot der Waren und Dienstleistungen komplett erneuert wird.

8.2 Verkaufsformen

Sortimentsentscheidungen werden nicht willkürlich getroffen, sondern es gibt bestimmte Faktoren, die eine Änderung des Sortiments notwendig machen. Beispiele für diese Faktoren können sein:

- Änderung der Zielgruppe
- Änderungen der Bedürfnisse der Kundschaft
- Änderung der aktuellen Mode bzw. Entstehen neuer Trends
- Änderung der Konkurrenzsituation
- Änderung der Produktlinie der Herstellerfirma
- Änderung der Kaufkraft der Kunden
- Änderung des Betriebskapitals
- Änderung der Lager- und Verkaufsflächen

8.2 Verkaufsformen

Beim Tag der offenen Tür zur Neueröffnung des Salons erhalten die Auszubildenden den Auftrag, den Kunden gegenüber besonders zuvorkommend zu sein. Eine Kundin steht vor dem Regal mit Pflegeprodukten. Die Auszubildende Anja ist unsicher, ob sie die Kundin ansprechen soll (Bild 1). Sie wendet sich an ihre Chefin und fragt sie. Diese erklärt ihr, dass es nicht immer angebracht ist, direkt auf die Kundin zuzugehen. Es gibt verschiedene Verkaufsformen mit unterschiedlicher Beratungsintensität.

Bild 1: Anja im Verkauf

Es werden drei Verkaufsformen unterschieden: **Beratungsverkauf**, **Beratungsverkauf mit Vorauswahl** und **Selbstbedienung**.

Welche Verkaufsform gewählt wird, hängt in erster Linie von der Kundin und der Ware ab. Auch die Salonphilosophie sowie die Saloneinrichtung haben einen Einfluss auf die Auswahl der Verkaufsform.

Beratungsverkauf

Beratungsverkauf ist die Verkaufsform mit der höchsten Beratungsintensität. Diese Beratung wird notwendig, wenn es sich um Ware handelt, die besonders erklärungsbedürftig ist, oder wenn die Kundin einen speziellen Wunsch hat. In einem Beratungsgespräch wird der Kundin geeignete Ware vorgelegt (Bild 2). Der Zugriff zur Ware erfolgt ausschließlich durch die Verkäuferin.

Bild 2: Beratungsverkauf

8 Waren und Dienstleistungen

Beratungsverkauf mit Vorauswahl

Hierbei wählt die Kundin zunächst selbstständig die Ware aus. Bevor sie zu einer Kaufentscheidung kommt, sucht sie die ergänzende Beratung der Verkäuferin (Bild 1).

Bild 1: Beratungsverkauf mit Vorauswahl

Selbstbedienung

Bei der Selbstbedienung trifft die Kundin ihre Kaufentscheidungen alleine und entnimmt die Ware selbstständig dem frei zugänglichen Warenträger (Bild 2). Für diese Waren verfügt sie über die notwendigen Warenkenntnisse oder die Waren selbst enthalten alle für sie bedeutsamen Informationen.

Bild 2: Selbstbedienung

Tabelle 1 verdeutlicht die Unterschiede der verschiedenen Verkaufsformen. Die Intensität der Beratung ist beim Beratungsverkauf am höchsten, bei der Selbstbedienung am niedrigsten.

Tabelle 1: Unterschiede zwischen den drei Verkaufsformen		
Beratungsverkauf	**Beratungsverkauf mit Vorauswahl**	**Selbstbedienung**
■ Hoher Personalaufwand	■ Mittlerer Personalaufwand	■ Geringer Personalaufwand
■ Von der Kundin werden umfassende Warenkenntnisse seitens der Verkäuferin erwartet	■ Von der Kundin werden umfassende Warenkenntnisse seitens der Verkäuferin erwartet	■ Von der Kundin werden keine Informationen über die Ware von der Verkäuferin erwartet
■ Erfolgt vor, während oder nach einer Dienstleistung	■ Erfolgt vor, während oder nach einer Dienstleistung	■ Erfolgt vor oder nach einer Dienstleistung

Beratungsintensität

8.3 Techniken der Präsentation von Waren und Dienstleistungen

Der Salon Tausendschön wurde kürzlich umgebaut. Eine Stammkundin ist verärgert und äußert ihren Unmut: „Hier finde ich ja gar nichts mehr!" Die Auszubildende erwidert: „Wir präsentieren unsere Ware jetzt nach einer neuen Konzeption. Wenn Sie mir sagen, was Sie suchen, helfe ich Ihnen gerne."

Kundinnen gewöhnen sich schnell an eine bestimmte Ordnung der Waren in einem Geschäft. Außerdem gibt es bestimmte Gesetzmäßigkeiten hinsichtlich des Kaufverhaltens, die auf fast alle Kundinnen zutreffen. Die Friseurin sollte das Wissen um diese Verhaltensweise nutzen und damit die Umsätze durch den Verkauf von Waren und Dienstleistungen positiv beeinflussen.

Themenschwerpunkte:
- Warenträger
- Platzierungsarten
- Platzierungszonen
- Allgemeine Präsentationsgrundsätze
- Gestalterische Präsentationsgrundsätze
- Dienstleistungspräsentation

8.3.1 Warenträger

Die Präsentation von Waren in einem Salon erfolgt gezielt und geplant, um Kunden anzusprechen und sie zum Kauf anzuregen. Ein wichtiges Hilfsmittel für eine effektive Warenpräsentation sind Warenträger. Auf ihnen wird die Ware nach Ordnungsprinzipien platziert. Man unterscheidet **bleibende Warenträger**, die zur Saloneinrichtung gehören und **spezielle Warenträger**, die von den Herstellerfirmen als Präsentationshilfen zur Verfügung gestellt werden (Tabelle 1). Letztere werden unter dem Begriff **Display** zusammengefasst. Sie bestehen meistens aus farbigen Karton- oder Kunststoffteilen und tragen das Emblem der Herstellerfirma. Bild 1 zeigt verschiedene Warenträger im Eingangsbereich eines Salons.

Bild 1: Regale im Eingangsbereich des Salons

Tabelle 1: Übersicht bleibender und spezieller Warenträger	
Warenträger	
Bleibende Warenträger, z. B.:	**Spezielle Warenträger (Displays), z. B.:**
■ Verkaufstheken	■ Warenaufsteller
■ Vitrinen	■ Schütten
■ Gondeln	■ Sonderregale
■ Freistehende Regale	■ Thekendisplays
■ Wandregale	■ Körbe

8 Waren und Dienstleistungen

Warenträger dienen in erster Linie der kundenfreundlicheren Präsentation von Waren. Dabei erfüllen sie bestimmte Aufgaben:

- Sie wirken durch ihre Platzierung verkaufsfördernd
- Sie teilen die Verkaufsfläche ein und lenken die Kundinnen zur Ware
- Sie wecken das Interesse der Kundinnen
- Sie stellen Eigenschaften, Eigenheiten und Besonderheiten der Ware heraus

Im Rahmen des verkaufswirksamen Aufstellens von Warenträgern sind wichtige Gesichtspunkte zu berücksichtigen. Auf die in diesem Zusammenhang häufig aufkommenden Fragen bietet Tabelle 1 Antworten.

Tabelle 1: Fragen und Antworten zum verkaufswirksamen Aufstellen von Warenträgern

Fragestellung	Antwort
An welchen Standorten wird der Warenträger platziert?	■ Warenträger auf der Verkaufstheke (z. B. Körbe, Warenaufsteller) und neben der Verkaufstheke (z. B. Regale, Displays) regen die Kunden zu spontanen Zusatzkäufen an. Schütten vor dem Salon animieren die Laufkundschaft zu Spontankäufen.
Wie werden Warenträger zur Gestaltung des Salons eingesetzt?	■ Frei stehende Regale, Displays oder Vitrinen mitten im Raum unterteilen diesen und können die Kunden gezielt durch den Salon führen.
Welcher Warenträger spricht welche Kundinnen an?	■ Jüngere Kundinnen werden durch auffällige Displays angesprochen. An Neuheiten interessierte Kundinnen achten auf Sonderregale. Preisbewusste Kundinnen greifen eher zu Waren in Regalen mit Selbstbedienung usw.
Für welche Ware welche Warenträger?	■ Handelt es sich um Waren mit hohem Preisniveau, sind diese diebstahlgefährdet und sollten in geschlossenen Warenträgern präsentiert werden (z. B. Vitrine, Verkaufstheke). Waren mit mittlerem Preisniveau können frei zugänglich präsentiert werden, z. B. in Sonderregalen oder auf Warenaufstellern. Dies gilt auch für verpackte Waren. Produktneuheiten kommen besser zur Geltung, wenn sie auf gesonderten Warenträgern (Displays der Herstellerfirmen) angeordnet werden. Beratungsintensive Waren (z. B. Hautpflegeserien) präsentiert man in Regalen hinter der Theke oder in verschlossenen Vitrinen, um zu gewährleisten, dass die Kundin hinreichend über die Ware informiert wird. Artikel für den Beratungsverkauf mit Vorauswahl werden zumeist auf aufwändigen Displays mit Testern angeboten, damit die Kundin eine Vorauswahl treffen kann. Alle Waren, die für die Selbstbedienung vorgesehen sind, können auf frei zugänglichen Warenträgern präsentiert

■ 8.3.2 Platzierungsarten

Vergleicht man die Präsentation von Waren in Regalen, kann man verschiedene Platzierungsarten unterscheiden. Damit ist die Art der Zusammenstellung von angebotenen Waren in den Regalen gemeint Zu den Platzierungsarten zählen:

- Warengruppenplatzierung
- Verbundplatzierung
- Blockplatzierung
- Zweitplatzierung

8.3 Techniken der Präsentation von Waren und Dienstleistungen

Warengruppenplatzierung

Bei der Warengruppenplatzierung werden Artikel einer Warengruppe (z. B. alle Shampoos) in einer Regalebene nebeneinander angeordnet (Bild 1). Durch diese Art der Platzierung erhält die Kundin eine gute Sortimentsübersicht und findet schnell die gesuchte Ware.

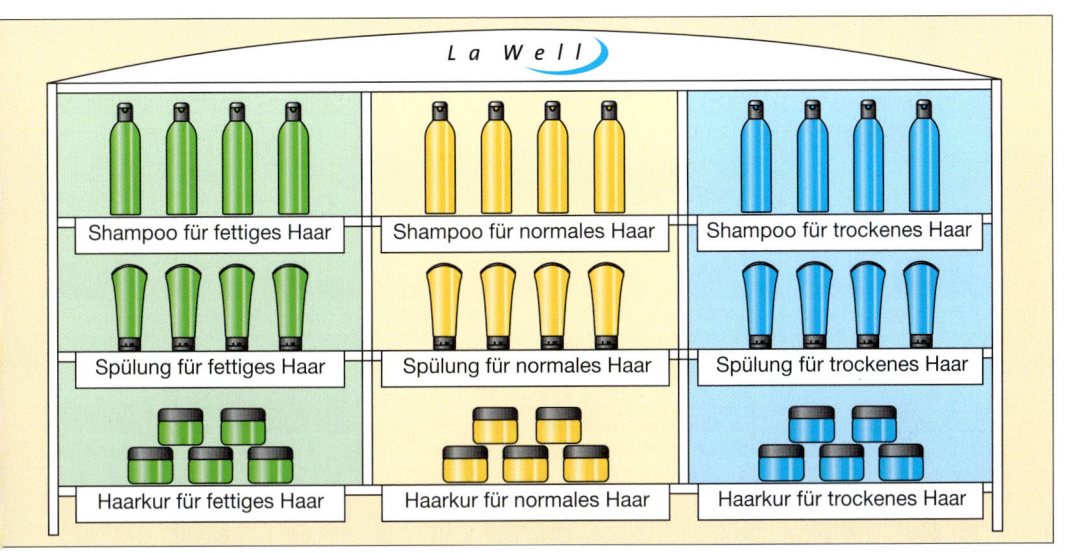

Bild 1: Anordnung von Warengruppen in der Warengruppenplatzierung

Verbundplatzierung

Bei der Verbundplatzierung werden die Waren nach ihrem Verwendungszweck nebeneinander angeordnet (Bild 2). Dies können z. B. alle Artikel für fettiges Haar (Shampoo, Spülung, Haarkur usw.) oder alle Stylingartikel (Haarspray, Haargel, Schaumfestiger usw.) sein. Hier stehen also verschiedene Warengruppen in einer Regalebene. Beim Blick auf die so angeordnete Ware erhält die Kundin eine Übersicht über die Produktvielfalt und wird zu Zusatzkäufen angeregt. Sie entscheidet sich neben dem Shampoo, das sie ursprünglich kaufen wollte, z. B. zusätzlich für die passende Spülung.

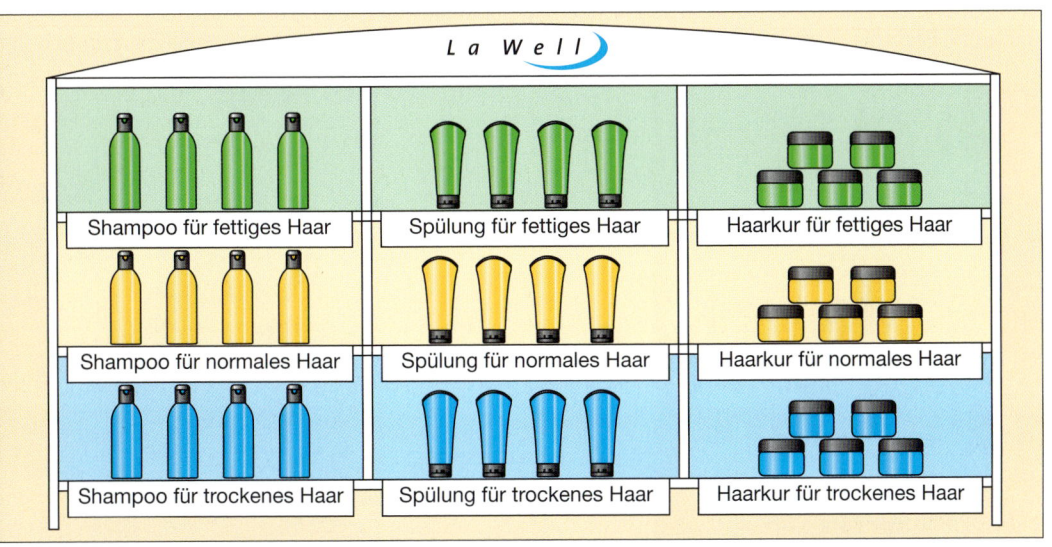

Bild 2: Zusammenstellung von Waren mit dem gleichen Verwendungszweck in der Verbundplatzierung

Blockplatzierung

Bei der Blockplatzierung werden Serien eines Herstellers als Einheit angeordnet. Hier findet man entweder die Warengruppenplatzierung oder die Verbundplatzierung. In Bild 1 ist eine Blockplatzierung von drei Herstellerfirmen dargestellt. Dabei ist die Verbundplatzierung gewählt worden. Die Breite eines Blockes sollte einen Meter nicht überschreiten, da sich das Blickfeld der Kundin, die vor einem Regal steht, auf ca. einen Meter beschränkt. Zur wirkungsvolleren Präsentation der Serien eines Herstellers werden auch Sonderregale eingesetzt.

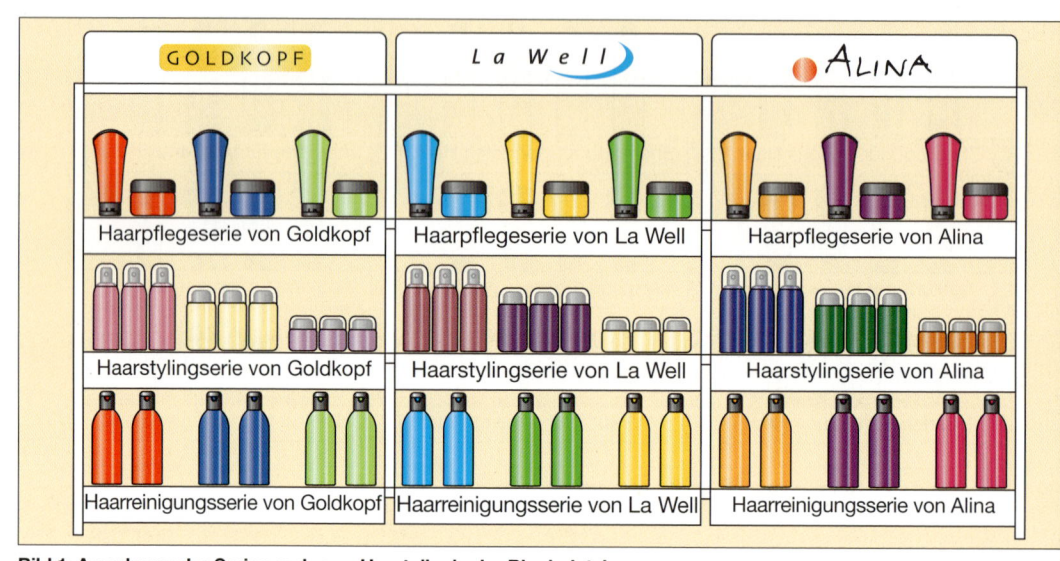

Bild 1: Anordnung der Serien mehrerer Hersteller in der Blockplatzierung

Zweitplatzierung

Bei der Zweitplatzierung werden die Waren einerseits im Regal angeboten (Bild 2), andererseits aber auch auf einem anderen Warenträger an anderer Stelle des Salons im Verbund. Eine Zweitplatzierung kann beispielsweise am Bedienungsplatz erfolgen (Bild 3). Dort wird die Kundin während der gesamten Behandlung immer wieder auf die Produkte aufmerksam gemacht. Dabei werden die Produkte durch die Friseurin in einen Verwendungszusammenhang mit der jeweils gerade stattfindenden Dienstleistung gebracht. Wird die Ware an mehr als zwei Standorten platziert, wird dies Mehrfachplatzierung genannt.

Bild 2: Warenplatzierung im Regal

Bild 3: Zweitplatzierung am Bedienungsplatz

8.3.3 Platzierungszonen

In Untersuchungen ist festgestellt worden, dass es bei Warenregalen unterschiedlich verkaufsintensive Zonen gibt. (Bild 1) Dies sind:

- Reckzone
- Sichtzone
- Griffzone
- Bückzone

Reckzone

Die Reckzone befindet sich in einer Höhe von über 160 cm. Sie erhält wenig Aufmerksamkeit. Hier werden Produkte mit geringer Verkaufsleistung untergebracht. Zudem ist die Kundin daran gewöhnt, dass teurere und qualitativ hochwertigere Artikel eher im oberen Bereich des Regals zu finden sind.

Sichtzone

Die Sichtzone liegt zwischen 120 cm bis 160 cm. Sie findet bei der Kundin die größte Beachtung, weil sie in Augenhöhe liegt, und ist deshalb sehr verkaufsintensiv. Hier sollten folgende Artikel bevorzugt platziert werden: Produktneuheiten, Artikel mit hoher Gewinnspanne, Nachkaufartikel, Saisonartikel, Trendartikel, Impulsartikel, Restbestände.

Griffzone

Die Griffzone befindet sich auf einer Höhe zwischen 80 cm bis 120 cm. Auch diese Zone ist verkaufsstark und wird von der Kundin viel beachtet. Hier findet die Kundin häufig Artikel, die ihr aus der Werbung bereits bekannt sind. Durch den Bekanntheitsgrad der Artikel wird die Neugier der Kundinnen geweckt und sie werden zu Spontankäufen ermuntert. Die Artikel in der Griffzone können von der Kundin leicht in die Hand genommen werden. Dadurch wird das Bedürfnis, diesen Artikel zu besitzen, noch gesteigert.

Bückzone

Die Bückzone liegt unter 80 cm. Sie ist verkaufsschwach. Größere Artikel und preisgünstige Artikel sollten in diesem Bereich untergebracht werden.

Bild 1: Zonen eines Regals

Die verschiedenen Platzierungszonen teilen die Regalebenen vertikal nach ihrer Verkaufsintensität auf. Es gibt aber auch die Möglichkeit, ein Regal horizontal in mehr oder weniger verkaufsstarke Bereiche einzuteilen.

Kundinnen nehmen die Ware in der Mitte des Regals zuerst wahr. Rechtshänderinnen richten ihre Blick- und Greifrichtung automatisch nach rechts aus und nehmen so die Artikel im rechten Bereich des Regals stärker wahr als die im linken. Die Randbereiche des Regals gehören ebenfalls zu den verkaufsschwächeren Bereichen.

In Bild 1 sind die verkaufsstarken und verkaufsschwachen Bereiche eines Regals dargestellt, die sich aus der Kombination der horizontalen und der vertikalen Einteilung ergeben. Die hellen Flächen stellen dabei die besonders verkaufsschwachen Bereiche dar. Je dunkler die Schattierung ist, desto verkaufsintensiver ist der Bereich.

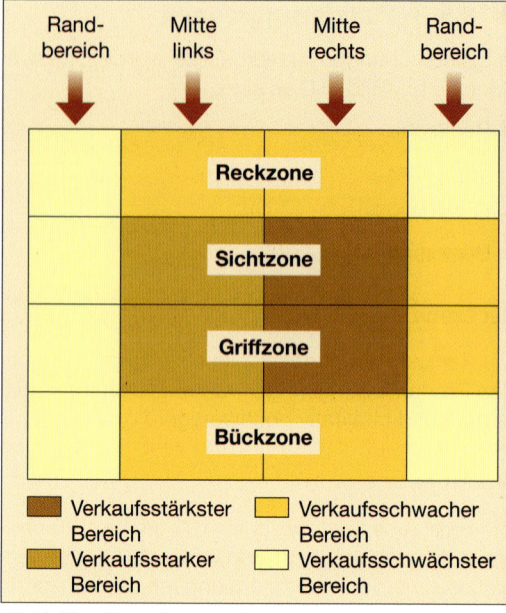

Bild 1: Einteilung des Regals in verkaufsintensive und verkaufsschwache Bereiche

8.3.4 Allgemeine Präsentationsgrundsätze

Untersuchungen haben ergeben, dass sich die Anordnung der Ware im Regal auf das Kaufverhalten der Kundinnen auswirkt. Die Kundin erwartet eine gewisse Ordnung. Somit müssen bestimmte Layout-Standards beachtet werden, welche ihnen die Orientierung erleichtern und eine bessere Übersicht über das Sortiment geben:

- Grundsätzlich gilt, dass auf Dekoration im Regal verzichtet werden soll. Die Artikel selbst werden sauber und geordnet platziert. Lücken werden regelmäßig aufgefüllt.

- Das Logo des Artikels zeigt immer nach vorne.

- Die verfügbare Regalfläche wird vollständig genutzt. Zwischen den Artikeln werden lediglich wenige kleine Grifflücken gelassen. In großen Regalen lockern diese das Gesamtbild auf und laden zum Zugreifen ein (Bild 2).

- Artikel, die verstärkt verkauft werden sollen, werden zu Warenblöcken zusammengestellt. Je breiter ein Warenblock ist, desto mehr fällt das Produkt auf. Auch Artikel einer Serie werden häufig im Verbund als Warenblock präsentiert.

- Artikel können gezielt nach Farbe, Form und Größe angeordnet werden. Die Anordnungsmöglichkeiten sprechen die Kunden in seiner Wahrnehmung unterschiedlich an und haben somit Einfluss auf sein Kaufverhalten.

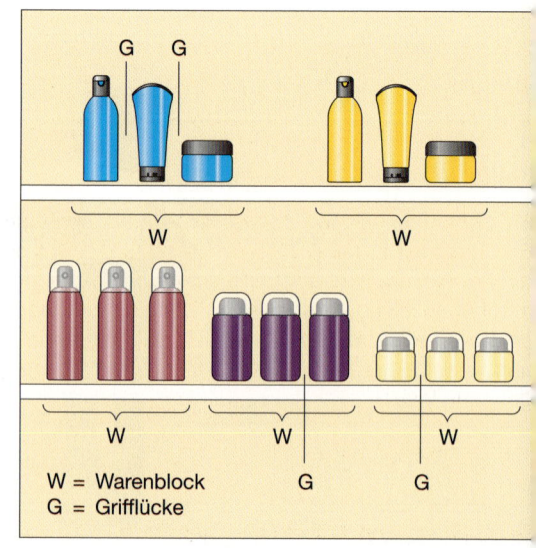

Bild 2: Anordnung von Warenblöcken mit Grifflücken

8.3 Techniken der Präsentation von Waren und Dienstleistungen

- Kleinstartikel lassen sich im Regal nicht ordentlich unterbringen und sind deshalb in geeigneten Displays in Kassennähe anzubieten.

- Exklusive bzw. hochwertige Produkte erfordern eine angemessene Darbietung, damit sie sich von den anderen Produkten absetzen.

- Bei der Präsentation von Waren sind rechtliche Vorschriften zu beachten:
  - Alle Artikel müssen laut Preisangabeverordnung mit Preisen ausgezeichnet werden. Der Kunde muss den Preis leicht erkennen. Wichtige Informationen dürfen durch die Preisetiketten nicht verdeckt werden.
  - Alle zum Verkauf bestimmten Haar- und Hautkosmetika müssen auf ihren Verpackungen deutlich erkennbare Inhaltsstoffangaben (INCI-Kennzeichnung) tragen (Bild 1).

Ingredients:
Aqua, Sodium Laureth Sulfate, Sodium Chloride, Cocamidopropyl Betaine, Lauryl Polyglucose/Propylene Copolymer, Ethylene, Parfum, Glycol Distearate, Laureth-4, Tetrasodium EDTA, Polyquaternium-7, Glycerin, 2-Bromo-2-Nitropropane-1,3-Diol

Bild 1: INCI-Kennzeichnung einer Flüssigseife

8.3.5 Gestalterische Präsentationsgrundsätze

Neben den allgemeinen Präsentationsgrundsätzen müssen bei der Anordnung von Waren in Regalen und auf anderen Warenträgern auch gestalterische Präsentationsgrundsätze beachtet werden. Dabei spielen die **Gestaltungsprinzipien** eine große Rolle. Ihre Beachtung bewirkt, dass die Aufmerksamkeit der Kundin geweckt und auf bestimmte Artikel gelenkt wird. Zu den wichtigsten Gestaltungsprinzipien zählen:

- Kontraste
- Reihung
- Steigerung
- Rhythmus
- Symmetrie

Kontraste

Entstehen bei der Anordnung von Artikeln Kontraste, wie z. B. der in Bild 2 gezeigte Hell-Dunkel-Kontrast, ziehen sie den Blick der Kundin an. Weitere Kontraste, die sich anbieten, sind z. B. der Komplementärkontrast (gelb und violett, blau und orange oder rot und grün), der Farbe-an-sich-Kontrast (z. B. blau, gelb und rot oder orange, grün und violett) oder der Kalt-Warm-Kontrast (z. B. orange und blau oder gelb und violett).

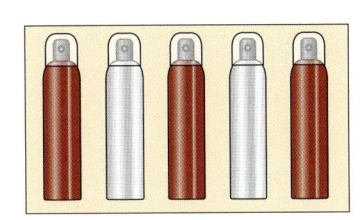

Bild 2: Hell-Dunkel-Kontrast

Reihung

Die Reihung von Artikeln gleicher Form und Größe in gleichen Abständen wirkt auf den Kunden ruhig und ausgewogen (Bild 3).

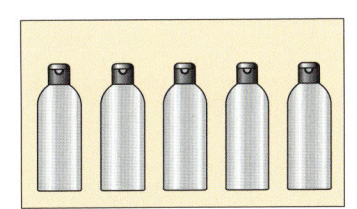

Bild 3: Reihung

Steigerung

Ist bei der Aneinanderreihung verschiedener Artikel eine Steigerung zu erkennen, so wird der Blick gezielt in eine Richtung, z. B. auf ein bestimmtes Produkt, gelenkt (Bild 1).

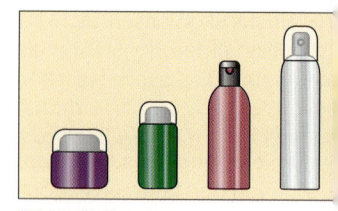

Bild 1: Steigerung

Rhythmus

Eine rhythmische Anordnung der Artikel verschiedener Größen, verschiedener Farben oder in verschiedenen Abständen, wirkt aufgelockert und ist übersichtlich (Bild 2).

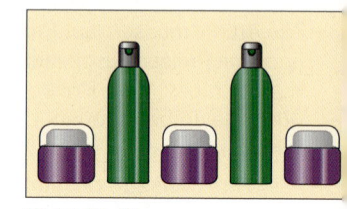

Bild 2: Rhythmus

Symmetrie

Eine symmetrische Anordnung von Artikeln erweckt den Eindruck der Ausgewogenheit und ist für das Auge des Betrachters angenehm (Bild 3).

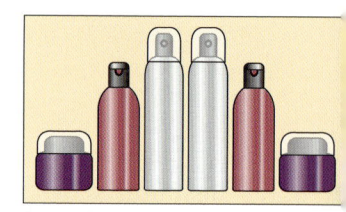

Bild 3: Symmetrie

■ 8.3.6 Dienstleistungspräsentation

Die Dienstleistung der Friseurin ist eine Arbeitsleistung, die direkt an die Kundin abgegeben wird. Jede dieser Dienstleistungen ist individuell und kann nur einmal verkauft werden. Das Ergebnis der geplanten Dienstleistung an der Kundin (z. B. die fertige Frisur) ist im Vorfeld nicht genau präsentierbar. Die Kundin möchte sich vor dem Kauf der Dienstleistung eine Vorstellung von dem Ergebnis machen. Dazu ist es erforderlich, dass die Friseurin ein intensives Beratungsgespräch mit der Kundin führt. In diesem Gespräch beschreibt sie das Ergebnis der Dienstleistung mithilfe von **visuellen Medien**. Diese visuellen Medien zur Präsentation von Dienstleistungen sind z. B.:

- Computer
- Frisurenbücher
- Farbkarten
- Farbsträhnen
- Fertige Frisuren am Modell
- Zeitschriften
- Fotos
- Bilder
- Werbeposter
- Zeichnungen

Da der Beratungsbedarf der Kundin beim Kauf einer Dienstleistung höher ist als beim Kauf einer Ware, können diese Medien (Beratungshilfen) nur unterstützend wirken.

Zur Präsentation ihres Dienstleistungssortiments kann die Friseurin weitere Mittel einsetzen. Eine Möglichkeit ist die Ausgestaltung des Salons mit Frisurenfotos (Schaufenster, Wände, Bedienungsplatz usw.), eine andere ist die Salonwerbung (in Zeitungen, im Kino, auf Handzetteln, mithilfe von Werbebriefen usw.). Auch durch Veranstaltungen, wie z. B. Frisurenschauen, Vorführungen zu aktuellen Trends, präsentiert sie ihre Dienstleistungen. Eine Preistafel für Dienstleistungen, wie sie in Bild 1 gezeigt wird, gibt einen Überblick über das Dienstleistungssortiment. Das Schaufenster selbst kann ebenfalls zur Präsentation einzelner Dienstleistungen genutzt werden.

CITY FRISEUR

Frisur			Farbveränderung		
	Waschen, Fönen, Frisur	20,– €		Färbung	45,– €
	Waschen, Legen, Frisur	20,– €		Färbung Langhaar	30,– €
	Waschen, Legen, Hochsteckfrisur	32,– €		Haubensträhnen Kurzhaar	32,– €
	Langhaar	21,– €		Haubensträhnen Langhaar	35,– €
	Kämmen	6,– €		Foliensträhnen 2-3 farbig	40,– €
	Hochsteckfrisur	20,– €		Foliensträhnen	45,– €
				Foliensträhnen Oberkopf	30,– €
Haare schneiden	Haarschnitt	20,– €		Kammsträhnen	32,– €
	Neuschnitt	24,– €		Intensivtönung	40,– €
	Fertigschnitt-Climazon	26,– €	Spezialpflege von Kopfhaut und Haar	Spülung	5,– €
	Fertigschnitt-Knetfrisur	30,– €		Spezialpackung	10,– €
	Trockenhaarschnitt	24,– €		Haarwasser	4,– €
	Pony schneiden	4,– €		Massage (Intensiv)	5,– €
Dauerwelle	Concord-2 Phasen	42,– €	Kosmetik	Zupfen	5,– €
	Per-form-Alkalisch	38,– €		Rasieren	4,– €
	Headlines-Volumen/DW-Wickler	30,– €		Augenbrauen färben	6,– €
	Lockwell-Saure DW	45,– €		Wimpern färben	8,– €

■ 8.4 Verkaufsförderung durch Strukturierung des Salons

Salon Haargenau wird umgebaut und modernisiert, damit der Verkauf von Waren gesteigert wird. Die Auszubildende Anja wundert sich, dass durch die Aufteilung des Salons die Verkaufszahlen von Waren beeinflusst werden können. Der Saloninhaber erklärt ihr: „Damit Waren verkaufsfördernd präsentiert werden, müssen bestimmte Regeln eingehalten werden. Dabei ist es nicht egal, wo z. B. die Verkaufstheke platziert wird."

Themenschwerpunkte: ■ Laufrichtung der Kundinnen
  ■ Bereiche im Salon

■ 8.4.1 Laufrichtung der Kundinnen

Betreten Kundinnen einen Verkaufsraum, kann bei einem Großteil von ihnen ein ähnliches Verhalten bezüglich ihrer Orientierung im Verkaufsraum beobachtet werden. Dieses Verhalten berücksichtigt die Friseurin bei der Aufteilung des Salons und bei der Anordnung der Warenträger im Verkaufsraum. Ziel ist es, bei der Kundin impulsive Kaufentscheidungen hervorzurufen.

Kundinnen wenden sich beim Betreten einer Verkaufsfläche spontan nach rechts. In Bild 1 der folgenden Seite ist diese **Laufrichtung** der Kundinnen durch die roten Pfeile dargestellt. Sie orientieren sich an den rechten Außenwänden und bewegen sich dadurch bedingt entgegen dem Uhrzeigersinn weiter. Sie blicken dabei bevorzugt nach rechts. Die Blickrichtung wird in Bild 1, folgende Seite, durch die schwarzen Pfeile symbolisiert. Die Kundinnen bringen der rechts gelagerten Ware mehr Interesse entgegen als der links gelagerten. Daher greifen sie auch eher nach rechts. Diese bevorzugte Blick- und Greifrichtung bezeichnet man als „Rechtsdrall" der Kundinnen. Dieser bewirkt, dass sich die Kundinnen weniger in der Mitte des Verkaufsraumes aufhalten, weil sie sich dazu nach links wenden müssten. Kundinnen bevorzugen immer den kürzesten Weg durch den Verkaufsraum und sparen die Ecken aus.

Aufgrund dieses Kundenverhaltens hat der Verkaufsraum **verkaufsstarke Zonen** und **verkaufsschwache Zonen**. Verkaufsstarke Zonen in Bild 1 folgende Seite gelb abgebildet, liegen in Laufrichtung der Kundinnen auf der rechten Seite. Verkaufsschwach hingegen sind die Zonen der linken Seite, die

Mitte der Verkaufsfläche und die Ecken des Verkaufsraums. Diese Zonen sind in Bild 1 grau gezeichnet. Zur Aufwertung dieser verkaufsschwachen Zonen wird dort ein Warenträger mit kundenattraktiven Angeboten, günstig kalkulierten Aktionsartikeln und Suchartikeln platziert. Suchartikel sind Waren für den alltäglichen Gebrauch, wie z. B. Shampoo, Deo und Flüssigseife. Gewinn versprechende Artikel, wie z. B. Parfüms, werden in den verkaufsstarken Zonen platziert.

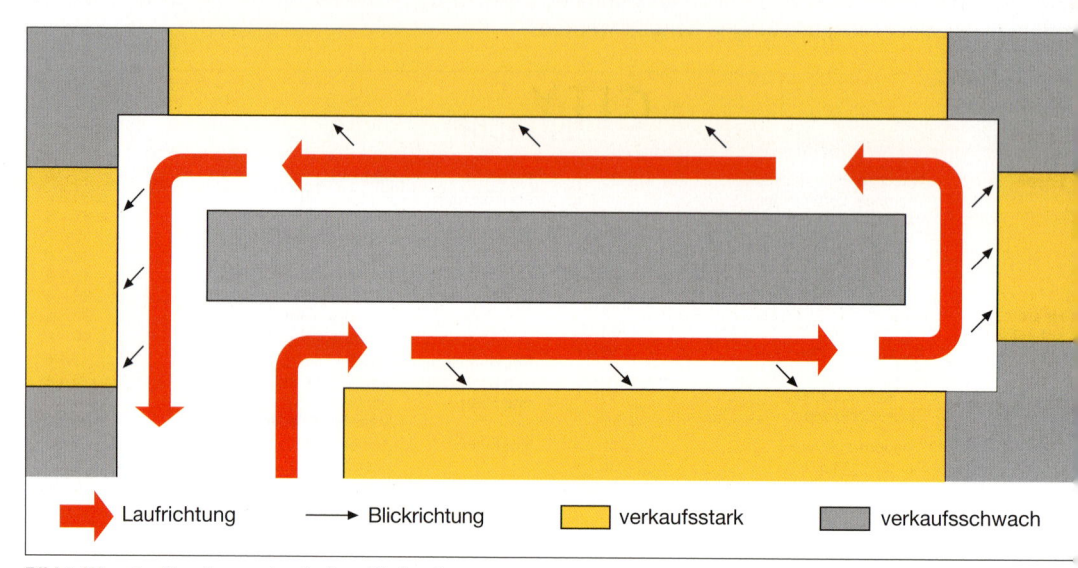

Bild 1: Weg der Kundinnen durch einen Verkaufsraum

■ 8.4.2 Bereiche im Salon

Bei der Planung eines Salons erfolgt eine Aufteilung der Geschäftsfläche in Teilbereiche:

- Eingangsbereich
- Wartebereich
- Bedienungsbereich
- Verkaufs- und Beratungsbereich
- Kassenbereich

Die Teilbereiche sind so angeordnet, dass die Kundin auf ihrem Weg durch das Geschäft zum richtigen Zeitpunkt mit der Dienstleistung bzw. Ware in Kontakt kommt. Die gezielte Anordnung der Warenträger in den einzelnen Bereichen gewährleistet einen ständigen Kontakt der Kundin mit der Ware und steuert gleichzeitig ihre Laufrichtung.

Bild 1 auf der folgenden Seite zeigt ein Beispiel für die Aufteilung einer Geschäftsfläche. In dem Beispiel gelangt die Kundin zunächst in den **Eingangsbereich** des Salons mit der Rezeption. Hier findet sie z. B. Warenträger mit Sonderangeboten und Kleinstartikeln. Anschließend betritt sie den **Wartebereich**. Dort findet sie Zeit, die präsentierten Artikel (z. B. Neuheiten auf Displays) in Ruhe zu betrachten und diese ggf. zu testen. Die Behandlungsplätze des **Bedienungsbereichs**, in den sie als nächstes weitergeleitet wird, eignen sich besonders für die Zweitplatzierung von Artikeln. Nach der Behandlung wird die Kundin mithilfe der Anordnung von Warenträgern durch den **Verkaufs- und Beratungsbereich** geführt. Dies ist der am stärksten verkaufsorientierte Bereich des Salons. Zuletzt gelangt die Kundin in den **Kassenbereich**. Zur Ausgestaltung dieses Bereiches eignen sich besonders Vitrinen und Thekendisplays. Je häufiger die Kundin auf ihrem Weg durch den Salon mit der Ware in Kontakt kommt, desto besser sind die Verkaufschancen.

8.4 Verkaufsförderung durch Strukturierung des Salons

Bereich		Legende	
Eingangsbereich	Verkaufsbereich	→	Laufrichtung
Wartebereich	Kassenbereich	⇢	Alternative Laufrichtung
Bedienungsbereich			

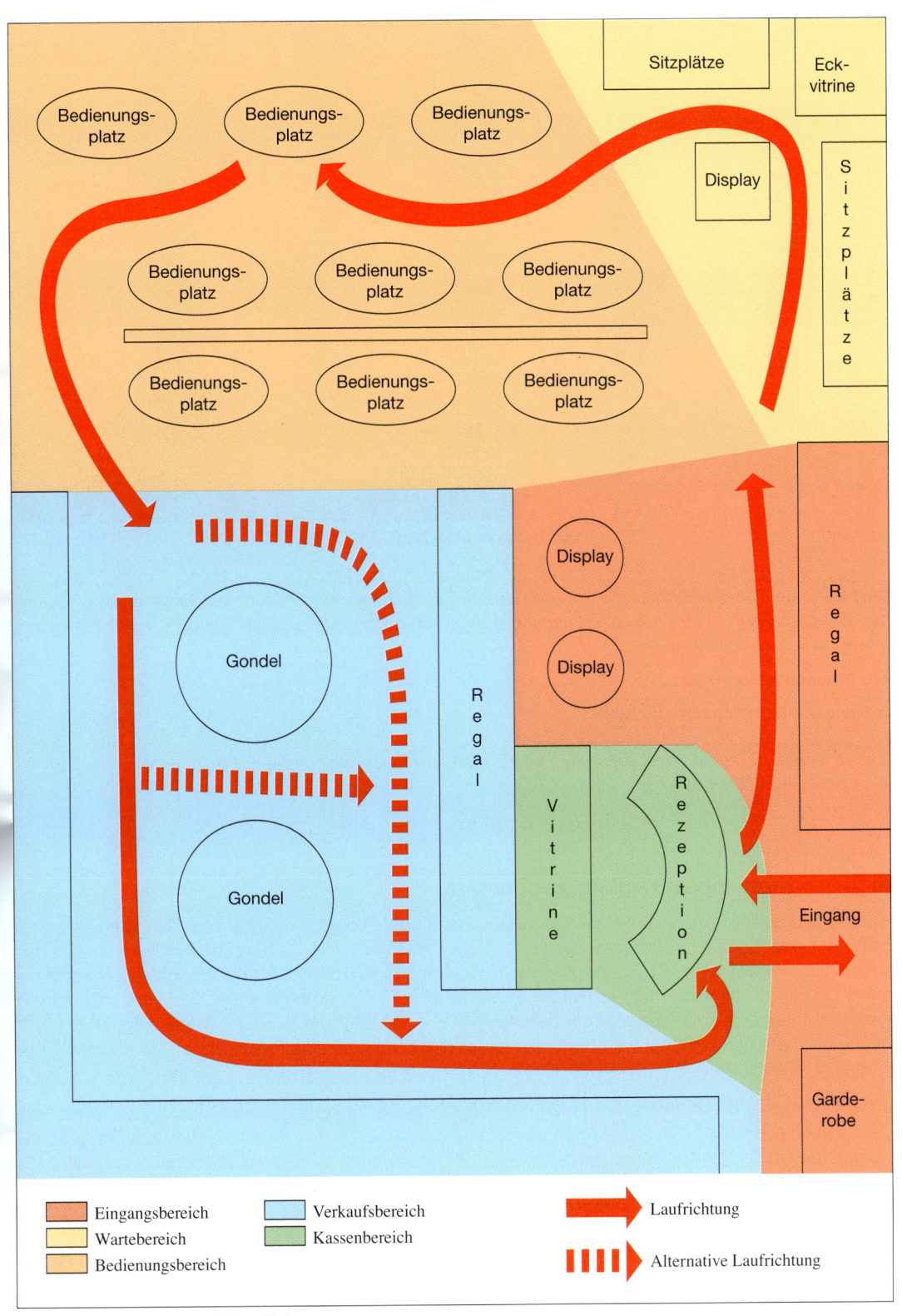

Bild 1: Bereiche im Salon mit Laufrichtung

8.5 Kaufwünsche verstärken

Die Auszubildende Anja hat die Regale im Eingangsbereich neu gestaltet. Auf ihre Anfrage bestätigt eine Kundin, dass sie die Anordnung der Waren sehr ansprechend findet. Allerdings verkauft Anja auch weiterhin genauso viel wie zuvor. „Eigentlich", so denkt sie, „müssten die Kundinnen doch nun mehr kaufen. Was mache ich falsch? (Bild 1)".

Der Verkauf von Waren und Dienstleistungen erfordert mehr als nur eine kundengerechte Präsentation.

Bild 1: Anja wundert sich

Die Beachtung der Bedürfnisse jeder einzelnen Kundin trägt gleichfalls zum kundengerechten Verkauf bei. Dabei müssen die Waren- und Dienstleistungsmerkmale herausgestellt werden, welche die Kundinnen jeweils ansprechen.

Themenschwerpunkte:

- Kundenbedürfnisse/Kaufmotive
- Warenmerkmale
- Dienstleistungsmerkmale

8.5.1 Kundenbedürfnisse/Kaufmotive

Kundinnen kommen mit einem konkreten Kaufwunsch oder Problem in den Salon. Dahinter stehen ein oder mehrere Kundenbedürfnisse, wie z. B. Bequemlichkeit und Geltungsbedürfnis. Aus solchen Bedürfnissen entwickeln sich Kaufmotive – also Anstrengungen, die der Befriedigung des Bedürfnisses dienen sollen. Kaufmotive sind entweder **vernunftbetont** oder **gefühlsbetont**. Ein vernunftbetontes Kaufmotiv steckt beispielsweise hinter dem Nachkauf eines Shampoos, wenn dieses aufgebraucht ist. Ein gefühlsbetontes Kaufmotiv verbirgt sich hinter dem Wunsch, eine Frisur wie ein bestimmtes Topmodel zu besitzen.

Kundenbedürfnisse ermittelt die Friseurin zu Beginn eines Verkaufsgesprächs durch Befragen und Beobachten der Kundin. Die Friseurin muss diese Bedürfnisse kennen, damit sie das Angebot, welches sie der Kundin unterbreitet, genau auf deren Bedürfnis abstimmen kann. Sie muss dabei bedenken, dass die Kundin vorrangig den Nutzen kauft, den diese sich durch den Erwerb der Ware oder Dienstleistung verspricht. Beim Erwerb einer Collagencreme (= Ware) verfolgt die Kundin somit in erster Linie das Ziel einer glatten Haut und damit eines schöneren Aussehens (= Nutzen). Nach der Ermittlung der Kundenbedürfnisse wählt die Friseurin die entsprechende Ware bzw. Dienstleistung aus ihrem Sortiment aus.

Häufig geäußerte Kundenbedürfnisse und die damit verknüpften Kaufmotive werden in Tabelle 1 auf der nächsten Seite aufgelistet.

8.5 Kaufwünsche verstärken

Tabelle 1: Beispiele für Kundenbedürfnisse

Kundenbedürfnis/ Kaufmotive	Nutzen der Ware	Beispiele für Waren/ Dienstleistungen
Bequemlichkeit	Wenig Aufwand, Zeit- und Arbeitsersparnis	■ 2in1-Shampoo ■ Kurzhaarfrisur
Gesunderhaltung	Die Gesundheit von Haar und Haut fördern und erhalten und sich pflegen	■ Pflegeshampoos ■ Kosmetische Gesichtsbehandlung
Ästhetik	Schönheit und Attraktivität, Verschönerung	■ Harmonische Make-up-Farben ■ Typgerechte Frisur
Geltungsbedürfnis	Prestige (Ansehen), d. h. sie will auffallen, beeindrucken, bewundert werden und etwas Besonderes besitzen, Aufwertung der eigenen Person	■ Exklusives Parfum ■ Ausgefallene Frisur
Umweltbewusstsein	Eine umweltverträgliche Ware bzw. Dienstleistung, Schonung der Umwelt	■ Nachfülldepot für Shampoo ■ Naturhaarfarben, z. B. Henna
Nachahmung	Bei anderen Personen Gesehenes imitieren bzw. besitzen, Jemanden oder etwas zu kopieren	■ Das gleiche Parfüm, wie ein bestimmter Pop Star ■ Fingernägel wie die beste Freundin
Preisbewusstsein	Einen akzeptablen Preis, z. B. ein ausgewogenes Preis-Leistungs-Verhältnis oder Angebote, Geldersparnis	■ Günstige Großpackung mit Haarkur ■ Komplettangebot von Haarfärbung, Haarschnitt und Fönfrisur zu einem Kompaktpreis
Modebewusstsein	Modisch erscheinen, Aktuell sein	■ Modischer Haarschmuck ■ Neue Trendhaarfarbe
Genuss	Sich wohlfühlen, etwas Schönes erfahren, Wohlbefinden fördern	■ Parfum ■ Kosmetikbehandlung

■ 8.5.2 Warenmerkmale

Hat die Friseurin das Kundenbedürfnis festgestellt, das hinter dem Kaufwunsch steht, wählt sie die in Frage kommende Ware aus. Im anschließenden Verkaufsgespräch hat die Friseurin die Aufgabe, die besonderen Merkmale der Ware deutlich herauszustellen, welche für die jeweilige Kundin von Nutzen sind.

Warenmerkmale sind z. B.:

- Wirkungsweise und Eigenschaften
- Material, Inhaltsstoffe, Farbe, Form, Duft
- Herstellungsverfahren, Herstellungsort, Herstellername
- Größe der Verpackungseinheit, Inhalt, Portionsgröße

8 Waren und Dienstleistungen

- Anwendungshinweise, Bedienungshinweise, Wartungs- und Pflegehinweise
- Haltbarkeitsdauer, Lebensdauer, Garantie
- Ausführung, Funktionalität
- Preis
- Umweltverträglichkeit, Gesundheitswert
- Besonderheiten
- Zubehör

In Bild 1 sind Warenmerkmale eines Shampoos in Steckbriefform aufgeführt. Diese müssen im Verkaufsgespräch mit den Bedürfnissen der Kundinnen verknüpft und näher beschrieben werden. Das erfolgt durch bedürfnisbezogene Formulierungen. Eine preisbewusste Kundin kauft sicherlich nicht „... dieses **exklusive** Shampoo". Eher wird sie das „... besonders **sparsame** Shampoo" bevorzugen. Einer Kundin, die Wert auf Schönheit und Ästhetik legt, empfiehlt die Friseurin z.B. „... eine Collagencreme. Sie enthält hochwertiges Collagen und ist dadurch **besonders pflegend**. Sie hält **mehr Feuchtigkeit** in der Haut. Ihre **Haut wird straffer** und **erscheint glatter**."

STECKBRIEF

Artikelname: Shampoo für normales Haar
Preis: 6,95 Euro
Hersteller: Firma Alina

Inhaltsstoffe:	ampothere Tenside, Rückfetter, Konditionierer, Pflegeproteine usw.
Farbe:	Perlglanz
Duft:	Apfelduft
Inhalt:	250 ml
Anwendungshinweise:	haselnussgroße Menge im Haar verteilen und emulgieren, bei Bedarf wiederholen
Haltbarkeit:	bis 04.2010
Funktionalität:	nachfüllbare Flasche mit Klappverschluss
Umweltverträglichkeit:	ökologisch leicht abbaubare Tenside

Bild 1: Steckbrief mit Warenmerkmalen eines Shampoos

Tabelle 1 auf der nächsten Seite enthält weitere bedürfnisbezogene Formulierungen für Warenmerkmale. Man muss jedoch den Kundinnen mit den verschiedenen Bedürfnissen nicht immer unterschiedliche Produkte verkaufen. Wichtig ist, darauf zu achten, dass die speziellen Warenmerkmale, die für die Kundin interessant sind, mit der entsprechenden Formulierung hervorgehoben werden. Dabei müssen die gemachten Aussagen jedoch immer der Wahrheit entsprechen, dürfen also nicht erfunden sein.

8.5 Kaufwünsche verstärken

Tabelle 1: Auf Kundenbedürfnisse abgestimmte Formulierungen für Warenmerkmale

Kundenbedürfnis	Ware	Formulierungen für Warenmerkmale
Geltungsbedürfnis	Make-up-Artikel	Besonders auffällige Farben, ausgefallene Variationen, exklusives Design, enthält besonders wertvolle Inhaltsstoffe
Nachahmung	Lippenstift	Genauso wie ..., ist besonders beliebt bei ..., ... trägt ihn auch
Preisbewusstsein	Haarkur	Günstig, sparsam, man benötigt weniger, ergiebig
Gesunderhaltung	Shampoo	Mild reinigende Tenside mit Pflegestoffen für die Kopfhaut
Umweltbewusstsein	Festiger	Nachfüllbare Flasche, ökologisch abbaubar, nachwachsende Rohstoffe, sparsam, umweltschonend
Ästhetik	Handcreme	Angenehmer Duft, matter Schimmer auf der Haut, ästhetisches geschmackvolles Design der Verpackung

8.5.3 Dienstleistungsmerkmale

Ebenso wie beim Verkauf von Ware muss der Friseur beim Verkauf einer Dienstleistung deren Merkmale herausstellen. Dienstleistungsmerkmale sind z. B.:

- Haltbarkeit
- Strukturbeeinflussung
- Verwendete Präparate
- Ergebnis (Farbe, Deckkraft, Wellung, Haarlänge usw.)
- Handhabbarkeit/Funktionalität der Dienstleistung für den Kunden
- Zeitaufwand
- Zeitgeist/Mode
- Preis
- Umweltverträglichkeit, Gesundheitswert

Bild 1 zeigt den Steckbrief der Dienstleistungsmerkmale einer Pflanzenhaarfarbe. Ähnlich wie bei Warenmerkmalen müssen auch diese mit den Bedürfnissen der Kundinnen verknüpft werden.

STECKBRIEF

Dienstleistung: Färbung mit Pflanzenfarben
Preis: 35 Euro
Präparat: Natura von Wellkopf

Farbe: Sanddorn
Deckkraft bei geringem Weißanteil: gut
Strukturbeeinflussung: keine
Haltbarkeit: ca. 6 Wochen
Zeitaufwand: ca. 75 Minuten
Umweltverträglichkeit: Inhaltsstoffe biologisch abbaubar

Bild 1: Steckbrief zu Dienstleistungsmerkmalen einer Färbung

8 Waren und Dienstleistungen

■ Aufgaben

1. Erstellen Sie eine Übersicht über das Sortiment in Ihrem Salon und gliedern Sie diese entsprechend Bild 1 Seite 126. Ordnen Sie dabei die einzelnen Waren und Dienstleistungen den Kern- und Randsortimenten zu.

2. Stellen Sie die Dienstleistungsgruppen und Einzeldienstleistungen des Dienstleistungsbereichs „farbverändernde Haarbehandlungen" schematisch dar. Gehen Sie folgendermaßen vor:

   a) Übertragen Sie Bild 1 in Ihr Heft (die gestrichelten Linien deuten an, dass hier weitere Kästchen in der benötigten Anzahl eingezeichnet werden sollen).

   b) Weiten Sie die Sortimentsbreite (graue Felder) aus, indem Sie weitere Dienstleistungsgruppen ergänzen.

   c) Weiten Sie die Sortimentstiefe (weiße Felder) aus, indem Sie zu den Strähnen und zwei beliebigen weiteren Dienstleistungsgruppen mögliche Einzeldienstleistungen ergänzen.

Dienstleistungsbereich farbverändernde Haarbehandlungen

Sortimentstiefe \ Sortimentsbreite	Strähnen	Tönen		
	Haubensträhnen	kosmetische Tönung		
		Intensivtönung		

Bild 1: Vorlage zur Bearbeitung der Aufgabe

3. Erstellen Sie jeweils eine Waren- und eine Dienstleistungspyramide zu einer beliebigen Ware bzw. Dienstleistung!

4. Ordnen Sie folgende Begriffe den Ebenen der Waren- und Dienstleistungspyramide zu.

   a) Nachtcreme
   b) Roter Nagellack von Alina
   c) Kurzhaarschnitt
   d) Haarreinigung
   e) Maske für unreine Haut
   f) Bartschneiden
   g) Gesichtsmassage
   h) Teildauerwelle
   i) Haarkur für strukturgeschädigtes Haar

Aufgaben

5. Die drei Salons Struwelpeter, Flair Hair und Haircut haben eine unterschiedliche Sortimentsgestaltung. Lesen Sie die Beschreibungen und geben Sie jeweils die Sortimentsbreite (breit bzw. schmal) und die Sortimentstiefe (tief bzw. flach) an.

    a) **Salon Haircut** bietet im Bereich der Haarkosmetik viele verschiedene Produkte an. So kann man hier Haarkuren, Spülungen, Sofortkuren, Spitzenfluid, Haarwässer, Shampoos, Pflegecremes usw. kaufen. Auch werden alle diese Produkte für die unterschiedlichen Haar- und Kopfhauttypen und -zustände angeboten.

    b) **Salon Struwelpeter** bietet dekorative Kosmetik im Verkauf an, pflegende Kosmetik jedoch nicht. Hier werden Lidschatten, Rouge und Lippenstift verkauft. Die Farben sind aufeinander abgestimmt und deshalb auch alle von einer Firma. Angeboten werden hier die passenden Farben für den Frühlings-, den Sommer-, den Herbst- und den Wintertyp. Aus dem Bereich Haarkosmetik werden nur eine Sorte Haarspray und ein Schaumfestiger sowie ein Wachs und ein Gel angeboten.

    c) **Salon Flair Hair** bietet im Verkauf nur Shampoos an. Hier jedoch findet sich eine große Auswahl an unterschiedlichen Shampoos. Es gibt Shampoo für trockenes Haar, für fettige Kopfhaut, für fettige Kopfhaut mit trockenen Längen und Spitzen, für gefärbtes Haar, für dauergewelltes Haar, Shampoo mit UV-Filter, Shampoo extra für langes Haar, Farbshampoo für weißes Haar gegen Gelbfärbungen usw.

6. Lesen Sie folgende Situationsbeschreibung und bearbeiten Sie anschließend in Gruppenarbeit die Aufgaben a – f.

    > **Situationsbeschreibung:**
    >
    > Ihr Salon in einem innerstädtischen Wohngebiet mit überwiegend älterer Kundschaft und geringer Kaufkraft wechselt den Standort. Der Salon entsteht mit seinen Räumlichkeiten in einem neu errichteten Reha-Zentrum in einem Vorstadtgebiet.

    a) Listen Sie in Einzelarbeit Waren und Dienstleistungen Ihres alten Sortiments auf. Vergleichen Sie die Ergebnisse innerhalb der Gruppe und fassen Sie die Einzelergebnisse zusammen.
    b) Erarbeiten Sie in Ihren Gruppen Sortimentsvorschläge für den neu entstehenden Salon. Erstellen Sie dazu eine Liste mit allen Waren und Dienstleistungen, die Sie in Zukunft anbieten werden.
    c) Gliedern Sie diese nach Kern- und Randsortiment.
    d) Beschreiben Sie Tiefe und Breite Ihres neuen Sortiments.
    e) Begründen Sie, wie und warum Sie Ihr neues Sortiment im Vergleich zum alten Sortiment einschränken, erweitern oder umstrukturieren müssen.
    f) Präsentieren Sie Ihre Ergebnisse auf Plakaten, Folien usw.

7. Überlegen Sie, welche Vorteile die Verkaufsformen (Selbstbedienung, Beratungsverkauf und Beratungsverkauf mit Vorauswahl) für die Kundinnen haben. Halten Sie Ihre Ergebnisse in einer Tabelle fest.

8. Salon Flair Hair will die neue Haarpflegeserie CareSun der Herstellerfirma Wellkopf in sein Verkaufsprogramm aufnehmen. In der Serie werden Haarpflegeartikel und Stylingprodukte der mittleren Preisklasse speziell für den Sommerurlaub angeboten. Die Inhaberin stellt Überlegungen an, wie die Ware verkaufsfördernd präsentiert werden kann. Zwei Warenträger stehen zur Auswahl. Die Herstellerfirma bietet zur Warenpräsentation ein 1,50 m hohes Sonderregal an. Alternativ steht im Regal hinter der Theke noch genügend Platz zur Verfügung.

    Entscheiden Sie, welchen der beiden Warenträger Sie auswählen und begründen Sie Ihre Entscheidung.

8 Waren und Dienstleistungen

9. In Ihrem Salon wird ein neues Regal aufgestellt. Es ist 170 cm hoch, 160 cm breit und 20 cm tief. Es hat sechs Böden, auf denen Waren platziert werden können. Folgende Artikel sind einzuräumen:

   Haarspray normaler Halt, Haarlack ultrastark, Glanzhaarspray, Glimmerhaarspray, Wet-Gel, Modelliergel, Gel starker Halt, Haarwachs, exklusives Haardeo, Badeschaum in der günstigen 1,5 l Flasche, Shampoo für normales Haar, Shampoo für fettiges Haar, Shampoo für strapaziertes Haar, Haarkur für normales Haar, Haarkur für fettiges Haar, Haarkur für strapaziertes Haar, Schaumfestiger normaler Halt, Schaumfestiger starker Halt, Schaumfestiger für Locken, Sprühgel für Locken, Haarspray für Locken, Shampoo für dauergewelltes Haar, Haarkur für dauergewelltes Haar, Spülung für dauergewelltes Haar, Spülung für normales Haar, Spülung für fettiges Haar, Spülung für strapaziertes Haar, Kopfhautwasser gegen Schuppen, Schuppenshampoo, Shampoo for men, Duschgel for men, Haar tonic for men.

   a) Planen Sie in Partnerarbeit die Anordnung der Artikel im Regal unter Berücksichtigung der Platzierungsarten und -zonen, der allgemeinen und der gestalterischen Präsentationsgrundsätze.

   b) Stellen Sie Ihr Regal-Layout auf einem Plakat dar.

   c) Präsentieren Sie Ihr Regal-Layout unter Begründung Ihrer Entscheidungen.

10. Betrachten Sie Bild 1. Hier wurden mehrere Präsentationsfehler gemacht.

    a) Notieren Sie die Fehler in Ihrem Heft.

    b) Geben Sie Verbesserungsvorschläge an und erstellen Sie eine Skizze, die Ihren Vorstellungen entspricht.

11. In Ihrem Salon soll die Dienstleistung „Haarverlängerung" neu eingeführt werden. Welche Präsentationsmittel schlagen Sie vor? Begründen Sie.

12. Sie wollen Ihrer Kundin das Ergebnis der Dauerwelle (des Haarschnitts, der Strähnen, der Haarfarbe, des Make-ups) verdeutlichen.

    a) Zählen Sie die visuellen Medien auf, die Sie einsetzen könnten.

    b) Vergleichen Sie die Medien hinsichtlich ihrer Leistungsfähigkeit zur Beschreibung der Dienstleistung! Stellen Sie dabei jeweils den Nutzen für den Kunden heraus.

Bild 1: Präsentationsfehler

13. Fertigen Sie eine schematische Skizze Ihres Salons mit den Regalstandorten an.

    a) Zeichnen Sie die Laufrichtung der Kundinnen mit roten Pfeilen und die Blickrichtung mit schwarzen Pfeilen ein.

    b) Kennzeichnen Sie die verkaufsstarken und verkaufsschwachen Warenträger mit verschiedenen Farben (verkaufsschwache Bereiche = grau, verkaufsstarke Bereiche = gelb).

    c) Begründen Sie, mit welchen Artikeln Sie die einzelnen Warenträger in den verschiedenen Teilbereichen des Salons sinnvoll bestücken.

Aufgaben

14. **Entwerfen Sie einen eigenen Salon entweder als Skizze auf dem Papier oder als Modell.**
    a) Gestalten Sie die Teilbereiche unter Berücksichtigung der Laufrichtung der Kunden.
    b) Präsentieren und diskutieren Sie Ihre Ergebnisse anschließend in der Klasse.

15. **Lesen Sie die Aussagen von Kundinnen und ordnen Sie ihnen jeweils das entsprechende Kundenbedürfnis zu (es können mehrere Kundenbedürfnisse zutreffen).**
    a) „Ich möchte einen auffälligen, dunkelroten Lippenstift kaufen."
    b) „Das Shampoo soll gut sein, aber nicht so teuer."
    c) „Ich möchte einen aktuellen Haarschnitt."
    d) „Haben Sie auch Shampoos zum Nachfüllen?"
    e) „Ich möchte eine sportliche Frisur."
    f) „Ich hätte gerne den gleichen Haarschnitt wie Madonna."

16. **Erstellen Sie**
    a) einen Warensteckbrief für eine Ware aus Ihrem Salon. Geben Sie so viele Warenmerkmale an wie möglich.
    b) einen Dienstleistungssteckbrief für eine Dienstleistung aus Ihrem Salon. Geben Sie so viele Dienstleistungsmerkmale an wie möglich.

17. **Übertragen Sie die Tabelle in Ihr Heft. Ergänzen Sie in der Tabelle vier allgemeine Warenmerkmale und jeweils drei Kundenbedürfnisse. Nennen Sie hilfreiche Formulierungen zur Beschreibung der Warenmerkmale.**

Warenmerkmal bzw. Dienstleistungsmerkmal	Kundenbedürfnis	Formulierungen zur Beschreibung des Warenmerkmals
Form	Geltungsbedürfnis	ausgefallen, auffällig
	Ästhetik	schön, elegant
	Bequemlichkeit	zweckmäßig, einfach zu handhaben
Herstellungsverfahren	Gesunderhaltung	schonend
	Umweltbewusstsein	umweltverträglich
	Geltungsbedürfnis	aufwändig
...	...	...

18. Im Gespräch stellen Sie fest, dass die Kundin sehr bequem ist. Sie möchten ihr, passend zur neuen pflegeleichten Frisur, noch Strähnen verkaufen. Stellen Sie unter Verwendung bedürfnisgerechter Formulierungen den Nutzen der Strähnen für die Kundin heraus.

19. Eine Kundin möchte eine kosmetische Grundbehandlung. Im Gespräch haben Sie festgestellt, dass sie ein ausgeprägtes ästhetisches Bedürfnis hat. Arbeiten Sie in Zweiergruppen und lösen Sie folgende Aufgaben:
    a) Notieren Sie, welche Dienstleistungsmerkmale eine kosmetische Grundbehandlung aufweist, die diesem Bedürfnis entsprechen.
    b) Übernehmen Sie abwechselnd die Rolle der Friseurin und erläutern Sie Ihrer Mitschülerin als Kundin diese Dienstleistungsmerkmale. Verwenden Sie dabei bedürfnisbezogene Formulierungen und stellen Sie den Nutzen für die Kundin heraus.

9 Beratung und Verkauf – Das A und O für die Friseurin

Die Beratung der Kundinnen und der Verkauf von Waren und Dienstleistungen sind neben der Behandlung die entscheidenden Faktoren für den wirtschaftlichen Erfolg eines Salons. Ein Salon, in dem ausschließlich Wert auf den Verkauf von Dienstleistungen gelegt wird, macht deutlich geringere Umsätze als der Salon, in dem zusätzlich dem Verkauf von Waren besondere Bedeutung zukommt.

9.1 Voraussetzungen für ein erfolgreiches Beratungs- und Verkaufsgespräch

Anja übernimmt bereits viele Aufgaben im Salon. Sie wäscht, tönt, färbt Haare und führt unter Aufsicht schon einfache Kinderhaarschnitte durch. Daher meint ihre Ausbilderin, dass sie nun auch lernen sollte, Waren zu verkaufen. Sie trägt ihr auf, jeder Kundin, bei der sie die Haare wäscht, das passende Shampoo für zu Hause zu empfehlen. Anja probiert dies bei der folgenden Kundin und ist enttäuscht, dass diese das Shampoo nicht kauft. Was hat sie falsch gemacht?

Bild 1: Anja beim Verkauf eines Shampoos

Durch Umfragen wurde herausgefunden, dass Kundinnen beraten werden wollen, bevor sie etwas kaufen. Sie kommen in den Salon mit bestimmten Erwartungen an die Friseurin als Verkäuferin. Das bedeutet für die Friseurin, dass sie bestimmte Kompetenzen besitzen muss. Diese sind in Tabelle 1 zusammengestellt.

\	Tabelle 1: Notwendige Kompetenzen einer Friseurin		
Fachkompetenz	**Sozialkompetenz**	**Humankompetenz**	**Sprachkompetenz**
■ Waren- und Produktkenntnisse ■ Beherrschen von Arbeitstechniken ■ Fähigkeit zum richtigen Einschätzen von Kundentypen	■ Fähigkeit zur Förderung von positiven Kundenbeziehungen ■ Beobachtungs- und Wahrnehmungsvermögen ■ Kontaktfreudigkeit ■ Einfühlungsvermögen ■ Überzeugungskraft ■ Hilfsbereitschaft	■ Selbstsicherheit ■ Fähigkeit zur Selbstbeherrschung ■ Fähigkeit zur Konfliktbewältigung ■ Kritikfähigkeit	■ Kundengerechte Sprech- und Ausdrucksweise ■ Beherrschung von Fragetechniken ■ Beherrschung von Argumentationstechniken

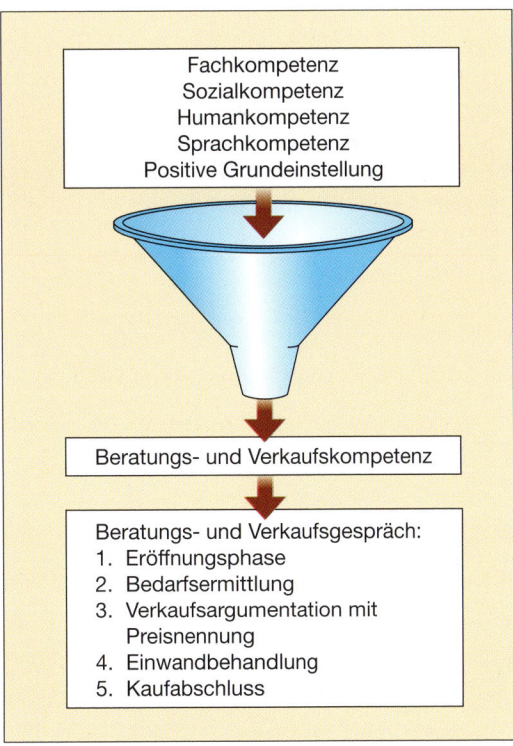

9.1 Voraussetzungen für ein erfolgreiches Beratungs- und Verkaufsgespräch

Neben diesen allgemeinen Kompetenzen und Fähigkeiten ist die **positive Grundeinstellung** der Friseurin beim Verkauf von Waren und Dienstleistungen eine wichtige Voraussetzung. Zu einer positiven Grundeinstellung gehört das Interesse an der Kundin und ihren Erwartungen. Außerdem sollte die Friseurin die notwendige Motivation zum Verkaufen mitbringen. Diese Motivation beinhaltet auch Umsatzorientierung und Optimismus im Hinblick auf einen Verkaufserfolg. Dazu ist es unerlässlich, dass sie selbst von der Qualität der Waren und Dienstleistungen überzeugt ist. In Bild 1 werden zwei unterschiedliche innere Grundeinstellungen beim Verkauf eines Shampoos verdeutlicht.

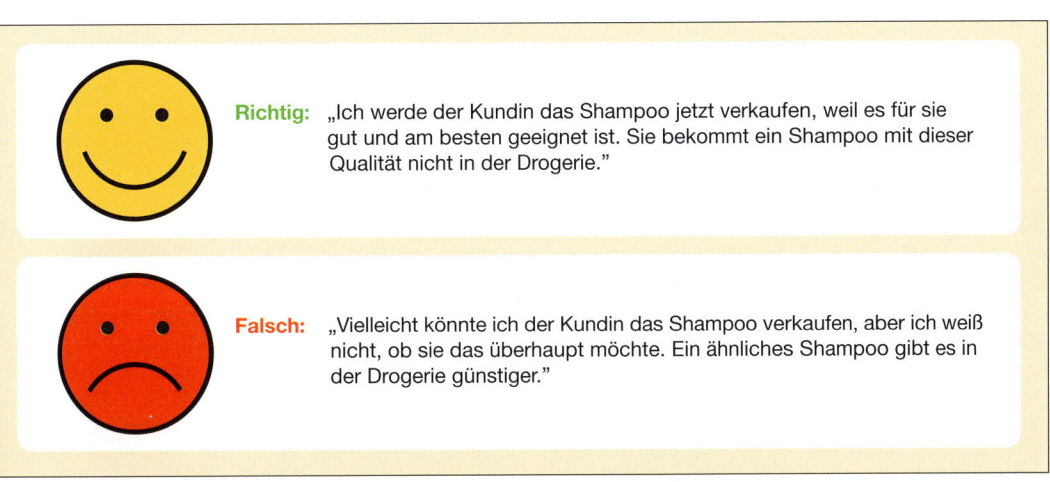

Richtig: „Ich werde der Kundin das Shampoo jetzt verkaufen, weil es für sie gut und am besten geeignet ist. Sie bekommt ein Shampoo mit dieser Qualität nicht in der Drogerie."

Falsch: „Vielleicht könnte ich der Kundin das Shampoo verkaufen, aber ich weiß nicht, ob sie das überhaupt möchte. Ein ähnliches Shampoo gibt es in der Drogerie günstiger."

Bild 1: Zwei unterschiedliche innere Grundeinstellungen beim Verkauf eines Shampoos

Die verschiedenen Kompetenzen und die innere Grundeinstellung sind Bestandteile der Beratungs- und Verkaufskompetenz. Durch sie ist erst ein erfolgreiches Beratungs- und Verkaufsgespräch möglich. Dieses ist nicht immer gleich, da jede Kundin individuell in ihren Wünschen und Bedürfnissen ist. Jedoch gibt es einen schematischen Gesprächsablauf, an dem man sich orientieren kann.

Der Ablauf eines Gesprächs ist in mehrere Phasen gegliedert, die immer in gleicher Weise aufeinander folgen (Bild 2):

1. Eröffnungsphase: Die Kundin wird auf das Gespräch vorbereitet.

2. Bedarfsermittlung: Wünsche und Bedürfnisse der Kundin werden festgestellt.

3. Verkaufsargumentation mit Preisnennung: Die Friseurin überzeugt die Kundin sachlich vom Nutzen der Ware oder Dienstleistung. Dabei nennt sie zum geeigneten Zeitpunkt den Preis.

4. Einwandbehandlung: Mögliche Zweifel der Kundin werden ausgeräumt.

5. Kaufabschluss: Die Kundin kauft die Ware oder Dienstleistung im Idealfall und wird verabschiedet.

Fachkompetenz
Sozialkompetenz
Humankompetenz
Sprachkompetenz
Positive Grundeinstellung

↓

Beratungs- und Verkaufskompetenz

↓

Beratungs- und Verkaufsgespräch:
1. Eröffnungsphase
2. Bedarfsermittlung
3. Verkaufsargumentation mit Preisnennung
4. Einwandbehandlung
5. Kaufabschluss

Bild 2: Voraussetzungen für ein erfolgreiches Beratungs- und Verkaufsgespräch

9 Beratung und Verkauf

9.2 Eröffnungsphase

Frau Gerneschön lässt sich von Anja die Haare waschen (Bild 1). Während der Haarwäsche bemerkt sie: „Dieses Shampoo riecht aber gut". Anja erwidert: „Ja, das finde ich auch" und wäscht weiter. Später spricht ihre Ausbilderin sie an und erklärt ihr, dass sie eine gute Chance für einen Einstieg in ein Verkaufsgespräch verpasst habe.

Die Eröffnungsphase dient dazu, die Kundin auf eine Beratung einzustimmen und den Einstieg in das Gespräch zu finden. Einfach ist es, wenn die Kundin die Friseurin direkt anspricht und einen Wunsch oder ein Problem äußert. Signalisiert die Kundin Gesprächsbereitschaft, z. B. durch einen unsicheren Blick in Richtung der Friseurin, sollte diese den Blickkontakt aufnehmen und sie ansprechen. So oder ähnlich kann die Friseurin viele Situationen nutzen, um mit der Kundin ins Gespräch zu kommen. Das Beratungs- und Verkaufsgespräch kann also jederzeit und überall im Salon eröffnet werden, sobald die Friseurin ein Signal bei der Kundin erkennt. Auch beiläufige Äußerungen enthalten solche Signale. Unterschiedliche Möglichkeiten der Gesprächseröffnung sind in Tabelle 1 dargestellt.

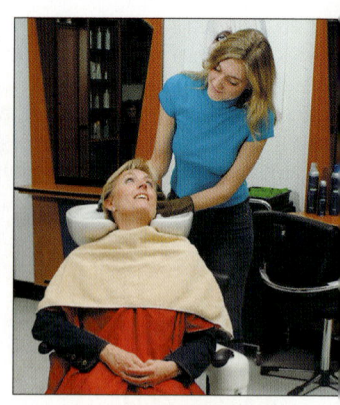

Bild 1: Anja wäscht die Haare von Frau Gerneschön

Tabelle 1: Möglichkeiten der Gesprächseröffnung	
Möglichkeiten der Gesprächseröffnung	**Beispiele**
Eine konkrete Hilfestellung anbieten	Sie interessieren sich für einen Lippenstift? Ich zeige Ihnen gerne unsere gesamte Auswahl.
Eine Aussage bezüglich der Ware tätigen	Das Shampoo, das Sie in der Hand halten, enthält Wirkstoffe, die für Ihr dauergewelltes Haar pflegend sind
Alternativangebote machen	Ich sehe, dass Sie sich für Haarkuren interessieren. Ich kann Ihnen auch unsere Sprühkuren zeigen, die nicht ausgespült werden müssen.
Ergänzungsangebote machen	Zu dieser Haarpflegeserie kann ich Ihnen auch ein passendes Duschgel zeigen.
Offene Fragestellungen anwenden	Was darf ich Ihnen zeigen? Wofür interessieren Sie sich? Wie kann ich Ihnen helfen?

Lehnt die Kundin das Beratungsangebot ab, kann dies unterschiedliche Gründe haben:

- Sie wollte sich lediglich umschauen und informieren
- Sie war zu einem persönlichen Gespräch nicht bereit, weil sie möglicherweise selbst noch keine klaren Vorstellungen hatte
- Die Kundenansprache erfolgte zu früh
- Die Kundenansprache erfolgte unhöflich oder floskelhaft
- Die Kundin fühlt sich zu einem Kauf verpflichtet, den sie vielleicht gar nicht tätigen will

Eine Ablehnung seitens der Kundin darf von der Friseurin nie als persönliches Versagen aufgefasst werden. Dies würde sie in weiteren Situationen hemmen. Kommt es öfter vor, dass Kundinnen ihre Beratung ablehnen, könnte sie z. B. eine Kollegin bitten, unauffällig zuzuhören. Anschließend sollten beide gemeinsam überlegen, warum die Kundin abgelehnt haben könnte. Bild 1 auf der nächsten Seite zeigt zwei gute und zwei schlechte Beispiele für eine Gesprächseröffnung.

9.3 Bedarfsermittlung

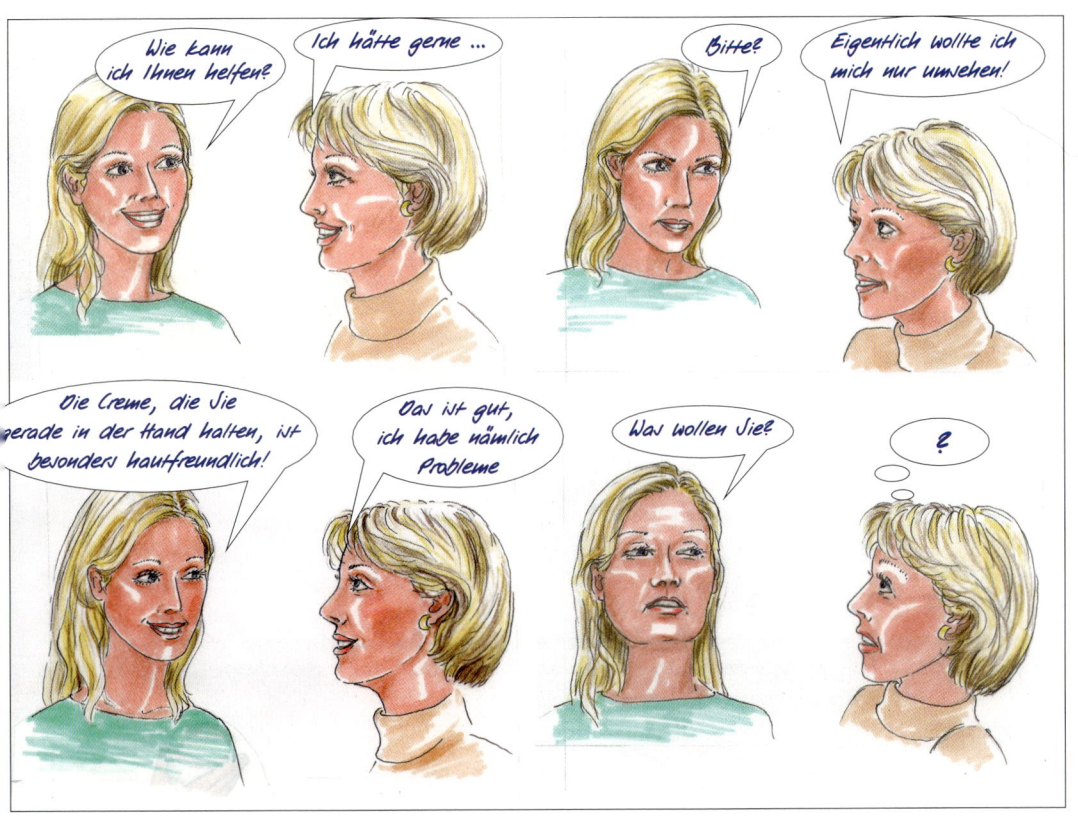

Bild 1: Gute (links) und schlechte (rechts) Beispiele für eine Gesprächseröffnung

9.3 Bedarfsermittlung

Anja kommt beim Haare waschen mit einer Kundin ins Gespräch. Diese äußert, dass sie häufiger Probleme mit Kopfjucken habe. Anja fragt die Kundin nach ihren Pflegegewohnheiten und ist sich anschließend sicher, dass die Kundin andere Produkte verwenden sollte. Ehe sie näher auf die Produkte eingeht, ermittelt sie, ob die Kundin bereit ist, neue Produkte auszuprobieren.

Die Bedarfsermittlung beinhaltet die Erfassung des Kaufwunsches und die Ermittlung der Kundenbedürfnisse. Sie stellt die Grundlage für die Auswahl der geeigneten Waren und Dienstleistungen und die anschließende Verkaufsargumentation dar.

Themenschwerpunkte:
- Frageformen und Frageabsichten
- Warenvorlage

9.3.1 Frageformen und Frageabsichten

Für das Verkaufsgespräch haben Fragen große Bedeutung. Die Friseurin erfährt durch Fragen wichtige Informationen über die Kaufwünsche und Kundenbedürfnisse. Durch richtige Fragen hat die Kundin das Gefühl, dass die Friseurin sich für sie interessiert. Fragen regen die Kundin zum Reden an. Außerdem helfen sie ihr über Entscheidungsschwierigkeiten hinweg. Gezielte Fragen zum richtigen Zeitpunkt halten den Dialog aufrecht und lenken das Gespräch positiv in Richtung einer Kaufentscheidung. Fragen können nach **Frageformen** und **Frageabsichten** eingeteilt werden.

Frageformen

Die Frageformen werden in offene und geschlossene Fragen unterteilt, die der Kundin jeweils unterschiedliche Antwortspielräume geben. (Bild 1)

Die **offenen Fragen**, auch W-Fragen genannt, lassen einen weiten Antwortspielraum zu. Sie beginnen mit einem Fragewort (wer, wie, wann, wo, was usw.). Sie veranlassen die Kundin, ausführlich zu antworten und ihre Wünsche, Vorstellungen und Gedanken zu äußern. Sie ist aufgefordert, sich aktiv am Gespräch zu beteiligen.

Bei den **geschlossenen Fragen**, auch als Ja-Nein-Fragen bezeichnet, ist der Antwortspielraum für die Kundin gering. Die Friseurin wünscht nur eine kurze und knappe Antwort von der Kundin und diese antwortet mit wenigen Worten, zumeist jedoch nur mit „Ja" oder „Nein". Geschlossene Fragen werden verwendet, um Sachverhalte präzise zu klären und Gesprächsergebnisse zu sichern. In Tabelle 1 finden sich einige Beispiele zu offenen und geschlossenen Fragen.

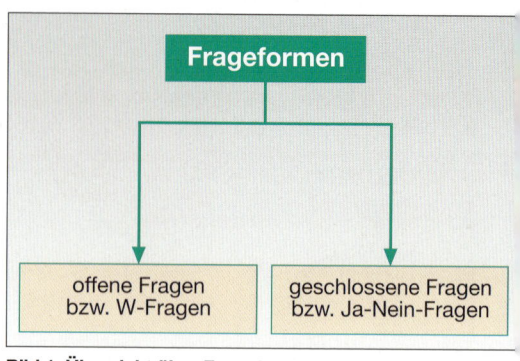

Bild 1: Übersicht über Frageformen

Tabelle 1: Beispiele für offene und geschlossene Fragen	
Frageform	**Beispiele**
Offene Fragen	■ Wie soll die Frisur aussehen? ■ Welche Bedenken haben Sie bei der Dauerwelle? ■ Was gefällt Ihnen an Ihrer Frisur nicht? ■ Welches Shampoo verwenden Sie? ■ Warum möchten Sie die Haare färben?
Geschlossene Fragen	■ Haben Sie sich für diesen Lippenstift entschieden? ■ Waren Sie mit der letzten Dauerwelle zufrieden? ■ Haben Sie noch etwas Zeit für ein Tages-Make-up? ■ Gefällt Ihnen diese Frisur?

Frageabsichten

Die Verkäuferin verfolgt mit jeder Frage eine bestimmte Absicht. Je nachdem, ob sie die Frage zur Informationsbeschaffung oder zur Steuerung des Gesprächs stellt, sind ihre Fragen unterschiedlich.

Ist die Absicht der Fragestellerin die Informationsbeschaffung, stellt sie **Informationsfragen**. Beabsichtigt sie den Verlauf eines Gesprächs zu steuern, wendet sie **Lenkungsfragen** an. Zum richtigen Zeitpunkt wirken Lenkungsfragen verkaufspositiv und können eine Kaufentscheidung erleichtern. Zu den Lenkungsfragen zählen Suggestivfragen, Entscheidungsfragen bzw. Alternativfragen und Bestätigungsfragen.

Suggestivfragen sollen die Kundin beeinflussen und ihr die Antwort „in den Mund legen". Mithilfe von **Entscheidungsfragen** bzw. **Alternativfragen** wird der Kundin die Wahl zwischen zwei Möglichkeiten erleichtert. **Bestätigungsfragen** halten Zwischenergebnisse fest und sollen sicherstellen, dass der Kundenwunsch richtig verstanden wurde.

Bild 1 auf der nächsten Seite gibt eine Übersicht über die verschiedenen Fragen, mit denen bestimmte Absichten verfolgt werden. In Tabelle 1 auf der folgenden Seite werden dazu Beispiele genannt.

9.3 Bedarfsermittlung

```
                    Frageabsichten
                   /              \
        Informationsfragen      Lenkungsfragen
                                      |
                                Suggestivfragen
                                Alternativ- bzw.
                                Entscheidungsfragen
                                Bestätigungsfragen
```

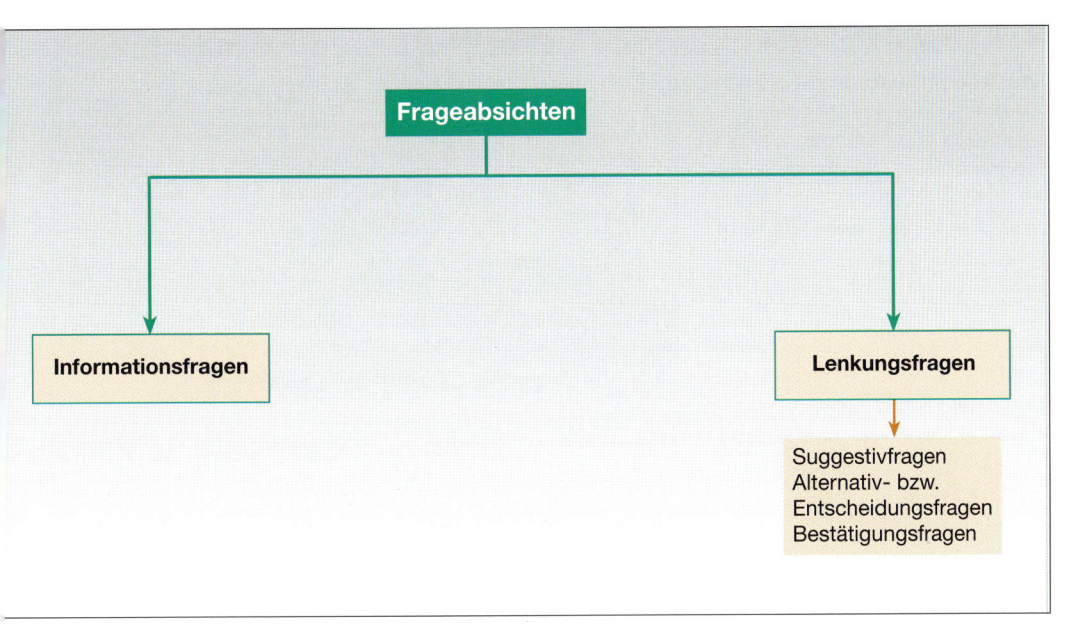

Bild 1: Fragen, mit denen bestimmte Absichten verbunden sind

Tabelle 1: Frageabsichten und mögliche Fragen			
Frageabsicht	**Frage**	**Beispiele**
Informationsbeschaffung	Informationsfragen	■ Welche Vorstellung haben Sie von der Frisur? ■ Welche Farbe soll der Lipenstift haben? ■ Wie viel Zeit möchten Sie für das Styling Ihrer Frisur morgens aufwenden? ■ Warum möchten Sie überhaupt eine Dauerwelle?
Gesprächslenkung	Suggestivfragen	■ Meinen Sie nicht auch, dass Ihr Haar sich nun weicher anfühlt? ■ Sie wollen doch auch ein umweltverträgliches Shampoo? ■ Sie können mir sicherlich bestätigen, dass Ihre Haut spannt und sehr empfindlich ist?
	Alternativfragen oder Entscheidungsfragen	■ Bevorzugen Sie den roten Lippenstift oder den korallfarbenen? ■ Soll die Haarfarbe auffallen oder eher dezent sein? ■ Kann der Haarschnitt auch etwas sportlich sein?
	Bestätigungsfragen	■ Sie meinen also, dass die Haare sehr schnell fetten? ■ Die Frisur soll also ingesamt pflegeleicht und modisch sein?

9.3.2 Warenvorlage

Das Verkaufsgespräch kann nicht nur durch gezielte Fragen positiv beeinflusst und gesteuert werden, sondern auch durch eine geschickte Darbietung von Waren bzw. Dienstleistungen. Die Kaufentscheidung wird maßgeblich durch den direkten Kontakt mit den Waren herbeigeführt. Dies erleichtert der Kundin die Auswahl, erhöht die Anschaulichkeit und fördert den Kaufwunsch.

Bild 1: Die Friseurin bei der Warenvorlage

Die Verkäuferin muss sich dabei mehrere Fragen stellen:
- Wann erfolgt die Warenvorlage?
- Wie wird die Ware vorgelegt?
- Wie viel Ware wird vorgelegt?
- Welche Preislage sollen die vorgelegten Waren haben?
- Wie erfolgt die Darbietung von Dienstleistungen?

Wann erfolgt die Warenvorlage?

Die Warenvorlage kann nicht früh genug erfolgen, denn sie wirkt bei der Bedarfsermittlung unterstützend. Aus den Äußerungen der Kundin über die vorgelegte Ware gewinnt die Friseurin ein immer deutlicheres Bild von den Kundenbedürfnissen und richtet ihre Warenvorlage danach aus.

Wie wird die Ware vorgelegt?

Sie sollte möglichst kundennah vorgelegt werden, d. h. man zeigt der Kundin die Ware und gibt sie ih in die Hand. Durch diese Art der Warenvorlage werden mehrere Sinne (Sehsinn, Tastsinn, Geruchsinn usw.) bei der Kundin angesprochen. Sie sieht die Ware, kann sie anfassen, den Duft bzw. das Aroma de Ware wahrnehmen oder die Konsistenz prüfen.

Wie viel Ware wird vorgelegt?

Zunächst sollte mit einer Warenvorlage begonnen werden, die der Kundin einen Überblick über das Sortiment gibt. Wenn dabei zu viele Waren vorgelegt werden, wird die Kundin verwirrt. Werden ihr hingegen zu wenig Waren vorgelegt, bieten sich ihr keine Vergleichsmöglichkeiten und die Bedarfsermittlung wird erschwert. Es ist sinnvoll, etwa drei bis fünf Artikel zur Auswahl vorzulegen. Diese Anzahl ist jedoch auch abhängig vom vorhandenen Sortiment und vom Kundentyp.

Welche Preislage sollten die vorgelegten Waren haben?

Die Friseurin legt zunächst Waren mittlerer Preislage vor und orientiert sich bei der weiteren Warenvorlage an den Reaktionen der Kundin.

Wie erfolgt die Darbietung von Dienstleistungen?

Beim Verkauf von Dienstleistungen kann das fertige Ergebnis der Kundin nicht – wie eine Ware – vorgelegt werden. Die Darbietung eines breit gefächerten Dienstleistungsangebotes anhand von Frisurenheften, Bildern, Farbkarten und der Computeranimationen dient der Kundin als Orientierung und Entscheidungshilfe bei der Wahl der gewünschten Dienstleistung.

9.4 Aufbau einer überzeugenden Verkaufsargumentation

Anja kommt mittlerweile gut mit Kundinnen ins Gespräch und kann auch deren Wünsche und Bedürfnisse erkennen. Trotzdem hat sie noch Probleme, ihnen etwas zu verkaufen. Ihre Ausbilderin erklärt ihr: „Der schwierigste Teil eines Verkaufsgespräches ist, die Kundin vom Kauf zu überzeugen. Auf keinen Fall darf die Kundin überredet werden" (Bild 1). Sie fragt Anja, ob sie schon mal etwas von Argumentation gehört hat. Anja überlegt und sagt: „Damit ist doch gemeint, Sätze mit ‚weil' zu beginnen, oder?".

Bild 1: Überreden führt nicht zum Verkauf

Die Verkaufsargumentation orientiert sich am Kaufwunsch der Kundin und ihren Bedürfnissen. Die Merkmale der Waren bzw. Dienstleistungen und der Nutzen, der sich aus diesen Merkmalen für die Kundin ergibt, werden in die Verkaufsargumentation eingebunden.

Eine gute Argumentation trägt zur positiven Kaufentscheidung der Kundin bei. Auch hierbei sollte eine geschickte Warenvorlage unterstützend eingesetzt werden. Die Kundin nimmt die Ware mit allen Sinnen wahr und damit wird die Verkaufsargumentation für sie verständlicher. Ihr Besitzwunsch wird geweckt und gefestigt. Diese Zusammenhänge sind in Bild 2 dargestellt.

Warenvorlage
↓
Verkaufsargumentation
- Waren- und Dienstleistungsmerkmale nennen und erläutern
- **+**
- Kundennutzen herausstellen

↓
Besitzwunsch der Kundin wird geweckt

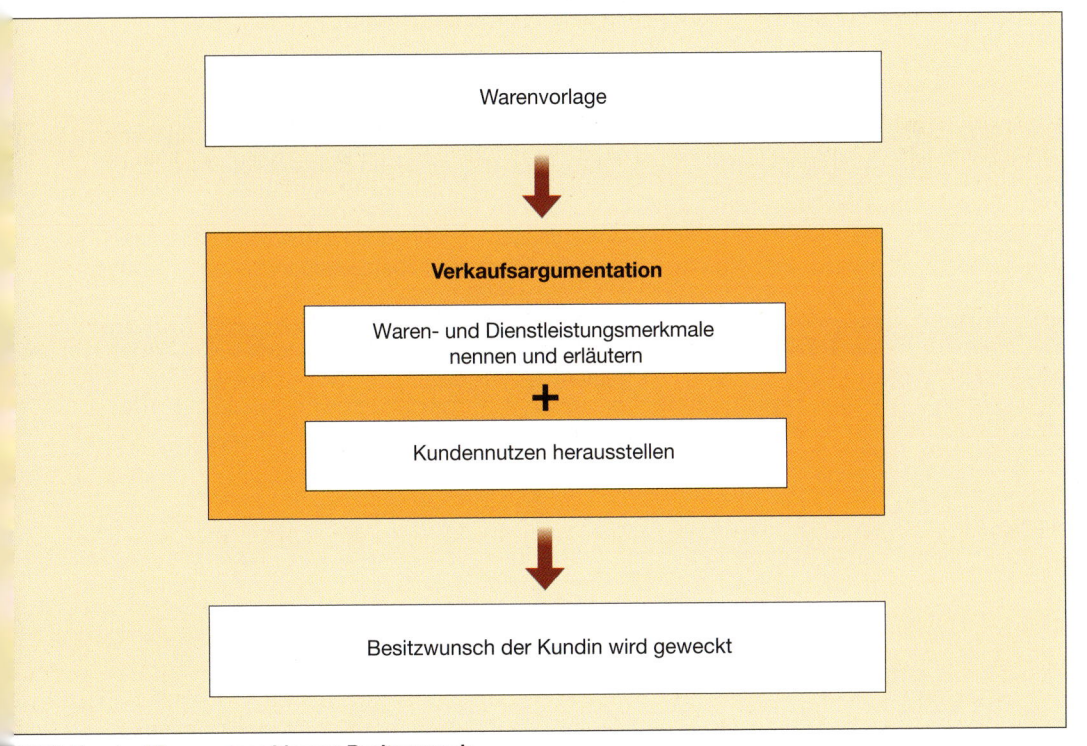

Bild 2: Von der Warenvorlage bis zum Besitzwunsch

9 Beratung und Verkauf

Ein gelenkter bzw. gestalteter Informationsaustausch mit dem Ziel einer gewünschten Reaktion (Besitzwunsch) wird Argumentation genannt. Die Stufen einer vollständigen Argumentation sind These, Argument und Beleg (Bild 1).

1. Stufe: These

Die These wird auch Behauptung genannt. Sie ist der einleitende Satz in der Verkaufsargumentation. Man kann sie z. B. als Empfehlung oder Vorschlag formulieren.

2. Stufe: Argument

Das Argument liefert die Begründungen für die These. Für Verkaufsargumente gilt grundsätzlich, dass sie positiv, informativ, verständlich und kundenbezogen sein müssen. Argumente werden an die These angebunden durch Begriffe, wie z. B. weil, denn, da, dadurch, somit. Die Begründung besteht aus waren- bzw. dienstleistungsbezogenen und kundenbezogenen Argumenten.

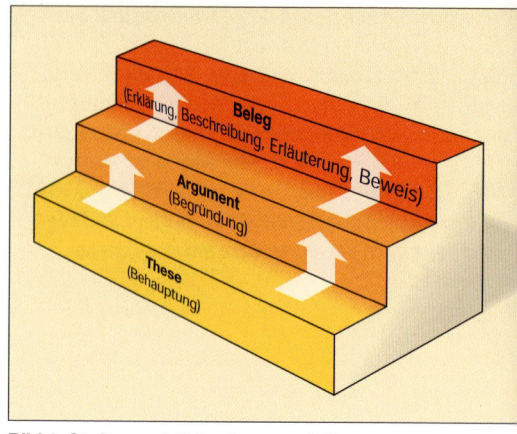

Bild 1: Stufenmodell der Argumentation

- **Waren-/Dienstleistungsbezogene Argumente** beschreiben und erläutern Waren- bzw. Dienstleistungsmerkmale.
- **Kundenbezogene Argumente** stellen den Nutzen für den Kunden heraus. Ein kundenbezogenes Argument zeichnet sich durch die Sie-Form aus. Bei der Formulierung des kundenbezogenen Arguments sollte das Kundenbedürfnis wieder aufgegriffen werden. Die Friseurin muss somit bedürfnisbezogen argumentieren und entsprechende Verben verwenden. Im Zusammenhang mit dem Kundenbedürfnis „Bequemlichkeit" eignen sich Formulierungen wie „… das **erleichtert** Ihnen …" „… das **vereinfacht** Ihnen …", „… dadurch wird Ihnen **ermöglicht** …".

3. Stufe: Beleg

Der Beleg (Beweis) stützt das Argument und ist nachprüfbar (z. B. durch wissenschaftliche Untersuchungen, Zahlen, Erfahrungswerte). Nicht immer kann und muss ein Beleg geliefert werden.

Die folgenden zwei Tabellen liefern Beispiele für waren- bzw. dienstleistungsbezogene Argumentationen nach dem Stufenmodell (Bild 1). Dieses ist für Verkaufsanfänger am leichtesten anzuwenden. Mehrere Argumente aneinandergereiht ergeben eine Argumentationskette. Diese wirkt überzeugender als ein Einzelargument.

Tabelle 1: Verkaufsargumentation für eine Ware			
These (Behauptung)	**Argument** (Begründung)		**Beleg** (Beweis, Beschreibung, Erläuterung, Erklärung)
	Warenbezogen: Warenmerkmale nennen	**Kundenbezogen:** Nutzen für die Kundin herausstellen	
Ich kann Ihnen dieses Pflegeshampoo **empfehlen**, …	… **weil** es hochwertige Pflegeproteine enthält, die sich an das Haar anlagern und Strukturschäden ausgleichen.	Das fördert den Glanz **Ihrer** Haare und sie sehen gepflegt aus.	Wissenschaftliche Tests haben bewiesen, dass die Haare bei regelmäßiger Anwendung bis zu 20 % mehr Glanz erhalten.
Weiterhin **empfehle ich** Ihnen dieses Shampoo, …	… **da** wir für diese Serie ein Nachfüllsystem haben.	Somit müssen **Sie** beim nächsten Auffüllen weniger bezahlen.	

Tabelle 1: Verkaufsargumentation für eine Dienstleistung

These (Behauptung)	Argument (Begründung)		Beleg (Beweis, Beschreibung, Erläuterung, Erklärung)
	Dienstleistungsbezogen: Dienstleistungsmerkmale nennen	**Kundenbezogen:** Nutzen für die Kundin herausstellen	
Ich schlage Ihnen eine leichte Volumenwelle **vor,** …	… **da** diese Dauerwelle die Haarstruktur wenig schädigt und das schnelle Nachfetten der Haare vermindert.	Das garantiert **Ihnen** eine haltbare Frisur.	
Außerdem ist diese Volumenwelle **für Sie geeignet,** …	… **weil** die Haare mit der Luftdusche geknetet werden können.	Dadurch sparen **Sie** Zeit beim Trocknen.	Fragen Sie meine Kollegin Eva, sie ist auch sehr zufrieden damit.
Sie sollten sie ausprobieren, …	… **denn** wir verwenden eine esterfreie Dauerwellflüssigkeit.	Somit sind **Sie** vor einer allergischen Reaktion weitestgehend geschützt.	Dies wird auch durch dermatologische Untersuchungen belegt.

■ 9.5 Preisnennung mit Fingerspitzengefühl

Im Laufe der Verkaufsargumentation stellt sich für Anja die Frage: „Wann und wie nenne ich der Kundin den Preis der Ware oder Dienstleistung?". Für die Kundin ist der Preis ein wichtiges Waren- bzw. Dienstleistungsmerkmal. Unbewusst stellt die Kundin einen Vergleich zwischen dem Preis und dem Nutzen der Ware her. Sie kauft die Ware oder Dienstleistung nur, wenn sie davon überzeugt ist, dass „die Ware ihr Geld wert ist."

Bild 1: Anjas Überlegungen zur Preisnennung

Die Preisnennung sollte niemals zu Beginn des Verkaufsgesprächs erfolgen, da die Gefahr besteht, dass die Kundin während der nachfolgenden Verkaufsargumentation über den Preis nachdenkt und unaufmerksam wird. Sie muss zunächst ausreichend über die Ware bzw. Dienstleistung informiert werden. Die Friseurin stellt dabei Vorteile und Nutzen des Angebots heraus.

Vermittelt die Kundin ihr das Gefühl, dass sie genügend Informationen hat, um sich eine Wertvorstellung zu machen, wird der Preis genannt. Stimmen Preis und Wertvorstellung aus Sicht der Kundin überein, erhöht sich deren Bereitschaft zum Kauf.

Themenschwerpunkte:
- Sandwichmethode
- Sonderfälle bei der Preisnennung
- Preisformulierungen

9.5.1 Sandwichmethode

In der Verkaufsargumentation bringt die Friseurin den Preis mit dem Nutzen und den Vorteilen der Ware bzw. Dienstleistung in Zusammenhang. Bei der **Sandwichmethode** (Bild 1) wird der Preis zwischen den Argumenten versteckt genannt, sodass der Nutzen der Ware bzw. Dienstleistung gegenüber dem Preis in den Vordergrund rückt. Durch diese Art der Einbindung tritt der Preis in den Hintergrund. In Bild 2 sind zwei Beispiele für die Anwendung der Sandwichmethode aufgeführt.

Bild 1: Die Sandwichmethode

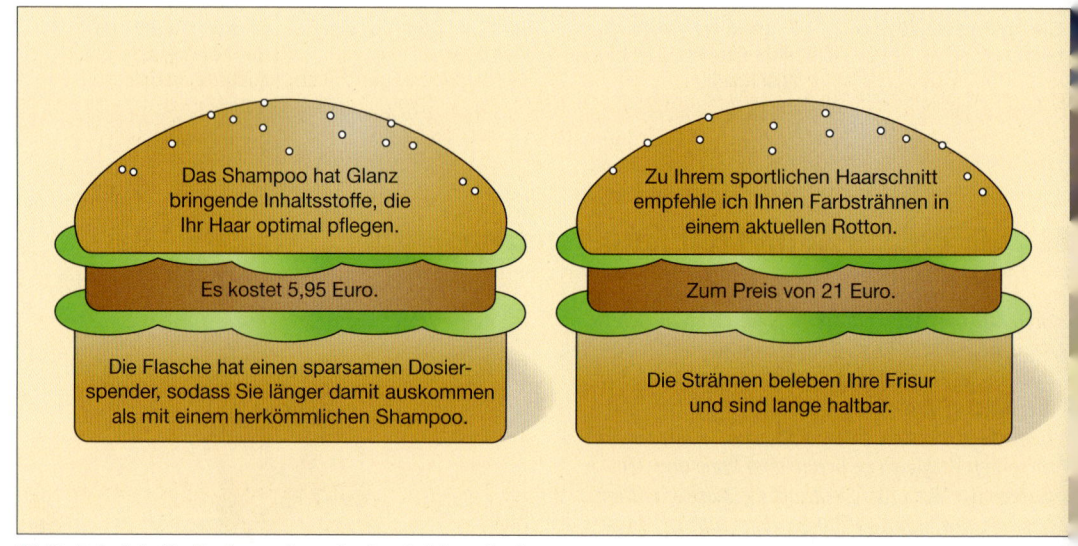

Das Shampoo hat Glanz bringende Inhaltsstoffe, die Ihr Haar optimal pflegen.

Es kostet 5,95 Euro.

Die Flasche hat einen sparsamen Dosierspender, sodass Sie länger damit auskommen als mit einem herkömmlichen Shampoo.

Zu Ihrem sportlichen Haarschnitt empfehle ich Ihnen Farbsträhnen in einem aktuellen Rotton.

Zum Preis von 21 Euro.

Die Strähnen beleben Ihre Frisur und sind lange haltbar.

Bild 2: Beispiele für die Anwendung der Sandwichmethode

9.5.2 Sonderfälle bei der Preisnennung

Der Preis muss nicht immer „eingepackt" werden. Bei Sonderangeboten stellt die Friseurin den niedrigen Preis als Produktvorteil besonders heraus. Der Preis kann somit im Bewusstsein der Kundin nachwirken und sie ist eher geneigt, dieses Sonderangebot zu kaufen. Hier darf der Preis auch am Ende der Argumentationskette genannt werden.

Die Preisnennung sollte nicht unnötig herausgezögert werden, um die Kundin nicht zu verärgern. Nennt die Friseurin den Preis gar nicht, wird die Kundin nach dem Preis fragen. In diesem Fall rückt der Preis in den Vordergrund und die Friseurin hat es schwer, angemessen über die Vorteile der Ware zu informieren. Die Kundin schreckt möglicherweise vor dem Kauf zurück.

In einigen Fällen stellt die Kundin direkt die Frage nach dem Preis. Dann sollte der Preis nie sofort und unverpackt genannt werden. Die Friseurin stellt zunächst durch eine kurze Bedarfsermittlung den Kaufwunsch und die Kundenbedürfnisse fest. Anschließend bindet sie den Preis nach der Sandwichmethode in die Verkaufsargumentation ein. Diese Technik wird im nachfolgenden Beispiel verdeutlicht.

9.5 Preisnennung mit Fingerspitzengefühl

Kundin:	„Ich hätte gerne eine andere Haarfarbe. Wie teuer wird das?" (Bild 1)
Friseurin:	„Was gefällt Ihnen an Ihrer jetzigen Haarfarbe nicht?"
Kundin:	„Meine Haare sehen etwas trist aus."
Friseurin:	„Ja, ich verstehe, was Sie meinen. Sollen die Haare nur Lichtreflexe bekommen oder möchten Sie den Farbton verändern?"
Kundin:	„Ich möchte gerne einen modischen Rotton."
Friseurin:	„Ich kann Ihnen zwei Alternativen für eine farbliche Veränderung nennen. Zum einen können wir eine Tönung nehmen. Diese hat den Vorteil, dass sie die Haare pflegt. Bei Ihrer Haarlänge kostet die Tönung 15 Euro. Für Sie bietet sich die Tönung zum Ausprobieren an, da sie sich wieder auswaschen lässt. Zum anderen können Sie sich aber auch für eine oxidative Haarfarbe entscheiden, die sehr dauerhaft ist. Außerdem haben Sie mit unseren Haarfarben von der Firma XY zum Preis von 25 Euro eine große Auswahl an besonderen Rottönen."

Bild 1: Eine Kundin fragt nach dem Preis

9.5.3 Preisformulierungen

Bei der Preisnennung sind grundsätzlich Reizwörter wie „billig" oder „teuer" zu vermeiden. Das gilt ebenso für Äußerungen, wie z. B.:

- „Das Shampoo **kostet aber** ..."
- „Ich kann Ihnen gerne noch etwas anderes zeigen, aber das ist **sehr teuer**."
- „Ich kann Ihnen dann nur noch etwas **Teureres** anbieten."

Die Kundin könnte durch solche Aussagen den Eindruck gewinnen, dass die Friseurin voreingenommen ist und denkt, sie könne sich die Ware nicht leisten. Bei preisgünstigen Waren muss die Friseurin darauf achten, dass die Kundin das Gefühl hat, eine vollwertige Ware zu kaufen. Zu vermeiden sind daher Formulierungen, wie:

- „Das **kostet nur** ..."
- „Da kann ich Ihnen etwas ganz **Billiges** zeigen"
- „Diese Haarkur kostet **noch weniger**".

Bild 2: Kundenreaktion auf das Reizwort „teuer"

9 Beratung und Verkauf

Wird das Warenmerkmal „Preis" zum entscheidenden Verkaufsargument bei preisbewussten Kundinnen, argumentiert die Friseurin mit Preisformulierungen, die das Warenmerkmal „niedriger Preis" hervorheben, ohne die Ware in ihrem Wert herabzusetzen. Dies erreicht sie, indem sie anstelle von „billig" andere Formulierungen verwendet. Beispiele:

- Die Ware ist preisgünstig.
- Das Angebot ist preiswert.
- Das Produkt kostet weniger als vergleichbare Produkte anderer Hersteller.
- Mit dieser Großpackung bekommen Sie mehr zum gleichen Preis.
- Sie sparen Geld.
- Sie erzielen einen Preisvorteil.
- Der Preis ist der Qualität der Ware angemessen.

Für Kundinnen, die nach sozialer Anerkennung streben und bei denen Geltungsbedürfnis verstärkt im Vordergrund steht, kann aber auch der hohe Preis einer Ware oder Dienstleistung zum entscheidenden Verkaufsargument werden. Durch den geschickt in die Argumentation eingebundenen Preis wird die Ware zusätzlich aufgewertet. Das bedeutet, dass die Kundin das Gefühl hat, etwas Besonderes, Wertvolles oder Repräsentatives gekauft zu haben. Beispiele für solche Formulierungen sind:

- Dieses exklusive Parfum hat den Preis von 58,95 Euro.
- Nur wenige Kundinnen kaufen diese wertvolle Nachtcreme zu diesem Preis. Sie kostet 45,89 Euro und ist etwas Besonderes.
- Diese Abendfrisur ist außergewöhnlich und hat deshalb auch den Preis von 65 Euro.

■ 9.6 Kundeneinwand

Anja hat festgestellt, dass einige Kundinnen auch dann nichts kaufen, wenn sie der Meinung ist, alles richtig gemacht zu haben (Bild 1). Sie führen zum Gesprächsende Einwände gegen den Kauf an. Meistens ist Anja dann entmutigt.

Ist die Verkaufsargumentation erfolgreich, kommt es zum Kaufabschluss, d. h. die Kundin kauft die Ware oder Dienstleistung. Im Verlauf oder am Ende der Verkaufsargumentation können sich aber auch Bedenken bei der Kundin gegenüber dem Kauf einstellen. Sie äußert dann einen **Einwand**. Dieser Einwand kann sich gegen die Ware oder Dienstleistung, gegen den Preis oder selten gegen das Geschäft und den Verkauf richten. Beispiele für Einwände sind:

Bild 1: Die Hürde vor dem Kaufabschluss

- „Eine Dauerwelle gefällt mir nicht."
- „Eine Färbung ist doch sicherlich schädlich für mein Haar."
- „Ich trage eigentlich nie Nagellack."
- „Strähnen hatte ich schon mal, der Zeitaufwand ist mir jetzt zu groß."
- „Haben Sie nicht etwas Preiswerteres?"
- „Sonst bedient mich immer Ihre Kollegin, die weiß, was ich möchte."
- „Der Preis ist mir zu hoch."

9.6 Kundeneinwand

Es gibt unterschiedliche Gründe für Kundeneinwände. Beispiele:
- Die Kundin ist durch die Verkaufsargumente noch nicht vom Nutzen der Ware überzeugt worden.
- Die Kundin ist noch nicht überzeugt, dass die Ware ihr Geld wert ist.
- Die Kundin wünscht weitere Vergleichsangebote.
- Die Ware oder Dienstleistung entspricht noch nicht ihren Vorstellungen.
- Die Kundin möchte gar nichts kaufen und sucht nach einer Ausrede.

Die Friseurin sollte in Fällen eines Kundeneinwandes wissen, wie sie sich situationsgerecht zu verhalten hat.

Themenschwerpunkte:
- Umgang mit Kundeneinwänden
- Alternativangebote

9.6.1 Umgang mit Kundeneinwänden

Die Friseurin sollte Einwände nicht als Kritik, Besserwisserei oder Desinteresse der Kundin auffassen. Einwände zeigen ihr, dass sie die Kundin möglicherweise noch nicht ausreichend informiert und überzeugt hat. Der richtige Umgang mit Einwänden erfordert ein spezielles **Verhalten** der Friseurin sowie andererseits den Einsatz bestimmter **Methoden** zur Einwandbehandlung (Bild 1).

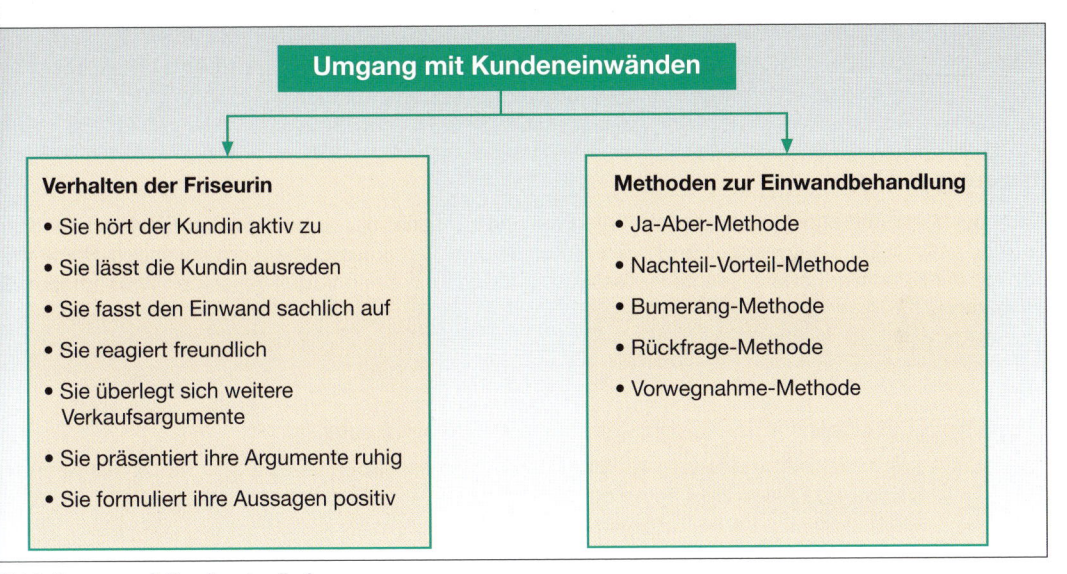

Umgang mit Kundeneinwänden

Verhalten der Friseurin	Methoden zur Einwandbehandlung
• Sie hört der Kundin aktiv zu	• Ja-Aber-Methode
• Sie lässt die Kundin ausreden	• Nachteil-Vorteil-Methode
• Sie fasst den Einwand sachlich auf	• Bumerang-Methode
• Sie reagiert freundlich	• Rückfrage-Methode
• Sie überlegt sich weitere Verkaufsargumente	• Vorwegnahme-Methode
• Sie präsentiert ihre Argumente ruhig	
• Sie formuliert ihre Aussagen positiv	

Bild 1: Umgang mit Kundeneinwänden

Ja-Aber-Methode

Bei dieser Methode wird der Einwand der Kundin zunächst scheinbar anerkannt. Anschließend folgt ein neues, positives Verkaufsargument, das die Zweifel bei der Kundin beseitigt.

> **Beispiel:**
> Kundin: „Ich will keine Dauerwelle, da Dauerwellen immer zu kraus werden."
> Friseurin: „**Ja,** das kann sicherlich passieren, wenn eine Dauerwelle unsachgemäß ausgeführt wird. **Aber** wir verwenden nur qualitativ hochwertige Dauerwellprodukte und außerdem sind wir in Sachen Dauerwelltechniken immer auf dem neuesten Stand. Ich kann Ihnen garantieren, dass die Dauerwelle nicht kraus wird und Sie damit zufrieden sein werden."

Die Ja-Aber-Methode wird variiert durch Alternativformulierungen für die Begriffe „Ja" und „Aber", wi in Tabelle 1 dargestellt.

Tabelle 1: Alternative Formulierungen bei der Ja-Aber-Methode	
Alternative für „Ja"	**Alternative für „Aber"**
Zugegeben, ...	..., wenn gleich ...
Es ist richtig, ...	..., andererseits ...
Sicherlich, ...	..., jedoch ...
Sie haben Recht, ...	..., allerdings ...

Nachteil-Vorteil-Methode

Die Nachteil-Vorteil-Methode wird angewendet, wenn die Kundin einen Einwand vorträgt, der zutreffen ist und für sie als Nachteil erscheint. Die Friseurin stimmt der Kundin zunächst zu und erkennt den Nach teil an. Dem berechtigten Einwand wird anschließend ein deutlicher Nutzen (Vorteil) der Ware oder Dienst leistung gegenübergestellt. Der von der Kundin zunächst genannte Nachteil wird dadurch ausgeglichen

Beispiel:

Kundin: „Die Flasche mit dem Haarspitzenfluid ist sehr klein, da ist ja nicht viel drin."

Friseurin: „Ich stimme Ihnen zu, dass die Flasche sehr klein ist, jedoch handelt es sich um ein sehr ergiebiges Konzentrat, von dem Sie pro Anwendung nur wenig benötigen."

Bumerang-Methode

Auch bei der Bumerang-Methode stimmt die Friseurin zunächst der Kundin zu. Der Einwand der Kun din wird anschließend aufgegriffen und in ein wirkungsvolles Verkaufsargument umgewandelt. Somit wir der von der Kundin genannte Nachteil eines Warenmerkmals in einen Vorteil desselben Warenmerkmal umgekehrt.

Beispiel:

Kundin: „Der Lippenstift, den Sie mir gezeigt haben ist mir zu auffällig."

Friseurin: „Sicherlich ist es eine sehr auffällige Farbe, sie passt aber genau zu der Farbe des Abend- kleides, das Sie mir auf dem Foto gezeigt haben. Ihre Gesamterscheinung wirkt harmoni- scher, wenn die Farben übereinstimmen."

Rückfrage-Methode

Die Rückfrage-Methode wird angewendet, wenn die Kundin einen unklaren Einwand vorträgt, bei den die Friseurin nicht genau weiß, wogegen sich dieser richtet. Dabei signalisiert sie der Kundin zunächst dass sie den Einwand ernst nimmt. Anschließend wird versucht, den unklaren Einwand durch eine Rück frage zu konkretisieren. Dadurch erhält sie zusätzliche Informationen von der Kundin. Diese Informatio nen helfen ihr, das Verkaufsgespräch fortzuführen.

Beispiel:

Kundin: „Diese Frisur gefällt mir nicht."

Friseurin: „Gut, dass Sie das so offen sagen. Was genau gefällt Ihnen an dieser Frisur nicht?"

Vorwegnahme-Methode

Ahnt die Friseurin, dass die Kundin einen Einwand vorbringen möchte (z. B. durch ablehnende Körpersprache der Kundin), kann sie ihn selbst ansprechen. Anschließend räumt sie den Einwand aus. Indem sie der Kundin zuvorkommt, nimmt sie ihr sozusagen „den Wind aus den Segeln".

Beispiel:
Friseurin: „Ich kann sehen, dass der Frisurenvorschlag noch nicht ganz Ihren Wünschen entspricht. Beschreiben Sie mir bitte noch einmal genau, was Ihnen daran nicht zusagt."

Tabelle 1 gibt eine Übersicht über die Methoden zur Einwandbehandlung:

Tabelle 1: Methoden zur Einwandbehandlung	
Methode Bezeichnung	**Technik**
Ja-Aber-Methode	Die Kundin vom Gegenteil überzeugen
Nachteil-Vorteil-Methode	Für die Kundin wichtigerer Vorteil wird genannt
Bumerang-Methode	Nachteil wird zum Nutzen (Vorteil) für die Kundin
Rückfrage-Methode	Einwand als Frage formulieren
Vorwegnahme-Methode	Einwand selbst benennen und der Kundin zuvorkommen

9.6.2 Alternativangebote

Hat eine Kundin einen Einwand vorgebracht, geht die Friseurin zunächst auf diesen Einwand ein. Stellt sie fest, dass die Kundin die Ware oder Dienstleistung dennoch ablehnt, sollte sie die Ablehnung akzeptieren. Sie schlägt der Kundin alternative Waren oder Dienstleistungen (Alternativangebote) vor.

Beispiel:
Kundin: „Die Flasche mit dem Haarspitzenfluid ist sehr klein, da ist ja nicht viel drin."
Friseurin: „Ich stimme Ihnen zu, dass die Menge sehr gering ist, jedoch handelt es sich um ein sehr ergiebiges Konzentrat, von dem Sie pro Anwendung nur wenig benötigen."
Kundin: „Das ist mir aber trotzdem zu wenig."
Friseurin: „Dann kann ich Ihnen alternativ dazu das Haarspitzenfluid der Firma Haarschön anbieten. Es enthält die doppelte Menge und ist zur Zeit im Angebot."

An diesem Beispiel wird deutlich, dass eine Friseurin sich nicht zu sehr auf ein bestimmtes Waren- oder Dienstleistungsangebot festlegen darf, sondern flexibel bleiben muss. Das bedeutet, dass sie der Kundin auch ein völlig anderes Angebot unterbreiten kann, etwa an Stelle des Spitzenfluids eine Haarkur oder Spülung. Wichtig ist in erster Linie, dass trotz Ablehnung der Kundin das Gespräch in Gang gehalten wird. Lässt sich die Friseurin durch den Einwand entmutigen und kommt das Gespräch ins Stocken, ist meist die Chance auf einen Verkauf vertan.

9.7 Kaufabschluss

Anja ist glücklich, sie verkauft einer Kundin eine Pflegeserie für ihr Haar.

Nachdem die Friseurin die Verkaufsargumentation abgeschlossen hat und auf mögliche Kundeneinwände eingegangen ist, führt sie die Kaufentscheidung herbei.

Themenschwerpunkte:
- Entschlossene Kundin
- Unentschlossene Kundin
- Verabschiedung

Bild 1: Anja beim Kaufabschluss

9.7.1 Entschlossene Kundin

Im günstigsten Fall äußert die Kundin, dass sie sich für eine bestimmte Ware oder Dienstleistung entschieden hat. Sie hat damit eine Kaufentscheidung gefasst. Die Friseurin bestätigt der Kundin, dass sie eine richtige Entscheidung getroffen hat und stellt wiederholt den Nutzen der Ware oder Dienstleistung für die Kundin heraus. Sie vermittelt der Kundin das Gefühl, richtig gehandelt zu haben. Zusätzlich gibt die Friseurin Tipps zur Anwendung und/oder Handhabung der Ware oder Dienstleistung. Abschließend unterbreitet sie Zusatzangebote, die eine sinnvolle Ergänzung zum Hauptkauf darstellen. Das nachfolgende Beispiel, in welchem sich eine Kundin für den Kauf eines Haarsprays entschieden hat, soll diesen Ablauf verdeutlichen.

Kaufentscheidung bestätigen:
„Sie haben mit dem Kauf des Haarsprays die richtige Entscheidung getroffen. Das Haarspray wird Ihrem Haar Halt und Fülle geben ohne es zu verkleben."

Tipps geben:
„Das Haarspray können Sie auch gut mit in den Urlaub nehmen, da es einen UV-Filter enthält, der Ihre Haarfarbe vor dem Ausbleichen schützt."

Zusatzangebote formulieren:
„Zu diesem Haarspray kann ich Ihnen den passenden Schaumfestiger anbieten. Es empfiehlt sich beide Produkte zu verwenden, weil diese sinnvoll aufeinander abgestimmt sind und so optimalen Halt Ihrer Frisur garantieren."

9.7.2 Unentschlossene Kundin

Bei einer unentschlossenen Kundin muss die Friseurin bei der Kaufentscheidung unterstützend wirken. Sie gibt ihr Entscheidungshilfen und versucht die letzen Bedenken auszuräumen.

In der Verkaufsargumentation hat die Friseurin der Kundin verschiedene Waren oder Dienstleistungen präsentiert und deren Nutzen herausgestellt. Damit sich die Kundin nun leichter für eine der Waren oder Dienstleistungen entscheiden kann, wendet die Friseurin folgende Techniken an:

- Lenkungsfragen einsetzen
- Produkt-/Dienstleistungsvorteile zusammenfassen

Durch Lenkungsfragen findet sie heraus, welche der vorgelegten Waren oder Dienstleistungen für die Kundin den größten Nutzen bietet. Anschließend nennt sie der Kundin verstärkt Vorteile dieser Ware oder Dienstleistung und erleichtert damit der Kundin die Entscheidung. Folgendes Beispiel soll die Bedeutung der Lenkungsfragen herausstellen:

Einer Kundin (Bild 1) mit dem Wunsch nach einer farblichen Veränderung des Haares werden durch die Friseurin in der Verkaufsargumentation eine oxidative Farbveränderung in einem modischen goldblond oder blonde Strähnen zur Auswahl gestellt. Die Kundin ist unentschlossen.

Friseurin: „Sie sagen also, dass Sie eine modische Farbveränderung haben möchten und dass Sie in Kürze in den Urlaub fahren?" (Bestätigungsfrage)

Kundin: „Ja, das ist richtig, wir fliegen in einer Woche nach Mallorca."

Friseurin: „Sie gehen dort doch sicherlich viel schwimmen, oder …?" (Bestätigungsfrage)

Kundin: „Ja, das stimmt, wir gehen viel ins Wasser."

Bild 1: Kundin wünscht eine Farbveränderung

Friseurin: „Das würde bedeuten, dass die Haare viel mit Salzwasser in Berührung kommen. Dadurch und durch die Sonneneinstrahlung bleichen die Haare sehr aus. Sie möchten doch nicht, dass das sehr auffällt?" (Suggestivfrage)

Kundin: „Nein, auf keinen Fall."

Friseurin: „Wenn die blonden Strähnen ausbleichen, fällt dies weniger auf und der Gesamteindruck bleibt natürlich. Der Effekt der oxidativen Färbung ist zwar zu Beginn intensiver, durch Salzwasser und Sonne jedoch verblasst die Haarfarbe zunehmend. Bevorzugen Sie eher Strähnen oder eine Färbung?" (Alternativfrage)

Kundin: „Ich glaube, Strähnen sagen mir dann mehr zu."

Friseurin: „Ja, das ist eine gute Wahl. Ich fange sofort an."

9.7.3 Verabschiedung

Am Ende des Verkaufsgesprächs bzw. im Anschluss an die erbrachte Dienstleistung wird die Kundin zur Kasse begleitet. Dort können ihr Zusatzangebote empfohlen werden. Dadurch verstärkt sich in ihr das Gefühl eine gute Beratung und Bedienung erfahren zu haben. Anschließend begleitet die Friseurin die Kundin zur Tür, verabschiedet sie mit Namen und bedankt sich für den Besuch.

9.8 Verkaufsgespräch im Überblick

Anja hat an einem Seminar mit dem Thema „Das strukturierte Verkaufsgespräch" teilgenommen. Dies ist der Anlass ihres Chefs, sie mit dem Auftrag zu betrauen, in den folgenden Tagen verstärkt Verkaufsgespräche zu führen. Sie überlegt sich daher noch einmal genau, welche einzelnen Schritte dabei zu berücksichtigen sind.

Die Bestandteile eines vollständigen Verkausgesprächs fasst die nachfolgende Tabelle 1 zusammen.

Tabelle 1: Bestandteile eines vollständigen Verkaufsgesprächs

Phase	Verbale Mittel oder Techniken
Gesprächsbeginn: Friseurin: „Wie kann ich Ihnen helfen?" Kundin: „Meine feinen Haare fetten immer so schnell nach und sehen dann ungepflegt aus. Außerdem gefällt mir der Schnitt überhaupt nicht mehr."	Informationsfrage
Bedarfsermittlung: Friseurin: „Wie pflegen Sie Ihre Haare zu Hause?" Kundin: „Ich habe schon alle möglichen Shampoos durchprobiert und keines hat geholfen. Packungen machen es noch schlimmer." Friseurin: „Ich verstehe Ihr Problem. Wie viel Zeit nehmen Sie sich morgens für das Styling Ihrer Haare?" Kundin: „Es muss morgens immer sehr schnell gehen und das Ergebnis soll sportlich aussehen." Friseurin: „Sie möchten also eine Frisur, die sportlich aussieht und schnell zu frisieren ist? Gleichzeitig soll das Problem des schnellen Nachfettens und der feinen Haare gelöst werden?" Kundin: „Ja, das wäre ideal."	Informationsfrage Aktives Zuhören und Informationsfrage Aktives Zuhören und Bestätigungsfragen
Verkaufsargumentation Friseurin legt Frisurenheft vor: „Mit diesem Haarschnitt lässt sich Ihr Wunsch am ehesten umsetzen, denn er ist sportlich, kurz und pflegeleicht. Sie benötigen zum Stylen ohne großen Aufwand, d. h. mit ein wenig Gel oder Wachs, nur maximal 10 Minuten." Kundin: „Die Frisur gefällt mir. Geht das denn bei meinen dünnen Haaren?" Friseurin: „Es geht in jedem Falle mit einer leichten Volumenwelle, denn sie gibt dem Haar einen leichten Stand und verleiht ihm eine gewisse Sprungkraft. Außerdem kann durch diese Behandlung das schnelle Nachfetten der Haare vom Ansatz bis in die Spitzen eingeschränkt werden. Das hat damit zu tun, dass die veränderte Oberflächenstruktur der Haare die Spreitgeschwindigkeit des Hauttalgs mindert."	Frisurenvorlage als Entscheidungshilfe, These, dienstleistungs- und kundenbezogene Argumente, Beleg These, dienstleistungs- und kundenbezogene Argumente, Beleg
Einwandbehandlung: Kundin: „Eine Dauerwelle möchte ich eigentlich nicht. Bei meiner letzten Dauerwelle vor 15 Jahren sind meine Haare ganz kraus geworden."	

9.9 Reklamation

Fortsetzung Tabelle 1: Bestandteile eines vollständigen Verkaufsgesprächs

Phase	Verbale Mittel oder Techniken
Einwandbehandlung: Friseurin: „Ja, das kann passieren, wenn eine Dauerwelle unsachgemäß ausgeführt wird. Die Volumenwelle, die wir anbieten, ist technologisch auf dem neuesten Stand und unsere Mitarbeiter werden ständig auf diesem Gebiet geschult." Kundin: „Ach, ich weiß nicht. Ich möchte doch lieber keine Dauerwelle." Friseurin: „Wenn Sie so starke Bedenken haben, empfehle ich Ihnen alternativ ein Spezialshampoo gegen schnell fettendes Haar. Ihr Wunsch war es doch, eine Lösung gegen die fettigen Haare zu finden?" Kundin: „Ja natürlich." Friseurin: „Möchten Sie also dieses Spezialshampoo oder sollen wir doch die Dauerwelle versuchen?" Kundin: „Ich probiere lieber zunächst das Shampoo."	Einwandbehandlung mit Ja-Aber-Methode Alternativangebot und Suggestivfrage Entscheidungsfrage
Kaufabschluss: Friseurin: „Das ist eine gute Entscheidung. Wir beginnen mit der Reinigung Ihrer Haare mit dem Spezialshampoo und anschließend führe ich den Haarschnitt wie besprochen aus. Sie werden direkt feststellen, dass die Haare besser liegen. Beide Leistungen kosten dann zusammen 40 Euro. Ihre Frisur sieht anschließend immer gepflegt aus, auch wenn Sie Ihre Haare zu Hause stylen. Kostenlos wende ich zum Abschluss ein Sebum-Kopfhautwasser an, das die Fettabsonderung zusätzlich reguliert.	Bestätigung der Kaufentscheidung Sandwichmethode

9.9 Reklamation

> Anja hat soeben eine Kundin verabschiedet und schaut noch kurz in das Terminbuch. In diesem Moment betritt eine aufgeregte Kundin das Geschäft und fährt Anja an: „Schauen Sie mal, die Dauerwelle ist ja viel zu kraus geworden!" Anja denkt sich: „Ach du Schreck, was mache ich denn jetzt?"

Bild 1: Eine Kundin hat eine Reklamation

Trotz guter Beratung und sorgfältig durchgeführter Dienstleistungen kann es zu Reklamationen seitens der Kundinnen kommen. Ebenso führen Mängel an Waren zu Beanstandungen. Die Friseurin sollte die Reklamation nutzen, um die enttäuschte Kundin letztendlich doch noch zufrieden zu stellen. Eine zufriedene Kundin ist die beste Werbung für den Salon.

Themenschwerpunkte:
- Gesetzliche Grundlagen für die berechtigte Reklamation von Waren
- Gesetzliche Grundlagen für die Reklamation von Dienstleistungen
- Umgang mit unberechtigten Reklamationen
- Erfolgreiche Reklamationsbearbeitung in 11 Schritten

■ 9.9.1 Gesetzliche Grundlagen für die berechtigte Reklamation von Waren

Wenn Kundinnen Waren erwerben, schließen sie einen Kaufvertrag mit der Inhaberin des Friseurgeschäftes ab. Sie haben gem. § 433 (1) Bürgerliches Gesetzbuch (BGB) ein Recht darauf, dass diese Waren einwandfrei sind und die ihnen zugesicherten Eigenschaften erfüllen. Beanstanden die Kundinnen berechtigterweise die Ware, so ist die Friseurin gesetzlich verpflichtet, den Mangel zu beheben. Ausnahmen sind Mängel, die der Kundin vor dem Kaufabschluss bereits bekannt waren. Hat die Kundin einen Mangel an der Ware nachweislich selbst verschuldet, kann sie nicht mit Erfolg reklamieren. Beispiele für berechtigte Reklamationen können z. B. folgende Sachmängel sein, die sich nach § 434 BGB unterscheiden lassen (Tabelle 1).

Tabelle 1: Beispiele für Sachmängel		
Mängel in der Güte	**Mängel in der Beschaffenheit**	**Mängel in der Menge**
Der Ware fehlt eine zugesicherte Eigenschaft, z. B.:	Die Ware ist beschädigt, untauglich oder verdorben, z. B.:	Die Ware ist unvollständig, z. B.:
■ Bei einem hochwertigen Qualitätskamm brechen schon beim ersten Einsatz Kammzähne ab ■ Der als nickelfrei ausgewiesene Haarschmuck führt zu allergischen Hauterscheinungen bei einer Kundin, die nur gegen Nickel allergisch ist	■ Defekter Sprühkopf bei der Haarsprayflasche ■ Ranzige Hautcreme ■ Beschädigte Verpackung ■ Eingetrockneter Nagellack	■ Die Cremedose ist nur halb voll ■ Bei einem Komplettangebot für einen Lockenstab sind statt der angegebenen drei Bürstenaufsätze nur zwei in der Verpackung enthalten

Eine Kundin hat bei Sachmängeln gem. §§ 437 ff. BGB unterschiedliche Rechtsansprüche, die in Bild 1 aufgeführt sind.

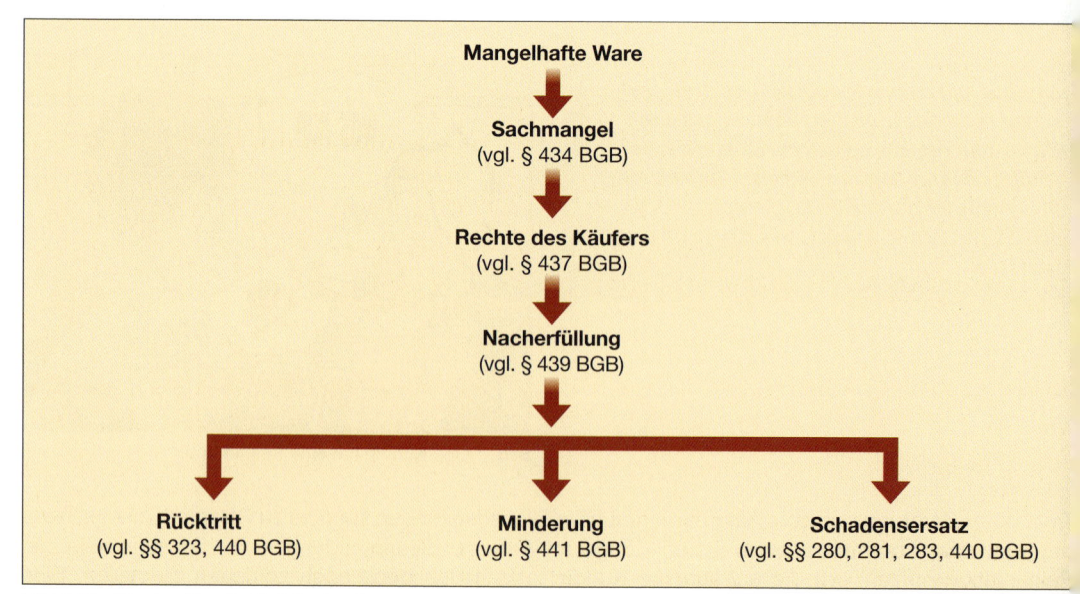

Mangelhafte Ware
↓
Sachmangel
(vgl. § 434 BGB)
↓
Rechte des Käufers
(vgl. § 437 BGB)
↓
Nacherfüllung
(vgl. § 439 BGB)
↓
- **Rücktritt** (vgl. §§ 323, 440 BGB)
- **Minderung** (vgl. § 441 BGB)
- **Schadensersatz** (vgl. §§ 280, 281, 283, 440 BGB)

Bild 1: Rechte des Kunden bei Sachmängeln

9.9 Reklamation

Nacherfüllung

Im Rahmen der Nacherfüllung kann die Kundin entweder auf die Beseitigung des Mangels (z. B. Reparatur) bestehen oder die Lieferung einer fehlerfreien Ware verlangen.

> **Beispiele:**
> Eine Kundin reklamiert den Rasierapparat, weil der Langhaarschneider nicht funktioniert. Die Friseurin nimmt das Gerät innerhalb der gesetzlich garantierten Gewährleistungsfrist (zwei Jahre) oder der vereinbarten Garantiezeit zur kostenfreien Reparatur an.
> Die Flasche Haarspray mit dem defekten Sprühkopf wird einen Tag nach dem Kauf reklamiert. Die Friseurin ersetzt diese durch eine andere.

Die Nacherfüllung kann scheitern, weil

- sie der Kundin nicht zuzumuten ist (z. B. zu lange Reparaturdauer oder lange Wartezeit auf eine Ersatzlieferung),
- die Friseurin die Nacherfüllung verweigert (z. B. bei unverhältnismäßig hohen Reparaturkosten),
- die Fehlerbeseitigung zum zweiten Mal erfolglos war.

Rücktritt

Schlägt die Nacherfüllung fehl, hat die Kundin das Recht vom Kaufvertrag zurückzutreten. In diesem Fall behält die Friseurin die defekte oder beschädigte Ware und die Kundin erhält ihr Geld zurück.

> **Beispiel:**
> Eine Kundin, die den eingetrockneten Nagellack reklamiert, gibt den Nagellack zurück und die Friseurin erstattet ihr den vollen Kaufpreis.

Minderung

Statt zurückzutreten kann die Kundin durch Erklärung gegenüber der Friseurin den ursprünglich vereinbarten Kaufpreis mindern. Dabei bleibt der Kaufvertrag erhalten.

> **Beispiel:**
> Eine Kundin bemerkt zu Hause, dass der Drehmechanismus des Lippenstiftes defekt ist. Sie kann die Lippenfarbe nur noch mit dem Pinsel auftragen. Gegenüber der Friseurin erklärt sie, dass der Lippenstift nun unterwegs nicht zu benutzen sei, sie ihn jedoch behalten möchte. Die Friseurin erkennt die Wertminderung und erstattet den halben Kaufpreis.

Ist ein Mangel an der Ware unerheblich, so sind Rücktritt oder Minderung ausgeschlossen (vgl. § 323 (5) BGB).

> **Beispiel:**
> Eine Kundin hat ein teures Parfum erworben. Nach dem ersten Gebrauch stellt sie im Flaconglas ein Luftbläschen fest. Dies veranlasst sie, einen Mangel in der Beschaffenheit gegenüber der Friseurin zu reklamieren. Diese jedoch weist den Anspruch wegen Unerheblichkeit zurück.

Schadensersatz

Schadensersatz ist dann zu leisten, wenn die Kundin durch die mangelhafte Ware einen Schaden erleidet. Ziel des Schadenersatzes ist es, den Zustand wieder herzustellen, der ohne das schädigende Ereignis bestünde. Außerdem kann die Kundin Rücktritt vom Kaufvertrag verlangen. Die Friseurin hat den Schaden in jedem Fall zu vertreten, wenn:

- der Ware eine von der Friseurin garantierte Eigenschaft fehlt,
- sie der Kundin einen Mangel der Ware arglistig verschweigt,
- sie die Verzögerung der Nacherfüllung verschuldet hat.

Ist nachweislich der Hersteller/Lieferant der Ware Verursacher des Schadens (z. B. durch falsche Angaben auf der Ware), kann die Friseurin die Schadensersatzansprüche der Kundin wiederum bei diesem geltend machen.

Beispiel:

Die Friseurin verkauft der Kundin ein Tönungsshampoo und sichert ihr zu, dass damit bei ihren hellblonden Haaren ein leicht goldiger Schimmer erzielt wird. Die Haare werden jedoch orange. Anschließend muss sich die Kundin einer teuren farbverändernden Haarbehandlung unterziehen, damit sie ihre ursprüngliche Haarfarbe zurückerhält. Die Friseurin, die ihr das Tönungsshampoo verkauft hat, muss für die Farbbehandlung aufkommen, da die zugesicherte Eigenschaft des Shampoos nicht zutreffend war. Außerdem erhält die Kundin von ihr das Geld für das Shampoo zurück.

9.9.2 Gesetzliche Grundlagen für die Reklamation von Dienstleistungen

Kundinnen kaufen bei ihrer Friseurin nicht nur Waren, sondern auch Dienstleistungen (z. B. Haarschnitte). Zwischen der Friseurin und der Kundin wird in diesem Fall ein Werkvertrag geschlossen. Gem. § 631 BGB ist der Friseur zur Herstellung des versprochenen Werks verpflichtet und garantiert damit eine Leistung mit einem bestimmten Erfolg. Das bedeutet, ein Haarschnitt ist von der Friseurin so zu erstellen, wie er zuvor in der Beratung besprochen wurde.

Wenn das Werk nicht die vereinbarte Beschaffenheit (Farbe, Form, Länge, ...) aufweist oder die Beschaffenheit nicht wie vereinbart ist, d. h. den gewöhnlichen Anforderungen und den üblichen Erwartungen nicht entspricht, wird von einem Mangel des Werkes gesprochen. Beispiele für Mängel eines Werkes aus dem Berufsfeld Körperpflege verdeutlicht die folgende Auflistung.

Mängel eines Werkes
- das Farbergebnis entspricht nicht der zuvor abgesprochenen Haarfarbe
- die Spitzen sind nach der Dauerwellbehandlung abgebrochen
- die Koteletten sind ungleich lang
- bei einem Bob sind die Haare an den Seiten unterschiedlich lang
- der Haarschnitt ist zu kurz geworden
- die Nagelmodellage löst sich am Rand
- die Dauerwelle ist zu stark
- nach einer Aknebehandlung treten starke Entzündungen im Gesicht auf
- die Haare sind nach einer Blondierung am Ansatz abgebrochen

9.9 Reklamation

Bei Werkverträgen sind Mängel des Werkes Grundlage für berechtigte Reklamationen. Die daraus resultierenden Rechtsansprüche verdeutlicht die nachfolgende Abbildung (Bild 1).

```
                    Mangelhafte Dienstleistung
                              ↓
                       Werkvertragsmängel
                          (vgl. § 434 BGB)
                              ↓
                        Rechte des Kunden
                          (vgl. § 631 BGB)
                              ↓
                          Nacherfüllung
                          (vgl. § 635 BGB)
                              ↓
   ┌──────────────┬──────────────┬──────────────┬──────────────┬──────────────┐
   ↓              ↓              ↓              ↓                             ↓
Selbstvornahme  Rücktritt    Minderung    Schadensersatz        Ersatz vergeblicher
(vgl. § 637    (vgl. § 323  (vgl. § 638  (vgl. §§ 280, 281,         Aufwendungen
   BGB)           BGB)          BGB)        283, 636 BGB)         (vgl. § 284 BGB)
```

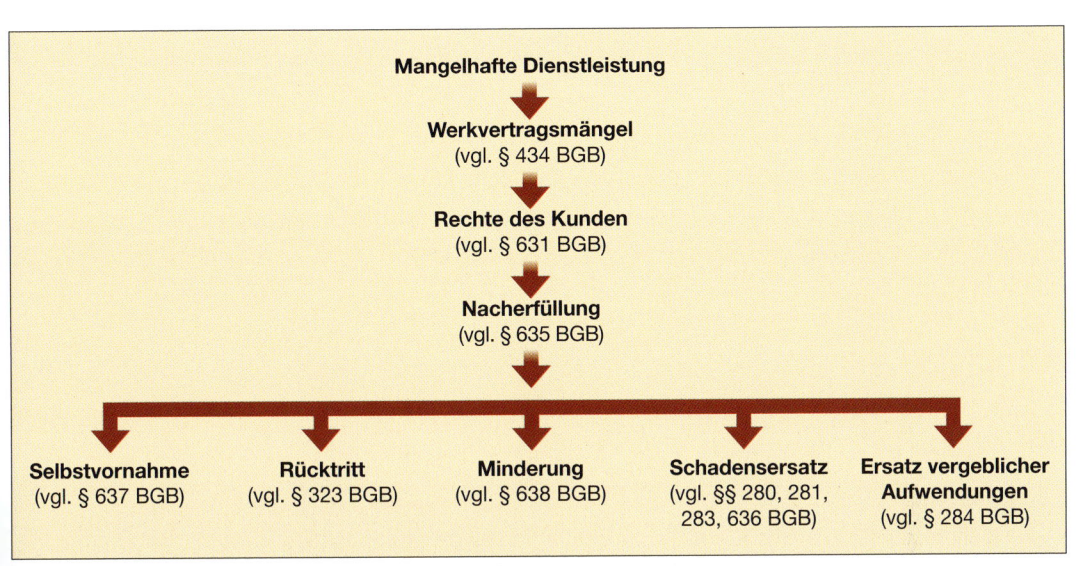

Bild 1: Rechte des Kunden bei Dienstleistungsmängeln

Nacherfüllung

Im Rahmen der Nacherfüllung verpflichtet sich die Friseurin, den Mangel unentgeldlich innerhalb der von der Kundin gesetzten Frist zu beseitigen oder die Dienstleistung kostenlos neu zu erstellen.

> **Beispiele:**
> Ein Kunde reklamiert bei einem Faconhaarschnitt die ungleichen Koteletten. Die Friseurin korrigiert dies kostenlos.
> Eine Kundin reklamiert die Nagelmodellage, die sich an den Rändern gelöst hat. Die Friseurin erstellt die Nagelmodellage kostenlos neu.

Die Fristsetzung ist entbehrlich, wenn besondere Umstände einen Rücktritt vom Vertrag rechtfertigen.

> **Beispiel:**
> Eine Farbbehandlung unmittelbar vor dem Hochzeitstermin misslingt. Die Kundin verzichtet auf das Recht der Nacherfüllung aus terminlichen Gründen und tritt vom Vertrag zurück. Die von der Friseurin erbrachte „Leistung" wird von ihr nicht bezahlt.

Weitere Gründe für ein Scheitern der Nacherfüllung sind gegeben, wenn:
- die von der Kundin gesetzte Frist nicht eingehalten wurde,
- die Nacherfüllung durch die Friseurin verweigert wurde,
- die Nacherfüllung für die Kundin unzumutbar ist.

Scheitert die Nacherfüllung, hat die Kundin die folgenden Rechte:

Selbstvornahme

Bei der Selbstvornahme kann die Kundin den Mangel selbst beseitigen und Ersatz für die dazu erforderlichen Aufwendungen verlangen.

Beispiel:
Die Haarfarbe einer Kundin ist ungleichmäßig ausgefallen. Sie reklamiert diesen Sachverhalt. Bei einem anderen Friseur lässt sie eine Farbkorrektur vornehmen. Die dadurch entstandenen Kosten stellt sie dem Verursacher in Rechnung.

Rücktritt

Der Werkvertrag kann rückgängig gemacht werden. In diesem Fall braucht die Kundin das „Werk" nicht zu zahlen.

Beispiel:
Die Hochsteckfrisur, die eine Kundin in Anlehnung an eine Frisurenvorlage wünscht, wird durch die Friseurin nicht umgesetzt. Eine Korrektur ist aus terminlichen Gründen unmittelbar nicht möglich. Die Kundin weigert sich, den Preis für die Dienstleistung zu bezahlen. Die Friseurin akzeptiert dies.

Minderung

Statt von dem Vertrag zurückzutreten hat die Kundin die Möglichkeit zur angemessenen Preisminderung, wenn das Ergebnis der Dienstleistung trotz des Mangels bestehen bleiben kann.

Beispiel:
Die Kundin stellt nach einer Farbbehandlung fest, dass das Ergebnis dunkler ausgefallen ist, als die Friseurin versprochen hatte. Sie wünscht keine Farbkorrektur wegen einer möglichen Strukturschädigung. Die Friseurin mindert den Preis für die Färbung.

Schadensersatz

Der Friseur ist dem Grundsatz verpflichtet, die Leistung nach Treu und Glauben zu erbringen (vgl. § 242 BGB). Wenn die Leistung entsprechend den üblichen Standards im Friseurhandwerk nicht erbracht wird und die Kundin einen Schaden erleidet, der nicht behoben werden kann, ist sie berechtigt Schadensersatz zu verlangen.

Beispiele:
Bei einer Dauerwellbehandlung hat die Friseurin die üblichen Verfahrensgrundsätze missachtet. Als Folge daraus brechen die Haare ab. Die Kundin verlangt Schadensersatz in Form einer Perücke. (vgl. Schadensersatz statt der Leistung § 281 BGB).

Bei einer Farbbehandlung gerät Farbe auf die Kleidung. Die Kosten für die Reinigung ggf. für den Ersatz der Kleidung stellt sie dem Friseur in Rechnung (vgl. Schadensersatz neben der Leistung §§ 280, 282 BGB).

Ersatz vergeblicher Aufwendungen

Anstelle des Schadensersatzes kann gemäß § 284 BGB Ersatz vergeblicher Aufwendungen gefordert werden, wenn im Vertrauen auf den Erhalt der Leistung zusätzliche Kosten entstanden sind.

> **Beispiel:**
> Eine Kundin hat mit der Friseurin eine besonders ausgefallene Karnevalsfrisur abgesprochen, die diese erstellen soll. Der Termin wurde festgelegt und bestätigt. Die Kundin kauft daher die teuren Materialien speziell für diese Frisurenerstellung ein. Als die Kundin an dem abgesprochenen Termin in den Salon kommt, fehlt die Friseurin. Keine der anderen Kolleginnen erklärt sich bereit, die Frisur zu erstellen. Die Kundin verlangt vom Salon Geldersatz für die teuren Materialien, die sie anderweitig nicht verwenden kann.

9.9.3 Umgang mit unberechtigten Reklamationen

In manchen Fällen beanstanden und reklamieren Kundinnen Waren oder Dienstleistungen unberechtigt. Entweder ist der Mangel nicht eindeutig feststellbar oder es ist nicht klar, wer den Mangel verursacht hat. Beispiele für unberechtigte Reklamationen können sein:

- Der gekaufte Nagellack gefällt der Kundin am nächsten Tagen nicht mehr. Er ist noch original verpackt.
- Die Kundin hatte den Wunsch nach einer leichten Dauerwelle. Später beschwert sie sich, dass sie keine richtigen Spirallocken hat.
- Die Kundin beschwert sich nach dem Badeurlaub, dass ihre rote Haarfarbe stark verblichen ist.

Wird diese Art von Reklamationen kategorisch abgelehnt, besteht die Gefahr, dass die Kundin verärgert wird und nicht wiederkommt. Da ein solches Verhalten weder verkaufsfördernd noch werbewirksam für den Salon ist, sollte die Kundin auch in solchen Fällen entgegenkommend behandelt werden. Das bedeutet, dass die Friseurin auch diese Beanstandungen ernst nimmt und die Ansprüche der Kundin durch eine freiwillige Leistung (Kulanz) erfüllt. Im Einzelfall entscheidet die Friseurin und legt die Grenzen der Kulanz fest. Bezogen auf die obigen Beispiele können etwaige Kulanzleistungen sein:

- Umtausch von Ware, die nicht gefällt (ohne Rechtsanspruch)
- Anbieten einer neuen Dauerwellbehandlung, die Kundin trägt nur die Materialkosten
- Anbieten einer kostenlosen Tönung zur Farbauffrischung

9.9.4 Erfolgreiche Reklamationsbearbeitung in 11 Schritten

Wenn sich eine Kundin beschwert, ist das eine unangenehme Situation für die Friseurin. Zur sachgerechten und korrekten Bearbeitung der Reklamation müssen folgende Schritte bedacht werden:

1. Der Kundin die Möglichkeit geben, ihre Reklamation vorzutragen. Dazu wird sie in einen ruhigen Bereich des Salons gebeten, sodass das Gespräch von anderen Kundinnen nicht mitverfolgt werden kann (Diskretion).
2. Die Kundin ausreden lassen und Interesse signalisieren.
3. Ruhig und freundlich bleiben. Persönliche Angriffe überhören.
4. Genau notieren, was die Kundin reklamiert und worin ihr Problem liegt.
5. Die Kundin darin bestärken, dass es richtig ist, sich mit ihrem Problem direkt an den Salon/die Friseurin zu wenden.
6. Hilfsbereitschaft signalisieren, das Problem im Sinne der Kundin zu lösen.

9 Beratung und Verkauf

7. Die beanstandete Ware bzw. Dienstleistung überprüfen. Zur Überprüfung des Sachverhaltes ggf. den Rat einer Kollegin hinzuziehen und die Kundin anschließend sachlich über das Ergebnis informieren.
8. Entscheidung treffen, ob die Beanstandung berechtigt oder unberechtigt ist.
9. Die Kundin nach ihren Vorstellungen fragen und gemeinsam mit der Kundin nach einer Lösung suchen und sich rückversichern, dass die Kundin damit wirklich zufrieden ist.
10. Das Problem im Sinne der gemeinsamen Vereinbarung lösen.
11. Der Kundin für ihr Verständnis danken.

Bild 1 stellt die Schritte der Reklamationsbearbeitung in einer Übersicht dar.

Reklamationsbearbeitung im Telegrammstil

Kundin: „Damit bin ich einverstanden!"

- Problemlösung
- Vereinbarung
- Angebot einer Lösung
- Bewertung der Reklamation
- Analyse der Reklamation
- Anhören der Reklamation
- Positive Grundhaltung

Kundin: „Damit bin ich nicht einverstanden!"

Verhaltensschritte der Friseurin

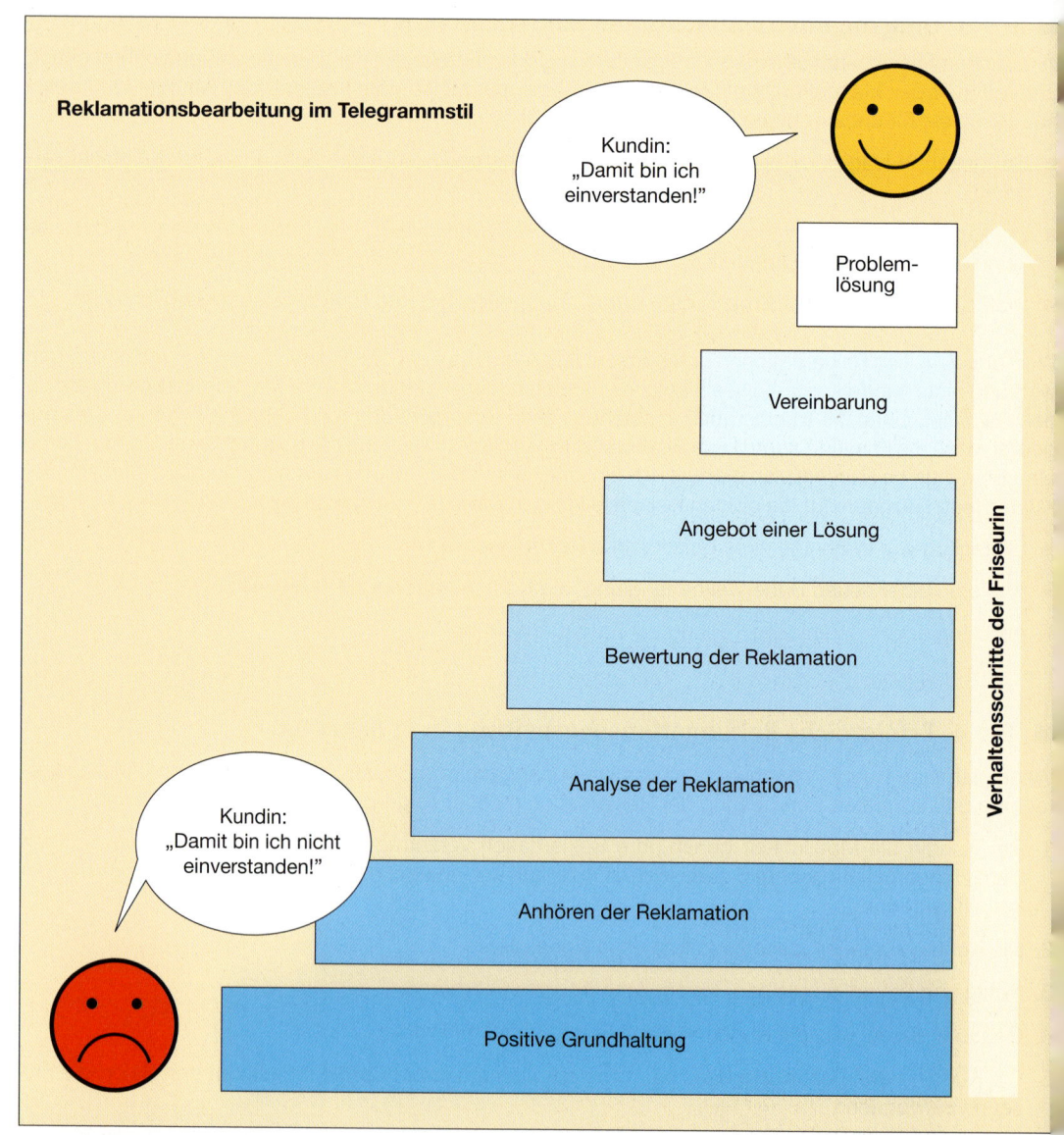

Bild 1: Reklamationsbearbeitung

Aufgaben

1. **Welche Beraterkompetenzen werden durch die folgenden Kundenaussagen kritisiert?**
   a) „Können Sie nicht mal etwas freundlicher sein?"
   b) „Wollen Sie mir mit aller Gewalt etwas verkaufen?"
   c) „Sie verstehen nicht, was ich will, aber machen Sie mal wie Sie meinen!"
   d) „Können Sie das überhaupt?"
   e) „Sie haben ja keine Ahnung!"

2. **Führen Sie ein Rollenspiel zur Eröffnungsphase durch.**
   a) Verteilen Sie folgende Rollen: Kundin und Friseurin. Der Rest der Klasse übernimmt die Aufgabe der Beobachter.
   b) Simulieren Sie Situation 1: Die Kundin steht vor dem Regal und möchte gerne von der Friseurin angesprochen werden.
   c) Simulieren Sie Situation 2: Die Kundin steht vor dem Regal und möchte nicht von der Friseurin angesprochen werden.
   d) Die Beobachter analysieren die Signale der Kundin und das Verhalten der Friseurin in der Eröffnungsphase.

3. **Mit welchen verbalen/nonverbalen Signalen zeigt eine Kundin der Friseurin Beratungsbedarf an?**

4. **Um welche Frageformen handelt es sich?**
   a) Wie soll die neue Frisur aussehen?
   b) Möchten Sie ein Make-up kaufen?
   c) Welche Größe soll die Shampooflasche haben?
   d) Waren Sie schon einmal bei einer Kosmetikerin?
   e) An welche Pflegeprodukte hatten Sie gedacht?
   f) Welche Bedenken haben Sie bei der Dauerwelle?
   g) Welche Anforderungen stellen Sie an die Frisur?

5. **Welche Absicht ist mit folgenden Fragen verbunden?**
   a) Möchten Sie eine Pflanzenfarbe oder eine normale Farbe?
   b) Sie suchen also nach einem Shampoo gegen Schuppen?
   c) Sie wollen also das Shampoo kaufen?
   d) Soll ich Ihnen die flüssigen oder die kompakten Make-ups zeigen?
   e) Das ist doch die Farbe, die Sie sich ausgesucht hatten?
   f) Sie möchten also eine Dauerwelle, damit Sie weniger Arbeit mit der Frisur haben?

6. **Lesen Sie das folgende Verkaufsgespräch und bearbeiten Sie die Aufgaben.**

   > **Verkaufsgespräch:**
   > Friseurin: „Guten Tag. Kann ich Ihnen helfen?"
   > Kundin: „Ja, sonst wäre ich doch nicht hier!"
   > Friseurin: „Ich frage ja nur. Möchten Sie eine Dauerwelle?"
   > Kundin: „Nein."
   > Friseurin: „Möchten Sie einen Haarschnitt?"
   > Kundin: „Nein."

9 Beratung und Verkauf

> Friseurin: „Möchten Sie eine neue Haarfarbe?"
> Kundin: „Ja."
> Friseurin: „Tönung oder Pflanzenfarbe?"
> Kundin: „Ich weiß nicht. Was meinen Sie denn?"
> Friseurin: „Hm."
> Kundin: „Ich möchte einen Rotton."
> Friseurin: „Hier habe ich eine Farbkarte. Schauen Sie mal."
> Kundin: „Wozu würden Sie mir denn raten?"
> Friseurin: „Zu diesem Rot."
> Kundin: „Das gefällt mir nicht."
> Friseurin: „Sie wissen doch gar nicht, was Sie wollen."
> Kundin geht!!!

a) Überlegen Sie, warum das Verkaufsgespräch eine negative Wendung erhalten hat und stellen Sie die Fehler heraus!

b) Schreiben Sie das Verkaufsgespräch neu. Formulieren Sie das Gespräch so um, dass es eine positive Wendung bekommt.

7. Ergänzen Sie die Liste der folgenden Nutzenformulierungen
- Das bringt Ihnen ...
- Dadurch sparen Sie ...
- Damit können Sie ....

8. Trainieren Sie eine Verkaufsargumentation. Gehen Sie dazu von einem speziellen Kundenbedürfnis aus und wählen Sie eine auf den Kunden bezogene Dienstleistung oder Ware. Orientieren Sie sich dabei an nachfolgendem Beispiel:

Kundenbedürfnis: Geltungsbedürfnis
Ware: Lippenstift

Tabelle 1: Beispiel für eine Argumentation			
These (Behauptung)	**Argument** (Begründung)		**Beleg** Beweis
	Warenbezogen: Warenmerkmale nennen	**Kundenbezogen:** Nutzen für die Kundin herausstellen	
Ich empfehle Ihnen den Lippenstift XY von Alina, ...	...weil es passend zu diesem **exklusiven** Markenlippenstift den Lidschatten und den Nagellack gibt	Das **unterstreicht** die Farbharmonie und bestätigt Ihren **guten** Geschmack.	Ein Farbbeispiel finden Sie auf diesem Plakat. Sie können sehen, wie die Farben wirken.

9. Wenden Sie die Sandwichmethode an, indem Sie die genannten Produktvorteile mit dem Preis anhand der folgenden Beispiele in Beziehung setzen:
a) Lippenstift (6,75 Euro): Pflegende Öle/modisch
b) Schaumfestiger (9,85 Euro): Lange Haltbarkeit der Frisur/Kämmbarkeit der Haare bleibt erhalten

10. Binden Sie den sehr hohen Preis der Waren und Dienstleistung so in eine Verkaufsargumentation ein, dass er dem Kunden gerechtfertigt erscheint.
a) Strähnen (65 Euro)
b) Shampoo (15 Euro)
c) Dauerwelle (80 Euro)

Aufgaben

11. „Verpacken" Sie den günstigen Preis einer Ware und Dienstleistung so, dass sie der Kundin nicht als minderwertig erscheint!
   a) Haarschnitt (7,50 Euro)
   b) Nagellack (1 Euro)
   c) Kammsträhnen (8 Euro)

12. Führen Sie für die in der Tabelle 1 aufgeführten Kundenbedürfnisse eine vollständige Verkaufsargumentation mit mehreren Argumenten (Argumentationskette) durch. Berücksichtigen Sie bei Ihren Formulierungen das Kundenbedürfnis. Beachten Sie den Dreischritt der Verkaufsargumentation und nennen Sie den Preis zum richtigen Zeitpunkt.

Tabelle 1		
Kundenbedürfnis	**Ware/Dienstleistung**	**Preis**
Preisbewusstsein	Haarkur als Dienstleistung nach der Dauerwelle	6 Euro
Geltungsbedürfnis	Lidschatten-Duo	10 Euro
Modebewusstsein	Tönungsshampoo	7,50 Euro
Bequemlichkeit	Kurzhaarfrisur	25 Euro

13. Formulieren Sie verschiedene Kundeneinwände, die sich gegen die Ware oder Dienstleistung, gegen den Preis oder das Geschäft bzw. den Verkauf richten.

Beispiel: „Der Fön ist zu laut." (Einwand gegen die Ware)

14. Gehen Sie auf folgende Kundeneinwände ein, indem Sie eine der vier Einwandmethoden nutzen. Begründen Sie Ihre Auswahl.
   a) „Haarspray verklebt doch immer die Haare."
   b) „Der Preis ist mir zu hoch."
   c) „Das mit der Dauerwelle überlege ich mir noch einmal."
   d) „Eine Färbung schadet meinem Haar."
   e) „Der Lippenstift sieht nicht besonders gut aus."
   f) „Dieser Nagellack wirkt doch völlig unnatürlich."
   g) „Die Kurzhaarfrisur kann ich doch nicht zu einem festlichen Anlass tragen."
   h) „Ist mein Haar für diese Frisur nicht zu dünn?"
   i) „Ich möchte keine Intensivtönung, die hält doch nicht so lange, wie eine richtige Färbung."

15. Nennen Sie für folgende Waren und Dienstleistungen sinnvolle Zusatzangebote und formulieren Sie diese in Form eines Arguments!

Waren und Dienstleistungen: Shampoo, oxidative Färbung, Nagellack, Haarschnitt, Hochsteckfrisur, Maniküre, Nachtcreme, Cream-Make-up.

Beispiel:
Dienstleistung: Dauerwelle
Zusatzangebot: Haarkur
Argument: „Zu der Dauerwelle empfehle ich Ihnen zusätzlich eine Haarkur für dauergewelltes Haar, sie erhält die Spannkraft der Haare und bewirkt dadurch, dass die Dauerwelle lange hält."

9 Beratung und Verkauf

16. Lesen Sie die sechs Fallbeispiele für Kundenreklamationen und bearbeiten Sie die Aufgaben. Beachten Sie, ob es sich um Waren oder Dienstleistungen handelt!

a) Formulieren Sie Fragen, mit deren Hilfe Sie herausfinden können, ob die Reklamationen berechtigt oder unberechtigt sind.

b) Geben Sie an, in welchen Fällen die Reklamationen unberechtigt wären!

c) Erläutern Sie, welche Mängelansprüche in den drei folgenden Fällen bei einer berechtigten Reklamation jeweils möglich sind!

d) Wie reagieren Sie auf die folgende Reklamation? Was bieten Sie der Kundin an?

e) Spielen Sie diese Reklamationen in Rollenspielen nach.

Fall	Situation
1	Herr Locke kaufte vergangene Woche eine Flasche Haarspray. Nun reklamiert er diese, weil der Sprühkopf nicht mehr funktioniert.
2	Frau Krause beschwert sich, dass die erst kürzlich gekaufte Rundbürste während des Fönens zerbrochen ist.
3	Frau Gerneschön bemängelt, dass der Verschluss der gestern gekauften Cremedose nicht richtig schließt.
4	Frau Schönberg sind nach einer Ansatzblondierung der frisch dauergewellten Haare alle Haare direkt über der Kopfhaut abgebrochen. Sie reklamiert die mangelhaft ausgeführte Dienstleistung.
5	Frau Struckmayer reklamiert ihre ungleichmäßig gefärbten Haare.
6	Eine Kundin mit starken Teleangiektasien stellt nach einer Kosmetikbehandlung fest, dass die Rötungen der erweiterten Äderchen zugenommen haben. Sie wirft der Friseurin vor, eine falsche Behandlung durchgeführt zu haben.

17. Denken Sie sich eine Verkaufssituation mit einem Kundeneinwand aus.

a) Notieren Sie den Dialog einschließlich der Antworten der Friseurin.

b) Der Dialog wird der Klasse vorgestellt und durch sie bewertet.

18. Lesen Sie sich folgende Beispiele für Reklamationen durch und entscheiden Sie, ob es sich um berechtigte oder unberechtigte Reklamationen handelt.

a) Die Haarfarbe ist ungleichmäßig geworden.

b) Das im Sommer gekaufte Make-up wird von der Kundin an Weihnachten zurückgebracht, weil es zu dunkel ist.

c) Der neue Lippenstift ist bereits eingetrocknet.

d) Die Haare sind nach der Blondierung direkt am Ansatz abgebrochen.

e) Nachdem die Kundin ihre frische Dauerwelle mit einem Kreppeisen behandelt hat, brechen die Haare ab.

f) Durch eine kosmetische Gesichtsbehandlung kommt es zu Entzündungen im Gesicht.

g) Die Nagellackfarbe gefällt der Kundin nicht.

19. Kundinnen reklamieren manchmal Waren oder Dienstleistungen ungerechtfertigt, da sie unsachgemäß damit umgegangen sind. Lesen Sie das folgende Beispiel und lösen Sie anschließend die Aufgaben.

> **Beispiel:**
> Kundin: „Vor einigen Tagen haben Sie mir die Haare blondiert. Schauen Sie, jetzt sind sie grün!"
> Friseurin: „Wann wurden denn die Haare grün?"
> Kundin: „Ja, das war nicht sofort, ich habe nach der ersten Wäsche eine Tonspülung für den Glanz aufgetragen. Danach waren sie grün."
> Friseurin: „Welchen Farbton hatte die Tonspülung?"
> Kundin: „Mittelblond Natur stand auf der Flasche."
> Friseurin: „Dann ist es nicht verwunderlich, denn dieser Farbton wird auf blondiertem Haar immer leicht grünlich. Das war kein fachlicher Fehler meinerseits. Ich kann Ihnen jedoch anbieten, eine Tönung durchzuführen, durch die der Grünstich verschwindet."

a) Notieren Sie zunächst Fragen, die Sie den Kundinnen in den folgenden Fällen stellen könnten, um herauszufinden, ob der Fehler an der Ware liegt oder ob die Kundin diese unsachgemäß behandelt hat:
– „Die Cremedose schließt nicht richtig."
– „Meine Fönfrisur hat beim letzten Mal nur 2 Stunden gehalten."

b) Formulieren Sie zu den Fällen entsprechende Dialoge (siehe Beispiel), die gegebenenfalls mit einem Kulanzangebot abschließen.

20. Führen Sie Rollenspiele zu den folgenden Kundenreklamationen durch. Berücksichtigen Sie dabei die Schritte einer Reklamationsbearbeitung.

a) Die Kundin stellt im Anschluss an die Farbbehandlung fest, dass die Farbe heller als auf der Farbkarte geworden ist.
b) Bei einem Herrenhaarschnitt ist der Nacken nicht sauber ausrasiert.
c) Der Nagellack deckt nicht, wie auf der Verpackung versprochen, nach dem ersten Auftragen, obwohl die Anwendungshinweise richtig befolgt wurden.
d) Die Friseurin hat die Frisur genau nach Frisurenvorlage der Kundin geschnitten. Anschließend beschwert sich die Kundin, dass ihr die Frisur nicht gefällt.

10 Werbung – Der Weg zum besseren Verkauf

„Wer versucht auf Werbung zu verzichten, um Geld zu sparen, könnte ebenso versuchen die Uhr anzuhalten, um Zeit zu sparen" (Henry Ford). Werbung ist das wichtigste Instrument der Friseurin auf Kundinnen einzuwirken und dadurch deren Kaufverhalten in der Weise zu beeinflussen, dass es zu einem Kaufentschluss kommt.

10.1 AIDA

Anjas Chefin hat vor einigen Tagen einen Aufsteller mit einem Werbeplakat (Bild 1) für neue Haarfarben vor dem Salon postiert. Seitdem haben sich viele Kundinnen nach diesen Haarfarben erkundigt und diese Dienstleistung in Anspruch genommen. Anja selbst ist von dem Werbeplakat angetan. Sie fragt sich, worauf eine solche Wirkung zurückzuführen ist.

„Kaufen oder nicht kaufen?", das ist die Frage, die Werbung bei Kundinnen aufwirft. Ob die beworbene Ware oder Dienstleistung wirklich benötigt wird, steht dabei häufig im Hintergrund. Mit speziellen Strategien gelingt es durch Werbung, Kundinnen zu einem Kaufentschluss zu bewegen. Die bekannteste Werbestrategie vollzieht sich in vier Stufen und ist unter der Abkürzung AIDA bekannt. Die einzelnen Buchstaben bedeuten:

- **A**ttention (Aufmerksamkeit)
- **I**nterest (Interesse)
- **D**esire (Besitzwunsch, Verlangen)
- **A**ction (Handlung, (Kauf-)Aktion)

Testen Sie jetzt!

– Die neuen Haarfarben –

vom 1. bis 30. Juli

~~Normaler Preis: 25 Euro~~

Jetzt nur: 15 Euro

Bild 1: Werbeplakat

In Tabelle 1 wird AIDA am Beispiel des Werbeplakats erklärt.

	Tabelle 1: AIDA-Strategie in der Werbung	
	Strategiestufen	**Beispiel Werbeplakat**
A	**1. Aufmerksamkeit erzielen (Attention):** Die Kundin nimmt mit ihren Sinnen (Sehen, Hören, Fühlen, Riechen usw.) einen Reiz, der von der Werbung ausgeht, bewusst wahr.	**Wodurch wird die Aufmerksamkeit der Kundin erzielt?** Der Kundin fallen die leuchtenden Farben und die große Schrift eines Werbeplakates im Schaufenster auf.
I	**2. Interesse wecken (Interest):** Eine bestimmte Aussage, die der Kundin durch die Werbung vermittelt wird, weckt zunehmend ihr Interesse und sie lässt sich näher auf die Werbung ein.	**Wie wird Interesse für die Haarfarbe geweckt?** Die Werbung informiert darüber, dass neue Haarfarben im Salon angeboten werden. Die Kundin verspürt den Wunsch, mehr darüber zu erfahren.

Fortsetzung Tabelle 1: AIDA-Strategie in der Werbung

	Strategiestufen	Beispiel Werbeplakat
D	**3. Den Besitzwunsch anregen (Desire):** Durch weitere Informationen zum Werbegegenstand, die z. B. den Nutzen für die Kundin deutlich und pointiert herausstellen, kann das Interesse daran verstärkt werden. Bei der Kundin entsteht ein starkes Verlangen, den Werbegegenstand zu besitzen. Kaufhemmungen werden herabgesetzt.	**Wie wird bei der Kundin der Besitzwunsch angeregt?** Das Werbeplakat betont in diesem Fall den besonders günstigen Preis und hebt die Aktualität dieser Haarfarben hervor. Diese Kombination von „günstig" und „neu" fördert den Besitzwunsch der Kundin nach diesem Angebot.
A	**4. Aufforderung zum Kauf (Action):** Um die Kundin zum Handeln, also zum Kauf, zu bewegen, enthält die Werbung in der Regel eine Kaufaufforderung.	**Wodurch wird die Kundin zum Kauf aufgefordert?** Der Hinweis „Testen Sie jetzt" und die zeitliche Begrenzung des Angebots haben zugleich Aufforderungscharakter und animieren die Kundin, der Werbung zu folgen.

■ 10.2 Werbeplanung

Friseurmeisterin Müller klagt über Umsatzrückgang im Salon. In einer Besprechung mit ihren Mitarbeiterinnen erläutert sie ihr Ziel, durch Werbung von Neukundinnen die Umsätze zu steigern. Sie bittet daher alle Angestellten, an der Suche nach geeigneten Werbeideen mitzuwirken. Anja meint ganz spontan: „Entwerfen wir doch einen Flyer, auf dem insbesondere mit peppigen Haarschnitten geworben wird!".

Werbung zum richtigen Zeitpunkt und am richtigen Ort bewirkt bei der Kundin eine Verhaltensänderung, sodass ihre Kaufbereitschaft wächst und ein Kaufabschluss die Folge ist. Für die Gestaltung einer erfolgreichen Werbung gibt es kein Standardrezept. Jede Werbung ist einzigartig. Unabhängig davon müssen bei der Planung einer Werbemaßnahme verschiedene Gesichtspunkte bedacht werden (Bild 1).

Themenschwerpunkte:
- Situationsanalyse
- Werbeziel
- Werbeobjekt
- Zentrale Werbebotschaft
- Werbeetat
- Werbemittel
- Zielgruppe
- Werbeort
- Zeitrahmen
- Werbeerfolgskontrolle

Bild 1: Gesichtspunkte für die Planung einer Werbemaßnahme

10.2.1 Situationsanalyse

Bei der Situationsanalyse geht es darum, den **Ist-Zustand** des Unternehmens zu beschreiben und Schwachstellen zu finden. Die Unternehmerin orientiert sich dabei an folgenden Kernfragen:

- Stimmen die Umsatzzahlen des Unternehmens?
- Wie stellt sich die Kundenzufriedenheit gegenüber dem Unternehmen/den Mitarbeitern dar?
- Ist das Sortiment kundengerecht ausgelegt?
- Ist das Preis-Leistungs-Verhältnis angemessen?
- Wie ist die Konkurrenzsituation?
- Welche Dienstleistung/Waren werden gut und welche weniger gut verkauft?

10.2.2 Werbeziel

Mit dem Werbeziel legt die Friseurin fest, was durch die Werbung erreicht werden soll. Das **Hauptwerbeziel** ist letztendlich immer eine Steigerung des Umsatzes von Waren und Dienstleistungen.

Ein solches umfassendes Ziel lässt sich jedoch zumeist nicht unmittelbar realisieren. Daher können nur solche Ziele mit einer Werbemaßnahme verknüpft werden, die einen direkten Erfolg erwarten lassen, wie z. B.:

- Kontakt zur Kundin herzustellen
- Interesse für den Salon zu wecken
- Wünsche und Bedürfnisse zu wecken
- Stammkundinnen zu halten
- Neukundinnen zu gewinnen
- Bekanntheit des Salons zu steigern
- Kundinnen dazu zu bringen, Kaufentscheidungen zu treffen

10.2.3 Werbeobjekt

Jede Werbemaßnahme erfordert die Festlegung auf ein Werbeobjekt und beschreibt damit, wofür geworben wird. Denkbare Werbeobjekte können beispielsweise sein:

- Salonimage
- Bekanntheitsgrad des Salons
- Bestimmtes Waren-/Dienstleistungsangebot
- Sonderaktionen und Sonderveranstaltungen (z. B. Saisonangebote, Jubiläumsverkäufe, Modepräsentation)

10.2.4 Zentrale Werbebotschaft

Jede Werbung enthält zentrale Aussagen über das Werbeobjekt, die bei der Kundin das Gefühl und den Verstand ansprechen. Die zentrale Werbebotschaft bleibt der Kundin als **Werbeversprechen** in Erinnerung. Dies gelingt z. B. mit einer besonderen Gestaltung der Werbung, aber auch durch die Werbeinhalte. Je überzeugender die Werbung ist und je deutlicher der Nutzen des Werbeobjektes für die Kundin hervortritt, desto einprägsamer ist die Werbebotschaft.

10.2.5 Werbeetat

Der Werbeetat ist ein im Voraus für ein Jahr festgelegtes **Budget** (Geldmenge), aus dem alle Werbemaßnahmen finanziert werden. Die jeweilige Höhe richtet sich nach den **Werbekosten** des Vorjahres und dem voraussichtlichen **Jahresumsatz** des Friseurbetriebs. Dabei sollten der Werbeerfolg, also die durch Werbung erzielten Einnahmen, und die Werbekosten in einem günstigen Verhältnis zueinander stehen.

Bei der Berechnung des Werbeetats ist weiterhin das vermutete **Werbevolumen** der Konkurrenz zu berücksichtigen. Damit ist die gemeint, wie viel Werbung die Konkurrenzunternehmen im kommenden Jahr voraussichtlich planen.

Dazu müssen deren Werbemaßnahmen über einen langen Zeitraum beobachtet werden. Für ruhige Geschäftsmonate sollten mehr Geldmittel im Werbeetat eingeplant werden, um den Umsatz aufrechtzuerhalten.

10.2.6 Werbemittel

Werbemittel sind die **Medien,** über welche die Werbung die Kundinnen erreicht. Dies sind z. B.:

- Rundfunk-, Fernseh- und Kinowerbung
- Werbebriefe
- Werbeplakate (Schriftplakat, Bildplakat oder Schrift-Bild-Plakat)
- Handzettel/Flyer
- Schaufenster
- Aufsteller
- Zeitungsanzeige, Zeitungsbeilage
- Homepage
- Prospekte
- Werbegeschenke mit Firmenlogo
- Visitenkarten des Salons

Bei der Auswahl ist zu überlegen, welches Werbemittel jeweils den größten Werbeerfolg verspricht. Entscheidend ist, dass die zentrale Werbebotschaft diejenigen erreicht und anspricht, für die sie bestimmt ist. Für den Wirkungserfolg besonders bedeutsam sind:

- die Reichweite des Werbemittels (z. B. unmittelbare Umgebung des Salons oder die gesamte Stadt)
- die Kontakthäufigkeit der Kundinnen mit dem Werbemittel (z. B. regelmäßig durch Radiowerbung oder einmalig durch einen Werbebrief).

Bei der Auswahl des geeigneten Werbemittels muss der zur Verfügung stehende Werbeetat berücksichtigt werden. Mit einer Werbung im Fernsehen ist in jedem Fall eine große Reichweite gewährleistet, aber auch eine erhebliche finanzielle Aufwendung verbunden. Diese Kosten stehen in keinem Verhältnis zum Nutzen, denn ein Friseur in Hamburg wird mit diesem Werbemittel kaum eine Kundin aus einer weiter entfernten Region (z. B. Berlin) als Stammkundin gewinnen.

Alternativ dazu wäre eine Radiowerbung im Lokalsender sinnvoller. Mit dieser erreicht die Friseurin Kundinnen in der näheren Umgebung und das zu einem weitaus günstigeren Preis.

10.2.7 Zielgruppe

Als Zielgruppe wird eine bestimmte Gruppe von Personen bezeichnet, an die sich die Werbung richtet. Nicht jede Werbung ist auch für alle Kundinnen geeignet, wie Bild 1 zeigt. Der Werbeerfolg ist dann gewährleistet, wenn die Werbebotschaft Ansprüche, Erwartungen und Wünsche der Zielgruppe aufgreift.

Zielgruppen werden festgelegt, indem die Kundinnen in Gruppen aufgeteilt werden. Diese Kundengruppen werden jeweils nach gemeinsamen Bedürfnissen, Erwartungen usw. zusammengefasst, sodass jede Gruppe mit einer spezifischen Werbestrategie erreicht werden kann. Gesichtspunkte, nach denen Zielgruppen zusammengefasst werden, sind z. B.:

Bild 1: Die falsche Zielgruppe

- Erwartungen und Ansprüche an eine Ware bzw. eine Dienstleistung
- Einkaufsgewohnheiten
- Medienverhalten
- Alter
- Geschlecht
- Soziale Merkmale
- Wirtschaftliche Aspekte
- Lebenseinstellung
- Beruf
- Standort des Salons

Bei einer Werbeplanung muss festgelegt werden, welche Zielgruppe umworben werden soll. Die Friseurin kann auch eine Werbestrategie für eine **größere Zielgruppe** entwickeln, z. B. für alle Männer oder alle Kinder. Sie kann ihre Werbung aber auch so gestalten, dass nur eine **kleinere Zielgruppe** angesprochen wird, z. B. alle Geschäftsfrauen. Wichtige Zielgruppen für die Friseurin sind in Tabelle 1 aufgeführt. Die Zielgruppenfestlegung ist auch hinsichtlich der Auswahl der Werbemittel wichtig, da die verschiedenen Zielgruppen auch unterschiedliche Medien bevorzugen.

Tabelle 1: Wichtige Zielgruppen für die Friseurin	
Beispiele für größere Zielgruppen	**Beispiele für kleinere Zielgruppen**
Jugendliche	Dauerwellkundinnen
Männer	Langhaarkundinnen
Frauen	Geschäftsleute
Kinder	Ältere Kundinnen
Kunden/innen des Stadtteils	Studenten/innen
Familien	Schüler/innen
	Bestimmte Kundentypen

10.2.8 Werbeort

Hat die Friseurin ihre Zielgruppe festgelegt, entscheidet sie, an welchem Ort sie wirbt. Für eine Plakatwerbung nutzt sie z. B. das Schaufenster oder einen Plakatständer an der Straße. Handzettel verteilt sie dort, wo sich ihre Zielgruppe aufhält, z. B. in einem Café, das von Jugendlichen bevorzugt wird. Bei Zeitungswerbung ist entscheidend, welcher Verlag (regional, überregional) die Werbeanzeige veröffentlichen soll. Zusätzlich ist zu bedenken, auf welcher Seite und an welcher Stelle die Werbung positioniert werden soll.

10.2.9 Zeitrahmen

Bedeutsam sind bei einer Werbeaktion Zeitpunkt und Dauer der Werbemaßnahme sowie die Abstände, in denen geworben wird. Sinnvoll ist es, gerade in ruhigen Geschäftsmonaten die Werbeaktivitäten zu verstärken.

Dauer und Zeitpunkt der Werbung werden vom Werbeziel, Werbeobjekt und vom Absatz bestimmt. Beispiele:

- Zur Steigerung des Bekanntheitsgrads des Salons empfiehlt sich die regelmäßige Werbung.
- Für ein Sonderangebot wird in der Regel nur in einem kurzen Zeitraum intensiv geworben.
- Insbesondere zu bestimmten verkaufsstarken Jahreszeiten (Weihnachten, Ostern, Urlaubszeit) haben sich Werbebriefe als sehr werbewirksame Aktionen bewährt.

Die meisten Friseurbetriebe nutzen das Schaufenster als ständiges Werbemedium. Hier gilt der Grundsatz, die Gestaltung regelmäßig zu aktualisieren und gängige Gestaltungsprinzipien zu berücksichtigen.

10.2.10 Werbeerfolgskontrolle

Zum Abschluss einer Werbemaßnahme sollte eine Werbeerfolgskontrolle stattfinden, mit der die Effizienz der Werbung festgestellt wird. Wenn die Kosten der Werbung in einem angemessenen Verhältnis zum Erfolg der Werbung stehen, hat sich die Werbung für den Salon gelohnt. Den Erfolg einer Werbung misst die Friseurin, indem sie überprüft, inwieweit ihre Werbeziele erreicht wurden. Mit geeigneten Prüfmethoden wird das Erreichen der Werbeziele ermittelt (vgl. Tabelle 1). Je genauer die Friseurin das Werbeziel definiert, desto leichter lässt sich der Erfolg der Werbung bestimmen.

Tabelle 1: Werbeziele und Methoden zu ihrer Überprüfung	
Werbeziele	**Methoden zur Überprüfung**
Steigerung des Bekanntheitsgrades	Kundenbefragung
Verbesserung des Salonimages	Kundenbefragung, Fragebogen
Erhöhung der Kundenkontakte	Kundenfrequenzvergleich, d. h. Vergleich der Kundenzahlen mit denen im vergleichbaren Zeitraum des Vorjahres
Steigerung der Kaufintensität	Registrierung der verkauften Waren
Umsatzsteigerung	Vergleich der Umsätze mit denen des vergleichbaren Zeitraumes im Vorjahr

10.3 Werbemittelgestaltung

> Friseurmeisterin Müller hat gemeinsam mit ihren Mitarbeiterinnen die Werbemaßnahme zur Gewinnung von Neukunden geplant. Nun stellt sich die Frage, wie der Flyer ansprechend gestaltet werden kann. Leider reicht der Werbeetat nicht, um ein Grafikbüro mit der Gestaltung zu beauftragen. Sie bittet daher alle Mitarbeiterinnen, jeweils eine Skizze für das Flugblatt zu entwerfen und weitere Überlegungen zur Werbemittelgestaltung anzustellen.

Unter Werbemittelgestaltung versteht man das Aussehen bzw. die Aufmachung der Werbemittel. Ein Werbemittel kann auf den Betrachter bzw. Zuhörer originell, kreativ, informativ, verrückt, futuristisch, modern oder innovativ wirken.

Um mit der Werbung eine bestimmte Wirkung zu erzielen, werden verschiedene Werbebausteine, die **Gestaltungsbausteine** und **Inhaltsbausteine,** eingesetzt und zu einem Gesamtlayout zusammengestellt. Diese sind in der nachfolgenden Tabelle 1 aufgeführt.

Bild 1: Flugblatt

Themenschwerpunkte:

- Gestaltungsbausteine
- Inhaltsbausteine
- Gesamtlayout
- Prüfkriterien für den Werbeerfolg

Tabelle 1: Werbebausteine	
Werbebausteine	
Gestaltungsbausteine	**Inhaltsbausteine**
Schrift	Schlagzeile
Sprache	Fließtext
Farbe	Bildelement
Bild	Slogan
Handlung und Ton	Salonname
→ Kombination zu einem Gesamtlayout ←	

10.3.1 Gestaltungsbausteine

Durch gezielten und überlegten Einsatz der Gestaltungsbausteine sprechen Werbemittel die Betrachterin bzw. Zuhörerin an und erregen ihre Aufmerksamkeit. Insbesondere die emotionale Ansprache erreicht sie direkt und unmittelbar. Besonders wirkungsvoll sind auch Gestaltungsbausteine, die der Adressaten aufgrund ihrer Lebenserfahrungen vertraut sind und die sie somit bereits verinnerlicht haben. Das können zum Beispiel bestimmte Farben, Bildmotive, Sprichwörter, Melodien, Alltagssituationen usw. sein.

Schrift

Die sprachlich inhaltliche Aussage der Werbebotschaft lässt sich durch eine besondere Gestaltung der Schrift verstärken. Verschiedene **Schriftarten** besitzen eine unterschiedliche Aussagekraft (Tabelle 1). Die immer gleich bleibende Verwendung derselben Schriftform für ein Produkt oder eine Firma steigert den Wiedererkennungswert. Auch die **Schriftgröße** (Bild 1) und die **Anordnung der Schrift** sowie die **Textfülle** haben Einfluss auf das Empfinden des Betrachters. Eine große und fett gedruckte Schrift oder die durchgehende Großschreibung von Buchstaben in der Werbung dienen als Blickfang. Aussagen in kleinerer Schriftgröße haben meistens informativen Charakter. Eine gezielte Anordnung der Schrift soll Übersichtlichkeit und Struktur der Werbung fördern. Außerdem kann sie den Blick der Betrachterin in eine bestimmte Richtung lenken. Eine Werbung mit viel Text scheint sehr informativ und sachorientiert zu sein und soll daher eher eine rationale Betrachterin ansprechen. Mit wenig Text auf dem Werbemittel ist beabsichtigt, Assoziationen, Emotionen und Fantasien zu wecken.

Tabelle 1: Beispiele für die Aussagekraft verschiedener Schriftarten

Schriftart	Aussagekraft (Empfinden)
Wellgoldspray	Die schnörkelige Schrift wirkt besonders exklusiv und traditionell.
Wellgoldspray	Die ungeordnete Schrift wirkt jung, wild, ausgefallen.
Wellgoldspray	Die gerade und einfache Schrift wirkt schlicht und neutral.

Überschriften
sind wichtig und werden daher **groß** geschrieben!
Ergänzende Informationen zum Produkt werden klein geschrieben.

Bild 1: Unterschiedliche Schriftgrößen in der Werbung

Sprache

Über die Werbesprache wird die Werbebotschaft vermittelt. Der Sprachstil ist zielgruppenorientiert, was sich insbesondere an den verwendeten Begriffen und Redewendungen festmachen lässt. Durch eine gezielte **Wortwahl** können bei der Kundin bestimmte Assoziationen hervorgerufen werden. Beispiele dazu finden sich in Tabelle 2.

Tabelle 2: Assoziationen durch gezielte Wortwahl

Wortwahl	Beabsichtigte Assoziation bei der Kundin
Trendbegriffe, Szenebegriffe, Comicsprache	Modern
Fachbegriffe, Fremdwörter, wissenschaftliche Begriffe	Kompetent, qualitativ hochwertig
Wortneuschöpfungen	Originell, witzig
Begriffe, die Geschwindigkeit und Tempo signalisieren	Dynamisch, schwungvoll, energiegeladen

Wortarten, wie Substantive, Verben, Attribute und Adjektive, haben bestimmte Funktionen in der Werbesprache:

- **Substantive** dienen als Schlüsselwörter der Werbung, z. B.: Freiheit, Wohlbefinden, Gesundheit, Schönheit, Individualität.

- **Verben** animieren die Kunden zum Handeln bzw. Kaufen und beschreiben bei Produkten und Dienstleistungen Anwendungsmöglichkeiten, z. B.: *Testen* Sie die neuen Haarfarben! Der Nagellack lässt sich leicht *auftragen.* Die Frisur *hält* gut. *Probieren* Sie die neue Hautcreme!

- **Attribute** beschreiben und charakterisieren die Eigenschaften des beworbenen Objektes genauer, z. B.: *brillanter* Nagellack, *moderner* Haarschnitt, *glanzvolles* Styling, die Frisur sitzt *perfekt,* der Salon ist *trendy.*

Die Werbebotschaft wird von der Kundin am Besten aufgenommen, wenn die Aussagen kurz und einprägsam sind. Die Werbesprache nutzt dazu einfache **sprachliche Techniken,** die in Tabelle 1 aufgeführt sind.

Tabelle 1: Sprachliche Techniken

Sprachliche Technik	Beispiel
Wiederholungen	Nur Friseure können, was Friseure können.
Reime	Willst du eine gute Welle, machen wir sie auf die Schnelle.
Übertreibungen	Was gibt es Besseres als die zarteste Haut durch Nevida?
Wortneuschöpfungen	Mischhaar, Schönpflegen
Bildhafte Umschreibungen	Ihre Haut ist weich wie Samt
Rhetorische Fragen	Was gibt es Besseres als eine kosmetische Behandlung nach einem Stresstag?
Überkreuzstellungen	Salon „Haarige Zeit" – Zeit für Ihr Haar!
Aufforderungen	Gönnen Sie sich etwas!
Positivdarstellungen	Die sanfte Dauerwelle!
Sätze ohne Verben	Die Locke in neuer Form!
Wortspiele	Die neue Dauerwelle – eine Welle, die dauert!
Alliterationen	Wilde Wellen wollen wallen!

Farbe

Eine optisch einprägsame Gestaltung der Werbung durch Farbe steigert die Werbewirkung. Jeder Mensch verbindet mit Farben bestimmte Vorstellungen. Farben sprechen die Gefühle der Kunden an und beeinflussen deren Stimmungen. Sie besitzen unterschiedliche **Auffälligkeitswerte.**

- **Rot:** Rot ist die kraftvollste und auffälligste Farbe. Sie drückt Temperament und Leidenschaft aus. Auf den Betrachter wirkt sie anregend. Sie gilt als Signalfarbe und warnt auch vor Gefahr.

- **Orange:** Die Farbe Orange besitzt neben Rot den höchsten Auffälligkeitswert. Sie verspricht Ausgelassenheit, Spaß und Glück. Mit ihr wird Wärme und Lebhaftigkeit verbunden. Sie besitzt eine aktivierende Kraft wie das Feuer.

- **Gelb:** Gelb zieht die Aufmerksamkeit des Betrachters auf sich. Es strahlt genau wie die Sonne Helligkeit, Wärme und Licht aus. Heiterkeit und Optimismus werden mit gelb verbunden.

- **Grün:** Die Farbe Grün hat einen geringen Auffälligkeitswert. Mit dieser Farbe wird Frische und Natur assoziiert. Sie wirkt entspannend und erzeugt beim Betrachter ein Gefühl der Ruhe. Grün ist die Symbolfarbe für Hoffnung und Natürlichkeit.
- **Blau:** Blau ist sehr unauffällig und wirkt deshalb zurückhaltend und elegant. Die Farbe symbolisiert das Meer, den Himmel und die Unendlichkeit. Der Betrachter gewinnt bei dieser Farbe den Eindruck von Sauberkeit und Kühle. Blau dämpft die Stimmung.
- **Violett:** Violett ist ebenso unauffällig wie die Farbe Grün. Sie versetzt den Betrachter in eine feierliche Stimmung. Violett steht für Würde und wirkt geheimnisvoll.
- **Weiß:** Weiß wirkt nur vor dunklem Hintergrund auffällig. Diese Farbe strahlt Reinheit, Einfachheit, Klarheit und Ordnung aus. Sie vermittelt Leichtigkeit und Vollkommenheit.
- **Schwarz:** Schwarz wirkt nur vor hellem Hintergrund auffällig. Es ist die Farbe der Nacht und verkörpert etwas Geheimnisvolles oder Elegantes.

Farben wirken nie allein, sondern erst in Kombination mit anderen Farben. Dabei können die Farbkombinationen kontrastreich oder kontrastärmer gestaltet sein. Kontrastreiche **Farbkombinationen** (Tabelle 1) sind auffällig, interessant, attraktiv, spannend, lebendig oder dynamisch. Kontrastarme Kombinationen von Farben (Tabelle 1, folgende Seite) haben einen harmonischen, stilvollen, eleganten, klassischen oder ausgeglichenen Charakter.

Da Farben und Farbkombinationen des Werbemittels (z. B. Werbeplakat) beim Betrachter unterschiedliche Assoziationen und Reaktionen auslösen, richtet sich deren Auswahl in der Hauptsache nach der Zielgruppe. Kinder lieben z. B. sehr bunte Werbung. Dabei kann der Farbe-an-sich-Kontrast genutzt werden. Auch jugendliche Kundinnen mögen kontrastreiche Farbkombinationen. Die ältere Kundschaft hingegen bevorzugt kontrastärmere Werbung.

Tabelle 1: Kontrastreiche Farbkombinationen			
Kontrast	**Bildbeispiel**	**Kontrast**	**Bildbeispiel**
Farbe-an-sich-Kontrast		Komplementär-Kontrast	
Simultan-Kontrast		Kalt-Warm-Kontrast	
Qualitäts-Kontrast		Quantitätskontrast	
Hell-Dunkel-Kontrast			

Tabelle 1: Kontrastarme Farbkombinationen	
Farbkombination	**Bildbeispiele**
Unterschiedliche Farben mit gleichem Helligkeitswert, die sich durch Aufhellen, Abdunkeln oder Trüben ergeben.	
Verwandte Farben, die im Farbkreis nebeneinander liegen.	
Abstufungen in der Helligkeit bei einer Farbe, die sich durch das Zumischen unterschiedlicher Anteile von Weiß, Schwarz oder Grau ergeben.	

Bild

Eine Werbung lebt nicht nur vom Einsatz der Sprache, der Schrift und der Farbe. **Bildliche Werbeelemente,** wie sie in Bild 1 aufgeführt sind, unterstützen die Gesamtwirkung einer Werbung. Durch die optischen Bestandteile (Farben, Formen, Gliederung) spricht das Bild darüber hinaus den Betrachter insbesondere emotional an und prägt sich daher stärker in sein Gedächtnis ein. Bildliche Werbeelemente sind neben Foto und Zeichnung:

- Piktogramm: Grafisches Zeichen, welches eine Information stark vereinfacht und ohne Details darstellt
- Logo: Grafisches Wort-Bild-Zeichen des Unternehmens, z. B. der Markenschriftzug
- Karikatur: Zeichnung, bei der charakteristische Merkmale einer Person oder Situation spöttisch und übertrieben hervorgehoben werden
- Symbol: Sinnbild, mit mehr oder weniger starkem Bezug zum dargestellten Objekt, z. B. der Knoten im Taschentuch als Symbol für eine Erinnerung an etwas

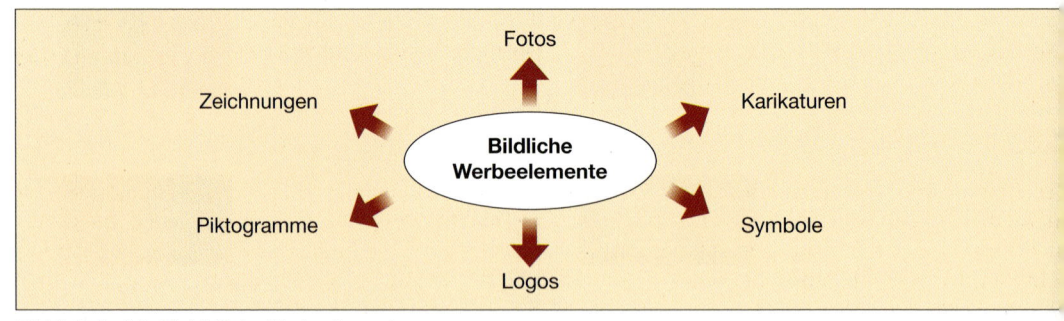

Bild 1: Beispiele für bildliche Werbeelemente

Handlung und Ton

Handlung (Story, Handlungsablauf) und Ton (Sprache, Musik, Geräusche) sind im Wesentlichen Gestaltungsbausteine der Funk- und Fernsehwerbung. Die Friseurin nutzt sie eher selten, z. B.

- in der Kinowerbung,
- im Lokalradio oder
- auf Internetseiten.

Für diese aufwändige Werbemittelgestaltung ist der Einsatz von Werbeagenturen erforderlich.

10.3.2 Inhaltsbausteine

Inhaltsbausteine werden für die inhaltliche Ausgestaltung der Werbung benötigt. Sie füllen sozusagen die Werbung mit Inhalt. Während die Gestaltungsbausteine in der Hauptsache emotional ansprechen, geht es bei den Inhaltsbausteinen um Informationen, die von der Kundin aufgenommen und verstanden werden sollen.

Schlagzeile

Die Schlagzeile (Headline) ist das zentrale Textelement in einer Werbung. Sie soll Aufmerksamkeit erregen und den Betrachter dazu animieren, sich mit dem Werbeobjekt näher zu beschäftigen. Ihre enge inhaltliche Verbindung zum Werbeobjekt durch Nennung von Produkteigenschaften, Verwendung oder Nutzen soll den Betrachter dazu verleiten, genauer hinzusehen, weiterzulesen und so mehr Informationen über das Werbeobjekt zu erhalten. Ihre optische Aufbereitung durch Farbe und Schrift macht sie zu einem sprachlichen und grafischen Blickpunkt. Schlagzeilen sollen interessant, kurz und einprägsam sein.

Bildelement

Ein Bild sagt mehr als tausend Worte. Durch bildliche Darstellungen werden beim Betrachter Neugierde geweckt und Emotionen ausgelöst. Auf bildliche Darstellungen reagieren Menschen intensiv, die ausgesandte Werbebotschaft wird schneller verarbeitet. Durch Bilder gelingt es innerhalb kürzester Zeit die Werbebotschaft in einer ansprechenden Form zu übermitteln. Ein Bild hat aber nur dann einen Nutzen, wenn ein Bezug zum Werbeobjekt erkennbar ist. Je nach Intention dient das Bild als Blickfang, als Darstellung des Werbeobjektes selbst oder als Vermittlungsbasis von Nutzen, Eigenschaften und Funktionen des Werbeobjektes. Bilder unterstützen die sprachliche Werbebotschaft und motivieren, sich intensiver mit der Werbung auseinander zu setzen.

Fließtext

Fließtexte in der Werbung sind zusammenhängende Textbausteine mit vollständigen Sätzen und einer weitgehenden Sach- und Fachbezogenheit. Ihre Aufgabe in der Werbung ist es, die Schlagzeile bzw. das Bildelement inhaltlich aufzugreifen und detaillierter über das Werbeobjekt zu informieren. Fließtexte werden zwar häufig überlesen, aber sie vermitteln den Eindruck, dass bedeutsame Informationen über das Werbeobjekt offen und umfassend angesprochen werden. Dadurch wird zugleich eine objektive Gültigkeit der Aussagen suggeriert. Hinter dieser Strategie steckt das Ziel, beim Betrachter Vertrauen in das Werbeobjekt zu wecken und zu stärken.

Slogan

Der Slogan ist ein Werbespruch, mit dem allgemeine, positive und meist unverbindliche Aussagen verknüpft sind. Er soll kurz, knapp, witzig, rhythmisch und eingängig sein, damit er leicht wiedererkennbar ist. Wird ein Slogan immer wieder mit dem Salon, seinen Produkten und Dienstleistungen in Verbindung gebracht, kann er imagebildend wirken. Besondere Eigenschaften und Leistungen eines bestimmten Produktes werden dann automatisch auch auf den Salon übertragen.

Hella – Beautyful Hair needs an Expert

M'Oréal – Weil Sie es sich wert sind

Alles Hella – oder was?

Hair cut macht's möglich

Mit Sicherheit gut beraten

Struwelpeter – der Modemacher

Bild 1: Slogans

Firmenname

Genau wie der Slogan hat der Firmenname einen Wiedererkennungswert für die Kundinnen. Er wird immer gleich gestaltet und bleibt so im Gedächtnis. Der Firmenname sollte so gestaltet sein, dass er auch durch eine besondere Gestaltung das Image des Salons (modern, jung, konservativ usw.) repräsentieren kann.

10.3.3 Gesamtlayout

Das Gesamtlayout ist eine Kombination der Werbebausteine. Der Erfolg einer Werbung hängt wesentlich von einer aufeinander abgestimmten und kreativen Kombination dieser Bausteine ab. Werbung muss so gestaltet werden, dass möglichst viele Sinne bei den Kundinnen angesprochen werden. Konkret bedeutet dies, dass die einzelnen Gestaltungs- und Inhaltsbausteine der Werbung so angeordnet und eingesetzt werden, dass sie größtmögliche Wirkung und Aufmerksamkeit beim Betrachter erzielen. Der Anordnung der Werbebausteine liegen Grundsätze der Gestaltung zugrunde. Diese Grundsätze sind:

- Gliederung
- Blicklenkung
- Prägnanz
- Nähe
- Geschlossenheit
- Ähnlichkeit
- Symmetrie/Asymmetrie
- Reihung/Steigerung/Rhythmus
- Kontraste

Gliederung

Eine interessante Aufteilung der Werbefläche mithilfe der Werbebausteine macht die Werbung zum Hingucker. Die Werbefläche wird dazu in verschiedene Einzelflächen aufgeteilt, in denen die Gestaltungsbausteine untergebracht werden. Große Flächen sind bedeutungsvoller als die kleineren Flächen. Wird der wesentliche Gestaltungsbaustein in der größten Fläche platziert, wird er vorrangig wahrgenommen. Dabei wirkt er nur dann, wenn ein angemessener Freiraum gelassen und er durch andere Gestaltungsbausteine nicht eingeengt wird. Je größer der Freiraum um einen Gestaltungsbaustein ist, desto besser kommt er zur Geltung.

Eine Möglichkeit, die Werbefläche einzuteilen, ist die Aufteilung im Verhältnis des Goldenen Schnittes. Dies entspricht etwa einem Verhältnis von 5 : 3. Diese Aufteilung empfindet der Betrachter als besonders harmonisch. Bild 1 gibt ein Beispiel für die Anwendung des Goldenen Schnittes in der Werbung.

Bild 1: Werbung, nach dem Prinzip des Goldenen Schnittes gegliedert

10.3 Werbemittelgestaltung

Blicklenkung

Flächige Gestaltungsbausteine, die eine freie oder geometrische Form (Dreieck, Rechteck usw.) besitzen, binden den Blick der Betrachterin und sie setzen Schwerpunkte auf der Werbefläche. Im Gegensatz dazu führen oder lenken lineare Gestaltungsbausteine unbewusst den Blick der Kundin in eine bestimmte Richtung. Sie bringen in die Werbung Dynamik und Bewegung. Bild 1 zeigt, wie durch eine diagonal verlaufende Schrift der Blick in Richtung der umworbenen Gelflasche gelenkt wird.

Bild 1: Blicklenkung durch diagonalen Schriftverlauf

Prägnanz

Prägnanz bedeutet, dass die Werbung eindeutig ist. Die Betrachterin muss auf den ersten Blick wissen, worum es geht. Hilfreich sind daher übersichtliche und geordnete Strukturen. Je ordentlicher und einfacher eine Werbung aufgebaut wird, desto effektvoller ist sie. Bild 1, vorhergehende Seite, ist ein Beispiel für Übersichtlichkeit. Hier sind nur wenig Werbebausteine eingesetzt. Die Kundin erhält schnell einen Überblick und erfasst den Inhalt der Werbung.

Bild 2: Blockbildung durch räumlich nah zusammengeschriebene Wörter

Nähe (Gruppierung, Häufung, Ballung)

Werden in einer Werbung räumlich nah zusammenliegende, gleichartige, ähnliche oder ungleiche Gestaltungsbausteine verwendet, so werden sie als eine Einheit wahrgenommen und wirken als Blickfang. Im Bild 2 wird die Schrift im unteren Bereich als rechteckiger Block wahrgenommen.

Geschlossenheit

Der Mensch neigt dazu, nach geschlossenen Formen zu suchen. Deshalb müssen in der Werbung Gestaltungsbausteine so angeordnet werden, dass die Betrachterin sie als geschlossene Form wahrnimmt. Was sie als geschlossene Form erkennt, muss nicht durch Linien begrenzt sein. Ein Beispiel dafür ist der Block aus Wörtern in Bild 2. Dieser wird als Rechteck gesehen.

Bild 3: Gleich markierte Begriffe wirken als Einheit

Ähnlichkeit

Werden Gestaltungsbausteine in einer Werbung ähnlich markiert, z. B. durch die gleiche Farbe, das gleiche Symbol, wirken sie auf die Kundin zusammengehörend. In Bild 3 sind es die Begriffe Farbe, Form und Schnitt, gekennzeichnet durch das violette Quadrat, die den Eindruck von Einheit und Ähnlichkeit vermitteln.

Symmetrie/Asymmetrie

Symmetrische Anordnung von Gestaltungsbausteinen in der Werbung macht diese für die Kundin überschaubar, klar und streng. Asymmetrische Anordnung wirkt eher spannungsvoll und dynamisch. Ein Beispiel für asymmetrische Werbung findet sich in Bild 1 auf Seite 197. Ein Beispiel für symmetrische Werbung ist auf Seite 197, Bild 2, zu sehen.

Reihung/Steigerung/Rhythmus

Gestaltungsbausteine in Reihen angeordnet wirken ruhig und ausgewogen, als Steigerung sind sie richtungsweisend und lenken den Blick. Eine rhythmische Anordnung bringt Abwechslung in die Werbung ohne unübersichtlich zu wirken. In Bild 1 werden die Steigerung (zunehmende Größe der Produkte) und der Rhythmus (Abwechslung von Bild- und Textelement) eingesetzt.

Bild 1: Steigerung und Rhythmus

Kontraste

In der Werbung wird von einem Kontrast gesprochen, wenn zwei gegensätzliche Gestaltungsbausteine miteinander kombiniert werden, wie beispielsweise unterschiedliche Farben, Formen und Größen. Kontraste erzeugen aufgrund ihrer Gegensätzlichkeiten bei der Betrachterin Spannung und erwecken ihre Aufmerksamkeit. Ein Bild mit ausgeprägten Kontrasten wirkt auf die Betrachterin als starker Reiz. Das Einbringen von Kontrasten gilt deshalb als wichtigster Grundsatz bei der Werbemittelgestaltung. In Bild 3, vorherige Seite, kommt z. B. ein Komplementärkontrast durch den gelben Hintergrund und die violetten Werbeelemente zum Einsatz.

■ 10.3.4 Prüfkriterien für den Werbeerfolg

Beim Betrachten einer Werbung entscheidet sich innerhalb weniger Sekunden, ob die Aufmerksamkeit und das Interesse der Betrachterin geweckt werden. Um einen Werbeerfolg zu erzielen, muss die Werbung einigen Prüfkriterien unterzogen werden (Tabelle 1).

Lange Sätze sind bei einer Werbung ebenso zu vermeiden wie ausgedehnte Fließtexte und falsche Platzierung von Text und Bild. Eine Werbung erfüllt nur dann ihren Zweck, wenn sie interessant und ansprechend gestaltet ist.

Tabelle 1: Prüfkriterien für gute Werbung		
Prüfkriterium	**Fragestellung**	
Auffälligkeit	Fällt die Werbung im Umfeld auf?	✓
Originalität	Ist die Werbung originell?	✓
Übersichtlichkeit	Ist die Werbung übersichtlich?	✓
Verständlichkeit	Kann man die Werbung verstehen?	✓
Bezug zum Werbeobjekt	Hat die Werbung etwas mit dem Werbeobjekt zu tun?	✓
Einprägsamkeit der Werbebotschaft	Bleibt die Werbebotschaft in Erinnerung?	✓
Positivwahrnehmung	Erweckt die Werbung bei der Zielgruppe ein positives Gefühl?	✓

10.4 Schaufenstergestaltung

Friseurauszubildende Anja schlägt ihrer Chefin vor, das Schaufenster neu zu gestalten. Sie hat bei einer Klassenfahrt nach Berlin eine ausgefallene Schaufensterdekoration gesehen. Sie möchte diese Idee auch in ihrem Salon umsetzen. Ihre Chefin begrüßt diesen Vorschlag, wendet jedoch ein, dass Schaufenstergestaltung gelernt sein will und nach bestimmten Regeln erfolgen sollte.

Für die Friseurin ist das Schaufenster ein starkes Werbemittel und das Aushängeschild des Salons. Mit einer ansprechenden Schaufenstergestaltung erweckt sie die Aufmerksamkeit der Kundinnen auf ihr Geschäft. Die Art und Weise der Schaufenstergestaltung lässt Rückschlüsse auf das Image des Salons und seine Zielgruppe zu.

Ausgestellte Waren und Dienstleistungen repräsentieren das Waren- und Dienstleistungsangebot des Salons. Ein nach der AIDA-Strategie gestaltetes Schaufenster vergrößert den Kaufwunsch und lädt die Kundinnen zum Betreten des Salons ein.

Themenschwerpunkte:
- Vorüberlegungen
- Elemente im Schaufenster
- Gestaltung des Schaufensters

10.4.1 Vorüberlegungen

Damit ein Schaufenster die Kundin neugierig macht und dazu veranlasst den Salon zu betreten, bedarf es einer gezielten Planung der Schaufenstergestaltung. Die Friseurin stellt für das gesamte Jahr einen **Dekorationsplan** für das Schaufenster auf. Alle 3 – 4 Wochen sollte das Schaufenster umgestaltet werden, damit es für die Kundinnen interessant bleibt. Jede neue Schaufenstergestaltung hat ein eigenes Thema. Das Thema kann die Jahreszeit, ein bestimmtes Beratungsthema (Sonnenschutz usw.), ein aktueller Modetrend, die Urlaubszeit, ein Festtag (z. B. Hochzeit), ein Jubiläumsverkauf usw. sein (Bild 1). Wenn das Thema festgelegt ist, wird ein Entwurf angefertigt, der alle Einzelheiten der Dekoration enthält. Ein maßstabsgetreuer Entwurf ermöglicht der Friseurin einen Überblick über die Wirkung des zu gestaltenden Schaufensters und die Raumeinteilung.

Bild 1: Themenschaufenster

10.4.2 Elemente im Schaufenster

Zu den Elementen eines Schaufensters gehören **Waren, Plakate** und **Dekorationsmaterial.** Die Waren und Dienstleistungen stehen im Mittelpunkt einer Schaufenstergestaltung, daher werden sie bzw. ihre Eigenschaften besonders hervorgehoben. Sie werden durch eine gezielte Farbwahl und Anordnung in den Vordergrund gerückt.

Ein Schaufenster ist kein Warenlager, in dem das gesamte Sortiment untergebracht wird. Nur aktuelle und ausgesuchte Waren werden im Schaufenster präsentiert. Die im Schaufenster beworbenen Waren und Dienstleistungen sind laut Preisangabeverordnung mit Preisen auszuzeichnen.

10.4.3 Gestaltung des Schaufensters

Eine Kundin schenkt dem Schaufenster durchschnittlich ca. zwölf Sekunden Aufmerksamkeit. Wegen dieses kurzen Wahrnehmungszeitraums muss die Gestaltung des Schaufensters einigen Grundsätzen folgen, damit die beabsichtigte Wirkung erzielt wird:

- Unterteilung des Schaufensters nach Aufmerksamkeitswirkung
- Anordnung von Elementen nach dem Gruppenprinzip
- Einsatz von Farbe und Licht
- Erzeugung von Auffälligkeit

Unterteilung des Schaufensters nach Aufmerksamkeitswirkung

Der untere Bereich des Schaufensters erhält die höchste Aufmerksamkeit durch die Betrachterin, wenn sie direkt davor steht. Mehr Beachtung findet dabei die linke Seite des Schaufensters, die rechte wird weniger berücksichtigt. Die meiste Aufmerksamkeit erhält die Mitte des Schaufensters. Hier ist die Platzierung eines Blickfangs angebracht. Oberhalb der Augenhöhe wird die Dekoration aus der Nähe nicht sonderlich beachtet. Diese Bereiche werden eher aus der Ferne wahrgenommen.

Bild 1: Einteilung des Schaufensters nach Aufmerksamkeitswirkung

Somit geht von dem Schaufenster eine Nah- und eine Fernwirkung aus. Das bedeutet für die Gestaltung des Schaufensters, dass kleinere Elemente bodennah aufgebaut werden, größere Elemente, wie z. B. Plakate, Bilder, Schriftzüge, werden über Augenhöhe platziert. Der Schwerpunkt der Dekoration sollte in der Mitte liegen. Diese Einteilung des Schaufensters nach Aufmerksamkeitswirkung ist in Bild 1 schematisch dargestellt.

Anordnung von Elementen nach dem Gruppenprinzip

Die Betrachterin eines Schaufensters sucht immer nach einer gewissen Ordnung. Diese Ordnung findet sie, wenn zusammengehörige Elemente im Schaufenster gruppenweise zusammengestellt werden und so eine Einheit bilden.

Ungünstig ist es, die Elemente gleichmäßig über das gesamte Schaufenster zu verteilen. Dadurch entsteht der Eindruck von Unordnung. Die Gruppierung von Elementen setzt außerdem Schwerpunkte im Schaufenster.

Einsatz von Farbe und Licht

Je nach beabsichtigter Wirkung werden die Farben kontrastreich oder kontrastarm eingesetzt. Die Beleuchtung schafft im Schaufenster gute Sichtverhältnisse und kann Elemente der Dekoration besonders hervorheben (Spotlight-Effekt).

Auch die Beleuchtung selbst kann durch besondere Effekte (z. B. Blinklicht, Farbwechsel, wandernder Laserpointer) zum Blickfang für das Schaufenster werden und damit die Werbewirksamkeit erhöhen. Abends lädt die Beleuchtung dazu ein, das Schaufenster genau zu betrachten.

10.4 Schaufenstergestaltung

Bild 1: Auffälligkeit durch extravagante Gestaltung

Erzeugung von Auffälligkeit

Nur auffällige Schaufenster ziehen die Kunden an und wecken Aufmerksamkeit und Interesse. Besondere Wirkung wird z. B. erzeugt durch Originalität, Farbkontraste, Beleuchtungseffekte, Bewegung, Asymmetrie.

Aufgaben

1. **Sie erhalten die Aufgabe, einen Handzettel, der für ein Nageldesign wirbt, zu erstellen.**
   a) Fertigen Sie eine Skizze für diesen Handzettel unter Anwendung der AIDA-Strategie.
   b) Erläutern Sie anhand Ihrer Skizze, inwiefern Sie die vier Stufen der AIDA-Strategie umgesetzt haben.

2. Schneiden Sie drei Werbeanzeigen des Friseur-/Kosmetikbereichs aus Tageszeitungen aus und erläutern Sie, inwieweit in diesen das AIDA-Modell verwirklicht wurde.

3. Drucken Sie die Homepage eines Herstellers für Friseurbedarf aus und untersuchen Sie, inwieweit das AIDA-Modell Anwendung findet.

4. **Das Schaufenster Ihres Salons soll neu gestaltet werden.**
   a) Gestalten Sie ein Schaufenster nach einem von Ihnen gewählten Thema. Beachten Sie dabei die verschiedenen Bereiche für die Nah- und Fernwirkung.
   b) Beschreiben Sie das Schaufenster!

5. **Der Name Ihres Salons soll im Schaufenster zu lesen sein.**
   a) Gestalten Sie einen selbstgewählten Salonnamen mit verschiedenen Schriftformen auf dem Computer.
   b) Ordnen Sie diesen Schriftformen jeweils eine Wirkung zu.
   c) Überlegen Sie, welche Zielgruppen durch diese Schriftformen am ehesten angesprochen werden.

6. Erläutern Sie, auf welche Art und Weise die vier AIDA-Stufen in der folgenden Werbeanzeige aus einer Tageszeitung verwirklicht sind.

Bild 1: Werbeanzeige

7. Ihr Salon ändert das Warensortiment. Zunächst müssen Sie jedoch Platz in den Regalen schaffen. Durch Sonderangebote wollen Sie den Absatz der Artikel erhöhen, die aus dem Sortiment genommen werden. Planen Sie eine Werbung unter Beachtung der folgenden Punkte:

a) Darlegung der Situationsanalyse
b) Definition des Werbeziels
c) Festlegung des Werbeobjektes
d) Nennung der zentralen Werbebotschaft
e) Festlegung des Werbemittels
f) Abschätzung der Werbekosten
g) Festlegung des Werbeortes
h) Festlegung des Zeitrahmens
i) Bestimmung der Zielgruppe
j) Bestimmung Methode zur Werbeerfolgskontrolle

8. Sie werben für ein Produkt bzw. eine Dienstleistung. Geben Sie Beispiele dafür, welche Wortwahl Sie treffen, um bei den Kundinnen folgende Assoziationen hervorzurufen:
   a) Modern
   b) Qualitativ hochwertig
   c) Originell
   d) Gediegen

9. Sie sollen ein Plakat für ein Styling Gel entwerfen. Ihre Zielgruppe sind Jugendliche mit Trendfrisuren.
   a) Verfassen Sie einen zielgruppengerechten Werbespruch. Verwenden Sie dabei:
      – eine geeignete sprachliche Technik (Wiederholung, Reim usw.),
      – eine zielgruppengerechte Wortwahl.
   b) Vergleichen Sie die Werbesprüche untereinander und diskutieren Sie deren Eignung für die Zielgruppe.

10. Farben spielen in der Werbung eine wichtige Rolle. Übertragen Sie die folgende Tabelle in Ihr Heft und vervollständigen Sie diese mithilfe des Buchtextes zum Gestaltungselement Farbe.

Tabelle 1: Farben und ihre Wirkung			
Farbe	Auffälligkeitswert der Farbe	Wirkung der Farbe und der damit verknüpften Vorstellungen	Wo ist die Farbe im Alltag zu finden?
Rot			
Orange			
…			

11. Schneiden Sie aus einer Zeitung eine beliebige bunte Werbeanzeige aus.
    a) Beschreiben und analysieren Sie diese hinsichtlich des Einsatzes von Farben und Farbkontrasten.
    b) Erläutern Sie, inwieweit Sie von dieser Werbung farblich angesprochen werden.

10 Werbung

12. Der Hersteller des neu angelieferten Haargels hat vergessen, ein entsprechendes Werbeplakat mitzuliefern. Als Auszubildende erhalten Sie die Aufgabe, ein Plakat attraktiv zu gestalten, auf dem dieses Gel angepriesen werden soll.

  a) Bestimmen Sie anhand der auf Bild 1 dargestellten Geldose die Zielgruppe.
  b) Begründen Sie schriftlich die Auswahl der Farben und der Farbkombinationen für Ihr Plakat!
  c) Erfinden Sie einen Werbespruch für das Plakat und erläutern Sie, wie Sie durch die Wortwahl auf die Zielgruppe eingehen.
  d) Fertigen Sie einen Entwurf für das Plakat an.

Bild 1: Das umworbene Haargel

13. Schneiden Sie eine Werbeanzeige aus, die Bildelemente enthält.

  a) Geben Sie an, um welche Bildelemente es sich handelt.
  b) Welche Ziele werden mit dem Einsatz der Bildelemente verfolgt (Veranschaulichen, Strukturieren, Dekorieren, Informieren usw.)? Begründen Sie!

14. Für ein Dauerwellangebot in einer Tageszeitung sollen Sie eine Schlagzeile entwerfen.

  a) Formulieren Sie eine Schlagzeile unter Verwendung einer sprachlichen Technik (Reim, Wortspiel, Überkreuzstellung usw.), die entweder eine bestimmte Eigenschaft der Dauerwelle oder den Nutzen für die Kundin herausstellt.
  b) Gestalten Sie die Schlagzeile, indem Sie diese durch Schrift und Farbe optisch aufbereiten.

15. Suchen Sie Werbeanzeigen, in denen Bilder

  a) als Blickfang dienen,
  b) das Werbeobjekt darstellen,
  c) Nutzen, Eigenschaften oder Funktionen des Werbeobjekts verdeutlichen.
  d) Kleben Sie diese Bilder auf ein Blatt Papier und erklären Sie kurz deren Funktion.

16. Sie stellen einen Schaufensterdekorationsplan für ein Jahr auf.

  a) Übertragen Sie Tabelle 1 in Ihr Heft.
  b) Nennen Sie jeweils ein mögliches Thema für die vier Quartale (Januar bis März, April bis Juni usw.). Überlegen Sie sich zu jedem Thema einen geeigneten Blickfang sowie zum Thema passende Waren und Dienstleistungen, die ausgestellt werden sollen.
  c) Nennen Sie mindestens drei weitere mögliche Themen zu besonderen Anlässen im Jahresverlauf. Überlegen Sie sich jeweils einen geeigneten Blickfang und passende Waren und Dienstleistungen.

Tabelle 1: Beispiel für ein Thema		
Thema	Blickfang	ausgestellte Waren und Dienstleistungen
März: Karneval	Venezianische Karnevalsmaske	■ Farbsträhnen ■ Make-up-Produkte

Aufgaben

17. **Ein Szene-Friseur zeichnet sich auch immer durch einen besonderen Namen aus.**
    a) Überlegen Sie sich einen ausgefallenen Namen für einen solchen Szene-Friseur.
    b) Gestalten Sie mit Hilfe der Gestaltungsbausteine „Farbe und Schrift" den Firmennamen.
    c) Entwerfen Sie dazu ein passendes Logo.
    d) Formulieren Sie einen flippigen Slogan, der zu diesem Friseursalon passt.

18. **Entwerfen Sie ein Werbeplakat für eine Pflegeserie unter der Berücksichtigung von drei Gestaltungsgrundsätzen (Symmetrie, Nähe, Ähnlichkeit usw.) und begründen Sie die Wahl Ihrer Gestaltungselemente.**

19. **Betrachten Sie die Abbildungen der Schaufenster verschiedener Salons (Bild 1–4).**
    a) Nennen Sie jeweils das Thema der Schaufenstergestaltung!
    b) Welche Zielgruppe wird in den einzelnen Beispielen angesprochen?
    c) Begründen Sie Ihre Entscheidungen!

Bild 1: Stadtfriseur

Bild 2: Salon Marianne

Bild 3: Salon Trendhair

Bild 4: Le Figaro

20. **In Friseursalons gibt es sowohl Schaufenster, die einen Durchblick in den Salon zulassen, als auch geschlossene Schaufensterkästen.**
    a) Überlegen Sie, welche Vor- und Nachteile beide Möglichkeiten aus Sicht der Kundinnen und der Friseurin haben und halten Sie diese schriftlich in einer Tabelle fest.
    b) Diskutieren Sie Ihre Ergebnisse anschließend in der Klasse.

11 Unternehmenskonzept – Der Weg zum Erfolg

Jede Friseurin träumt vom Erfolg ihres Unternehmens. Dieser ist dann gegeben, wenn die folgenden **Zielsetzungen** erfüllt werden:

- Die Kundinnen sind mit den Waren und Dienstleistungen zufrieden.
- Eine große Stammkundschaft ist vorhanden.
- Das Geschäft ist gegenüber der Konkurrenz wettbewerbsfähig.
- Der Salon ist bekannt.
- Das Geschäft hat ein gutes Image.
- Die Mitarbeiterinnen sind zufrieden.
- Der Umsatz bzw. der Gewinn werden gesteigert.
- Der Salon gewinnt Neukundinnen.
- Die Mitarbeiterinnen können sich mit dem Salon identifizieren.

Ein Friseursalon ist ein wirtschaftlich arbeitendes Unternehmen, welches nur rentabel ist, wenn die genannten Zielsetzungen erfüllt sind. Hierzu sind sehr komplexe Planungen und Strategien notwendig, die allgemein auch als Marketing bezeichnet werden.

11.1 Von der Unternehmensanalyse zum Unternehmenskonzept

> Frau Müller, Inhaberin des Salons „Haargenau", hat festgestellt, dass ihre Umsätze trotz intensiver Werbung weiterhin sinken. Sie hat von der Möglichkeit einer Unternehmensanalyse gehört. Daher nimmt sie Kontakt zu einem Unternehmensberater auf und schildert diesem ihr Problem: „Meine Preise sind sehr niedrig und trotz Werbung kommen nicht mehr Kundinnen." Der Unternehmensberater antwortet: „Vielleicht ist Ihr Preisniveau so angesetzt, dass Ihre Kundschaft das Preis-Leistungs-Verhältnis falsch einschätzt. Möglicherweise glauben die Kundinnen aufgrund der niedrigen Preise, dass Sie minderwertige Waren und Dienstleistungen anbieten. Ich schlage Ihnen einen Termin in Ihrem Salon vor, an dem wir eine Analyse Ihres Salons vornehmen und ein erfolgreiches Unternehmenskonzept entwickeln." Bild 1 zeigt einen Salon vor und Bild 2 nach der Entwicklung eines Unternehmenskonzeptes.

Bild 1: Vorher

Bild 2: Nachher

11.2 Preispolitik

Lässt der Erfolg des Salons zu wünschen übrig, ist die Saloninhaberin gezwungen, eine **Unternehmensanalyse** durchzuführen. Diese beschäftigt sich mit folgenden Faktoren:

- Kundenstruktur
- Preisakzeptanz
- Kundenerwartungen
- Konkurrenzsituation
- Betriebsgröße
- Lage des Geschäftes

Durch die Unternehmensanalyse wird ein Ist-Zustand festgestellt. Dieser bildet die Grundlage für Verbesserungen. Um ein erfolgreiches **Unternehmenskonzept** zu entwickeln, werden verschiedene Marketinginstrumente einbezogen (Bild 1).

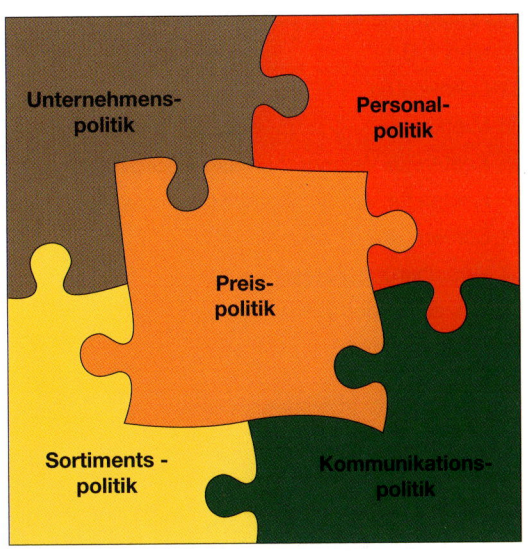

Bild 1: Marketinginstrumente für ein erfolgreiches Unternehmenskonzept

11.2 Preispolitik

Der Unternehmensberater analysiert mit Frau Müller zunächst die Preispolitik des Salons, um Anhaltspunkte zu erhalten, ob diese für die Umsatzrückgänge verantwortlich ist.

Ziel der Preispolitik ist die **Gewinnmaximierung** und eine Steigerung der Marktanteile. Da die Friseurin in Konkurrenz zu vielen kleinen Anbietern steht, wird sie ihre Preise einerseits am Markt, d. h. an den Kundinnen und an den Preisen der Konkurrenten, orientieren, andererseits aber auch an den eigenen laufenden Kosten (Bild 2).

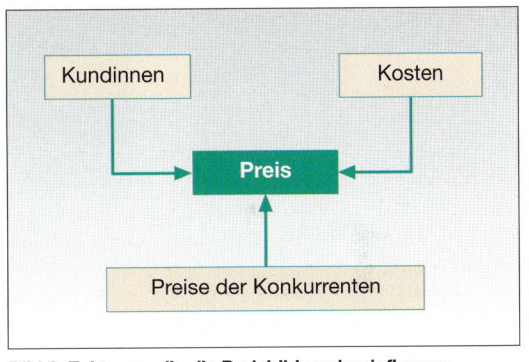

Bild 2: Faktoren, die die Preisbildung beeinflussen

Themenschwerpunkte:

- Kostenorientierte Preisbildung
- Konkurrenzorientierte Preisbildung
- Kundenorientierte Preisbildung
- Preisstrategien
- Preistransparenz

11.2.1 Kostenorientierte Preisbildung

Eine kostenorientierte Preisbildung garantiert der Saloninhaberin, dass ihre Kosten gedeckt werden und ihr ein angemessener Gewinn verbleibt. Jeder Salon hat einen bestimmten **Umsatz.** Der Umsatz umfasst alle positiven Einnahmen des Salons. Von diesem Umsatz werden die **Unternehmenskosten** abgezogen. Das, was nach Abzug der Kosten übrig bleibt, ist der **Gewinn** (Bild 1 auf der nächsten Seite).

11 Unternehmenskonzept

Die kostenorientierte Preisbildung orientiert sich also in erster Linie an den Unternehmenskosten. Diese sind z. B.:

- Lohnkosten
- Mietkosten
- Kosten für Verbrauchsmaterial (Shampoo, Kur, Festiger usw.)
- Kosten für Verkaufsware (Haarspray, Gel, Gelwachs, Hautcremes)
- Steuern und Zinsen
- Versicherungskosten
- Kosten für den Werbeetat
- Energiekosten

Umsatz - Kosten = Gewinn

Bild 1: Zusammensetzung des Gewinns

Bei der kostenorientierten Preisbildung geht die Saloninhaberin nach einem **Kalkulationsschema** vor. Dabei unterscheidet sie die **Warenkalkulation** und die **Dienstleistungskalkulation**.

Warenkalkulation

Im folgenden Beispiel soll der Verkaufspreis für eine Flasche Haarspray bestimmt werden. Dazu müssen verschiedene **Kalkulationsgrößen** addiert bzw. subtrahiert werden. Wie die Kalkulation durchgeführt wird, zeigt Tabelle 1 auf der folgenden Seite.

Die Zahlenwerte der Kalkulationsgrößen unterscheiden sich je nach Ware und Hersteller. Die Herstellerfirmen gewähren z. B. unterschiedliche **Rabatte** (Prozentualer Nachlass des Herstellers, z. B. bei Abnahme größerer Mengen) und einige lassen den Abzug von **Skonto** bei unverzüglicher Zahlung zu. Die **Handlungskosten** (Kosten des Friseurs für z. B. Miete, Strom, Lohn, Wasser) und den **Gewinn** legt die Saloninhaberin auf der Grundlage ihrer Erfahrungswerte fest. Eine Überprüfung der Höhe dieser Kalkulationsgrößen ist regelmäßig notwendig, um eine Gewinnoptimierung vornehmen zu können. Nur die **Mehrwertsteuer** ist gesetzlich festgelegt. Sie beträgt zurzeit 19 %.

Auch die Verkaufsform spielt eine Rolle bei dieser Art der Preisbildung. Waren mit hohem Beratungsaufwand müssen aufgrund der höheren Lohnkosten (Bestandteil der Handlungskosten) teurer verkauft werden, als Waren in der Selbstbedienung.

11.2 Preispolitik

Tabelle 1: Kalkulation für den Bruttoverkaufspreis einer Flasche Haarspray

Kalkulationsgrößen	Erläuterung	Beispiel für eine Flasche Haarspray
Listenpreis	Herstellerpreis der Ware	5,90 Euro
– Rabatt (z. B. 10 %)	Prozentualer Nachlass des Herstellers, z. B. bei Abnahme größerer Mengen	– 0,59 Euro
= Rechnungspreis	Auf der Rechnung ausgewiesener Preis	= 5,31 Euro
– Skonto (z. B. 2 %)	Prozentualer Nachlass des Herstellers bei unverzüglicher Zahlung der Rechnung	– 0,11 Euro
= Einkaufspreis	Preis des Herstellers, zu dem die Friseurin die Ware erhält	= 5,20 Euro
+ Bezugskosten	Kosten für Verpackung, Porto, Lieferung usw.	+ 0,25 Euro
= Bezugspreis	Preis der Ware nach der Lieferung	= 5,45 Euro
+ Handlungskosten (z. B. 10 % des Bezugspreises)	Kosten der Friseurin für z. B. Miete, Strom, Lohn, Wasser	+ 0,55 Euro
= Selbstkosten	Kosten, die der Friseurin für die Verkaufsware insgesamt entstehen	= 6,00 Euro
+ Gewinn (z. B. 20 % der Selbstkosten)	Angesetzter Gewinn für die Friseurin	+ 1,20 Euro
= Nettoverkaufspreis	Unversteuerter Preis der Ware	= 7,20 Euro
+ Mehrwertsteuer (19 %)	Steuer, die vom Verbraucher zu zahlen ist	+ 1,37 Euro
= Bruttoverkaufspreis	Preis, den die Kundin zahlen muss	= 8,57 Euro

Eine **vereinfachte Warenkalkulation** fasst die folgenden Kalkulationsgrößen in Form eines prozentualen **Kalkulationszuschlags** zusammen: Handlungskosten, Gewinn und Mehrwertsteuer. Bezugsgröße für die Ermittlung des Kalkulationszuschlags ist der Bezugspreis. Bild 1 zeigt die Berechnung des Bruttoverkaufspreises für ein Haarspray bei Anwendung des Kalkulationszuschlags.

Anwendung des Kalkulationszuschlags:	
Bezugspreis	5,45 Euro
+ Kalkulationszuschlag (57,25 % des Bezugspreises)	3,12 Euro
= **Bruttoverkaufspreis**	**8,57 Euro**

Bild 1: Vereinfachte Warenkalkulation

Um die Höhe des Kalkulationszuschlags zu ermitteln, wird für eine Ware zunächst der Bruttoverkaufspreis berechnet. In dem Beispiel liegt der Bruttoverkaufspreis bei 8,57 Euro. Davon wird der Bezugspreis, hier 5,45 Euro, abgezogen. Es bleiben 3,12 Euro als Kalkulationszuschlag übrig. Natürlich kann man nun nicht immer 3,12 Euro als Kalkulationszuschlag verwenden, da bei allen Waren der Bezugspreis unterschiedlich ist. Dieser muss also noch prozentual umgerechnet werden. Dazu wird der Bezugspreis gleich 100 % gesetzt. Der so ermittelte Prozentwert für den Kalkulationszuschlag, hier 57,25 %, kann nun bei allen Waren auf den Bezugspreis aufgeschlagen werden und man erhält den Bruttoverkaufspreis.

Dienstleistungskalkulation

Hier soll beispielhaft der Preis für eine Dauerwellbehandlung festlegt werden. Auch bei der Kalkulation einer Dienstleistung muss nach einem Kalkulationsschema vorgegangen werden (Tabelle 1). Allerdings unterscheiden sich die Kalkulationsgrößen von denen einer Warenkalkulation. Es müssen z. B. die **Lohnkosten** eingerechnet werden. Die **Gemeinkosten** (Kosten, die nicht direkt durch die Dienstleistung entstehen, wie Miete, Sozialversicherungsabgaben, Energiekosten, Versicherungsprämien, Werbung, Lagerhaltung, Gewerbesteuer usw.) und den Gewinn legt die Friseurmeisterin wiederum aufgrund von Erfahrungswerten fest. Auch bei einer Dienstleistungskalkulation sind eine regelmäßige Überprüfung und Anpassung der Preise notwendig, weil sich z. B. die Lohnkosten aufgrund tariflicher Bestimmungen ändern können.

Tabelle 1: Kalkulation des Bruttobedienungspreises einer Dauerwelle		
Kalkulationsgrößen	**Erläuterung**	**Beispiel für eine Dauerwellbehandlung**
Materialkosten	Preis für die eingesetzten Materialien, z. B. Dauerwellflüssigkeit und Fixierung	5,00 Euro (Dauerwellflüssigkeit) + 3,00 Euro (Fixierung) = 8,00 Euro (Gesamt)
+ Lohnkosten (z. B. 75 Minuten, 13,00 Euro je Stunde)	Personalkosten, die für die Erstellung der Dienstleistung entstehen	+ 16,25 Euro
+ Gemeinkosten (z. B. 45 % der Lohnkosten)	Kosten, die nicht direkt durch die Dienstleistung entstehen, wie Miete, Sozialversicherungsabgaben, Energiekosten, Versicherungsprämien, Werbung, Lagerhaltung, Gewerbesteuer usw.	+ 7,31 Euro
= Selbstkosten	Kosten, die dem Friseur für die Dienstleistung insgesamt entstehen	= 31,56 Euro
+ Gewinn (z. B. 25 %)	Angesetzter Gewinn für den Friseur	+ 7,89 Euro
= Nettobedienungspreis	Unversteuerter Preis der Dienstleistung	= 39,45 Euro
+ Mehrwertsteuer (19 %)	Steuer, die vom Verbraucher zu zahlen ist	+ 7,50 Euro
= Bruttobedienungspreis	Preis, den die Kundin zahlen muss	= 46,95 Euro

■ 11.2.2 Konkurrenzorientierte Preisbildung

Befindet sich der Salon in unmittelbarer Nähe zu einem oder mehreren **Konkurrenzunternehmen,** richtet die Saloninhaberin die Preise für ihre Waren und Dienstleistungen nach der Konkurrenz aus.

Will die Friseurin die Konkurrenz unterbieten, muss sie auf die **Kostendeckung** achten. Dazu ist zu überprüfen, inwieweit nach Abzug des kalkulierten Gewinns vom Nettoverkaufspreis der Ware bzw. der

Dienstleistung die Selbstkosten gedeckt sind. Setzt sie die Preise für ihr Dienstleistungs- und Warenangebot zu niedrig an, schöpft sie den möglichen Rahmen der Gewinnspanne nicht vollständig aus.

Liegen die Preise der Friseurin jedoch erheblich über denen der Konkurrenz, besteht die Gefahr, dass Kundinnen dieses nicht akzeptieren und fern bleiben. Aus ihrer Sicht gibt es in diesem Fall kein ausgewogenes Preis-Leistungs-Verhältnis. Hat der Salon keine Konkurrenz bzw. präsentiert er sich mit einem qualitativ hochwertigem Waren- und Dienstleistungsangebot, ist ein höheres Preisniveau durchaus durchsetzbar.

11.2.3 Kundenorientierte Preisbildung

Bei der kundenorientierten Preisbildung steht das Preisbewusstsein der Kundin im Mittelpunkt. Die Friseurin geht davon aus, dass der Preis die zentrale Einflussgröße für die Kaufentscheidung der Kundin ist. Für viele Kundinnen ist der Preis ein **Qualitätsmaßstab.** Oft setzen sie niedrige Preise mit geringer Qualität und hohe Preise mit hoher Qualität gleich (Tabelle 1). Daher muss die Friseurin entscheiden, welche Preisstrategie sie anwenden will, eine **Hochpreisstrategie** oder eine **Niedrigpreisstrategie.** Außerdem gibt es noch einige allgemeine Regeln, die bei der kundenorientierten Preisbildung zu beachten sind.

Tabelle 1: Zusammenhang zwischen Preis und Qualität aus Sicht der Kundinnen			
Qualität \ Preis	Hoch	Mittel	Niedrig
Hoch	+		
Mittel		+	
Niedrig			+

Niedrigpreisstrategie

Bei dieser Strategie ist der Preis das wichtigste Werbeargument. Die Preise liegen unter denen der vergleichbaren Mitbewerber. Aufgrund der niedrigen Preise wird bei den Kundinnen das Image eines Niedrigpreisgeschäftes erzeugt. Zielgruppen solcher Salons sind z. B. Kundinnen, die wenig Wert auf Exklusivität legen oder auch solche, die weniger Geld ausgeben möchte. Werden niedrige Preise langfristig beibehalten, so entsteht ein Wettbewerbsvorteil des Salons gegenüber den Konkurrenzbetrieben. Ist diese Preisstrategie langfristigen geplant, muss darauf geachtet werden, dass die Unternehmerkosten gedeckt sind und ein Gewinn verbleibt.

Günstige Preise können einen Kaufanreiz darstellen, wenn es sich um Angebote handelt. Kurzfristig niedrige Einführungspreise für Waren und Dienstleistungen sind sinnvoll, wenn schnell große Marktanteile gewonnen werden sollen. Die niedrigen Preise gewährleisten hohe Verkaufszahlen. Gleichzeitig wird der Einstieg für Mitbewerber erschwert. Versuchen diese dennoch, die Preise zu unterbieten, können sie kaum noch gewinnbringend arbeiten.

Außerdem verbieten sich bei einer Niedgrigpreisstrategie spontane Preiserhöhungen, da diese von Kundinnen häufig als willkürlich und unbegründet angesehen werden.

Eine massive Preisunterbietung ist dann verboten, wenn ihr offensichtliches Ziel die Verdrängung von Mitbewerbern oder sogar Vernichtung von Unternehmen ist.

Hochpreisstrategie

Verkauft ein Salon seine Waren und Dienstleistungen zu hohen Preisen, so verbindet die Käuferin dam hohe Qualität. Gleichzeitig erwartet sie einen guten Service, hervorragende Beratung und ein entspre chendes Ambiente. Salons, welche die Hochpreisstrategie anwenden, sind durch ihr gutes Image be kannt. Die Zielgruppe besteht aus Kundinnen mit hohem Qualitäts- und Prestigeanspruch. Mit diese Preisstrategie versucht die Saloninhaberin möglichst langfristig hohe Preise zu erzielen.

Bietet eine Saloninhaberin neue Waren und Dienstleistungen an oder solche, die besonders im Trend lie gen, kann sie auch kurzfristig hohe Einführungspreise nehmen. Steigt die Anzahl der Mitbewerber, wir sie die Preise senken müssen. Dadurch verhindert sie, dass neu dazugewonnene Kundinnen wieder ab wandern.

Allgemeine Regeln

Erscheint für die Kundinnen der Preis im Vergleich zur Qualität zu hoch angesetzt, so ist es ungünstig den Preis zu senken. Indirekt gibt man dadurch zu, dass die Kundin recht hat. Sinnvoller ist es, die Wa re oder Dienstleistung qualitativ aufzuwerten, z. B. durch **Zusatzleistungen** und **Service.** Dadurch er scheint der Preis für die Kundin angemessen.

Die Preisakzeptanz bei der Kundin wird zusätzlich dadurch gesteigert, dass **psychologische Preis schwellen** nicht überschritten werden. Es ist beispielsweise günstiger, einen Haarschnitt für 49,99 Eu ro anstelle von 50.00 Euro anzubieten

Auch die Häufigkeit der **Nachfrage** einer Ware bzw. Dienstleistung durch die Kundinnen spielt bei de Preisbildung eine Rolle. Bei sehr gefragten Waren (z. B. Shampoos) oder Dienstleistungen (z. B. Haar schnitt) darf der Gewinn relativ hoch kalkuliert werden. Für seltener verlangte Waren (z. B. Sonnencre me) und Dienstleistungen (z. B. Handpeeling) rechnet man eine niedrigere Gewinnspanne ein.

Egal, ob hohe oder niedrige Preise für Waren oder Dienstleistungen verlangt werden, letztendlich ent scheidet die Zufriedenheit der Kundinnen darüber, ob die Preise akzeptiert werden.

Eine **Preisänderung** für Waren und Dienstleistungen wird notwendig, wenn die Saloninhaberin Folgen des feststellt:

- Die Kostensituation hat sich verändert, z. B. die Einkaufspreise sind gestiegen, die Lohnkosten ha ben sich erhöht.
- Die Konkurrenzsituation hat sich verändert, z. B. in der Nähe hat ein Billiganbieter ein Geschäft eröff net.
- Die Nachfragesituation hat sich verändert, z. B. Kundinnen kaufen bestimmte Produkte nicht meh bevorzugt.

■ 11.2.4 Preistransparenz

Laut **Preisangabeverordnung** (PangV) besteht für alle Waren und Dienstleistungen die Auszeichnungs pflicht. Das bedeutet, dass alle Waren mit deutlich sichtbaren Preisetiketten versehen sein müssen. Er folgt die Preisauszeichnung am Regal, ist es notwendig, dass die Kundin den Preis der Ware eindeuti zuordnen kann. Auch die Dienstleistungen unterliegen der Auszeichnungspflicht. Die Friseurin ist ge halten, die Preise z. B. auf Preistafeln an gut sichtbarer Stelle im Schaufenster oder in der Tür aus zuhängen.

11.3 Sortimentspolitik

Der Unternehmensberater prüft gemeinsam mit Friseurmeisterin Müller, welche Sortimentsentscheidungen diese getroffen hat. Aufgrund der Untersuchungsergebnisse können dann ggf. Änderungen vorgenommen werden.

Der Erfolg des Salons ist eng mit seinem Waren- und Dienstleistungssortiment (Bild 1) verknüpft. Die Sortimentspolitik betrifft neben den Sortimentsentscheidungen auch Serviceleistungen und Zusatzangebote eines Friseursalons. Weiterhin muss in diesem Zusammenhang auch z. B. über Spezialisierung nachgedacht werden.

Themenschwerpunkte:

- Serviceleistungen
- Zusatzangebote
- Marktnischen und Markenpolitik

Bild 1: Waren- und Dienstleistungssortiment

11.3.1 Serviceleistungen

Waren und Dienstleistungen werden nur dann gekauft, wenn die Kundin deren Nutzen erkennt. Dies kann der Salon durch Leistungen, wie **Kundenservice** und **Garantieleistungen** unterstützen.

Kundenservice

Kundenservice umfasst z. B. die kostenlose und ausführliche Beratung, Heimbesuche, Hol- und Bringservice für Kundinnen, kostenlose Getränke, kostenlose Ergänzungsbehandlungen (Kopfmassage, Handmassage, kleines Tages-Make-up nach der Haarbehandlung), behindertengerechte Salongestaltung, verschiedene Zahlungsweisen (z. B. ec-Karte, Geldkarte, Kreditkarte), Kinderbetreuung, kostenloser Newsletter und kostenlose Kundenparkplätze.

Garantieleistungen

Garantieleistungen beziehen sich sowohl auf Waren als auch auf Dienstleistungen. Für elektrische Geräte, z. B. Hairstyler und Föne, räumt der Hersteller die gesetzliche Garantiedauer von zwei Jahren ein. Weiterhin garantiert die Friseurin bei Styling-, Pflege- und Reinigungsprodukten sowie Kosmetikartikeln usw., dass diese einwandfrei sind. Bei Dienstleistungen garantiert der Salon eine Haltbarkeit für einen begrenzten Zeitraum. Ist die Kundin mit einem Produkt oder einer Dienstleistung nicht zufrieden, sollte eine Reklamationsbearbeitung bzw. eine Kulanzleistung selbstverständlich sein.

11.3.2 Zusatzangebote

Kundinnen kaufen eine Ware oder Dienstleistung hauptsächlich, um Probleme zu lösen bzw. ein Bedürfnis zu befriedigen. Dazu sind häufig zusätzliche Dienstleistungen und Waren notwendig. Beispiel: Eine Kundin, die sehr zufrieden mit einer Dauerwellbehandlung war, wird wahrscheinlich auch die angebotenen Pflegeprodukte kaufen, wenn diese eine lange Haltbarkeit der Dauerwelle versprechen.

Die Friseurin kann jedoch auch direkt zusammengehörige Waren und Dienstleistungen im Verbund anbieten. Beispiel: Eine Haarfärbung wird zusammen mit einem passenden Shampoo und einer Haarkur zu einem Gesamtpreis angeboten. Diese kombinierten Waren- und Dienstleistungsangebote optimieren

11 Unternehmenskonzept

die Sortimentspolitik.

■ 11.3.3 Marktnischen und Markenpolitik

Die beste Möglichkeit, Gewinne zu erwirtschaften, ist durch **Spezialisierung** anders zu sein als die anderen Salons. Gelingt es der Saloninhaberin, Marktnischen zu finden und diese auszufüllen (z. B. Haarverlängerung, Haarverdichtung), ist dies für sie gewinnbringend, solange sie konkurrenzlos auf diesem Gebiet ist.

Mit dem Angebot einer bestimmten **Produktlinie** oder **Firmenmarke** kann eine besondere Philosophie repräsentiert und zudem ein besonderes Image aufgebaut werden. Eine Spezialisierung dieser Art ermöglicht eine eigene Preispolitik, da direkte Wettbewerbskonkurrenten meist fehlen.

■ 11.4 Kommunikationspolitik

Der Unternehmensberater informiert Friseurmeisterin Müller darüber, dass auch die Zielgruppe angesprochen und zufrieden gestellt werden muss. Frau Müller lässt sich genau erklären, wie sie dies bewerkstelligen kann.

Die Ansprache einer bestimmten Zielgruppe setzt eine sinnvolle Kommunikationspolitik voraus. Unternehmerische Kommunikationspolitik erfordert bestimmte Maßnahmen.

Themenschwerpunkte:
- Werbung
- Verkaufsförderung/Promotion
- Öffentlichkeitsarbeit

■ 11.4.1 Werbung

Will die Friseurin ihren Umsatz steigern, muss sie für einen erhöhten Absatz von Waren und Dienstleistungen sorgen. Die Nachfrage danach wird durch Werbung erzeugt. Mit ideenreichen Werbemaßnahmen können Stammkundinnen und mögliche Neukundinnen angesprochen werden. Letztendlich zielt Werbung darauf ab, dass Waren oder Dienstleistungn im eigenen Salon und nicht bei den Mitbewerbern gekauft werden. Dazu muss die Friseurin **Direkt-** und **Mediawerbung** sinnvoll einsetzen, einen **Jahreswerbeplan** erstellen und eine **Kontaktstrecke** für ihre Waren und Dienstleistungen aufbauen.

Direkt- und Mediawerbung

Die beste Werbung ist immer die Mund zu Mund Propaganda. Sie ist für die Friseurin kostengünstig und spricht für ein gutes Image des Salons. Daneben kann die Saloninhaberin aber auch auf Direkt- und Mediawerbung zurückgreifen.

Mediawerbung ist eine Sammelbezeichnung für alle Arten der Werbung, die allgemein zugänglich sind Beispiele für Werbemittel der Mediawerbung finden sich in Tabelle 1, folgende Seite. Die Kontaktwahrscheinlichkeit der Kundinnen mit der Werbung kann hierbei von der Friseurin nicht beeinflusst werden Z. B. kann die Friseurin nicht voraussagen, ob und wie viele Kundinnen eine Zeitungsannonce in der regionalen Tageszeitung sehen und lesen.

Die **Direktwerbung** hingegen umfasst alle Formen der Werbung, die sich direkt an die Kundin richten Die Werbung kann somit inhaltlich individuell auf die Zielgruppe zugeschnitten und ihr direkt zugeleitet werden, z. B. durch Postversand. Voraussetzung dafür sind neben dem Vorhandensein von Namen und

11.4 Kommunikationspolitik

Adresse weitere Kundendaten. Dazu gehören z. B. die erhaltenen Dienstleistungen, gekaufte Waren und besondere Vorlieben. Allerdings ist hierbei zu beachten, dass die Kundin der Verwendung dieser Daten zu Werbezwecken ausdrücklich zugestimmt haben muss. In Tabelle 1 sind Werbemittel aufgeführt, welche die Kundin direkt ansprechen.

Kundendaten können auch über den Adressbuchmarkt käuflich erworben werden. So erhält die Friseurin die Möglichkeit, mithilfe von Direktwerbung Neukundinnen zu gewinnen. Allerdings ist es hierbei notwendig, dass Informationen über die Kundinnen (Kaufverhalten, Haarpflegegewohnheiten, Ansprüche usw.) vorliegen, damit nur diejenigen angesprochen werden, die in das Zielgruppenprofil passen.

Tabelle 1: Beispiele für Media- und Direktwerbung	
Mediawerbung	**Direktwerbung**
■ Plakate ■ Prospekte als Zeitungsbeilage oder als Postwurfsendung ■ Zeitungsannoncen ■ Homepage im Internet ■ Schaufenster ■ Radiowerbung ■ Kinowerbung	■ Direkt an den Empfänger adressierte oder persönlich ausgehändigte Prospekte und Kataloge ■ Schriftliche Informationen in Form eines Serienbriefes (direct mail advertising) ■ Aushändigung von Warenproben ■ Warendemonstrationen und Messepräsentationen ■ Flugblätter ■ Weihnachtskarten ■ Telefon-Marketing, d. h. Anrufe bei der Kundin (Vorsicht: es dürfen nur solche Personen angerufen werden, die bereits Kundin des Salons sind!) ■ E-Mails

Der Jahreswerbeplan

Um zu gewährleisten, dass die Nachfrage nach den Waren und Dienstleistungen des Salons während des gesamten Jahres erhalten bleibt, sollte zu Beginn des Jahres ein Jahreswerbeplan für **saisonale Aktionen** und **Sonderaktionen** aufgestellt werden. Der Plan könnte Themen bzw. Werbesprüche für Werbeaktionen enthalten sowie geeignete Werbemittel. Auch die zu verkaufenden Waren und Dienstleistungen für die Werbeaktionen werden hier aufgelistet. Beispielhaft ist ein Werbeplan für das dritte Quartal (Juli, August, September) eines Jahres in Tabelle 2 aufgeführt.

Tabelle 2: Werbeplan für drei Monate		
3. Quartal: Juli/August/September		
Thema: Sommer		
Motto	**Waren und Dienstleistungen**	**Werbmittel**
Damen: Sonnige Aussichten für Ihr Haar	■ Shampoo und Pflegeserie mit Lichtschutzfilter, ■ Sommerblonde Strähnen	Schaufenster mit Produktpräsentation und Werbeplakaten, Handzettel, Produktproben
Herren: Eiszeit im Sommer	■ Shampoo, Duschgel und Kopfhautwasser mit Menthol ■ Kurzhaarschnitt	

Die Kontaktstrecke

Werden Werbemittel strategisch sinnvoll eingesetzt, leiten sie die Kundin gezielt zur umworbenen Ware oder Dienstleistung. Je häufiger die Kundin dabei mit der Ware oder Dienstleistung in Kontakt kommt, desto mehr wird ihr Kaufwunsch gesteigert. Dieser Weg, auf dem die Kundin die Ware kennen lernt, ist die Kontaktstrecke.

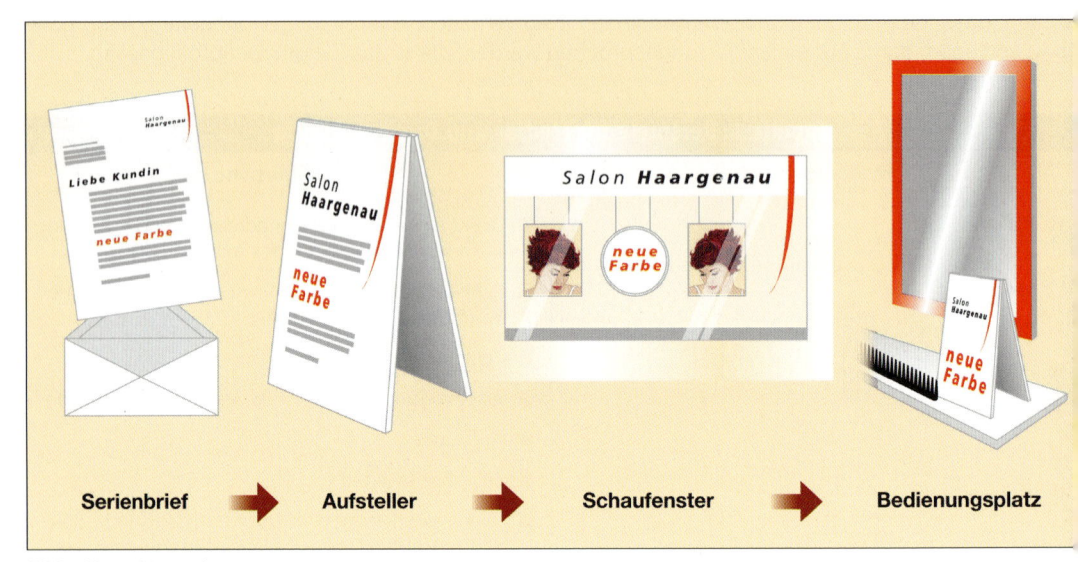

Bild 1: Kontaktstrecke

11.4.2 Verkaufsförderung/Promotion

Unter Verkaufsförderung werden verschiedene Maßnahmen zusammengefasst, die den Absatz der Waren und Dienstleistungen unterstützen und die Kundinnen an den Salon binden sollen. In der Fachsprache wird dies auch als Endverbraucher-Verkaufsförderung (Consumer-Promotion) bezeichnet. Ziel ist die Erhöhung der Wirtschaftlichkeit des Salons.

Im Vergleich zur Werbung, die auf langfristigen Erfolg ausgelegt ist, sollen Verkaufsförderungsmaßnahmen **kurzfristige Umsatzerhöhungen** bringen. Es sind besondere, zeitlich beschränkte Maßnahmen, die kurzfristig den Absatz einer Ware oder Dienstleistung erhöhen können. Die Verkaufsförderung findet direkt im Salon (point of purchase = Einkaufsort) statt.

Beispiele für Verkaufsförderungsmaßnahmen sind z. B.:

- Preisausschreiben, Verlosungen und Gewinnspiele
- Gutscheine und Zugaben
- Bonushefte, Sammelmarken und Prämien
- Rabatte, Sonderpreise und Preisnachlässe
- Sonderveranstaltungen (z. B. Jubiläumsverkäufe, Räumungsverkäufe)
- Sonderverkäufe (z. B. Einführungspreise)
- Warenproben, Warenmuster und Werbegeschenke
- Verbundangebote
- Vorführungen, Präsentationen
- Informationsblätter

11.4.3 Öffentlichkeitsarbeit/Public Relations

Öffentlichkeitsarbeit umfasst Bemühungen des Salons, in der Öffentlichkeit bekannt zu werden und ein **positives Image** des Salons zu vermitteln. Ziel ist es, dass die Kundinnen dieses positive Firmenimage auch auf alle angebotenen Waren und Dienstleistungen übertragen.

Maßnahmen der Öffentlichkeitsarbeit sind z. B.:

- Tag der offenen Tür
- Kundenzeitungen
- Sponsoring des Salons, z. B. Geld- und Sachpreise bei sportlichen Wettbewerben, Spielfesten

11.5 Personalpolitik

Bisher hat Frau Müller immer darauf geachtet, dass ihre Mitarbeiterinnen ordentlich und gepflegt aussahen und den fachlichen Anforderungen entsprachen. Der Unternehmensberater klärt sie darüber auf, dass dies noch lange nicht ausreicht.

Das Auftreten und die äußere Erscheinung der Mitarbeiter sind von elementarer Bedeutung für das Image eines Salons. Auch die fachlichen Fähigkeiten haben große Bedeutung für den Erfolg des Salons. Die Saloninhaberin kann dies beeinflussen und optimieren.

Themenschwerpunkte:

- Die Friseurin als Aushängeschild
- Mitarbeiterprogramme
- Mitarbeitercontrolling

11.5.1 Die Friseurin als Aushängeschild

Gepflegte, motivierte und fachkompetente Mitarbeiterinnen sind die Grundlage für den Erfolg eines Betriebes. Bild 1 zeigt die ideale Mitarbeiterin aus Sicht der Saloninhaberin. An sie werden einerseits von der Saloninhaberin andererseits auch von den Kundinnen Anforderungen gestellt. Beispiele für die **Anforderungen an Mitarbeiterinnen** finden sich in Tabelle 1 auf der folgenden Seite.

Damit die Saloninhaberin gewährleisten kann, dass ihre Mitarbeiterinnen diesen Anforderungen gerecht werden, stellt sie **Mitarbeiterprogramme** auf. Durch ein regelmäßiges **Mitarbeitercontrolling** überprüft sie regelmäßig, ob ihre Personalpolitik erfolgreich ist.

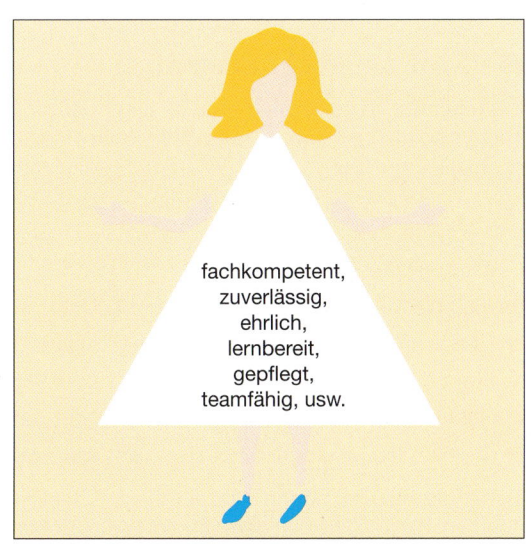

Bild 1: Die ideale Mitarbeiterin

Tabelle 1: Beispiel für Anforderungen an Mitarbeiterinnen		
Auftreten	**Äußeres Erscheinungsbild**	**Innere Werte**
■ Gute Sprache ■ Angemessene Gestik, Mimik und Körperhaltung	■ Kleidung, welche das Salonimage widerspiegelt ■ Gepflegtes Make-up ■ Ordentliche und aktuelle Frisur	■ Fachkompetenz ■ Bereitschaft Neues zu erlernen ■ Zuverlässigkeit und Pünktlichkeit ■ Ehrlichkeit ■ Einsatzbereitschaft ■ Fähigkeit zu organisieren ■ Teamfähigkeit ■ Kontaktfreudigkeit ■ Belastbarkeit

■ 11.5.2 Mitarbeiterprogramme

Mitarbeiterprogramme umfassen **Fort- und Weiterbildungsmaßnahmen,** wie Seminare, Workshops und Mitarbeiterschulungen. Beispiele dafür sind:

- Haarschneideseminare
- Rhetorikseminare
- Schulungen über Verkaufsmotivation
- Produktschulungen
- Spezielle Seminare für z. B. Hochsteckfrisuren, Typ- und Imageberatung, Farbberatung

Die Zufriedenheit der Kundinnen steht an erster Stelle, jedoch müssen auch die Mitarbeiter in ihrem Arbeitsumfeld zufrieden sein, um entsprechende Leistungen zu bringen. Die Saloninhaberin erreicht ein angenehmes Arbeitsklima, indem sie ein **Wir-Bewusstsein** schafft und damit die Teamarbeit fördert, Konkurrenzdenken unter den Mitarbeiterinnen unterbindet und gute Teamleistungen honoriert. Sind die Mitarbeiterinnen zufrieden, setzen sie sich auch für den Salon ein und identifizieren sich mit ihrem Arbeitsplatz. Sie tragen ihre positive Einstellung zum Salon nach außen.

■ 11.5.3 Mitarbeitercontrolling

Beim Mitarbeitercontrolling geht es nicht darum, die Mitarbeiter zu kontrollieren wie der Begriff möglicherweise glauben lässt. Durch das Controlling sollen vielmehr mögliche Schwachstellen in der Personalpolitik gefunden werden. Folgende Fragestellungen sind dabei hilfreich:

- Kennen die Mitarbeiter die Unternehmensziele?
- Wissen die Mitarbeiter, welche Aufgaben- und Verantwortungsbereiche ihnen zugeteilt sind und erfüllen sie diese?
- Sind die Mitarbeiter bereit, sich für die Unternehmensziele einzusetzen?
- Gehen die Mitarbeiter kollegial miteinander um und wird der Teamgedanke verwirklicht?
- Steht die Kundenorientierung im Mittelpunkt aller Tätigkeiten?
- Nehmen die Mitarbeiter regelmäßig an Fort- und Weiterbildungsveranstaltungen teil?
- Arbeiten die Mitarbeiter laut Umsatzstatistik erfolgreich?

Deckt die Saloninhaberin Missstände auf, kann sie durch gezielte Maßnahmen Verbesserungen vornehmen. Sie kann gezielt personalpolitische Entscheidungen treffen, z. B. Seminare auswählen oder Gespräche führen.

11.6 Unternehmenspolitik

> *Bei der Frage des Unternehmensberaters, wie Frau Müller ihren Salon aus der großen Zahl der Mitbewerber hervorhebt, ist diese ratlos. „Sind nicht alle Friseure irgendwie gleich?", fragt sie. Der Unternehmensberater antwortet: „Sie müssen überlegen, was Ihre Kundinnen wollen. Nicht jeder möchte zu einem Friseur gehen, der so ist, wie alle anderen. Eigentlich sucht doch heute jeder etwas Besonderes. Und das müssen Sie Ihren Kundinnen bieten. Damit heben Sie sich von den Mitbewerbern ab und haben eine größere Chance am Markt."*

Mit einer günstigen Unternehmenspolitik hebt sich ein Salon von den Mitbewerbern ab. Sie beinhaltet allgemeine betriebliche Entscheidungen, Darstellungsmöglichkeiten des Unternehmens nach außen und Entscheidungen hinsichtlich des Unternehmenskonzeptes.

Themenschwerpunkte:
- Betriebliche Entscheidungen
- Darstellung des Unternehmens nach außen
- Unternehmenskonzept

11.6.1 Betriebliche Entscheidungen

Betriebliche Entscheidungen erfolgen zu verschiedenen Gesichtspunkten (Bild 1) und können sich gegenseitig beeinflussen. Sie alle sind nicht unabhängig voneinander zu betrachten. So kann sich z. B. der Standort des Salons auf die Öffnungszeiten auswirken.

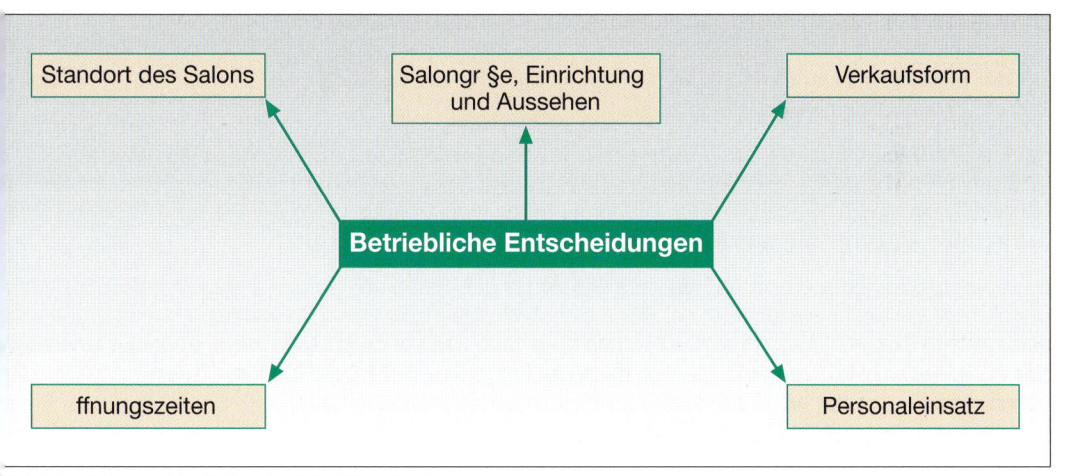

Bild 1: Gesichtspunkte für betriebliche Entscheidungen

Standort des Salons

Ist der Standort eines Betriebes einmal festgelegt, lassen sich diesbezüglich falsche Entscheidungen nur schwer rückgängig machen. Bei der Gründung eines Betriebes ist die Wahl des Standortes daher eine der wichtigsten Entscheidungen. Von ihr hängt jede weitere Entwicklung des Salons ab. Durch die Festlegung des Standortes werden das Einzugsgebiet, der Kundenkreis, der Umsatz, die Kosten und damit auch der Gewinn bestimmt. Je nach Lage wird eine andere Zielgruppe erreicht (vgl. hierzu Tabelle 1 auf der nächsten Seite).

Tabelle 1: Auswirkung verschiedener Standorte

Standortbeschreibung	Vorteile/Nachteile	Zielgruppe
Innenstadt/City Fußgängerzone, Fußgängerpassage, Salon in einem Kaufhaus oder Dienstleistungszentrum	Hohe Passantendichte, hohe Mietkosten	Überwiegend Laufkundschaft
Innenstadt/ Nebenlage Gut erreichbar von der Fußgängerzone	Günstigere Mietkosten, gute Parkmöglichkeiten, ruhiger als die Innenstadt, geringere Passantendichte	Z. T. Laufkundschaft, überwiegend Stammkundschaft
Größere Stadt im ländlichen Gebiet	Großes Einzugsgebiet, Friseurbesuch wird mit Erlebniseinkauf verbunden	Kundinnen aus der ländlichen Umgebung und aus der Stadt
Vorortlage, Einzellage im Wohngebiet	Gute Verkehrsanbindung, ausreichende Parkmöglichkeiten, geringe Passantendichte	Stammkundschaft

Je nach Erscheinungsbild und Image des Umfeldes besitzt auch ein Salon ein bestimmtes **Standortimage.** Die Saloninhaberin gestaltet danach das Sortiment und die Preise. In einer modern oder teuer und exklusiv gestalteten Umgebung sollte auf eine hohe Qualität der Waren und Dienstleistungen geachtet werden. In diesem Fall können entsprechend hohe Preise verlangt werden. Auch die Art der Geschäfte in der Nachbarschaft ist imagebildend. Je nachdem, ob in der Nähe des Salons u. a. eine teure Boutique bzw. ein Juwelier, eine Apotheke bzw. ein Ärztehaus oder eine Spielhalle bzw. ein Billigmarkt angesiedelt sind, erscheint das Lageimage exklusiv, vertrauenswürdig oder sogar billig.

Bei der Standortwahl ist die Konkurrenzsituation mit zu berücksichtigen, um eine sinnvolle Preispolitik zu betreiben und wettbewerbsfähig zu sein.

Salongröße, Einrichtung und Ausstattung

Die **Salongröße** hängt davon ab, welches Objekt für den Salon am ausgewählten Standort zur Verfügung steht. Weiterhin entscheidet die Höhe der Mietkosten bzw. des Kaufpreises, ob eine große oder eine kleinere Fläche gemietet bzw. gekauft werden kann. Die Verkaufsfläche muss so gestaltet werden, dass der Nutzen maximiert wird. Dies ist dann der Fall, wenn möglichst viel Raum für Bedienungs- und Verkaufsfläche genutzt wird, ohne jedoch einengend zu wirken. Zu viele große freie Flächen im Salon können bei der Kundin ein Gefühl der Leere hervorrufen und wirken verkaufshemmend. Gezielt eingesetzte große freie Flächen, z. B. im Empfangsbereich, vermitteln allerdings ein Gefühl der Großzügigkeit und der Exklusivität.

Je nach Größe des Salons ist bei der Planung der **Einrichtung** der Platzbedarf der Einrichtungsgegenstände zu berücksichtigen. Bei der Gestaltung des Verkaufsraumes sind die einzelnen Teilbereiche des Salons (Kassenbereiche, Bedienungsbereich usw.) mit einzubeziehen.

Die **Ausstattung** des Salons, d. h. die Art der Einrichtungsgegenstände, die Dekoration und die farbliche Gestaltung, schaffen eine bestimmte Atmosphäre. Die Art der Einrichtung sollte so gewählt werden, dass sie die potenzielle Zielgruppe anspricht. Ein entsprechendes Ambiente steigert das Wohlfühlen der Kundin und damit auch ihre Zufriedenheit bei einem Salonbesuch (vgl. hierzu Bild 1 und Bild 2 auf der nächsten Seite).

11.6 Unternehmenspolitik

Bild 1: Salon, der eine exklusive Atmosphäre vermittelt   Bild 2: Salon, der eine moderne Atmosphäre vermittelt

Personaleinsatz und Verkaufsformen

Wie viele Mitarbeiter ein Salon beschäftigt, hängt u. a. von der Größe des Salons und von der gewählten Verkaufsform ab. Bei der Einstellung von neuen Mitarbeiterinnen muss die Saloninhaberin die aufkommenden Personalkosten berücksichtigen, damit sie kostendeckend arbeitet. Sie kann feste Mitarbeiterinnen und/oder Aushilfskräfte beschäftigen. Feste Mitarbeiterinnen haben den Vorteil, dass sie Kundinnen stärker an sich und damit an den Salon binden. Durch die Einstellung von Aushilfen kann die Friseurin schnell und flexibel auf die Auftragslage reagieren.

In Salons, die ihre Waren überwiegend in Selbstbedienungsform anbieten, ist der Personalaufwand geringer als in Salons, die verstärkt Waren im Beratungsverkauf anbieten.

Öffnungszeiten

Je nach Auftragslage müssen Öffnungszeiten flexibel gestaltet und der Personaleinsatz entsprechend geplant werden. Eine Möglichkeit ist auch, die gesetzlich vorgegebenen Öffnungszeiten voll auszuschöpfen. Damit werden z. B. Kundinnen angesprochen, die während der normalen Öffnungszeiten den Salon nicht besuchen können. Um den Umsatz in den Randzeiten zu steigern und die verlängerten Öffnungszeiten rentabel zu gestalten, kann die Friseurin Sonderaktionen anbieten, z. B. günstige Haarschnitte vor 10:00 Uhr und nach 18:00 Uhr.

11.6.2 Darstellung des Unternehmens nach außen

Will sich eine Friseurmeisterin mit ihrem Salon von der Konkurrenz abheben, muss sie die Persönlichkeit ihres Unternehmens hervorheben. Der Grundgedanke liegt darin, das Unternehmen möglichst deutlich, einheitlich und sympathisch darzustellen. Mit der Entwicklung einer eigenen Unternehmensidentität (Corporate Identity) steigert sie die Bekanntheit und Akzeptanz ihres Unternehmens und damit auch die ihrer Waren und Dienstleistungen. Folgende Maßnahmen und Mittel tragen zur Identität des Unternehmens bei:

- Logo
- Slogan
- Firmenname
- Stil und Design
- Schaufensterdekoration
- Erscheinungsbild der Mitarbeiter

11 Unternehmenskonzept

Bild 1: Beispiele für Logos

Bild 2: Visitenkarte mit Logo

Logo

Es ist unverwechselbar, zeitgemäß und einprägsam. Einfache Logos (Bild 1) prägen sich am stärksten ein. Sie können in Form eines Symbols, eines Schriftzugs oder einer Kombination von beiden gestaltet werden. Ist ein Logo auf Visitenkarten (Bild 2), Preisschildern, Briefköpfen (Bild 3), Bonusheften, Rechnungen usw. aufgedruckt, bleibt es der Kundin in Erinnerung und fällt in der Öffentlichkeit auf.

Bild 3: Briefkopf mit Logo

Slogan

Um ihr Unternehmen von den anderen abzuheben, entwirft die Saloninhaberin einen eigenen Slogan. Der Slogan wird vor allem in der Werbung für den Salon verwendet, nach Möglichkeit in Kombination mit dem Logo.

Firmenname

Vom Firmennamen schließen die Kundinnen auf die Art des Unternehmens. Für den Salon kann ein Personenname (Hinweis auf Geschäftsinhaber), ein Sachname (Hinweis auf Geschäftstätigkeit) oder ein Fantasiename gewählt werden. Gesetzliche Einschränkungen ergeben sich eventuell aus der gewählten Unternehmensform (GmbH, KG, OHG, GdbR usw.).

Stil und Design

Ein stilistisch und farblich einheitliches Design der Verpackungen von firmeneigenen Produkten, von Visitenkarten, von Geschäftspapieren, von Anzeigen und Prospekten unterstreicht die Einzigartigkeit des Salons.

Schaufensterdekoration

Das Schaufenster ist das Aushängeschild des Salons. Es sollte die Unternehmensidentität z. B. durch edle Dekoration im exklusiven Salon oder modernes Design für einen Trendfriseur widerspiegeln.

Erscheinungsbild der Mitarbeiter

Durch ein einheitliches Erscheinungsbild werden die Mitarbeiter von der Kundin als solche erkannt. Der Salon präsentiert sich dadurch als ein Unternehmen mit Teamgeist. Dies steigert den Eindruck der Professionalität.

11.6.3 Unternehmensart

Beim Erfolg eines Salons spielt auch die Unternehmensart eine Rolle. Neben **Einzelunternehmen** existieren als besondere Unternehmenskonzepte die **Salonketten** und **Franchise-Salons.**

Einzelunternehmen

Einzelunternehmen haben den Vorteil, dass sie überschaubar sind und die Saloninhaberin ständig anwesend sein kann. Allerdings ist sie auch vom Erfolg dieses einen Geschäfts abhängig.

Salonketten

Bei einer Salonkette baut die Inhaberin eine Vielzahl von **Filialen** in verschiedenen Stadtteilen oder Städten auf. Vorteile liegen in den günstigeren Kalkulationsmöglichkeiten aufgrund der höheren Abnahmemengen bei Produkten von den Herstellerfirmen und den besseren Absatzmöglichkeiten. Weiterhin kann der Personaleinsatz in den einzelnen Filialen bedarfsgerecht geplant werden, da die Mitarbeiter ausgetauscht werden können.

Franchise-Salons

Die Franchise-Salons vermitteln nach außen einen einheitlichen Eindruck wie eine Salonkette. Die Inhaberin eines einzelnen Franchise-Salons arbeitet eng mit dem **Franchise-Geber** zusammen. Dieser stellt den Namen, die Ausstattung, das Logo, er legt das Waren- und Dienstleistungssortiment fest, entwickelt Werbestrategien und bestimmt die Preispolitik. Zentrale Mitarbeiterschulungen gewährleisten einheitliche Qualitätsstandards. Entscheidet sich eine Friseurin für ein solches Franchise-Konzept, muss sie z. B. ein einmaliges Entgeld an den Franchise-Geber entrichten oder diesen regelmäßig am Umsatz beteiligen. Der Franchise-Geber hat Kontrollbefugnisse, berät und unterstützt die Saloninhaberin. Diese profitiert von den Erfahrungen des Franchise-Gebers. Bekannte Beispiele für erfolgreiche Franchise-Konzepte sind weltweit verbreitete Fast-Food-Unternehmen.

11.7 Kundenverwaltung

Als der Unternehmensberater die Sprache auf die Kundenverwaltung bringt, sagt Frau Müller: „Ja, wir haben für jede Kundin eine Karteikarte. Dort tragen wir Namen, Anschrift, Telefonnummer und die Behandlungen ein." Der Unternehmensberater informiert sie darüber, dass eine Karteikarte alleine noch lange keine ausreichende Kundenverwaltung darstellt und gibt ihr Tipps dazu.

11 Unternehmenskonzept

Um einen reibungslosen Ablauf im Bedienungssystem zu gewährleisten, sind organisatorische Hilfsmittel zur Kundenverwaltung erforderlich. Sie fördern die Kundenzufriedenheit und helfen dadurch, Stammkundinnen zu halten und Neukundinnen zu gewinnen.

Themenschwerpunkte:

- Kundenkartei
- Terminplanung
- Kundenrechnung

11.7.1 Kundenkartei

Besucht eine neue Kundin den Salon, werden zu Beginn des Beratungsgesprächs **Kundendaten** erfasst die in der nachfolgenden Behandlung ergänzt werden. Die Daten werden auf Karteikarten oder mithilfe einer speziellen Branchensoftware erfasst. Wichtige Kundendaten sind z. B.:

- Name, Adresse und Telefonnummer der Kundin
- Geburtsdatum
- Heimbehandlungsprodukte
- Daten der Haar- und Kopfhautdiagnose (Haarstärke, Haarstruktur, Kopfhautzustand usw.)
- Behandlungstermine
- Behandlungsdaten, z. B. bezüglich Dauerwell- und Farbrezepturen
- Produktempfehlung zur Reinigung und Pflege
- Mitarbeiterzuständigkeit

Bei Folgebehandlungen kann auf diese Daten zurückgegriffen werden, auch um sie zu ergänzen. Falls andere Mitarbeiterinnen die Kundin bedienen, entnehmen diese der Kundenkartei alle wichtigen Informationen zur Behandlung. Dies sichert eine gleichbleibende Qualität der Behandlungen. Aus der Kundenkartei können weiterhin Rückschlüsse bezüglich des Kaufverhaltens der Kundin gezogen werden. Daraus ergibt sich die Möglichkeit, Zusatzverkäufe zu tätigen.

Persönliche Daten haben den Nutzen, dass zu bestimmten Anlässen, z. B. Geburtstag der Kundin, Weihnachten, Grußkarten oder Serienbriefe verschickt werden können. Die persönliche Ansprache der Kundinnen stärkt die Kundenbindung. Bei Terminverschiebungen kann die Kundin telefonisch erreicht und ein neuer Termin vereinbart werden.

11.7.2 Terminplanung

Salons, die nach Termin arbeiten, gewährleisten ihren Kundinnen geringe Wartezeiten. Dafür ist eine gute Terminplanung erforderlich. Für alle Behandlungsarten plant der Salon realistische **Bedienungszeiten** ein (Tabelle 1, folgende Seite). Diese Bedienungszeiten sind bei der Festlegung der Termine zu berücksichtigen. Einige Behandlungen haben Einwirkzeiten (z. B. Dauerwelle, Tönen, Färben). Während dieser Zeiten kann die Friseurin andere Behandlungstermine wahrnehmen. Die Tabelle nennt beispielhaft verschiedene Bedienungszeiten und macht Angaben dazu auf der folgenden Seite, wann frühestens ein neuer Termin angenommen werden kann. Dabei ist darauf zu achten, dass die begonnene Behandlung anschließend ordnungsgemäß zu Ende geführt wird. Ausnahmen sind u. a. Kosmetikbehandlungen. Hierbei ist es nicht üblich, die Kundin z. B. während der Einwirkzeit einer Gesichtspackung allein zu lassen.

11.7 Kundenverwaltung

Tabelle 1: Richtwerte für die Dauer einiger Behandlungen

Art der Behandlung	Abkürzung	Dauer der gesamten Behandlung	Neue Terminvergabe nach
Waschen/Legen	WL	60 Min	30 Min
Waschen/Fönen	WF	45 Min	45 Min
Kinderhaarschnitt (trocken)	S (K)	30 Min	30 Min
Herrenhaarschnitt (trocken)	S (H)	30 Min	30 Min
Waschen/Schneiden/Fönen (Damen)	WSF	90 Min	90 Min
Waschen/Schneiden/Legen (Damen)	WSL	90 Min	60 Min
Waschen/Schneiden/Fönen (Herren)	WSF (H)	45 Min	45 Min
Tönen	TÖ	60 Min	25 Min
Färben	FÄ	90 Min	30 Min
Foliensträhnen Langhaar	FSTR	120 Min	bis 40 Min
Dauerwelle	DW	90 Min	30 Min

n einen **Terminplan,** der elektronisch oder handschriftlich erstellt werden kann, trägt die Mitarbeiterin bzw. die Rezeptionistin die Namen der Kundinnen und den Behandlungswunsch sowie den Namen der zuständigen Friseurin ein. Sie muss dabei die Dauer der jeweiligen schon eingetragenen Behandlungen berücksichtigen.

Beispiel:
Salon Haargenau hat von 9:00 Uhr bis 18:00 geöffnet. Bei Friseurin Melanie sind im Terminplan (Tabelle 2) schon einige Termine eingetragen. Frau Gerneschön möchte an diesem Tag ebenfalls von Melanie bedient werden. Eine neue Dauerwelle ist nötig. Anschließend soll noch geschnitten und geföhnt werden. Melanie schaut in den Terminplan und nennt Frau Gerneschön als einzigen möglichen Termin 13:30 Uhr.

Tabelle 2: Terminplan

Mitarbeiterin: Melanie

Uhrzeit		Kunde/Kundin	Behandlung
9	00	Herr Müller	WSF (H)
	15		
	30		
	45	Frau Beyer	TÖ/WF
10	00		
	15	Herr Winter	S (H)
	30		
	45		
11	00		
	15		
	30	Frau Thiemeier	WL
	45		
12	00	Frau Schmitt	TÖ, WL

Fortsetzung Tabelle 2: Terminplan		
Mitarbeiterin: *Melanie*		
Uhrzeit		Kunde/Kundin	Behandlung
	30	Julian	J (K)
	45		
13	00		
	15		
	30	Frau Gerneschön	OW/WF
	45		
14	00		
	15		
	30		
	45		
15	00		
	15		
	30		
	45		
16	00		
	15		
	30	Herr Schneider	WF (H)
	45		
17	00		
	15	Kevin	J (K)
	30		
	45		
18	00		

■ 11.7.3 Kundenrechnung

Wird von der Kundin eine Rechnung über die erhaltene Dienstleistung oder über den Produktkauf gewünscht, muss die Rechnung (Bild 1 auf der nächsten Seite) folgende Angaben enthalten:
- Adresse des Salons
- Steuernummer
- Datum
- Laufende Nummerierung
- Bezeichnung und Zeitpunkt der Leistung
- Rechnungsbetrag
- Steuersatz
- Lieferdatum

11.7 Kundenverwaltung

Salon Haargenau

M. Müller · Mondstr. 10 · 45668 Recklinghausen

Frau
Iris Gerneschön
Luisenstr. 2
45663 Recklinghausen

Datum : 21.10.20..

RECHNUNG

Nr.: 8763
St.-Nr.: 1093/457/0023

Perücke Ausführung Damenfrisur Farbe blond angeliefert und angepasst am 15.10...

Pos. Nr.	Menge Bezeichnung	Einzelpreis	Ges. Preis
1	Hautfilmperücke Maßanfertigung (Kopfgröße 60)	572,50 Euro	572,50 Euro
2	Schnitt und Frisurengestaltung	15,00 Euro	15,00 Euro
		Summe	587,50 Euro
		MwSt 19 %	111,63 Euro
		Summe	**699,13 Euro**

Rechnungsbetrag zahlbar ohne Abzug bis zum 21.11.20...

Wir bedanken uns für Ihren Auftrag.

Bankverbindung: Stadtsparkasse Schönland · BLZ 123 456 789 · Konto-Nr. 454545

Bild 1: Beispiel für eine Rechnung

11.8 Wettbewerbsrecht

Frau Müller erzählt dem Unternehmensberater, dass sie sich schon Gedanken über besondere Angebote, Veranstaltungen usw. gemacht hat. Damit möchte sie die Kundinnen ihrer Mitbewerber anlocken. Der Unternehmensberater begrüßt die Idee, klärt sie jedoch darüber auf, dass dabei Einschränkungen zu beachten sind.

Im Rahmen der Werbung und der Verkaufsförderung steht die Friseurin im direkten Wettbewerb zu anderen Mitbewerbern. Dabei muss sie bestimmte Regeln beachten, die in Gesetzen festgelegt sind. Dazu gehören:

Bild 1: Nicht alles ist erlaubt

- Gesetz gegen unlauteren Wettbewerb (UWG)
- Gesetz gegen Wettbewerbsbeschränkungen (GWB)
- Wettbewerbsrechtliche Nebengesetze
- Bei Wettbewerbsverletzungen muss die Friseurin mit rechtlichen Folgen (Unterlassung, Schadensersatz usw.) rechnen (Bild 1).

Themenschwerpunkte:
- Gesetzliche Regelungen für Werbung
- Gesetzliche Regelungen der Verkaufsförderungsmaßnahmen
- Gesetzliche Regelungen bei Sonderveranstaltungen

11.8.1 Gesetzliche Regelungen für Werbung

Ein werbetreibendes Unternehmen unterliegt gesetzlichen Regelungen in Bezug auf die Art und Weise der Werbung. Diese verbieten bestimmte Formen der Werbung. Dies sind:
- Vergleichende Werbung
- Irreführende Werbung
- Unzumutbare Werbung

Vergleichende Werbung

Sie vergleicht eigene Waren oder Dienstleistungen mit denen des Mitbewerbers und ist unter bestimmten Voraussetzungen erlaubt. Nähere gesetzliche Bestimmungen sind im UWG nachzulesen. Es besteht hierbei die Gefahr, dass sich der Mitbewerber herabgesetzt oder verunglimpft fühlt und daher möglicherweise rechtliche Schritte einleitet. Wer vergleichend wirbt, sollte gründlich abwägen, ob der Nutzen dieser Werbung das Risiko überwiegt.

Irreführende Werbung

Sie liegt vor, wenn sie falsche Informationen über Merkmale von Waren und Dienstleistungen beinhaltet. Die falschen Informationen können sich auf Eigenschaften, Qualität, Herstellung, Preis, Verwendungsmöglichkeit und die Vorratsmenge beziehen. Auch wenn falsche Informationen über den Betrieb bzw. den Inhaber in einer Werbung auftauchen, ist sie irreführend. Es ist beispielsweise irreführend für ein besonderes Angebot zu werben, wenn die angebotene Ware nicht in ausreichender Menge vorhanden ist. Der Vorrat muss der zu erwartenden Nachfrage angemessen sein. Das bedeutet, dass diese Angebot z. B. über mehrere Tage erhältlich sein muss. Sind nur geringe Stückzahlen vorhanden, muss dies aus der Werbung ausdrücklich hervorgehen.

Unzumutbare Werbung

Diese liegt dann vor, wenn eine Kundin durch diese Werbung belästigt wird. Bei Werbung durch Telefonanrufe, SMS, Telefax oder E-Mail ist dies der Fall, wenn vorher kein ausdrückliches Einverständnis eingeholt wurde. Die Direktwerbung durch persönliche Werbepost ist zulässig, wenn die Kundin im Zusammenhang mit dem Kauf einer Ware oder Dienstleistung ihre Adresse mitgeteilt hat. Wird die Adresse zu Werbezwecken verwendet, ist die Kundin allerdings darüber zu informieren und kann dies jederzeit untersagen. Durch Eintragung in die Robinson-Liste beim Deutschen Direktmarketing-Verband (DDV) kann sich jede Privatperson von der Direktwerbung über den Postversand ausschließen lassen.

11.8.2 Gesetzliche Regelung der Verkaufsförderungsmaßnahmen

Zur Förderung des Absatzes von Waren und Dienstleistungen lassen sich Betriebe immer neue Maßnahmen einfallen. Verkaufsförderungsmaßnahmen, die in Kap. 11.4.3 aufgeführt sind, sind prinzipiell erlaubt. Bei der Durchführung von Verkaufsförderungsmaßnahmen muss die Friseurin Regeln beachten, die ihr vorschreiben, wann sie sich im rechtlichen Rahmen bewegt und wann nicht. Beispiele dafür finden sich in Tabelle 1 auf der nächsten Seite.

Beispiele für zulässige Verkaufsförderungsmaßnahmen sind z. B.:

- Kugelschreiber als Werbegeschenk. Die Kundin erhält den Kugelschreiber, ohne sich zum Kauf einer Ware oder Dienstleistung zu verpflichten (Bild 1).
- Abgabe eines dritten Nagellackes als Zugabe beim Kauf von zwei Nagellacken. Dabei ist für die Kundin deutlich erkennbar, welchen Wert die Zugabe hat und unter welchen Bedingungen sie diese erhält (Bild 2).

Beispiele für Vorgehensweisen bei Verkaufsförderungsmaßnahmen, die ungesetzlich sind, finden sich in Tabelle 1.

Tabelle 1: Beispiele für ungesetzliche Vorgehensweise bei Verkaufsförderungsmaßnahmen

Verstoß	Beispiel
Ausüben von psychologischem Kaufzwang durch zeitliche Begrenzung	Muss eine Kundin ein Bonusheft in einem angegebenen Zeitraum durch eine entsprechende Anzahl von Besuchen vollständig ausfüllen, damit sie eine Gratisleistung erhält, ist dies unzulässig. Dadurch wäre sie möglicherweise gezwungen, den Friseur öfter aufzusuchen als nötig.
Zwang zu einem Folgekauf	Eine Kundin erhält bei einem Friseurbesuch einen Gutschein, der ihr 20 % Geldersparnis bringt, wenn sie sich beim nächsten Besuch für eine Dauerwelle entscheidet. Um in den Genuss des geldwerten Vorteils zu kommen, entstehen ihr jedoch weitere Kosten, da sie die restlichen 80 % der Dauerwelle in jedem Fall bezahlen muss.

Bild 1: Kugelschreiber als Werbegeschenk

Bild 2: Nagellack als Zugabe

Tabelle 1: Regeln für die Durchführung von Verkaufsförderungsmaßnahmen

Erlaubt	Verboten
■ Die Qualität und die Leistung der Ware oder Dienstleistung müssen das entscheidende Kaufkriterium sein, nicht die Verkaufsförderungsmaßnahme. ■ Werbegeschenke müssen unentgeltlich sein und die Kundin erhält sie unabhängig von einem Kauf. ■ Zugaben in Form von Sach- oder Dienstleistungen erhält die Kundin in Verbindung mit dem Kauf einer anderen Ware oder Dienstleistung kostenlos. ■ Der Wert der Zugabe muss entweder deutlich zu erkennen oder leicht festzustellen sein. Sie muss für die Kundin so lange bereitgehalten werden, dass diese nicht in Kaufdruck gerät. ■ An Preisausschreiben, Verlosungen oder Gewinnspielen müssen Kundinnen unabhängig von einem Kauf teilnehmen können. ■ Rabatte sind langfristig zu gewähren, damit die Kundin Preisvergleiche anstellen kann. ■ Der Zeitraum für Gültigkeit eines Gutscheins muss ausreichend lange bemessen sein. ■ Gutscheine und Werbungen für Rabatte müssen so gestaltet sein, dass die Kundinnen eindeutig erkennen, für welche Waren oder Dienstleistungen diese gelten.	■ Durch die Verkaufsförderungsmaßnahme darf kein psychologischer Kaufzwang entstehen, d. h. Rabatte, Gutscheine und Zugaben dürfen zeitlich nicht zu eng befristet sein. ■ Rabatte dürfen nicht auf das gesamte Sortiment oder ein Teilsortiment bzw. auf ganze Warengruppen gewährt werden. Dann gelten sie als Sonderveranstaltungen. ■ Hochwertige Zugaben dürfen nicht bewirken, dass die Kundin die Ware oder Dienstleistung nur deshalb kauft, um in den Genuss der Zugabe zu gelangen. Auch dies fällt unter den Begriff psychologischer Kaufzwang. Der Bundesgerichtshof (BGH) rät von der Gewährung zu hochwertiger Zugaben ab, da die Rechtslage hier noch unklar ist. ■ Es dürfen keine Waren oder Dienstleistungen angeboten werden, welche die Kundin zu einem Folgekauf zwingen.

■ 11.8.3 Gesetzliche Regelung bei Sonderveranstaltungen

Sonderveranstaltungen sind Verkaufsveranstaltungen, bei denen große Anteile des Sortiments abgesetzt werden sollen und die Kundin den Eindruck erhöhter Kaufvorteile erhält. Prinzipiell sind sie unzulässig, jedoch gibt es Ausnahmen:

■ Jubiläumsverkäufe nach jeweils 25 Jahren
■ Räumungsverkäufe wegen Geschäftsaufgabe, Umbau oder Schäden durch höhere Gewalt

Sonderverkäufe dürfen nur für die Dauer von zwölf Werktagen durchgeführt werden. Räumungsverkäufe wegen Geschäftsaufgabe können bis zu 24 Tagen dauern. Alle Räumungsverkäufe müssen zuvor bei der zuständigen Industrie- und Handelskammer oder Handwerkskammer angezeigt werden.

Will ein Salon für einen besonderen Anlass werben, z. B. Geschäftseröffnung, 2-jähriges Bestehen, Ostern, Saisonende, darf die Saloninhaberin mit ihrer Werbung nicht den Eindruck einer Sonderveranstaltung hervorrufen. Sie darf jedoch einige Sonderangebote machen oder andere Verkaufsförderungsmaßnahmen durchführen.

11.9 Beschaffung und Lagerhaltung

Bisher hat Frau Müller immer nur eine begrenzte Menge an Verkaufsware in ihren Regalen stehen. Ihre Kabinettware lagert sie in einem kleinen Lager im hinteren Teil des Geschäftes. Manchmal tritt die Situation auf, dass Kundinnen nach Ware fragen, die gerade nicht mehr im Regal steht (Bild 1). Sie bestellt diese dann und die Kundinnen können sie einige Tage später abholen. Der Unternehmensberater kritisiert dies.

Bild 1: Fehlende Ware

Damit die Betriebsprozesse reibungslos ablaufen können, müssen die Verkaufs- und Kabinettwaren rechtzeitig und in ausreichender Menge beschafft und gelagert werden. Dabei sind wichtige Aspekte zu berücksichtigen.

Themenschwerpunkte:
- Lagerhaltung
- Bestellzeitpunkt und Bestellmenge
- Anbieter
- Warenpflege

11.9.1 Lagerhaltung

Ein Warenlager dient dazu, die Zeit bis zum Eintreffen von neu bestellter Ware zu überbrücken und mit immer ausreichend Verkaufs- und Kabinettware zur Verfügung zu haben. Damit ist gewährleistet, dass alle Waren immer zur Verfügung stehen und jede Dienstleistung ausgeführt werden kann. Grundsätzlich ist zu überlegen, ob ein kleines Warenlager mit häufigeren Bestellungen zu bevorzugen ist, oder ein großes Warenlager mit geringerer Bestellhäufigkeit.

Ein kleines Warenlager hat den Vorteil, dass nur geringe Lagerkosten (Miete) entstehen und wenig Kapital durch Ware gebunden ist. Somit stehen Gelder, die nicht für Lagerware ausgegeben werden, dem Betrieb zur Verfügung. Nur selten wird bei dieser Art der Lagerhaltung ein Haltbarkeitsdatum überschritten, da die Ware in der Regel nicht lange im Lager verbleibt. Allerdings können Mengenrabatte beim Einkauf nur in geringem Umfang genutzt werden und auch bei jeder kleinen Bestellung entstehen Bezugskosten. Zeitweise können auch Engpässe in der Lagerhaltung aufgrund von Lieferschwierigkeiten der Zuliefererfirmen entstehen. Bei erhöhter Nachfrage einer Ware durch Kunden kann der Bedarf eventuell nicht gedeckt werden (z. B. Saisonprodukte). Dafür kann jedoch bei Veränderungen auf Kundenbedürfnisse flexibel reagiert werden, indem schnell neue Ware bestellt wird.

Ein großes Warenlager gewährleistet, dass immer alle Verkaufs- und Kabinettwaren vorhanden sind und somit alle Dienstleistungen ausgeführt werden können. Es entstehen keine Engpässe. Weiterhin können Mengenrabatte in Anspruch genommen und die Bezugskosten gering gehalten werden. Ein großes Lager ist jedoch auch mit höheren Lagerkosten verbunden und bindet viel Kapital. Dies kann in Krisenzeiten ggf. die Zahlungsfähigkeit des Unternehmens schwächen. Weniger nachgefragte Ware wird zum „Lagerhüter" und läuft ab.

Ein Betrieb muss abwägen, welche Lagerhaltung für ihn sinnvoll ist. Außerdem ist eine laufende Kontrolle des Lagerbestandes erforderlich, um den Überblick zu behalten.

Tipps für eine sinnvolle Lagerhaltung:

- Häufig verkaufte Produkte sollten grundsätzlich immer im Lager vorrätig sein.
- Mengenrabatte und Sonderpreise des Herstellers für umsatzstarke Artikel sollten ausgenutzt werden
- Nicht alle Waren müssen in großer Anzahl gelagert werden.
- Für kurzfristige Warenbeschaffung und Nachbestellungen sollte immer Kapital vorhanden sein.

11.9.2 Bestellzeitpunkt und Bestellmenge

Bestelltermine sind so zu wählen, dass bis zum Eintreffen der neuen Ware kein Engpass entsteht. Zeit und Mengenplanung für die Ware sind eng miteinander verknüpft. Je kleiner die Bestellmengen, desto kürzer sind die Zeiträume zwischen den einzelnen Bestellvorgängen.

Wenn die neue Ware eintrifft, sollte immer noch ein geringer Warenbestand im Lager vorhanden sein. Dies wird Mindestbestand genannt. Er dient dazu, eventuelle Lieferschwierigkeiten des Herstellers (z. B. aufgrund von Streiks) auszugleichen. Der Mindestbestand an Ware im Lager sollte nie unterschritten werden.

Nachbestellungen von Waren erfolgen immer vor Erreichen des Mindestbestandes. Sinnvoll ist es für den Betrieb, einen so genannten Meldebestand festzulegen, der angibt, wann die Ware bestellt werden muss.

Ist die bestellte Ware eingetroffen, spricht man vom Höchstbestand des Lagers (Mindestbestand + bestellte Ware).

Die Überprüfung des Mindestbestands, Meldebestands und Höchstbestands eines Warenlagers lässt sich mithilfe eines computergestützten Warenwirtschaftsprogramms realisieren. Warenverkäufe und -eingänge sowie Warenentnahmen für den Verbrauch im Salon können gleichzeitig verfolgt werden. Durch diese Programme wird auch die Inventur vereinfacht.

11.9.3 Anbieter

Jeder Betrieb muss Ware vom Hersteller kaufen. Er muss sich also zwischen mehreren Herstellerfirmen entscheiden. Dabei gibt es unterschiedliche Gesichtspunkte, die zu berücksichtigen sind:

- Firmenphilosophie
- Liefer- und Zahlungsbedingungen
- Werbeunterstützung
- Fortbildungsseminare
- Abnahmezwang und feste Umsatzzahlen

Firmenphilosophie

Die Firmenphilosophie ist ausschlaggebend für die Auswahl des Herstellers. Je nach Salonkonzept, wird mit Waren aus dem Naturkosmetikbereich gearbeitet, oder mit herkömmlichen Friseurprodukten der gehobenen bzw. niedrigeren Preiskategorie. Somit kann eine Vorauswahl für den geeigneten Anbieter getroffen werden.

Liefer- und Zahlungsbedingungen

Für einen Vergleich der Anbieter sollten die Lieferbedingungen hinsichtlich der Lieferzeit und der Bezugskosten überprüft werden. Abzuklären ist:

- Ob und ab welcher Bestellmenge Lieferkosten entfallen oder ob grundsätzlich eine einheitliche Lieferpauschale berechnet wird.
- Wer die Kosten für Nachlieferungen trägt.

Bei den Zahlungsbedingungen sollte der Betrieb die Fristen für Zahlungsfälligkeit (in der Regel 30 Tage), Mengenrabatte, Naturalrabatte (kostenlose Warenzugaben), die Gewährung von Skonto und Bonuszahlungen aushandeln.

Werbeunterstützung

Einige Firmen bieten dem Betrieb zur Förderung des Umsatzes Werbeunterstützung an. Diese kann z. B. Plakate, Visitenkarten, Firmenschilder, Testmuster, Bonuskärtchen, Displays beinhalten.

Fortbildungsseminare

Bei der Entscheidung für einen bestimmten Hersteller sollten auch die Fortbildungsmöglichkeiten für Mitarbeiter berücksichtigt werden. Wenn sich der Friseur z. B. für eine bestimmte Firma im Bereich Haarfarben entscheidet, sollte diese kostenlos und regelmäßig Schulungen zu neuen Colorationstechniken durchführen. Für Verkaufswaren sollten Verkaufsseminare von den Firmen angeboten werden.

Abnahmezwang und feste Umsatzzahlen

Mit Vorsicht zu genießen sind Firmen, die bei einer Zusammenarbeit mit dem Betrieb z. B. die Abnahme des gesamten Sortiments verlangen oder feste Umsatzzahlen vorschreiben.

11.9.4 Warenpflege

Waren die in den Regalen oder im Lager aufbewahrt werden, müssen vor äußeren Einflüssen geschützt werden. Staub und Verschmutzungen machen die Ware unansehnlich, Nässe und Hitze können Umverpackungen oder das Produkt selbst beschädigen. Durch regelmäßige Überprüfung der Haltbarkeit wird gewährleistet, dass der Kunde nur einwandfreie Ware erhält. Ebenfalls aus Gründen der Haltbarkeit sollte beim Auffüllen der Regale und des Lagers die neue Ware immer nach hinten gestellt werden.

11.10 Inventur

Friseurmeisterin Frau Müller weist Anja an, die Waren im Regal zu zählen. (Bild 1). Anja fragt nach dem Grund. Frau Müller erklärt ihr, dass die jährliche Inventur ansteht und der Unternehmensberater diese zur Unternehmensanalyse begutachten will.

Die Inventur in einem Unternehmen ist eine mengenmäßige und wertmäßige Bestandsaufnahme der Vermögenswerte und Schulden. Sie hat die Aufgabe, die auf den Betriebskonten ausgewiesenen Bestände mit den tatsächlich vorhandenen abzugleichen.

Im Laufe eines Geschäftsjahres ergeben sich oft Abweichungen zwischen dem Ist- und Sollzustand bedingt durch natürlichen Schwund, Diebstahl, Verderb und Fehlern in der Buch- und Kontenführung.

Nach §240 des Handelsgesetzbuches (HGB) wird von jedem Betrieb mit Kaufmannseigenschaft ein

Bild 1: Anja beim Zählen der Ware

11 Unternehmenskonzept

Bestandverzeichnis gefordert, das jeden tatsächlich vorhandenen Vermögens- und Schuldenposten eines Betriebes nach Art, Menge und Wert zu einem Stichtag einzeln erfasst. Die Daten für das Bestandsverzeichnis oder auch Inventar genannt liefert die Inventur.

Somit ist ein Unternehmer, der als eingetragener Kaufmann registriert ist und der steuerlichen Buchführungspflicht unterliegt, verpflichtet, eine Inventur durchzuführen:

- bei Eröffnung oder Übernahme eines Betriebes,
- bei Aufgabe des Betriebes,
- für jedes Geschäftsjahr.

Die Daten der Inventur fließen in die Bilanz (rechnerische Gegenüberstellung der Kapital- und Vermögensverhältnisse) eines Unternehmens und in die Steuererklärung für das Finanzamt mit ein.

Je nach Art und Umfang des kaufmännischen Geschäftsbetriebes erhält der Unternehmer vom Finanzamt entsprechende zusätzliche Erklärungsvordrucke zur Einkommensteuererklärung (Fragebogen zu steuerlichen Erfassung, Vordrucke: Einnahmenüberschussrechnung, Umsatzsteuervoranmeldung, Umsatzsteuer).

Ausgenommen von der Inventur und der Buchführungspflicht sind Kleinbetriebe mit einem geringer Brutto-Umsatz.

Die Bestandsaufnahme oder Inventur kann auf verschiedene Arten und mit unterschiedlichen Verfahren durchgeführt werden, die auf den folgenden Seiten dargestellt und erläutert werden.

Themenschwerpunkte:
- Inventurarten
- Inventurverfahren

11.10.1 Inventurarten

Körperliche Inventur

Die gebräuchlichste Methode ist die Körperliche Bestandsaufnahme oder Körperliche Inventur. Sie erfolgt je nach Bestandsart durch Zählen, Messen oder Wiegen.

Hierbei werden alle körperlichen Vermögensgegenstände wie Waren, Einrichtungsgegenstände, Geräte und Maschinen in einer Inventurliste mit Angabe der handelsüblichen Bezeichnung erfasst. In die Liste werden weiterhin die vorhandene Warenmenge, Nettopreise sowie Gesamtwert der Ware eingetragen. Tabelle 1 zeigt ein Beispiel für eine Inventurliste.

Tabelle 1: Inventurzählliste zur Inventur 31.12.2009 Salon Haargenau					
Haarreinigungsprodukte: Shampoos der Firma Wellgold				
Artikel	Artikel.-Nr.	Menge	Einzelpreis im Einkauf	Gesamtpreis
Shampoo für gesundes Haar	111	17	2,35 €	39,95 €
Shampoo für fettiges Haar	112	08	1,95 €	15,60 €
Shampoo für trockenes Haar	113	...	...	....
Unterschrift: Frau Müller			Nettogesamtsumme:	....
			zzgl. 19% Mwst. :	....
			Bruttogesamtsumme:	....

Buchinventur

Für die nichtkörperlichen Wirtschaftsposten in einem Unternehmen wie Bankenguthaben, Forderungen, Schulden und Verbindlichkeiten ist eine Erfassung und Bestandsaufnahme nach Büchern und Belegen zulässig, die so genannte Buchinventur. Der Unternehmer legt dazu bei der Inventur z. B. Kontoauszüge der Banken, die von Kunden nicht bezahlten Rechnungen sowie unbezahlte Lieferantenrechnungen vor.

11.10.2 Inventurverfahren

Ein Unternehmen hat verschiedene Möglichkeiten die Inventur durchzuführen. Die Bestandsaufnahme kann als Stichtaginventur, Verlegte Stichtaginventur, Permanente Inventur oder Stichprobeninventur erfolgen.

Stichtaginventur

Die gebräuchlichste Methode der Inventur ist die körperliche Bestandsaufnahme an einem Stichtag, die so genannte Stichtaginventur. Ihre Durchführung kann aber auch zeitnah innerhalb einer Zehntagesfrist vor und nach dem Stichtag erfolgen. Meist ist dieser Stichtag der letzte Tag im Geschäftsjahr, also der 31. Dezember.

Viele Betriebe schließen dann für einen halben oder ganzen Tag. Die Bestände werden mengenmäßig und wertmäßig erfasst und in die Inventurlisten eingetragen. Der Arbeitsaufwand ist groß und es entstehen möglicherweise durch Schließung des Betriebes Umsatzeinbußen.

Die zeitnahe Inventur umgeht diese Störung weitestgehend, erfordert allerdings eine entsprechend genaue Registrierung der Bestandsveränderungen (Zu- und Abgang der Waren im Lager) innerhalb der zehn Tage.

Verlegte Stichtaginventur

Wird gewährleistet, dass durch genaue Fortschreibung der Zu- und Abgänge der Waren im Lager und durch ein geeignetes Rückrechnungsverfahren der Wert des Bestandes zum Stichtag festgestellt werden kann, ist auch eine zeitlich vor- oder nachverlegte Stichtaginventur zulässig. Die Bestandsaufnahme kann dann drei Monate vor oder zwei Monate nach dem Abschlussstichtag erfolgen.

Da sich der Zeitraum für die Inventur auf fünf Monate vergrößert, vermeidet der Unternehmer Umsatzeinbußen an umsatzstarken Tagen, wie z. B. Weihnachten und Silvester, an denen er wegen der Stichtaginventur sonst schließen müsste. Die Inventur ist so an umsatzschwachen Tagen möglich. Allerdings muss der Unternehmer den erhöhten Arbeitsaufwand für die Registrierung der Bestandsveränderungen und wertmäßige Bestandsberechnung zum Stichtag einplanen und berücksichtigen.

Für die Wertfortschreibung bzw. Wertrückrechnung des Bestandes gelten folgende Berechnungen:

Wertfortschreibung:

> Wert des Bestandes am Stichtag = Bestand am Inventurtag + Zugänge bis zum Stichtag – Abgänge bis zum Stichtag

Wertrückrechnung:

> Wert des Bestandes zum Stichtag = Bestand am Inventurtag – Zugänge bis zu Stichtag + Abgänge seit dem Stichtag

Permanente Inventur

Die Stichtaginventur und auch die Verlegte Stichtaginventur können durch eine Permanente Inventur ersetzt werden. Diese verlangt fortlaufend die Erfassung jedes Warenzugangs und -abgangs im Lager durch genaue Buchführung mit Lagerkarteien und eine jährliche Inventurkontrolle des Bestandes durch die körperliche Bestandsaufnahme.

Inventurarbeiten können so aber auf das ganze Jahr verteilt werden und die Inventur kann an einem frei wählbaren Tag im Jahr erfolgen. Dann werden der Soll- und Ist-Bestand des Lagers verglichen, überprüft und berichtigt.

Mittlerweile gibt es dazu geeignete Warenwirtschaftsprogramme, die mit dem Kassencomputer bzw. der Registrierkasse verbunden sind und automatisch die Buchführung übernehmen. Verkäufe, Einkäufe und Warenentnahme für Dienstleistungen werden nach Menge und Datum erfasst. Je nach Art der Programme weisen die Bestelllisten und Bestandslisten den Bar-Code, die EAN-Nummer, die Artikelbezeichnung und Artikelnummer sowie den Warenbestand aus.

In zusätzlichen Inventurlisten des Computerprogramms erkennt der Unternehmer sofort und permanent über das ganze Geschäftsjahr hinweg den Ist- und Soll-Bestand im Lager und deren Abweichungen. Soll-Bestände können korrigiert werden.

Für den Betrieb ist es ein gutes Hilfsmittel, Bestandsbewegungen täglich abzurufen, um Diebstahl im Betrieb sowie fehlerhafte Lagerhaltung und Beschaffung aufdecken zu können. Wertminderungen im Bestandsvermögen durch Mängel und Beschädigung der Waren werden ebenfalls schnell festgestellt.

Stichprobeninventur

Bei einem unangemessenen Verhältnis von Arbeitsaufwand bei der Inventur in einem größeren Betrieb kann die Bestandsermittlung durch Ziehung von Stichproben aus dem Warenbestand und dem Einsatz mathematisch-statistischer Berechnungen erfolgen (z. B. Mittelwertschätzung des Warenumsatzes). Hierbei bedarf es jedoch der Genehmigung des Finanzamtes.

Inventurverfahren

Zeitraum Stichtaginventur

Abschluss-Stichtag

10 Tage vorher	10 Tage nachher
21.12.	31.12.	10.01.
letztes Geschäftsjahr		neues Geschäftsjahr

Zeitraum verlegte Stichtaginventur

Abschluss-Stichtag

3 Monate vorher	2 Monate nachher
01.10.	31.12.	28.02.
letztes Geschäftsjahr		neues Geschäftsjahr

Zeitraum permanente Inventur

beliebiger Tag im Geschäftsjahr

01.01.	31.12.
neues Geschäftsjahr	letztes Geschäftsjahr

11.11 Qualitätsmanagement

Zum Abschluss der Unternehmensanalyse für den Salon „Haargenau" fragt Frau Müller, wie sie auch in Zukunft den Erfolg ihres Unternehmens steigern kann. Der Unternehmensberater rät ihr:

„Verbessern Sie Ihr Qualitätsmanagement. Halten Sie wöchentliche Mitarbeiterbesprechungen ab (Bild 1). Diese bieten Zeit und Raum bisherige Qualitätsentwicklungen zu überprüfen und gemeinsam weitere Standards zu überlegen. So steigt auch die Identifikation Ihrer Mitarbeiter mit dem Unternehmen. Wenn alle gleich gut und motiviert arbeiten, werden die Kunden mit jeder Mitarbeiterin zufrieden sein. Damit steigern Sie letztendlich auch die Kundenbindung, weil es nicht mehr heißt, die Meisterin macht den besten Haarschnitt, sondern im Salon „Haargenau" werden die besten Haarschnitte gemacht. Somit kommt die Kundin wieder, weil sie weiß, was sie erwartet."

Bild 1: Mitarbeiterbesprechung

Mittlerweile gibt es so viele Friseure, dass eine Kundin gar nicht mehr weiß, zu wem sie gehen soll oder wer gut ist. Es kommt vor, dass eine Kundin dreimal in den gleichen Friseursalon geht, dreimal von einer anderen Mitarbeiterin bedient wird und dreimal unzufrieden ist. Das erste Mal vielleicht mit der Beratung, das zweite Mal mit der Kopfhautmassage und das dritte Mal mit der Coloration. Das liegt weder daran, dass der Friseursalon an sich schlecht ist, noch daran, dass die Friseurinnen unprofessionell sind. Sie arbeiten nur alle unterschiedlich und darin liegt das Problem.

Unternehmen versuchen diesen Erfahrungen von Kundinnen durch verbessertes Qualitätsmanagement (QM) entgegenzuwirken. Der Begriff Qualitätsmanagement bezeichnet alle organisierten Maßnahmen, die der Verbesserung von Produkten, Abläufen oder Leistungen dienen. Eine der zurzeit in vielen Bereichen (z. B. Hotels, Gastronomie) angewandten Maßnahmen ist die Entwicklung von Qualitätsstandards. Diese Standards sind von allen Mitarbeiterinnen einzuhalten und bestimmen wesentlich für den Unternehmenserfolg. Standards finden sich in allen Bereichen der Unternehmenstätigkeit. Es handelt sich dabei um Regeln oder Richtwerte für bestimmte Bereiche. Sie betreffen z. B.:

- das Verhalten im Umgang mit Kundinnen,
- die Kommunikation mit den Kolleginnen,
- die Erstellung von Haarschnitten,
- den Ablauf der Kopfmassage,
- das Angebot von Serviceleistungen,
- die Durchführung von Reklamationsgesprächen,
- das Beratungskonzept,
- das Telefonat.

Themenschwerpunkte:
- Entwicklung von Qualitätsstandards
- Überprüfung von Qualitätsstandards

11 Unternehmenskonzept

11.11.1 Entwicklung von Qualitätsstandards

Qualitätsstandards können vorgegeben sein, z. B. bei Franchise-Salons oder Salonketten. Es gibt Angebote vieler Firmen, solche Qualitätsstandards für Unternehmen zu entwickeln.

Die Erarbeitung von Qualitätsstandards kann aber auch innerhalb des Salons in Teamarbeit durch die Mitarbeiterinnen erfolgen. Dies hat den Vorteil, dass sich alle Personen, die daran teilhaben, auch mit den Ergebnissen identifizieren und diese gewissenhafter umsetzen. Dadurch lassen sich neben der Qualität der Dienstleistungen auch die Leistungsbereitschaft der Mitarbeiter und möglicherweise das Betriebsklima verbessern. Weitere Vorteile, die durch die Entwicklung von Qualitätsstandards entstehen:

- Kundinnen erhalten von allen Mitarbeiterinnen Dienstleistungen mit gleich bleibend hoher Qualität.

- Mitarbeiterinnen erlangen mehr Sicherheit, wenn Qualitätsstandards vorgegeben sind und sie sich an diese halten.

- Die Saloninhaberin kann sich sicher sein, dass alle Mitarbeiterinnen gute Leistungen bringen und kann dieses Wissen werbewirksam einsetzen, z. B. auf der Homepage (Bild 1).

FRISEUR HAARGENAU
… haargenau Ihr Friseur

| Mitarbeiter | Philosophie | Preise | Kontakt |

Philosophie

- Wir heißen Sie in unserem Salon herzlich willkommen und freuen uns über Ihr Vertrauen.
- Wir beraten Sie umfassend über die individuell zu Ihnen passenden Frisuren und die optimale Pflege, damit Sie lange Freude an Ihrer Frisur haben.
- Wir möchten, dass Sie sich gefallen und wohlfühlen.
- Damit wir Ihnen dies bieten können, bilden wir uns systematisch weiter und sehen uns damit als Ihre Haarexperten.
- Wir freuen uns über Ihre Kritik, da Sie uns damit die Chance geben, noch besser zu werden.
- Wir entwickeln im Team Qualitätsstandards und überprüfen deren Einhaltung, damit Sie in den Genuss höchster Qualität kommen denn,

» Wer aufhört, besser werden zu wollen, hat aufgehört gut zu sein. «

(Oliver Cornwell)

Friseur Haargenau · Beisenstraße 13 · 43765 Goldstedt · 0 24 87/65 74 83

Bild 1: Werbung mit Qualitätsstandards auf der Homepage

Stichwort Qualitätszirkel

Eine spezielle Form der Teamarbeit ist im Zusammenhang mit der Entwicklung von Qualitätsstandards der so genannte Qualitätszirkel. Dies ist ein innerbetrieblicher Arbeitskreis, der das Wissenspotential, den Ideenreichtum, die Erfahrung und die Verantwortungsbereitschaft der Mitarbeiterinnen aktivieren soll. Er findet in Kleingruppen statt und besteht aus Mitarbeitern, die eine gemeinsame Erfahrungsgrundlage besitzen. Sie treffen sich in regelmäßigen Abständen auf freiwilliger Basis währen der Arbeitszeit unter der Leitung eines Moderators.

Im Salon Haargenau haben die Mitarbeiterinnen in einer Mitarbeiterbesprechung gemeinsam folgende Qualitätsstandards für ein Telefonat entwickelt:

Tabelle 1: Qualitätsstandards für ein Telefonat im Salon Haargenau

- Wir melden uns am Telefon einheitlich mit dem Satz: „Guten Tag, Friseursalon Haargenau, mein Name ist XY, was kann ich heute für Sie tun?"
- Wir sprechen die Kundin mit Namen an, sofern uns dieser bekannt ist, ansonsten fragen wir nach.
- Wir erkundigen uns nach den Wünschen der Kundin, wichtige Infos notieren wir sofort auf der Telefonnotiz.
- Wir bieten einen Rückruf an, wenn Wünsche nicht direkt am Telefon erledigt werden können. Dazu wird die Telefonnummer notiert.
- Wir nennen bei einer eventuellen Wartezeit immer den Grund und die ungefähre Dauer.
- Beim Abschluss des Gesprächs wiederholen wir wichtige Inhalte und bestätigen die Termine.
- Wir lächeln beim Telefonieren.

Damit die Mitarbeiter diese Regeln auch im Telefonat berücksichtigen, müssen solche Abläufe eingeübt werden.

Dies gelingt am Besten durch regelmäßiges Üben von Gesprächssituationen. Durch Rollenspiele wird das Kommunikationsverhalten der bestehenden Mitarbeiter trainiert und neue Mitarbeiter finden sich schneller zurecht.

11.11.2 Überprüfung von Qualitätsstandards

Neben dem Entwickeln von Qualitätsstandards ist es notwendig, deren Einhaltung ebenso wie ihre Praxistauglichkeit zu überprüfen und sie ständig zu verbessern. Eine Überprüfung kann erfolgen, indem die Entwicklung bestimmter Werte, die durch die Qualitätsstandards verbessert werden sollten, analysiert wird.

Bezogen auf das Beispiel des Telefonats kann beispielsweise eine Kundenbefragung durchgeführt werden. „Wie zufrieden sind Sie mit unserem Personal am Telefon?" könnte die Frage lauten. Weiterhin könnte ermittelt werden, ob im Vergleich mehr Termine am Telefon vereinbart wurden als im Zeitraum vorher.

Sollte ein Salon Qualitätsstandards für Beratungsgespräche entwickelt haben, könnten Verkaufszahlen verglichen werden.

Eine denkbare Methode zur Überprüfung von Qualitätsstandards wäre die Einführung eines Systems zur Zertifizierung (Bild 1) von Friseursalons durch ein für alle nach gleichen Kriterien durchführbares Klassifizierungssystem – diese Methode wurde bislang nicht umgesetzt. Somit hätte die Kundin die Möglichkeit, z. B. anhand von Sternen (wie im Hotelbereich), zu erkennen, wie gut ein Salon ist. Folgende Kriterien könnten angewandt werden:

- Größe des Salons
- Öffnungszeiten
- Bereitstellung von Ausbildungsplätzen
- Organisationsstrukturen (Rezeptionistin, Anmeldesystem)
- Serviceangebot bei Getränken, Zeitschriften und Snacks
- Zahlungsmöglichkeiten (z. B. Barzahlung, EC-Zahlung, Kreditkartenzahlung, Lastschriftverfahren, Zahlung auf Rechnung)
- Sortimentspalette (Breite und Tiefe)
- Alter und Zustand der Salonausstattung
- Schriftliche Ausarbeitung der Salonphilosophie
- Ausformulierte Qualitätsstandards für unterschiedliche Tätigkeitsbereiche
- Aus- und Weiterbildungskonzepte
- Nachweis besonderer Leistungen

Zertifikat

Der Salon Haargenau
Beisenstraße 13 in Goldstedt

ist nach der ZKVF*-Klassifizierung bewertet und mit

★★★★

ausgezeichnet

Gültig bis 20. April 20..

Recklinghausen, 21.04.20..

Sandra Schnipp-Schnapp

Sandra Schnipp-Schnapp
ZKVF Hauptgeschäftsführerin

*Verband zur Klassifizierung von Friseurbetrieben

Bild 1: Werbung mit Qualitätsstandards auf der Homepage

Aufgaben

1. **Kalkulation von Waren:** Ein Friseurbetrieb bezieht Shampoo gegen fettiges Haar zu einem Listenpreis von 2,50 Euro. Bei Abnahme von mindestens 10 Flaschen gewährt der Hersteller einen Rabatt von 15 %. Zahlt die Friseurmeisterin innerhalb von einer Woche die Rechnung, wird ihr Skonto in Höhe von 1,5 % eingeräumt. Ihre Bezugskosten betragen 7 Euro für die gesamte Lieferung. Die Friseurmeisterin kalkuliert mit 43 % Handlungskosten und 18 % Gewinn. Die Mehrwertsteuer beträgt 19 %.
   Berechnen Sie den Bruttoverkaufspreis für eine Flasche Shampoo, wenn die Friseurmeisterin 10 Flaschen abnimmt.

2. **Kalkulation einer Dienstleistung:** Ein Friseursalon will für eine neue Haarfärbung werben. Die Saloninhaberin kalkuliert zu diesem Zweck den Bruttobedienungspreis für diese Farbbehandlung. Die Materialkosten für eine Färbung setzen sich zusammen aus einer Tube Farbe je 5,50 Euro, 60 ml H_2O_2 (Literpreis: 7,80 Euro) und einer Tube Farbbalsam für die Nachbehandlung zu 2,50 Euro. Die Arbeitszeit wird mit 45 Minuten veranschlagt. Der Stundenlohn der Gesellin beträgt 13,75 Euro. Die Saloninhaberin rechnet mit Gemeinkosten von 65 % und einem Gewinn von 12 %.
   Berechnen Sie den Bruttobedienungspreis für die Farbbehandlung!

3. Eine Kundin, die früher lange Haare trug, ist verwundert, dass sie jetzt für das Fönen ihrer modischen Kurzhaarfrisur weniger bezahlen muss. Erklären Sie der Kundin die Gründe dafür.

4. Gestalten Sie eine Preistafel mit Bruttobedienungspreisen für das Dienstleistungsangebot Ihres Salons!

5. Erstellen Sie einen Jahreswerbeplan. Die Werbemaßnahmen sollen jeweils für zwei Monate angesetzt werden.
   a) Überlegen Sie sich sechs mögliche Themen.
   b) Formulieren Sie sechs Werbesprüche für die Damen- und sechs für die Herrenangebote.
   c) Wählen Sie Waren und Dienstleistungen aus, die Sie passend zu den genannten Themen bevorzugt verkaufen möchten. Erstellen Sie eine Liste mit Angeboten für Damen und eine für Herren.
   d) Entscheiden Sie, welche Werbemittel Sie einsetzen wollen.
   e) Zusätzlich soll für drei weitere Sonderaktionen geworben werden, die unter einem besonderen Motto stehen. Diese werden zeitlich auf zwei Wochen begrenzt und finden parallel zu den anderen Werbemaßnahmen statt. Stellen Sie auch hier Themen, Werbesprüche, Waren und Dienstleistungen und Werbemittel zusammen.

6. Sie planen ein Preisausschreiben für Ihren Salon. Aufgabe der Kundinnen ist es, ein friseurspezifisches Kreuzworträtsel zu lösen und das Lösungswort herauszufinden. Erstellen Sie ein solches Kreuzworträtsel.

7. Entwerfen Sie ein Bonusheft und überlegen Sie sich dazu angemessene Belohnungen für Kundentreue.

8. Stellen Sie begründet dar, wie sich folgende Standortveränderungen auf einen Salon auswirken könnten:
   a) In der Nähe eines Salons in der City schließen aufgrund der schlechten Konjunkturlage einige Geschäfte.
   b) Vor dem Salon wird eine Zone für Anwohnerparken eingerichtet, in der von acht bis achtzehn Uhr außer den Anwohnern niemand parken darf.
   c) Direkt vor dem Salon wird eine Haltestelle für einen Linienbus eingerichtet.

11 Unternehmenskonzept

9. **Sie eröffnen einen Fantasiesalon.**
   a) Beschreiben Sie die Zielgruppe, die Sie gerne ansprechen möchten.
   b) Erfinden Sie einen Firmennamen, entwerfen Sie ein Logo und formulieren Sie einen Slogan!
   c) Entwerfen Sie einen Briefkopf und eine Visitenkarte!
   d) Beschreiben Sie eine Schaufensterdekoration!
   e) Planen und beschreiben Sie das optische Erscheinungsbild Ihrer Mitarbeiter!

10. **Erstellen Sie mit Hilfe des Computers einen Erfassungsbogen für Kundendaten.**

11. **Nennen Sie Vor- und Nachteile von Salonketten und Franchise-Salons für die Kundinnen.**

12. **Suchen Sie in Tageszeitungen, Zeitschriften, Werbeprospekten usw. nach Verkaufsförderungsmaßnahmen (Gutscheine, Rabatte, Sonderpreise usw.).**
    a) Untersuchen Sie diese Verkaufsförderungsmaßnahmen dahingehend, ob sie den gesetzlichen Regelungen entsprechen.
    b) Begründen Sie Ihre Entscheidungen!

13. **Bewerten Sie folgende Werbeaussage eines Friseurs kritisch: „Der Haardoktor – professionelle Hilfe für jedes Haarproblem."**

14. **Lesen Sie die folgenden Beispiele für Direktwerbung und diskutieren Sie in der Klasse, ob das Vorgehen rechtmäßig ist:**
    a) Friseurmeister Schnittko überlegt sich, dass er die Adressen in seiner Kundenkartei für Werbebriefe nutzen könnte. Er schreibt alle Kundinnen an.
    b) Friseurin Sabine ruft bei einer Stammkundin an, um ihr eine Terminverschiebung mitzuteilen. Gleichzeitig macht sie diese auf das aktuelle Angebot für Hautcremes aufmerksam.

15. **Stellen Sie die Vor- und Nachteile eines großen und kleinen Warenlagers in Form einer Tabelle gegenüber.**

16. **Übertragen Sie die Zeitachse (Bild 1) ins Heft und ersetzen Sie die Buchstaben durch die Begriffe Mindestbestand, Höchstbestand und Meldebestand. Geben Sie den Tag für die neue Bestellung an und den Tag, an dem die neue Lieferung spätestens ankommen sollte.**

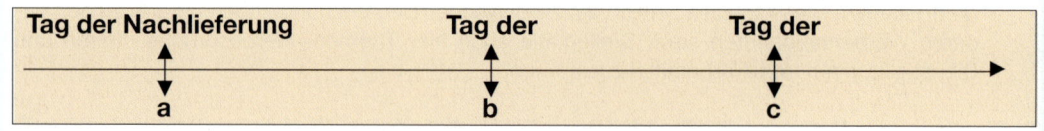

Tag der Nachlieferung	Tag der	Tag der
a	b	c

Bild 1: Zeitachse mit Zeitpunkten für Meldebestand, Höchstbestand und Mindestbestand.

17. **In welchem Fall ist ein Unternehmer zu einer Inventur verpflichtet?**

18. **Erstellen Sie eine Tabelle mit den Vor- und Nachteilen der einzelnen Inventurarten.**

19. **Erläutern Sie die Begriffe Wertfortschreibung und Wertrückrechnung.**

20. **Simulieren Sie im Rollenspiel eine Mitarbeiterversammlung und entwickeln Sie Qualitätsstandards für verschiedene Bereiche. Überprüfen Sie deren Praxistauglichkeit anschließend in Rollenspielen.**

12 Situatives Gespräch

Nach der neuen Ausbildungs- und Prüfungsordnung vom 21. Mai 2008 müssen Friseure gegenüber Fachkollegen begründet darstellen können, wie sie eine Dienstleistung am Kunden geplant, durchgeführt und das Ergebnis überprüft haben. Diese Kompetenz ist ein wesentlicher Bestandteil für die Förderung von Teamarbeit, Teamgeist und die Weiterentwicklung des Dienstleistungsangebotes sowie seiner Standards.

12.1 Anlässe für Fachgespräche

Die Friseurauszubildende Anja muss im Rahmen ihrer Gesellenprüfung Teil I ein situatives Fachgespräch über ihre Arbeitsaufgabe führen. Beim Studium der Prüfungsbestimmungen nach neuer Ausbildungs- und Prüfungsordnung für Friseure findet sie zu diesem Prüfungsteil die folgenden Angaben:

§ 7 Gesellenprüfung Teil I

(...) 2. Dem Prüfungsbereich sind folgende Tätigkeiten zugrunde zu legen:
   a) Ausführen einer klassischen Friseurarbeit an der Dame mit dauerhafter Umformung und zwei Einlegetechniken. (...)

(...) 3. Der Prüfling soll nach Nummer 2 Buchstabe a eine Arbeitsaufgabe mit situativem Fachgespräch ... durchführen (vgl. VO über die Berufsausbildung zum Friseur/zur Friseurin vom 21. Mai 2008, S. 857)

Anja überlegt, was „eine Arbeitsaufgabe" konkret bedeutet und wie sie sich auf diese Aufgabe inhaltlich vorbereiten kann.

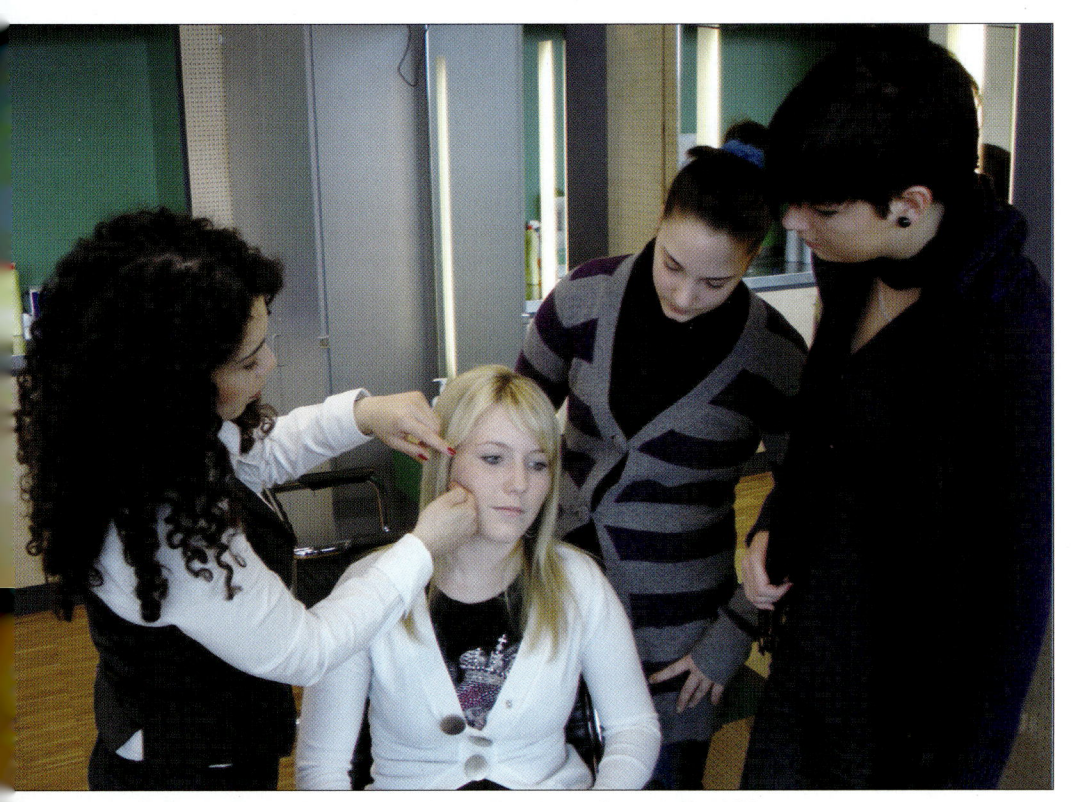

Bild 1: Anja im Fachgespräch mit ihrer Kollegin Randa über das vorliegende Hautbild

12 Situatives Gespräch

Das Fachgespräch ist eine Erörterung unter Fachleuten über einen berufsbezogenen Sachverhalt. Beispiele für einen solchen Sachverhalt sind:

- die Entscheidung für oder gegen ein bestimmtes Dauerwellpräparat,
- die Überlegung, ob der Kundin eher ein kompakter als ein gestufter Schnitt anzuraten ist,
- inwieweit ein vorliegendes Hautbild mit oder ohne Peeling behandelte werden kann.

Fachgespräche werden auf „Augenhöhe" unter den Gesprächspartnern geführt. Beide Gesprächspartner verfügen über umfassende Kenntnisse zu spezifischen Fachthemen und können auf diese im Gespräch zurückgreifen. Dabei geht es allerdings nicht so sehr darum, wer was in welchem Umfang zu einem Sachverhalt beitragen kann. Vielmehr muss es der Anspruch sein, diesen fachlichen Austausch über die Umsetzung spezifischer Friseurdienstleistungen in erster Linie für das Verstehen bestimmter Prozessbeobachtungen zu nutzen. Aus diesem Verstehen lassen sich dann die Richtigkeit eines Vorgehens oder ein möglicher Korrekturbedarf ableiten.

Fachgespräche können innerbetrieblich auf zwei Arten genutzt werden. Zum einen eignen sie sich dienstleistungsbezogene Standards zu verabreden, zum anderen um situative Handlungssituationen zu bewerten.

Im ersten Fall bedeutet das, Vereinbarungen im Mitarbeitergespräch zu treffen, wie Dienstleistungsangebote operationalisiert bzw. strukturiert werden sollen/müssen. Zu klären ist z. B., in welchen Schritten die Dienstleistung „Waschen, Schneiden, Föhnen" abgearbeitet wird oder wie beim Kundenwunsch „Schneiden" vorgegangen wird. Die im fachlichen Austausch darüber gewonnenen Erkenntnisse zu einzelnen Verfahrensweisen werden entsprechend der jeweiligen Salonphilosophie als Regeln oder Standards festgeschrieben. Eine denkbare Vereinbarung über grundsätzliche Verfahrensschritte spiegelt sich in dem nachfolgenden Diagramm.

> **Kundenempfang** ➔ **Kundenservice** ➔ **Kundenwunsch** ➔ **Anamnese** ➔ **Diagnose** ➔ **Beratungsempfehlung** ➔ **Vereinbarung** ➔ **Durchführung** ➔ **Bewertung** ➔ **Verabschiedung**

Ein zweiter Anlass ist das situative Fachgespräch. Dieses wird geführt, um Verfahrensschritte und deren Ergebnisse zu erläutern und kritisch zu hinterfragen (evaluieren). Sämtliche Dienstleistungen im Friseurbereich lassen sich mit dieser Methode abbilden. Das erscheint auf den ersten Blick logisch und sinnvoll. Kritiker werden jedoch einwenden, dass aufgrund der unterschiedlichen Komplexität von Dienstleistungen sich ein zielgerichtetes Vorgehen ihrer Besprechung als problematisch herausstellen könnte. Dieser Einwand ist nicht ungerechtfertigt und daher benötigen Fachgespräche auch eine klare Besprechungsstruktur.

■ 12.2 Struktur des Fachgesprächs

Eine solche Struktur ergibt sich sinnvoller Weise aus den verschiedenen Bestandteilen, die eine vollständige Handlung – wie jede berufsbezogene Dienstleistung es ist - konstituieren. Damit sind sämtliche Schritte gemeint, in der jede beliebige Dienstleistung des Friseurs abgearbeitet wird. Das nachfolgende Strukturgramm stellt diese Handlungsschritte in einer Übersicht dar.

Ein situatives Fachgespräch folgt in seiner Grobstruktur dem Gliederungsprinzip der unten dargestellten Handlungsschritte. Die Gesprächspartner kommentieren bei den einzelnen Gliederungspunkten die in der Tabelle dargestellten möglichen Aspekte.

Handlungsschritte ➔ 1. Information ➔ 2. Planung ➔ 3. Entscheidung ➔ 4. Ausführung ➔ 5. Kontrolle ➔ 6. Bewertung

12.2 Struktur des Fachgesprächs

Handlungsschritte	Aspekt zur Kommentierung
1. Information	■ Rechtsvorschriften zum Arbeitsschutz/zur Arbeitssicherheit ■ Schutzmaßnahmen ■ Hygienische Standards am Arbeitsplatz, beim Arbeitsprozess ■ Arbeitsmaterialien ■ Werkstoff Haar und Haut ■ Gestaltungsgrundsätze und aktuelle Mode
2. Planung	■ Kundenwunsch ■ Anamnese und Diagnose ■ Beratung ■ Material-, Arbeits- und Kostenaufwand ■ Preiskalkulation ■ Zielsetzung-/vereinbarung
3. Entscheidung	■ Vorgehensweise ■ Produktauswahl ■ Arbeitsplanung
4. Ausführung	■ Einrichten des Arbeitsplatzes ■ Maßnahmen zum Arbeitsschutz/-sicherheit ■ Serviceangebote unterbreiten ■ Vorgehensweise erläutern ■ Vorbereitung und Vorbehandlungen ■ Behandlung mit verschiedenen Arbeitstechniken ■ Kontrollmaßnahmen ■ Pflege- und Nachbehandlung
5. Kontrolle	■ Kontrollmöglichkeiten entsprechend der jeweiligen Dienstleistung anwenden ■ Abgleich zwischen Zielsetzung und Arbeitsergebnis ermitteln ■ Abweichungen korrigieren ■ Dokumentation der Vorgehensweise/des Ergebnisses
6. Bewertung	■ Eigene Kompetenzen einschätzen ■ Persönlichen Entwicklungsbedarf beschreiben ■ Mit Reklamationen und Kritik umgehen

Im Rahmen der Gesellenprüfung Teil I müssen die oben für das situative Fachgespräch näher beschriebenen Kompetenzen innerhalb der Arbeitsaufgabe nachgewiesen werden. Da sich die Arbeitsaufgabe aus verschiedenen Bestandteilen zusammensetzt, sind hierbei Fachgespräche zu unterschiedlichen Handlungssituationen denkbar.

12 Situatives Gespräch

Die Handlungssituationen sind im Einzelnen:

- Haar- und Kopfhautdiagnose
- Kopfmassage
- Haare dauerhaft umformen
- Haare mit klassischen Techniken schneiden
- Frisurengestaltung mit zwei Einlegetechniken

Kriterien zur Bewertung des situativen Fachgesprächs sind im Wesentlichen auf drei Ebenen zu sehen:

1. Sprachliche Kompetenzen
   a) Sachlichkeit
   b) Fachsprachlichkeit
   c) Argumentative Sprachhaltung

2. Aufbau
   a) Sachlogik
   b) Zielgerichtetheit
   c) Richtige Schwerpunktsetzung

3. Inhalt
   a) Gedankenvielfalt
   b) Gedankentiefe
   c) Gedankenklarheit

4. Reflexion
   a) Analyse des Arbeitsergebnisses
   b) Bewerten des Arbeitsergebnisses
   c) Korrekturbedarfe benennen
   d) Ursachen für fehlerhafte(s) Arbeitsergebnis(se)
   e) Vermeidungsstrategien entwickeln

Übung zum situativen Fachgespräch

Bilden Sie Gruppen mit jeweils vier Personen (Prüfling, Fachprüfer und zwei Bobachter). Wählen Sie in Abwesenheit de „Prüflings" eine der möglichen Handlungsstiuationen (Haar- und Kopfhautdiagnose, Kopfhautmassage usw.) aus. Anschließend wird der „Prüfling" hinzugeholt. Er wird über die Handlungssituation, welche die Grundlage für das Fachgespräch darstellt, informiert. Das sich anschließende Gespräch nach dem Schema (Seite 245) bezieht sich auf ein fiktives Modell (z. B. Prüfling: „Bei meinem Modell habe ich eine Haar- und Kopfhautdiagnose durchgeführt. Dabei habe ich zunächst..."). Der Fachprüfer stellt zwischendurch Verständnisfragen oder vertiefende Fragen. Die Beobachter analysieren das Gespräch nach den o. g. Kriterien. Am Ende wird das Gespräch auf dieser Metaebene bewertet, wobei zunächst zu jedem Kriterium eine positive Rückmeldung erfolgt. Anschließend werden Verbesserungsvorschläge gemacht.

Sachwortverzeichnis

A

Action 184
AIDA 184, 199
Aktives Zuhören 105, 170
Aktivitätenplan 18
Alternativangebot 154, 167, 171
Alternativfragen 156-157
Analoge Kommunikation 112
Anbieter 232
Anlässe für Fachgespräche 243
Appell 52, 118, 120, 123
Appellbotschaft 120
Appellohr 123
Arbeitsbereitschaft 19
Arbeitsbeziehung 19
Arbeitsplatz 12-13
Arbeitsumfeld 12
Argument 160
Argumentation 160
Argumentationskette 160, 162
Artikel 126
Artikelgruppen 126
Artikulation 50
Asymmetrie 196, 198, 201
Atemübung 49
Athletikerin 74
Atmosphäre 30
Attention 184
Aufforderung 185
Aufmerksamkeit 184
Aufsteller 187
Auftreten 8, 24, 27
Augen 35
Ausdruck 52
Ausdrucksform 33-34
Ausdrucksmittel 33-34
Aussehen 24
Außenwirkung 30
Äußerlichkeiten 16
Axiome 115

B

Bader 12
Badestuben 12
Barbieren 12
Bedarfsermittlung 153, 155, 158
Bedienungsbereich 142
Bedürfnis 19, 146
Bedürfnispyramide 19
Begriffsassoziation 55
Begrüßung 95
Behauptung 160
Beleg 160
Beratung 152
Beratungs- und Verkaufsbereich 142
Beratungs- und Verkaufsgespräch 153-154
Beratungsgespräch 53, 90
Beratungshilfen 140
Beratungssituation 81, 84
Beratungsverkauf 131
Bericht 102

Berufsbild 14
Beschaffung 231
Besitzwunsch 185
Bestätigungsfragen 156-157, 170
Bestellmenge/-zeitpunkt 232
Beurteilender Typ 72
Beweis 160
Beziehung 118-119, 123
Beziehungsaspekt 113
Beziehungsbotschaft 119, 122
Beziehungsgeflecht 16
Beziehungsohriger Empfänger 122
Beziehungsstruktur 111
Blickfang 200
Blickkontakt 154
Blicklenkung 196-197
Blickrichtung 35, 141
Blockplatzierung 134, 136
Botschaft 33-34, 111, 117
Bruttoverkaufspreis 209-210
Bückzone 137
Bumerang-Methode 165-166

C

Charaktereigenschaften 16
Charaktertypen 69
Cholerikerin 70
Controlling 218
Corporate Identity 221

D

Denker-Typ 73
Denotat 54-55
Desire 184
Dienstleisterin 14
Dienstleistungen 125
Dienstleistungsberuf 14
Dienstleistungskalkulation 208, 210
Dienstleistungsmerkmale 144, 147
Dienstleistungspräsentation 133, 140
Dienstleistungspyramide 129
Dienstleistungssortiment 125
digitale Kommunikation 112
Direktwerbung 214-215, 229
Display 133
Disstress 17
Distanz 40
Distanzbereich 34, 40
Distanz, gesellschaftliche 40
Distanz, intime 40
Distanz, öffentliche 40

E

Einfühlsamer Typ 73
Einführungspreise 211
Eingangsbereich 142
Einstellung 29
Einwand 164-167
Einwandbehandlung 153, 165, 171
Einzeldienstleistungen 126
Eisbergmodell 10
Emotionen 34

Sachwortverzeichnis

Empathie 105, 108
Empfänger 117, 122
Empfängerverhalten 118
Entscheidungsfrage 156-157, 171
Entscheidungshilfe 158, 168
Entwicklung von Qualitätsstandards 238
Überprüfung von Qualitätsstandards 239
Ergänzungsangebote 154
Eröffnungsphase 153-154
Ersatz vergeblicher Aufwendungen 177
Erscheinungsbild 8, 30
Erwartungen 9
Erwartungshaltungen 21
Eustress 17
Extrovertierter Typ 71

F

Fachbereiche 126
Fachkompetenz 152
Fachsprache 59
Farbkontrast 201
Farbtypen 79
Fernwirkung 200
Firmenlogo 187
Flyer 187
Formen des Sprechens 51
Fotosprache 55
Frageabsichten 155-156
Frageformen 155-156
Fragen 155
Fragen, geschlossene 154, 156
Fragestellungen, offene 154
Franchise-Salons 223
Fremdeinschätzung 23
Fremdwahrnehmung 24
Frühlingstyp 80

G

Gemeinkosten 210
Gesamteindruck 37
Gesamtlayout 196
Geschäftsfläche 142
geschlossene Grundhaltung 39
geschlossene Fragen 156
gesellschaftliche Distanz 40
Gesichtsform 77
Gesprächsatmosphäre 90, 104
Gesprächseröffnung 154
Gesprächsraum 104
Gesprächssituationen 103
Gesprächsziele 52
Gestaltungsbausteine 190, 195, 197
Gestaltungsprinzipien 139
Gestaltungstypen 74
Gestik 34, 38
Gewinn 207-208, 212
Gewinnspanne 211-212
Goldener Schnitt 75, 196
Greifrichtung 141
Griffzone 137
Grundbedürfnisse 19
Grundeinstellung, innere 153

Grundhaltung, geschlossene 39
Grundhaltung, offene 39

H

Hände 38
Handeln 24
Handlungskosten 208
Herbsttyp 80
Hochpreisstrategie 211-212
Humankompetenz 152

I

Ich-Du-Botschaften 111
Image 199
immaterielles Wirtschaftsgut 15
Impulskäufe 135
INCI-Kennzeichnung 139
inferiore Position 114
Informationsfrage 156, 165, 170
Inhaltsbausteine 190, 195
innere Grundeinstellung 153
Interaktion 115
Interesse 184, 201
Interest 184
Interpunktionen 112
intime Distanz 40
Introvertierter Typ 72
Intuitiver Typ 71
Inventur 233
Inventurarten 234
Inventurverfahren 235
Irreführende Werbung 228

J

Ja-Aber-Methode 165, 171
Ja-Nein-Fragen 156
Jahresumsatz 187
Jahreswerbeplan 214-215
Johari-Fenster 25

K

Kalkulationsgrößen 208
Kalkulationsschema 208, 210
Kalkulationszuschlag 209-210
Karteikarten 224
Kassenbereich 142
Kaufabschluss 153, 164, 168
Kaufbereitschaft 185
Kaufentscheidung 155, 158-159, 168
Kaufentschluss 184
Kaufkraft 131
Kaufmotiv 144
Kaufvertrag 172
Kaufwunsch 144, 145, 177, 199
Kernsortiment 125
Kleidung 28
Kommunikation 33, 51-52, 90, 111-112
Kommunikationsablauf 53, 114
Kommunikationspartner 66
Kommunikationspolitik 214
Kommunikationsprozess 111
Kommunikationsverhalten 114

Sachwortverzeichnis

Kompetenzen 152
komplementäre Kommunikation 114
Konflikte 9
Konkurrenz 210
Konkurrenzsituation 131, 220
Konnotat 54
Konstitutionstypen 73
Kontaktstrecke 214, 216
Kontrast 139, 196, 198
kontrastreich 193, 200
Konzentration 93, 105, 107
Kopfform 77
Körperbewegung 34, 38-39
Körperhaltung 34, 39
Körperhygiene 28
Körperspannung 38
Körpersprache 33, 40
Kostendeckung 210
Kugellagermethode 55
Kulanz 177
Kulanzleistungen 177
Kundenansprache 154
Kundenbedürfnis 144-145, 155
Kundenbindung 84
Kundeneinwand 164
Kundenempfang 90
Kundenkartei 224
Kundenorientierung 84
Kundenrechnung 226
Kundenservice 213
Kundentyp 81, 158
Kundenverwaltung 223
Kundenzufriedenheit 84

L
Lagerhaltung 231
Laufrichtung 141
Lenkungsfragen 156, 168-169
Leptosome 74
Lippen 37
Logo 194, 221, 223
Lohnkosten 210

M
Mangel an der Ware 172
Mängel eines Werkes 174
Markenpolitik 214
Marketing 206
Marketinginstrumente 207
Marktnischen 214
Maslow 19
Mediawerbung 214
Medien 187
Medien, visuelle 140
Mehrfachplatzierung 136
Mehrwertsteuer 208
Melancholikerin 70
Mienenspiel 34
Mimik 34
Minderung 173
Mitarbeitercontrolling 217-218
Mitarbeiterprogramme 217-218

Mode 10
Modelinie 74-75
Motivation 19
Mund 37
Mundwinkel 37

N
Nacherfüllung 173
Nachricht 117
Nachteil-Vorteil-Methode 166
Nahwirkung 200
Niedrigpreisstrategie 211
nonverbale Kommunikation 33
nonverbale Signale 33

O
Offene Fragestellungen 154
offene Grundhaltung 39
offene Fragen 156
Öffentliche Distanz 40
Öffentlichkeitsarbeit/Public Relations 214, 217

P
Paradoxe Interaktion 116
Performanz 54
Personalpolitik 217
Persönliche Distanz 40
Persönlichkeit 16
Persönlichkeitstypen 70
Perspektivwechsel 65, 68
Perückenmacher 12
Phlegmatikerin 69
Platzierungsarten 133-134
Platzierungszonen 133, 137
positive Grundhaltung 93
positive Körpersprache 42
Prägnanz 196-197
Präsentation 133
Präsentationsgrundsätze 133, 138-139
Preisangabeverordnung 139, 199, 212
Preisbildung 207-208, 210-212
Preisformulierungen 163
Preisminderung 176
Preisnennung 153, 161-162
Preispolitik 207, 214, 220
Preistafel 141
primärer Wirtschaftsbereich 15
Profil 30
Promotion 214, 216
Pyknikerin 73

Q
Qualitätsmanagement 237
Qualitätsstandards 238-239

R
Rabatte 208
Randsortiment 125
Räumungsverkäufe 230
Rechnung 226
Reckzone 137
Reihung 144, 196

249

Sachwortverzeichnis

Reklamation 171-172, 177
Reklamationsbearbeitung 177-178
Rhythmus 139-140, 196
Rolle 14-15
Rolle des Gesprächspartners 62
Rollenattribute 15
Rollenerwartungen 16
Rollenverhalten 15
Rückfrage-Methode 167
Rücktritt 173-174

S

Sachinhalt 118, 120, 123
Sachohriger Empfänger 121
Salongespräche 61
Salongestaltung 13
Salonketten 223
Sandwichmethode 162, 171
Sanguinikerin 69
Schadensersatz 173
Schaufenster 187, 199
Schaufenstergestaltung 199
schmales Sortiment 129
Schmuck 28
Schnitt, goldener 75, 196
Schulz von Thun, F. 111, 118
sekundärer Wirtschaftsbereich 15
Selbstanweisungen 23
Selbstbedienung 131-132
Selbstbild 25
Selbsteinschätzung 23
Selbstkommunikation 23
Selbstoffenbarung 118, 123
Selbstoffenbarungsbotschaft 119
Selbstoffenbarungsohr 122
Selbstoffenbarungsohriger Empfänger 122
Selbstvertrauen 23, 29
Selbstvornahme 176
Selbstwahrnehmungen 24
Sender 117
Senderabsicht 118
Sensitiver Typ 71
Serviceleistungen 213
Sichtzone 137
Signale, nonverbal 33
Situationsanalyse 185-186
Situatives Fachgespräch 243
Skonto 208
Slogan 195, 221
Small Talk 98
Sommertyp 80
Sonderangebot 162
Sonderveranstaltungen 230
Sortiment 125, 130, 158
Sortimentsbreite 129
Sortimentseinschränkung 130
Sortimentsentscheidungen 125, 130
Sortimentserweiterung 130
Sortimentsgliederung 125-126
Sortimentspolitik 213-214
Sortimentstiefe 129-130
Sortimentsumstrukturierung 130

Sozialkompetenz 152
Spiegeln 106
Sprache 29
Sprachebenen 58
Sprachkompetenz 51, 53, 152
Sprachstil 58
Sprechregeln 51, 60
Sprechübungen 49
Sprechvorgang 51
Sprechweise 29
Standort 219
Steigerung 139-140, 196
Stimmapparat 48
Stimmbildung 48
Stimme 48
Stimmhygiene 48
Stirn 37
Stress 16
Stressbewältigung 17-18
Stressoren 17
Stresssituationen 17
Struktur des Fachgesprächs 244
Suggestivfrage 156-157, 171
superiore Position 114
Symmetrie 139-140, 196, 198
symmetrische Kommunikation 114

T

Telefonat 90
Telefonieren 92, 95
Terminplan 225
Terminplaner 98
Terminplanung 224
tertiärer Wirtschaftsbereich 15
These 160
Trends 10
Trendsetterin 10
Typ 69-74, 80-81, 84, 158
Typisierung 65

U

Umgangston 30
Umsatz 186, 207
Umtausch 177
Unsicherheit 43
Unterhaltung 90
Unternehmensanalyse 206-207
Unternehmensidentität 221
Unternehmenskonzept 206-207, 219
Unternehmenskosten 207-208
Unternehmenspolitik 219
Unzufriedenheiten 19
Unzumutbare Werbung 229

V

Verabschiedung 90, 95, 169
Verbale Kommunikation 51
Verbund 138, 213
Verbundplatzierung 134-135
vereinfachte Warenkalkulation 209
Vergleichende Werbung 228
Verhalten 29, 32

Sachwortverzeichnis

Verhaltensvorschriften 16
Verhaltensweisen 16
Verkauf 152
Verkäufertypen 84
Verkaufs- und Beratungsbereich 142
Verkaufsargument 164
Verkaufsargumentation 153, 155, 159, 161, 164
Verkaufsartikel 126
Verkaufsfläche 141
Verkaufsförderung 141, 216
Verkaufsförderung/Promotion 214
Verkaufsförderungsmaßnahmen 216, 229-230
Verkaufsform 131, 208, 221
Verkaufsgespräch 90
Verkaufsintensität 138
Verkaufspreis 208
Verkaufsraum 141
verkaufsschwache Zonen 141
verkaufsstarke Zonen 141
vernunftbetontes Kaufmotiv 144
Verständigung 51, 111
visuelle Medien 140

W

W-Fragen 101, 156
Wahrnehmer-Typ 72
Wahrnehmung 23
Wahrnehmungsprozess 24, 65
Wahrnehmungsschritte 27
Wahrnehmungswechsel 68
Waren 125
Warenbereiche 126
Warenblock 138
Warengruppen 126
Warengruppenplatzierung 134
Warenkalkulation 208
Warenmerkmale 144-146
Warenpflege 233
Warenpyramide 128
Warensortiment 125
Warenträger 133
Warenvorlage 158-159
Wartebereich 142
Watzlawick, P. 111

Werbeaktion 189, 215
Werbebotschaft 185, 188, 191-192, 195
Werbebriefe 187
Werbeerfolgskontrolle 185
Werbeetat 185, 187
Werbefläche 196
Werbeplanung 185, 188
Werbesprache 191
Werbestrategie 184, 188, 223
Werbeort 185, 189
Werbeversprechen 186
Werbekosten 187
Werbemaßnahme 185
Werbeplakate 187
Werbemittel 185, 187-188, 193, 199, 215
Werbemittelgestaltung 190
Werbeobjekt 185-186, 195
Werbeziel 185-186
Werbung 184-185, 214
Werbung, irreführende 228
Werbung, vergleichende 228
Werkvertrag 174, 176
Wertschätzungsbedürfnis 19
Wettbewerbsrecht 228
Wintertyp 81
Wirkattribute 23, 27
Wirtschaftsbereich, primärer 15
Wirtschaftsbereich, sekundärer 15
Wirtschaftsbereich, tertiärer 15
Wirtschaftsgut, immaterielles 15
Wortfeld 58

Z

Zeit 105
Zentrale Werbebotschaft 185-187
Zielgruppe 131, 185, 188-189, 199, 214
Zuhören, aktives 105, 170
Zusatzangebot 168-169, 213
Zusatzleistung 212
Zweitplatzierung 134, 136